Friedrich Gottlieb Welcker

Griechische Götterlehre

Friedrich Gottlieb Welcker

Griechische Götterlehre

ISBN/EAN: 9783743315600

Hergestellt in Europa, USA, Kanada, Australien, Japan

Cover: Foto ©Lupo / pixelio.de

Manufactured and distributed by brebook publishing software
(www.brebook.com)

Friedrich Gottlieb Welcker

Griechische Götterlehre

Griechische Götterlehre

von

F. G. Welcker.

Dritter Band.

Göttingen.
Verlag der Dieterichschen Buchhandlung.
1863.

Inhalt.

Vorrede . . . . S. III—XXXII.

Die Dämonen.

Einleitung . . . . . S. 3

I. Weltordnung und Regierung.

1. Horen 10
2. Mören 14
3. Themis 18
4. Dike 21
5. Praxidike, Praxidiken . 24
6. Nemesis 25
7. Adrastea 35
8. Nike, Kratos und Bia . 40

II. Die Natur.

Erscheinungen am Himmel.

1. Styx 41
2. Eos 42
3. Iris 43

Auf Erden.

4. Flüsse 44
5. Nymphen 48
  Meernymphen 61
  Luftregion 66
6. Die Winde, Boreas, Zephyros 67
7. Thyia, Oreithyia . . 70
8. Die guten Winde . . 71
9. Die Attischen Tritopatoren 71
10. Gewitter 73
11. Echo 74

III. Menschennatur.

1. Erinnys, Erinnyen. Ara, Aren, Pönen, Manien, Eumeniden, Semnen . 75
2. Alastor 95
3. Ate 99
4. Apate 99
5. Keren 100
6. Hypnos und Oneiros . 101

IV. Zu den großen Göttern nach deren Aufeinanderfolge im zweiten Theil.

I. Athena.

1. Herse, Aglauros und Pandrosos. Erysichthon 103
2. Thallo und Karpo. Auxo 109
3. Nike 110

II. Hera.

1. Hebe 110
2. Charis, Chariten . . 111
3. Eileithyia 113

III. Apollon.

1. Opis und Hekaerge in Delos 113
2. Hilaira und Phöbe in Sparta 113
3. Päeon 114

4. Musen 114	2. Triton 157
5. Thrien 120	3. Glaukos 157
6. Trophonios . . . 122	4. Galene 161
7. 8. Pythaeus. Agreus . 124	5. Sirenen 162

IV. Artemis. Hekate.

IX. Zu Hephästos.

1. Kallisto 128	1. Charis 172
2. Auge auf den Knieen . 128	2. Die Lemnischen Kabiren 173
3. Anläa 129	3. Die Sicilischen Paliken 189

V. Hermes.

X. Zu Aphrodite.

Phales 129	1. Anteros 195
	2. Eroten, Amorine . . 197

VI. Demeter.

	3. Charis, Chariten . . . 200
1. Damia und Auxesia . 130	4. Peitho 202
2. Triptolemos. Dysaules 136	5. Genetylliden 206
3. Die Gaben der Demeter 136	6. Priapische Dämonen. Ty=
4. Hadranos oder Adranos	chon u. a. . . . 207
in Sicilien . . . 138	7. Euplöa 208
5. Die Mühlengötter . . 140	

XI. Ares.

VII. Dionysos.

1. Nymphen, Mänaden, Bac=	1. Enyo 208
chen 141	2. Enyalios 208
2. Satyrn 144	XII. Asklepios. 209
3. Silen, Silene . . . 147	XIII. Tyche. 210
Der Thiasos . . . 150	Agathodämon 210
4. Akratos 153	
5. Methe 153	

V. Vermischte Dämonen.

VIII. Poseidon.

	a. Alphabetisch 213
1. Aegäon 156	b. Ethische und politische Dä=
	monen 217
	c. Personificationen . . . 225

Die Heroen und die Vergötterung.

Ursprung der Heroen . . . 238	Heroisirung historischer Per=
Heroen als Halbgötter . . . 240	sonen 274
Cultus der Heroen 247	Heroen der Geistesthätigkeiten 276
Verschiedene Arten der Heroen:	Heroen durch Laune und
Troische und Thebische He=	Aufwallung . . . 282
roen aus dem Epos . 252	Heroen uneigentlich . . . 282
Politische Heroen . . . 260	Entwicklungsgeschichte . . . 286
	Die Vergötterung 294

Vorrede.

Zwei Recensionen des ersten Bandes dieses Werkes, welche vorzüglich den Plan des Ganzen und den Hauptpunkt, Zeus, beurtheilen, veranlassen mich, auf den Letzteren hier zurückzukommen. Beide Recensenten waren in den Stoff, der Eine seit mehr, der Andere seit etwas weniger als einem Menschenalter eingelebt, beide hatten ihn durch Schriften und sehr zahlreiche einzelne Beiträge in Zeitschriften mit eben so viel Scharfsinn, als Gelehrsamkeit fortwährend behandelt und sich um ihn die ausgezeichnetsten Verdienste erworben, beide drücken sehr unzweideutig Wohlwollen und Gunst gegen den Verfasser aus: der Eine, K. Schwenck, in den Göttingschen gel. Anzeigen, 1858, S. 45 bis 67, der Andere, L. Preller, in den N. Jahrbüchern für Philologie, 1858, S. 32—44.

Schwenck spricht sich entschieden für meine Ansicht aus, die er auch durch einige erhebliche Bemerkungen, (wie namentlich S. 49. 52 f.) zu stützen sucht. Allein seine Beistimmung könnte partheiisch erscheinen, da er seit seinen Schuljahren mein eifrigster Schüler und mein lebenslänglicher treuer Freund gewesen ist. Indessen ist er bei einem seltenen Verein von Gaben der unabhängigste Geist, und hat von jeher meinen mythologischen Ansichten und vornehmlich nur diesen im Einzelnen so vielfach die seinigen entgegengestellt, daß ich in diesem Widerspruch nur die größte Auszeichnung sehen konnte. Auch in der angeführten Recension sind nicht wenige Götter ganz anders aufgefaßt, als von mir, und ich empfehle seine Meinungen darüber der genauesten Prüfung, wiewohl manche derselben mir leicht zu widerlegen scheinen. Preller, der treffliche Preller, dessen zu frühen Tod gewiß nur Wenige so tief empfinden, als ich, hat dagegen meine Stellung des Zeus in der Griechischen Mythologie nicht billigen können. Ein Mangel an richtiger Auffassung meines Standpunktes verräth sich deutlich S. 34 „daß mit der Ueberschrift von Gott und den Göttern zugleich eine zweite, die ganze Auffassung der Griechischen Mythologie bedingende Vorstellung ausgesprochen sey, es ist dieß die Ueberzeugung von einem früheren Theismus oder Monotheismus des Griechischen Volkes, welcher in den älteren Ueberlieferungen des Glaubens an Zeus deutlich ausgesprochen liege, so daß der Naturglaube und Polytheismus wie ihn der Verf. S. 214 f. unter der Ueberschrift Naturgötter bespricht, wo nicht als Abfall von einem früheren Glauben, doch als das Produkt erst einer späteren Culturstufe der Nation erscheint" und schon aus den Worten der Recension, (S. 36) daß gewisse Aeußerungen von mir beweisen sollen, „daß die Griechen auch in dieser Beziehung von Anfang an durchaus auf dem Boden der Naturreligion und des Polytheismus sich befanden", und (S. 39) daß nach mir „neben oder vielmehr v o r dem geschilderten kräftigen und glänzenden Polytheismus der Naturreligion

ein anderer Glaube an einen einzigen und supranatura=
len Gott geherrscht haben und dieser die Wurzel seyn
sollte, aus welcher jener durch das Bedürfniß des Geistes
sich Gott und Welt begreiflich zu machen, entstanden sey."
Ich habe allerdings behauptet, daß Zeus Kronion als
Himmelskönig und Weltbeherrscher so alt für uns sey,
als wir etwas von Vorstellungen der Griechen kennen,
aber nirgends gesagt, daß aus ihm die Götterfamilie, die
auf ihn zurückgeführt wird, auch entsprungen, oder abge=
leitet sey; aber auch (2, 32 auch 64), daß der Polytheis=
mus in Griechenland ursprünglich sey, und nirgends wird
sich eine Stelle finden, die dem widerspräche. So 2,
S. 230 „Nur von Zeus Kronion und Naturgöttern ist
in der Griechischen Religion auszugehn." Um darüber
deutlicher zu seyn, hätte ich mich nicht streng auf dem
Boden der Griechischen Mythologie halten, sondern eine
Einleitung über deren Zusammenhang mit der allgemeinen
Mythologie oder Religionsentwickelung vorausschicken müs=
sen. Ein Werk über diese liegt aber noch nicht vor, und
ich habe daher der Scheu nachgegeben, einer in sich ab=
geschlossenen Untersuchung einige aus einem anderen Ge=
biet hergenommene Zusätze beizufügen, die Manchen mehr
als eine Verzierung denn als eine wirkliche, solide Stütze
von Außen scheinen könnten. Hier indessen will ich ver=
suchen, in möglichster Kürze anzudeuten von welchen Vor=
aussetzungen ich ausgegangen bin.

Nachdem W. von Humboldts große Entdeckung über
Ursprung und Natur der Sprache, eine der größten, die
in Erforschung der Natur und Geschichte der Menschheit
je gemacht worden sind, bekannt geworden war, lag es,

wie mir dünkt, ziemlich nahe, an die Geschichte des Glaubens an Gott zu denken und sie damit in Verbindung zu bringen; was, so viel mir bekannt ist, bisher von Niemanden geschehen ist. Sobald der Mensch vermittelst der Sprache sich als freie Persönlichkeit fühlen lernte, hätte er sich sehr elend fühlen müssen durch Einsamkeit, dem zum Bewußtsein gekommenen Ich mußte nothwendig ein Du entsprechen. Wir setzen hier die Einheit des Menschengeschlechts voraus[1]). Die Thiere bilden entweder Heerde, oder fressen einander auf. Wenn dem Adam eine Eva gegeben war, so sind Mann und Weib Ein Leib, oder, wie der Indier sagt, ein Mann und ein Weib und ein Kind sind ein Mann. Ein geistiges Leben, wie es der Mensch in sich fühlte, konnte er nur im Inneren der sichtbaren Welt suchen, so wie er es in seinem leiblichen Dasein geheimnißvoll wirksam fühlte und seinem eigenen winzigen Leibe gegenüber mußte er dem geahneten, ähnlichen Leben in der sichtbaren Welt, worin er die Ergänzung seines eigenen Wesens finden sollte eine unendliche Ueberlegenheit beimessen. Durch die Verehrung und Unterwerfung unter dieses unbekannte göttliche Leben wurde seine Einsamkeit in der Schöpfung aufgehoben. Das Bewußtsein seines Ichs, seines Geistes, das ihn von Allem um ihn her schied, und das Gefühl des großen allgemeinen Geistes und Lebens, wodurch er mit dem All zusammenhing, waren in dem werdenden

---

1) Sie ist von Neuem dargestellt von Theod. Waitz in v. Sybels histor. Zeitschrift Th. 5. S. 289. Kant, Muthmaßlicher Anfang des Menschengeschlechts in den sämmtlichen Werken von Rosenkranz und Schubert VII, 2, S. 363—384.

Menschen in Eins verwebt. Auch auf der Höhe der Cultur findet sich nach allen Wandlungen derselben der Menschengeist in der Reife seiner Existenz sich in Gott zu versenken und zu leben getrieben. Auf dem Gefühl der Selbstheit und der Gottheit beruht alle menschliche Entwickelung. Auf diesen beiden steht, wie auf ihren Füßen, die Menschheit. Durch die Sinne nährt, übt und erzieht der Mensch den Verstand, so daß er auf dem Wege des Denkens zuletzt zu der Unterscheidung der apriorischen Begriffe von Zeit und Raum und der Caussalität gelangt. Von ganz anderer Art ist die Anschauung der Welt als einer beseelten, zu der er hingetrieben wird, die er anstaunt, und deren großer Geist ihn mit Verwunderung und Ehrfurcht erfüllt. In diesem Geiste fühlt er die Stütze und Gewähr seines eigenen kleinen Daseins. Ja, durch die Beziehung seines Geistes auf diesen wird erst sein Selbstgefühl und das Bewußtsein der Freiheit, die sich bis zum Trotz in dem Trieb des Bösen steigern kann, reif; ebenso wie in der physischen Welt die Stoffe in und durch und gegen einander wirken. An dem Ort und zu der bestimmten Zeit wo er sich dieser Betrachtung hingibt, zumal wenn eine gleichgestimmte Versammlung Mehrerer die Empfindung steigert, wird das Gefühl des Heiligen erwachen und in diesem und mit diesem die Frömmigkeit. Nur das ruhige leidenschaftlose Seyn, alles Gute und Friedliche seiner Natur, wird frei walten und der von Mord Befleckte würde keine Stätte finden unter den Anbetenden. In dem Gewissen regt sich die freie Sittlichkeit und alles Rechte, Gute, Edle und Schöne erwächst nach und nach aus dem Gefühl der Schuldlosigkeit und Pflicht. Der ganze Inhalt der praktischen Vernunft hängt mit dem Gottestriebe zusammen. Sie und die theoretische Vernunft begründen nicht eine Doppelwurzel unseres Wesens, sondern aus einem und demselben Keime entwickelt sich Beides, nur so, daß nach Zeiten und Verhältnissen Vieles sehr weit auseinanderliegt. Nur kann nicht Denken und Empfinden auf Ein Princip zurückgeführt werden, und eine Identitätsphilosophie, es sey die des Ich, des Wissens, des Willens des Absoluten, nach Spinozistischer oder nach Schellingischer Richtung ist mit der auf Denken und Fühlen zugleich beruhenden Psychologie unverträglich. Die Psychologie würde, so wie auf dem Gebiete der Menschenkenntniß, so auch auf dem der Geschichte der Gottesverehrung ihre realen Faktoren zu idealen Constructionen verwenden. Die Sprache ist Organ des Denkens, ist das Organ der Seele zum Denken, das Gefühl, das Organ zur Erkenntniß Gottes, des Unbekannten hinter der Natur, wie Al. v. Humboldt sich ausdrückt, des Guten.

Mit der psychologischen Annahme zu der wir genöthigt werden, verbindet sich auf nicht zu übersehende Weise die merkwürdige Thatsache, daß schon im Alterthum, nachdem die Völkerkunde sich erweitert hatte, ein sensus numinis anerkannt worden ist. Es mußten damals die früheren Erklärungen der Religion wohl aus der ersten Zeit als man über Ursprung und Umstände wichtiger Erscheinungen und Erfindungen nachzudenken anfing als unzulänglich erkannt worden seyn, z. B. die Erklärung aus Furcht und Schrecken durch Gewitter und Stürme, welche auch die Thiere empfinden, da die Furcht mit ihren Ursachen nachläßt und niemals in Ehrfurcht und Anbetung übergeht, — oder die Erklärung aus Freude an dem Segen der Natur, da der Genuß der Beglückenden nicht in Dankbarkeit gegen oder in Liebe zu einem ohne weiters vorausgesetzten Urheber übergeht: nicht zu reden von Erfindung der Götter durch volkstäuschende Tyrannen oder durch die Verehrung besonders mächtiger und wohlthätiger Menschen, die nach dem Tode nicht bloß als solche, sondern auch als ganz andere wunderbare und rein poetische Personen gedacht worden seyen.

Diese, aus der Erfahrung gewonnene Ueberzeugung von dem ursprünglichen Gottesbewußtsein oder Gottestrieb des Menschen verdiente in unserer Zeit der riesenhaften, mit wissenschaftlichen und anderen Mitteln aller Art überschwenglich ausgerüsteten Erdkunde, eine neue über den ganzen Erdkreis ausgedehnte Untersuchung und Erprobung. Man wird nicht glauben, daß die Religionen der großen Culturvölker auf den Grund schon hinlänglich geprüft seyen, noch daß die Nachrichten der Reisenden früherer Perioden, die Alten nicht ausgeschlossen, zu diesem Zweck hinreichend seyen, da heute sogar noch die Mythen der verschiedensten Art, die, welche die Religion angehen und welche nicht, alltäglich unter einander gemischt werden. Die Aufgabe, die ich berühre, ist zu groß als daß ihre Lösung planmäßig unternommen werden wird, aber Viel wird schon gewonnen seyn, wenn einige Menschenalter hindurch Viele die sich welthistorischen Studien widmen, und insbesondere auch Reisende, wohl vorbereitet durch das was bis jetzt auf dem Gebiete der Religionen erkannt ist, oder aufgeklärt werden kann, sich in größerem Zusammenhang diesen für die Geschichte der Menschheit besonders wichtigen Gegenstand zu Herzen nehmen wollten.

Von den Anfängen der Entwickelung kann nicht die Rede seyn, sie liegen zurück hinter aller Vorstellung und Vermuthung. Niemand wird leicht dem widersprechen was W. von Humboldt sagt [2]): „Ueberhaupt ist, meiner innigsten Ueberzeugung nach, alles Bestimmen einer Zeitfolge in der Bildung der wesentlichen Bestandtheile der Rede ein Unding. Was zu ihnen gehört, wird bewußtlos auf einmal von dem Sprachvermögen gegeben und das ursprünglichste Gefühl, das Ich, ist kein nachher erst erfundener, allgemeiner, biscursiver Begriff." Wie könnte man daran denken von dem, was das Mystischeste in dem Wesen des Menschen ist, und von seinen ersten Entwickelungen, sich eine Vorstellung bilden zu wollen? Da aber jeder Keim unabläßig und unveränderlich entfaltet was in ihn gelegt ist, so werden wir nicht irren, wenn wir das, was wir nach der Erfahrung von dem Menschen als natürlich voraussetzen, zum Ausgangspunkt in unserer Spekulation über den Gang der Religionen bestimmen. Der sich selbst fühlende Mensch, der auch in der Welt um ihn her Seele empfindet, und sich besinnt wo sie ihren Sitz habe, um sich ihr zuzuwenden, richtet natürlich seinen Blick auf den hohen weiten lichten Himmel, und ein Ganzes wird immer eher ins Auge gefaßt als Theile unterschieden [5]). Die innata notitia faßt

---

[2]) Humboldt über die Verwandtschaft der Ortsadverbien mit dem Pronomen. 1830. S. 3.

[3]) „In der Kindheit der Menschheit, in der natürlichen

früher Gott als Götter. Der Himmel mit Blitz und Regen, mit der Wärme, die ebensowohl allgemein verbreitet gedacht, als von der Sonne hergeleitet werden kann, macht mit der Erde ein ehliches Paar aus, und im Ganzen hat unstreitig Gott im Himmel den ersten Rang unter den Culten des Erdkreises eingenommen. Da aber zu allen Zeiten Meinungen und Annahmen der Menschen von Andern mit ihren eigenen vertauscht worden sind, so ist zu denken, daß auch schon in frühesten Zeiten Völker gewesen sind, welche die Sonne als den sichtbaren Gott in das Auge gefaßt, und bei ihrem Aufgang verehrt haben. Auch der Mond, in stiller Nacht am Sternenhimmel, wirkt so auf das Gemüth daß wir uns nicht wundern, bei andern Völkern ihn als die Hauptgottheit gelten zu sehn. Ja, Zoega der vermuthlich mehr als irgend ein Anderer die Nachrichten über alle Culte, besonders auch aus den Reisebeschreibungen, gesammelt hatte, bemerkt (an den von mir im ersten Band angeführten Stellen) daß mehr Völkerschaften den Mond als die Sonne allein verehrt haben sollen. Daß Anwohnern der See, und die mehr auf ihr als auf dem Festlande lebten, die scheinbare Unendlichkeit derselben, und die Fülle großartiger, stets wechselnder Erscheinungen auf ihr, den Eindruck wie des höchsten und einigen Gottes gemacht hätten, würde nicht zu verwundern seyn; wie-

---

Frische des Gemüthes wird immer ein Ganzes empfunden und, wenn auch mit roheren Zügen, ein Ganzes wieder darzustellen versucht." W. v. Humboldt in den Briefen an mich, S. 62. Vgl. S. 92.

wohl mir nicht bekannt ist, daß eines der Seevölker nicht zugleich den Gott der Erdebewohner verehrt hätte.

Die genannten drei Himmelsgötter sind keineswegs nothwendig als von Anfang an neben einander verehrt zu denken, aber leicht theilten sich die Nachbarn auch Anbetungsgebräuche unter einander mit. Darin liegt eine Hauptquelle des Polytheismus, welcher den anfänglichen Monotheismus keineswegs ausschließt, sondern ihm durch die Mischung der Stämme zufließt. Die andere und noch ergiebigere liegt darin, daß die, welche einmal des Glaubens an Gott lebten, fast unvermeidlich auch Theile der irdischen Natur als die Quellen und Flüsse, den Aether, das Feuer, das Zeugungswerk der Heerde als besondere Götter unterschieden, wie wir die verschiedenen Kräfte unseres Geistes. Und nachdem einmal diese dem höchsten Gott keinen Eintrag thuende Frömmigkeit mehrfache Wurzeln geschlagen, mußten sie nach den Bedürfnissen, den Sitten und besonderen Boden- oder Bildungsverhältnissen sehr mannigfaltige Götter stiften. Der Polytheismus war auch bei den Griechen ein Gegenstreben gegen den Monotheismus, der aber durch Homer und am meisten von der ursprünglichen Idee überwunden wird, die neben der polytheistischen Phantasie im Stillen fortleben konnte. Die Erkenntnisse laufen nicht blos, was gewöhnlich allein betrachtet wird, in aufsteigender oder niedersteigender Linie, sondern neben einander steht in jeder Zeit eine höhere und eine niedere Ansicht nur natürlich sehr ungleich vertheilt in verschiedenen Zeiten. Je älter aber die Zeit, um so geringer ist die Anzahl derjenigen, welche der höheren geweiht sind, um so mehr befestigt sich das, was eigentlich nur der Abfall der Idee ist: und weil die materielle Form herrschend geworden, so erscheint sie der späteren Zeit oft als die einzige. Bei den Griechen, so wie bei den andern Cultur-Völkern ist jederzeit eine höhere Lehre gewesen, aber die volksmäßig herabgezogene, bildlich materialistische hat das Uebergewicht häufig so erlangt, daß das Abgebildete mit dem Urgrund gänzlich verwechselt worden ist. O. Müller in den Proleg. S. 245 erkennt einen monotheistischen Trieb im Polytheismus an. — So auch Preller und Nägelsbach. — Aber im Gegentheil liegt im Monotheismus ein polytheistischer Trieb. Er zieht nach und nach zum Polytheismus hinüber, statt daß der Polytheismus eine Vorübung zu jenem wäre. Es ist bemerkenswerth, daß nach den Missionsberichten, wie mir ein sehr gelehrter Theologe versichert, ein Einfaches überall auch bei den rohesten Völkern der verschiedenen Weltgegenden als die Spitze oder das Wesentliche ihres Glaubens und Gottesdienstes zu erkennen ist. Wenn künftig umsichtigere Untersuchung auch noch rohere Vorstellungen, Zeichen und Bräuche, welche die Stelle der Religion vertreten, ergeben sollte, so daß eher ein Racen-Unterschied im Geistigen, entsprechend dem Physischen in den Farben und was daran hängt, zu behaupten wäre, so würde auch so der Gottessinn der menschlichen Seele sich erweisen, auch in dem rohesten Zeichen des Bedürfnisses von etwas Idealischem für die Menschheit.

Preller drückt seine der meinigen völlig entgegengesetzte, widerstreitende Ansicht in einem Briefe an mich vom Januar 1859 so aus: „Eins hätte ich bestimmter hervorheben sollen (in meiner Rec. der Götterlehre) daß nur der **reine** (strenge) Monotheismus für welchen ich einzig den jüdischen gelten lassen kann, überhaupt nicht der Anfang der Religionsgeschichte zu seyn scheint, sondern erst das Resultat einer gewissen Epoche derselben; denn er beruht wesentlich auf Abstraktion und Negation."

Blicken wir auf Griechenland so liegt hinter dem ausgebildeten Homerischen Götterstaat in sehr vielen vereinzelten Spuren religiöser Ideen und Gebräuche, die Gewißheit von so vielen und verschiedenartigen Culten, daß es unmöglich ist, nach der Aufeinanderfolge derselben zu fragen. Die ganze Reihenfolge von Wanderungen, Sitzwechseln, Vermischungen zahlreicher Stämme, müßte uns einigermaßen sicher bekannt seyn, um über die Götter in dieser Beziehung urtheilen zu können. Je größer man sich mit Recht die unbekannten Zeiträume auch nur der größten und edelsten Völkerstämme denkt, um so unberechenbarer erscheint die Menge und Mannigfaltigkeit der in's Leben getretenen Cultusformen, und selbst die der Völker Japhetischen Stammes sind bei weitem noch nicht so befriedigend erforscht, daß wir das Früheste und Unterscheidendste von jedem richtig zu kennen glauben dürfen, während was zu diesem geführt hat völlig in Nacht begraben liegt. Daß in Griechenland Zeus Kronion eben so alt erscheint als die Götter unter ihm, liegt vor Augen und daß dem Zeus als Himmelsgott in dem Meer und dem Hades, unterschieden von der Mutter Erde, Brüder gegeben worden sind, ist nicht als primitiv sondern ungezwungen aus dem neben den primitivsten Anschauungen fortwährend wirksamen mythenbildenden Sinn, der durch den ganzen Homer waltet, leicht zu erklären. Keineswegs ist bewiesen, daß für alle Pelasgischen und Hellenischen Stämme seit ihrer Einwanderung Zeus die höchste Gottheit gewesen sey. Andere konnten als solche den Helios, dessen Cult unermeßlich weit in der alten und neuen Welt reicht, verehrt haben, der dann nicht in die Reihe der Naturwesen fiel, die gleich dem Wasser, dem Feuer u. s. w. als Theile der großen göttlichen Natur besondrer Verehrung genossen. Bedeutend genug ist daß aus Helios in Thrakien Ares und Dionysos und auf vielen weit weniger dunkeln Punkten Apollon und Pan hervorgegangen sind, daß Helios fort und fort eine so große Heiligkeit für die Griechen gehabt hat und Frühling und Herbst, da von diesen Wendepunkten des Jahres das Leben durchaus abzuhängen schien, überall den tiefsten Eindruck machten. Auch von Verehrung der Selene, besonders in walbigen Gebirgsländern, haben wir Kunde und ihre Verbindung mit Apollon, so wie die Gallier nach Cäsar Sol und Luna nebst dem Feuer anbeteten, kann auf die Einheit einer Religion des Lichts als der höchsten gedeutet werden. Bei diesen Ungewißheiten steht doch so viel fest, daß wir bei den ältesten und edelsten Stämmen auf Griechischem Boden von Anfang an Verehrung des Zeus voraussetzen dürfen und daß diese im Zusammenhang steht mit der Uridee der ersten Menschen der uns bekannten Art. Diese Uridee mußte in der langen Periode langsamster Entwickelung sich so sehr in dem Geschlecht befestigen, daß sie nie wieder ganz ausgehen konnte. Unendlich weniger bedeutende Traditionen haben sich unter zusammenhängen Völkern, wie sehr auch hier oder dort abgeschwächt und verfälscht, von irgend einer Seite her immer wieder erneuert und erfrischt, unzerstörbar erhalten. Unter den Griechischen Völkern müssen die schon erwähnten und vermuthlich viele andere Culte, in großer Mannigfaltigkeit sich frühzeitig verschlungen und verknüpft haben. Dieß scheint der innere Grund zu seyn, daß eine Reaction entstand und dem ältesten und angesehensten aller Culte ein neues Uebergewicht über alle anderen gegeben und dadurch, so viel es nach den Umständen möglich war, die einfache Religion der ältesten Zeit wieder hergestellt wurde. Auf dem Grunde dieses religiösen Glaubens der Homerischen Menschen und ihrer Vorgänger beruht auch die nicht mehr mythologische, sondern philosophisch erfaßte Einheit Gottes während der langen späteren Geschichte.

Eine gleich herrliche und auch theologisch betrachtet großartige Erscheinung bietet sich in keinem unter den sprachverschwisterten Arischen Völkern dar. Indessen steht nicht allzu entfernt die Lehre der Edda oder nach Jacob Grimm sehr glaublich die allgemeine Germanische. Nur daß hier die als älter zu betrachtende einfache Volksmythologie schon in Verbindung gesetzt ist mit einer Kosmogonie spätern Ursprungs. Es ist Sache philosophischer Denker sich eine Vorstellung von der Entstehung der Welt und der Natur und dem Zusammenhang der Dinge zu bilden. Die Zeit einer reichern geistigen Bildung, worin die Keime einer Kosmogonie hervorbrechen, die dann auf verschiedenste Art verschiedene Zeitalter hindurch von forschenden Geistern gepflegt werden, diese Zeit liegt weit ab von der Periode, die aus Eingebung des Gottessinnes mythologisch nur im Glauben einen Zeus, Vater der Menschen sowohl als der Götter, und Götter verschiedener Aemter unter ihm aufstellt, was im Homerischen System nach früheren Gebilden wohl nur vollkommener wiederholt ist. Daß Versuche dieser Art dem Homer lange Zeit vorausgegangen waren, ist aus ihm selbst vollkommen klar; aber wir ersehen dieß aus ihm nur als gelehrten mit poetischer Erfindsamkeit angebrachten Schmuck, der auf Geist und Tendenz seines Göttersystems, welches religiös und für die Nation eingerichtet ist, ohne Einfluß bleibt. (Götterl. 1, 295 ff.). In der Hesiodischen Theogonie aber sind die kosmogonischen Ideen vorangestellt und die Götter als das Spätere mit ihnen verknüpft, worauf auch der Name Theogonie beruht. Auf dieselbe Art sind in der Edda, was für die Culturperiode ihrer Zeit nicht zu übersehen ist, kosmogonische Elemente dem ohne Zweifel frühern Glauben vorangestellt. Die Götter traten zuerst bei der Weltbildung als die ordnenden und erhaltenden Mächte mit den chaotischen Elementen (den Riesen) in einen Kampf. An der Spitze jener steht Buri d. i. der Erzeuger, dessen Sohn Bör, der Erzeugte oder Börn der Erhalter ist. Diese Riesen sind augenscheinlich die griechischen Titanen die in der Hesiodischen Umdichtung den ältern allgemeinen Vorstellungen sehr ungleich geworden seyn mögen. An die Titanomachie der Edda aber wird nun der alte Volksglaube auf folgende Weise angeknüpft. Unter den Söhnen Bör's (vergl. Völuspá Strophe 4 und Snorra Edda 6 und 20) steht Odin als der Vater der Götter (Alföbr) an der Spitze der sich später zertheilenden Asen und Göttersöhne. Odin ist es, der die Lenker und Richter einsetzt, welche die Einrichtungen der Götterburg (Idavöllr) bewahren sollen. (Völuspá 6 und 7. Snorra Edda 9, 14). Die Edda enthält auch im Ragnarökr d. h. dem Ende der waltenden Götter eine merkwürdige Hindeutung auf das ursprüngliche höchste Eins. Der Mächtige und Starke, der nach Völuspá (Str. 64) zum Rathe der Götter reitet, bietet durch seine richterliche Thätigkeit die rechte Bürgschaft für die Erhaltung des Friedens. Dadurch unterscheidet er sich von Odin und seinem kriegerischen Geschlecht, daß unter seiner Herrschaft ewiger Friede besteht. Ihm unterwirft sich willig das Göttergeschlecht der neuen Welt. (Völuspá Str. 59 und 64). Dieser Mächtige der (nach dem Hyndluliod Str. 41) mächtiger ist als Odin, hat schon früher, wenn auch geheimnißvoll gewaltet. Timbultyr, der große Gott, ist sein Name (Völuspá Str. 59). Also der höchste Gott der zweiten Welt soll geheimnißvoll, auch schon vor Odin gewaltet haben, indem das höchste Wesen nothwendig als ein uranfängliches gedacht werden mußte, so daß Odin, so lange er der höchste Gott war, oder als der höchste Gott angesehen wurde, nur sein Stellvertreter war. Dieses zweite Product uralter Speculation, der Untergang der Welt und ihre Erneuerung, eine auch den Griechen vermuthlich aus alter Tradition bekannt gewordene Meinung, ist von ihnen nicht aufgenommen und mythisch entwickelt worden, steht aber mit der Kosmogonie, die auch sie längst vor Homer mit dem nationalen Götter= oder Glaubens=System, wie die angedeuteten homerischen Stellen beweisen, verbunden haben, auf derselben Linie einer von dem Volks=

glauben und seinen Göttern streng zu unterscheidenden Naturphilosophie. Uebrigens erhält sich in Bezug auf Odin die Erinnerung seiner Einfachheit, trotz aller polytheistischen und mythologischen Einwirkungen der spätern Zeit, indem Odin schlechthin als der Regierer bezeichnet wird: miötudr i. e. moderator, mensor. (Sigurdharkvidha 3, 68. Oddrunargratr 17).

Bei diesem Germanischen Odin kommt nun in Betracht die damit zusammenhängende diesem Stamm eigene Gemüthstiefe, kräftige Rechts - und Freiheitsliebe, seine Gemüthlichkeit und Kräftigkeit. Auch das Zendvolk scheint sich sehr ausgezeichnet zu haben durch starken Zug zum Geistigen, durch den Ernst umfassender Gedanken und ein strenges Sittengesetz, welches Alles von der frühesten Gottesverehrung abhängt. Weniger auffallend und bestimmt weist auf diese der Vedismus hin. Klimatische Einflüsse, ein weicherer Sinn, große Zartheit der im Naturgenusse schwelgenden Phantasie scheinen in diesem Stamm eine wucherische Fülle schöner poetischer Anschauungen vorherrschend gemacht zu haben. Es verräth sich zugleich eine nicht unmächtige Hierarchie, deren Natur es ist, mit der Zeit die guten Werke, die sie ursprünglich zur Erziehung der Gottesgedanken bestimmte, zum Zweck zu machen, allmählig immer mehr von den einfachsten Ahnungen und geheimnißvollsten Regungen im Inneren abzuziehen, und die heilige Scheu der stellvertretenden Autorität zuzuwenden, nicht ohne häufigen Nachtheil der freien und wahren, oder doch festen Sittlichkeit zu Gunsten des schönen Scheins. Wegen einer darin angeführten Aeußerung meines verstorbenen Freundes K. O. Müller will ich hier eine früher im Rh. Muſ. 1858 (S. 617) geſchriebene Stelle über die auch jetzt nicht ausgeführte, ſondern nur aufgeſtellte inhaltreiche Theſis wiederholen. „Den Irrthum (Proleg. S. 281) daß die „Götter, Culte und Mythen der Griechen in ihrer Beſtimmtheit einer Zeit geſonderter Entwicklung (in Griechenland ſelbſt) gehören, in der es ſelbſt kein äußerlich zuſammengehaltenes Nationalganzes gab" hat die Zeit beſeitigt. Aber ich zweifle, ſo wie ich meines der Wiſſenſchaft ſo früh entriſſenen Freundes Geiſt zu kennen glaube, auch nicht im Mindeſten, daß er ſich nur dem Ganzen der Göttermythologie zuzuwenden, ſich in die naiven, tiefſinnigen, folgerechten, harmoniſchen, merkwürdigen Göttergebilde zu vertiefen gebraucht hätte, um durch Analyſe und Vergleichung alles Gegebenen hindurch zu einer Philoſophie der Mythologie aufzuſteigen, ohne die nicht auf den Grund zu blicken und einzugehen iſt. Sicher hätte er ſich auch W. von Humboldts Aufklärung des Weſens der Sprache, dieſe große und weitgreifende Bereicherung der Wiſſenſchaft, nicht entgehen laſſen. Vermuthlich hätte er, der durchaus nicht abgeneigt war mit mir übereinzuſtimmen, mir zugeſtanden, wenn er nicht ſelbſt auf die Idee gekommen wäre, die ich hier freilich nur mit wenigen Worten andeuten kann, daß mit dem durch die Sprache vermittelten und erwachten Bewußtſein des Geiſtes von ſich, ſeiner Perſönlichkeit, unmittelbar verbunden iſt die πρώτη θεοῦ ἔννοια, der Urgedanke, der Gottesſinn, der sensus numinis, die Ahnung eines großen lebendigen Weſens, gegenüber dem kleinen, das ſich fühlt. Wie durch ihre zwei Kotyledonen die Pflanze herauswächſt, ſo keimt aus dieſen beiden Trieben, Gott und dem Ich, die Menschheit hervor. So wenig aber die einzelnen Seelenkräfte im Bewußtsein früher unterschieden werden als das Bewußtsein des einen Geistes erwacht und geübt ist, so wenig läßt die erste Religion in ihrem Zug und ihren Aeußerungen sich polytheistisch denken. Mit einem Einfachen, Einen, Ganzen, hat es jede Ahnung, jeder erste Blick, jeder erste inhaltreiche Gedanke zu thun. Wie der Mensch sich als Einen empfindet, so das All ihm gegenüber als Eins, und wie er in seinem Leib einen Sitz des Geistes, von wo aus dieser wirke und walte, sucht, so ist es ihm natürlich, auch im All einen Hauptsitz der göttlichen Macht zu finden, es sey in der Himmelshöhe oder in der Sonne. Die Ansicht der Prolegomena ist (S. 243—245), daß der Cult sey in dem allgemeinen Gefühl des Göttlichen, daß von Anfang jeder Cult das religiöse Gefühl ursprünglich in einer gewissen Allgemeinheit ausdrückte, und für den Stamm, welcher den Cultus übte, in vieler Hinsicht genügend war, und daß hernach im Volksglauben ein Götterstaat unter einem Oberhaupt entstand, welches besonders sobald es mit dem allgemeinen Geschick identificirt wurde [4]), zur eigentlichen Gottheit empor wuchs. Es folge daraus keineswegs ein eigentlicher strenger Monotheismus der ursprünglichen Griechischen Gottesverehrung, der bei der zu Grunde liegenden Weltansicht kaum möglich gewesen sey. Er setze wohl immer eine gewisse Ab=

---

[4]) Die philosophische Idee des Geschicks, die erst nach Homer hervortritt, ist gerade den Göttern des Cultus und des Glaubens entgegengesetzt.

straktion, eine Entfernung und Zurückziehung der religiösen Gefühle von der Natur voraus. Freilich der Monotheismus im eigentlichen und herkömmlichen Sinne des Worts, ein klar begriffener Monotheismus. Ein andrer ist der, welcher ausgehend von der Einheit, durch die Vielheit der Personen in den Naturmythen zwar beeinträchtigt, durch Verwilderung der Sitten und der Bildung unterbrochen, der selbst in christlichen Gemüthern geschwächt und angefochten wird, der aber, weil er ein Erbtheil der Menschheit ist, immer wieder durchbringt, der z. B. in dem Hellenisch-Homerischen System, bei aller Vielheit der Personen, sich im Ganzen siegreich von neuem aufgerichtet hat, und nicht bloß vermittelst dieses Systems, sondern auch des der Nation von Anbeginn eigenen Geistes in ihr selbst, nach einer abermaligen Periode einer dem Monotheismus eigentlich entgegenwirkenden Entwicklung, den schönsten wissenschaftlichen Ausdruck gefunden hat. Die Natur hat im Allgemeinen mehr des Gemeinsamen in ihrer Einwirkung auf den sie als göttlich anstaunenden Menschengeist, und in ihrer Bestimmung seiner Lebensweisen und Charakterbildung, als der Ungleichheiten. Doch haben nach den Klimaten und Nationen die aus diesen Anschauungen hervorgegangenen Götter auch große Verschiedenheiten und Eigenthümlichkeiten". So weit die Wiederholung.

Preller geht von dieser allgemeinen Ansicht aus [5]: „die Naturreligion ist der Ausdruck jener tiefen und ursprünglichen Sympathie zwischen dem menschlichen Geiste

---

[5] Jahrbücher für Philologie 1859. 79, 350.

und dem Leben der Natur, vermöge welcher jener von ihr mit den ersten Vorstellungen und Bildungen der Sprache, der Phantasie, des religiösen und sittlichen Gefühls befruchtet wurde, und diese auf seine Fragen mit den Stimmen und Gestalten der Götter antwortete:" oder 6) „daß die Natur der mütterliche Grund und Anfang ihrer Vorstellungen von den Göttern überhaupt gewesen." Ebenso lesen wir in der Recension der Götterlehre: „von dem allen Naturreligionen zu Grunde liegenden Gefühl für die Natur, dem innigen Zusammenhange des Menschen mit der Natur auf den früheren Entwickelungsstufen seines Geschlechts, den ältesten Zeichen, Bildern und Naturmalen des Gottesdienstes auf dieser früheren Stufe, aus welchen sich erst mit der Zeit die eigentliche Idololatrie entwickelte." Hierin liegt der ganze Grund des Widerstreits gegen meine Götterlehre klar aufgedeckt. Offenbar hat Preller diese seine Ansichten aus seinem Studium der Griechischen Mythologie für sich geschöpft ohne an Ursprung und Wesen der Religion und der Mythologieen überhaupt zu denken. Woher weiß er daß die Menschen auf der frühesten Stufe mit der Natur sympathisirten? Ist es glaublich, daß in den Anfängen aller Cultur, Charakter, Gestalt, Anmuth der Naturgegenstände aufgefaßt, unterschieden und empfunden worden seyen? Das Menschliche ist in die Natur von dem Menschen übergetragen worden, darin besteht diese Sympathie, und das Menschliche mußte vorher sich entwickelt haben. Diese Ausbildung nun begann mit dem religiösen Gedanken, welcher, wie der philosophische Barthelemy de St.

---

6) Das. S. 351.

Hilaire sich ausdrückt, den ewigen Grund der menschlichen Seele ausmacht. Durch ihn ist die Natur göttlich und lebendig geworden. Der in ihr gesuchte und geglaubte Geist, der zuerst im Ganzen und Großen der Dinge, nach und nach als besondere Kraftäußerung in einzelnen Theilen der Natur angebetet wurde, hat, indem hierdurch zugleich alle Fähigkeiten des Gemüths in unendlich verschiedenen Graden und Weisen sich entwickelten, es möglich gemacht, Sympathie mit der Natur zu empfinden. Die tiefe und ursprüngliche Sympathie zwischen dem menschlichen Geiste und dem Leben der Natur soll der Grund gewesen seyn „vermöge welcher jener von ihr mit den ersten Vorstellungen und Bildungen der Sprache, der Phantasie, des religiösen und sittlichen Gefühls befruchtet wurde," das heißt doch wohl daß der sympathisirende Geist alle diese schönen Dinge aus der Natur, der materiellen Natur, schöpfte, da der Geist, wenn sie aus ihm stammten, — wie sie in der That vermöge der Gottesidee thun, — vielmehr der Natur, der todten Natur Sympathie mit ihm selbst hätte eingeben müssen. Gewiß hätte der Verfasser ohne seine Absicht sich das Verhältniß von Monotheismus und Polytheismus bei den Griechen zu erklären, selbst nicht den Satz erfunden, daß die Natur, die todte, der mütterliche Grund und Anfang der Vorstellungen von den Göttern überhaupt gewesen sey. Die Natur an sich gab ihnen, wie durch den Instinkt den Thieren, die keine Sympathie mit der Natur empfinden, unendlich viel Stoff und Anlaß, ihren Verstand zu gebrauchen, aber nicht den geringsten, das was aus Gott in ihnen stammt zu vermuthen oder zu erfinden.

Neben der Anbetung Gottes im Himmel, in der Sonne, im Mond kommt auch die in Betracht, die wir nicht bloß in Asien, sondern auch bei Griechen, Germanen und Kelten finden. Tacitus sagt, daß die Germanen den Göttern nicht Tempel errichteten und Bilder von ihnen machten, was ja auch die Griechen und Römer in den frühesten Zeiten nicht thaten, wovon er jedoch selbst bei den Germanen auch einige Beispiele anführt, sondern Haine und Wälder weiheten, und Götter nannten jenes Geheime, was sie bloß in der Andacht schauten. (Germ. 9). Dies bestätigt auch Seneka (ep. 41). Hohe mit dem Namen des Zeus bezeichnete Eichen bei den Kelten nennt Maximus Tyrius diss. 38. Auf einzelne Götter, wenn sie nicht die höchsten bestimmter Völker waren, können Haine und hervorragende Bäume nur übergegangen seyn von dem höchsten Wesen: das Geheime, das nur in der Andacht geschaut wird, ist ein Einfaches, ist Eines. Wie der Malstein in Asien zum Zeichen einer Versammlung diente, die durch die Vereinigung die Kraft ihrer Anbetung vermehrte, so auch dienten zur Vereinigung von Vielen die geweiheten Bäume, die durch ihre ausgesuchte Stelle und ehrwürdige Schatten, durch die ergreifenden Schauer des Hains die Stimmung gewissermaßen weiheten und erhoben. Niemand kann doch glauben, daß die Eiche des Zeus zu Dodona oder irgend ein ähnlicher Riesenbaum an sich als Gott ursprünglich angesehen worden sey, statt daß sie von dem gemeinen Volke mit Gottheit verwechselt worden sind, wie den Idolen zu jeder Zeit geschehen ist. Wer daran zu zweifeln im Stande wäre, dem müßte man den spätern Gebrauch anführen, daß ein kleines Götterbildchen nicht selten in dem Stamme des heiligen Baums aufgestellt wurde. Wenn aber der Baum und der Hain die Verehrung des der Menschenbrust eingebornen Gottes allein in der Andacht bezeugen, so ist damit erwiesen, daß denkende Menschen den Himmel, die Sonne, den Mond als Sitz des göttlichen Geistes, wie etwa des menschlichen im Haupt, nicht mehr annehmen wollten, wie denn in Ansichten aller Art die Menschen ihrer und der Natur der Dinge nach, ohne Zweifel von jeher, wenn auch immer zunehmend, sich zu unterscheiden, zu berichtigen, zu bestreiten, zu wechseln geneigt waren. Wenn man auf den Entstehungsgrund dieser Art der Gottesverehrung, der man nicht anstehen wird ein über das homerische weit zurückreichendes Zeitalter zuzugestehen, denkend zurückgeht, so muß man sagen, daß Menschen gewesen seyn müssen, die an den Sitz des göttlichen Geistes in einem besondern Theile des Weltalls nicht mehr glauben wollten. Sie müssen vielmehr einen wohl geahnten, aber unbegreiflichen, unbekannten Allgeist sich gedacht haben, nicht einen hoch über der Zeit und dem Raume lebendig webenden höchsten Gedanken, sondern einen kosmischen Gottesgeist. Preller sagt: „Wiederholt nimmt Welcker für seinen Zeus etwas Supranaturales und die Idee eines allbelebenden weltbeherrschenden Allgeistes in Anspruch, und dennoch ist dieser Gott auch wieder mit den Affektionen des Naturlebens behaftet. Als tiefere Grundlage bleibt die ursprüngliche Einheit und kosmische Universalität, ja nach Welcker auch das supranaturale Wesen des Zeusbegriffs erkennbar. (S. 40). Er trägt kein Bedenken, auch die Schöpfung ober wenigstens etwas Derartiges seinen ältesten Griechen zuzuschreiben. (Götterl. S. 193)." Daß auch dem Homer und seinen Vorgängern, welche die uralteste, ansprechendste, von keiner nachfolgenden Zeit ganz überwundene Idee von Gott im Himmel von Neuem predigten und mit dem daneben aufgekommenen Polytheismus vereinigten und zu einem erhabenen System, einer neuen Art von Monotheismus zusammensetzten, die Idee eines Allgeistes aufgegangen wäre, und hinter dem Gange, der in ihrem Volk und ihrer Zeit herrschenden und diesen gemäßen Vorstellungen über Gott und Götter hier und da hervorblickte, dürfte nicht in Verwunderung setzen: nur daß wir nicht von einem supranaturalen, sondern in der Welt wirksamen, schaffenden Geiste reden. In der von Preller angeführten Stelle ist unter der Ueberschrift „Zeus schaffend" der Unterschied der Schöpfung aus Nichts und diesem kosmischen Gott deutlich genug auseinandergesetzt 7). Nur sind Monotheismus und Polytheismus keineswegs eben so nothwendig entgegengesetzt, als jene Beiden, wie dort hinzugefügt wird. Hätte übrigens Preller die Eigenschaften des Zeus wodurch er dem Gotte des A. T. in so hohem Grade ähnlich wird, mehr in das Auge gefaßt, so würde er vermuthlich weniger Anstoß daran genommen haben, daß er auch, als der allbelebende weltbeherrschende Allgeist, mit den Affektionen des Naturlebens

---

7) v. Wessenberg Gott in der Natur, Oerstedt und besonders v. Bär „Welche Auffassung der lebenden Natur ist die richtige? 1862" S. 39 ff. Der Apostel Paulus: die Heiden wissen daß ein Gott sey: denn Gott hat es ihnen offenbaret.

behaftet ist, wie selbst Jehovah an so vielen Stellen der Propheten und Psalmen zu seyn scheinen könnte.

Preller erkennt demnach als Monotheismus allein ben mosaischen an im Gegensatz von Naturreligion, das ist, aus Sympathie des Menschen mit ihr entstandener Religion. Die aus Urzeiten herstammende Anbetung des unsichtbaren Gottes im Geiste im Schatten eines Hains oder großen Baumes kann als Widerspruch gelten gegen ben nach und nach entstandenen Polytheismus mit Mythologie und Idololatrie. Dieser hatte aber freilich nicht die Bedeutung und Gewalt als der griechische nach und neben der volksbeherrschenden Mythologie des Zeus und der Götter unter ben Denkenden lebendig gewordene Begriff der Gottheit und die anstaunenswerthe Ethik im Zusammenhang mit diesem Gottesbegriff. Dagegen kann, wenn man sich auf das geschichtlich Wahrscheinliche beschränkt und die Continuität und Einheit der Geschichte der Menschheit festhält, die Lehre, daß der Geist Gottes, völlig getrennt von ben Dingen sie hervorgerufen habe, so daß sie fortan nach ben in sie gelegten Gesetzen ihre Kräfte Maschinen=mäßig gegen einander übten, wenn nicht der „Welten Meister" durch neue Willensakte wie durch besondere Schöpfungen oder Offenbarungen die Naturgesetze unterbräche oder absolut neue Stiftungen hinzufügte, als eine Reaction mächtiger als je eine andere unternommen worden ist gegen die frühern Religionen, angesehen werden. Die mit diesem großen Satz verknüpfte Kosmologie und Psychologie zur Erklärung der menschlichen Sittlichkeit auf bem Grunde des in zwei Beispielen anschaulich gemachten Gewissens zeigt, wie tief und gebankenreich die Bildung des Kreises einer unbekannten Periode gewesen sein müsse, aus welcher solche Ideen hervorgegangen sind. Was aber die Größe der Mißverständnisse, Mißbräuche und Gräuel gewesen sei die aus der frühern Religion eines weltbeherrschenden Allgeistes und eines damit verbundenen Polytheismus von unbestimmbarer Dauer, Verwicklung und Schicksalen entsprungen sind, dies sich vorzustellen nach dem was uns die Erfahrung unendlich verschiedener Zeiten und Völkerzustände lehrt, muß dem, welcher jene Hypothese aufstellt, natürlich ganz überlassen bleiben. Es wird erlaubt seyn dabei insbesondere sich zu denken, daß in der Nähe des Ausgangspunktes dieser folgenreichsten von allen Religionen, in der Nähe sowohl dem Ort als der Zeit nach, das aus dem Polytheismus so leicht hervortretende Uebergewicht der Sinnlichkeit und der nachtheiligen, den Menschen entwürdigenden Wirkungen ganz besonders stark hervorgetreten sey. Abscheu und Entsetzen vor den mit der Materie verbunden gedachten, verbunden höchstens in rohester anthropomorphistischer Gestalt vorgestellten Göttern, konnte wohl geistig vertiefte, über alles Sinnliche sich sehr erhoben fühlende Männer zu dem Grundsatz treiben, daß in allem Sinnlichen, Materiellen, nichts Göttliches sey. Ist es ja doch ebenso unerforschlich, wie es damit verbunden oder darin leben könne, als es ist, wie es außer oder über der Welt sey.

Außer der Mythologie, die in früheren Zeiten auch heidnische Theologie mit Recht genannt wurde, giebt es eine Mythologie der Heroen, welche die ältesten Sagen von Geschlechtern und Stämmen enthält und aus der auch für die Götter-Mythologie sehr viel entnommen und geschlossen werden kann. Anbetung Gottes und der Götter ist das Frühere, was die bei tief erregtem Gemüth entstehenden Bilder zur Veranschaulichung der sie angehenden Gedanken schafft, die Mythologie das Spätere. Etwas ganz Anderes ist, was Verstand und Phantasie ohne alle Beziehung auf das Göttliche in Bild und Sprache zur Bezeichnung und Schilderung der Naturobjekte schaffen. So wenig die uralten Sternbilder und die astronomischen Mythen für die gebildeten Griechen in einer gelehrten Zeit mit ihren Göttermythen die geringste Verwandtschaft hatten, sind die Producte der Phantasie ganz ungebildeter, aber dabei doch geistesreger Völker, Hirten und Bauern, welche die Naturanschauungen, besonders die der Wolken, der Stürme und Gewitter, und alle den sinnlichen Menschen besonders ergreifenden in Thierbilder und andere verwandeln, die sie auch wie die Kinder ihre Puppen als lebendige behandeln können, an sich etwa als Vorübungen religiöser Art zu betrachten. Aus dem Sinnlichen für sich kann Religion nicht erwachsen, wie weit es auch naive Einfalt, scharfsinnigste Beobachtung und Volkswitz in poetischer Auffassung der Natur im Großen und Kleinen gebracht haben mögen. Man müßte wenigstens, um die Geschichte der Menschheit sehr unbekümmert, den Standpunkt mancher heutigen Naturforscher einnehmen, um Gottes als Hypothese entbehren zu können, wie Laplace in Bezug auf die Astronomie Napoleon gegenüber geäussert haben soll, bei den neuen Untersuchungen, die von rein sinnlichen Anschauungen des ursprünglich bloß sinnlichen und verstand- und phantasiebegabten Menschen und der Vergleichung der Sprachen eines einzelnen großen Volksstamms beginnen. Allerdings aber sind den Mythen der Religion gar viele der bedeutendsten Naturbilder gemein mit den bloßen Tändeleien harmloser und in ihren Versuchen die Natur auszudrücken oft sehr rührender und bewundernswürdiger, noch öfter zu belächelnder Naturkinder. Nur scharfsinnigem Fleiße und wissenschaftlicher Gewissenhaftigkeit wird es in vielen Fällen gelingen, die der eigentlichen Mythologie, und die der Phantasie allein angehörigen Bilder und Geschichten zu unterscheiden.

Das System, von den Namen in der griechischen Mythologie auszugehen, da die der großen Götter bis auf wenige Ausnahmen oder noch mehr die der Dämonen sich ungezwungen deuten lassen, hat den Vortheil vor der bisherigen Behandlung, daß aus den bloß gelegten Keimen die Ableitungen und Entwickelungen aus der Grundbedeutung sich bestimmter, zusammenhängender und übersichtlicher bewerkstelligen lassen. Die Mythologie befindet sich im Ganzen auf demselben Felde mit der Lexikographie. Daß man auf die von den Namen ausgehenden Genealogieen der Begriffe und Beziehungen, unter steter Berücksichtigung der Natur und der örtlichen, socialen und historischen Verhältnisse, wenig oder nicht geachtet hat, trägt für sich allein die Schuld von einem großen Theil der unhaltbaren Deutungen und Combinationen, und so vieler Schriften und Schriftchen der neuern auf neue Aufklärung besonders erpichten Zeit.

Viele Widersprüche in meiner Schrift gegen Grammatiker würden überflüssig erscheinen, sobald, was sehr zu wünschen ist, eine umfassende und methodische mythologische

Kritik an ihnen geübt seyn wird, um zu zeigen, daß wir mit ihnen in der Beurtheilung des Stoffes nicht viel besser berathen gewesen sind, als in der Etymologie, so viel wir ihnen auch für die Ueberlieferung des Stoffes Dank schuldig sind.

Bonn, 20. August 1862.

F. G. Welcker.

Die Dämonen im engeren Sinn, niedere oder Nebengötter.

Einleitung.

Die im ersten Theil aus Homer und Hesiodus zusammengestellten Dämonen (S. 676—715) sind nicht weniger lebendig in den Gedanken der Nation geblieben als die großen Götter. Einige unter den erst später hervortretenden mögen jenen an Alter gleich kommen, viele andre haben erst nach und nach durch Entwicklung und nähere Bestimmung der Ideen, die sie ausdrückten, wie der Kreis der Betrachtung und der Begriffe von Natur und Menschenleben sich erweiterte, und durch Nachbildung der früher ersonnenen Namen und Gestalt erhalten. Es kommt weniger darauf an sie alle genau zu erklären und die ganze Fülle der dichterischen Auffassung oder Ausmalung und Verwendung dieser Wesen, die meistentheils sehr leicht zu verstehen und sehr bekannt sind, von neuem darzustellen, als sie alle zusammen zur Uebersicht zu bringen, die von selbst auch zum Verständniß beiträgt. Die früheren sind natürlich in diese Uebersicht aufzunehmen, zumal da auch über sie aus spätern Quellen manchen Manches hinzuzusetzen ist. Auch ein solcher Ueberblick giebt die rege und kräftige, aber gehaltne Thätigkeit des Griechischen Geistes, das durchgängig Gewählte und Treffende, Maß- und Geschmackvolle ihrer Phantasiebilder zu erkennen, das Natürliche und Einfache einer reichen und schönen Natur bei einer in dem ganzen Umfang der Natur und der intelligiblen Welt sich verbreitenden personenschaffenden Thätigkeit der Einbildungskraft.

Wenn jede Uebersicht der Abtheilungen bedarf, so wird wo lange Zeiten und auf geistigem Gebiet zusammengewirkt haben, nicht alles Einzelne in einer und derselben Klasse aufgehn, sondern von der einen oder der andern Seite auch in andere eingreifen. So ist ganz besonders hier der Fall und es wird dieß bei der Leichtigkeit des Verständnisses der Personen nach ihrer ganzen Individualität keinen wesentlichen Nachtheil haben oder nicht zu Verwechslungen führen.

Um denn so verschiedenartige Wesen, Kinder so verschiedener Zeiten einigermaßen nach Klassen zu sondern, werden wir unterscheiden 1) **Weltordnung und Regierung**, 2) **Natur**, 3) **Menschennatur**, 4) zu den großen Göttern, nach deren Aufeinanderfolge im zweiten Theil. Die Nebengötter sind wie Ausschößlinge um einen Stamm, und die alten Mythologen gebrauchen daher bei manchen Göttern, zu denen sie sich zahlreicher gesellt haben, den Ausdruck οἱ περί, als τὴν Δήμητρα, oder δαίμων τῶν ἀμφὶ Διόνυσον [1]), περὶ τὴν Ἀφροδίτην [2]). So finden wir den Mithras umgeben von den ihm homogenen Genien der Gerechtigkeit, des Sieges, des Fluches, der Reinheit, der heiligen Lehre [3]). Ein allgemeiner noch unbestimmterer Name dieser Klasse ist πρόπολος, z. B. Hymenäos der Aphrodite, Attys der großen Mutter [4]). Lucian sagt: ὀπαδός τις δαίμων ἐσόμενος Ἐλευθερίου Διός (Demosth. encom. 50). So allgemein und durchgreifend ist dieß freilich nicht, daß wir durch den Gebrauch berechtigt wären danach anzuordnen. Aber es scheint für die Uebersicht zuträglich wenn wir es auf die großen Götter insgesammt ausdehnen und anwenden, und demnach scheinbar die zum Theil uralten zum Theil auch sehr neuen für sich bestehenden Götter dieser Art zum Theil in diese hier mit aufgestellte zweite Hauptabtheilung einmischen. Leicht

---

1) Ἄκρατος Pausan. 1, 2, 4.   2) Τύχων, Hesych. Etym. M. Suid. Γινετυλλίδες.   3) Fr. Windischmann über Mithra S. 53. 4) Bekk. Anecd. Gr. 1, 461. Vgl. Aglaoph. p. 124 s.

zu unterscheiden von dieser Umgebung eines Gottes von seinen Dämonen sind die θεοὶ πάρεδροι eines Gottes, Beisaßen, die σύμβωμοι und σύνναοι, von der Gemeinschaft eines Altars oder Tempels, die indessen bei dem Opfer nicht namentlich im Gebet angerufen wurden 5). 5) **Vermischte Dämonen.**

Anfangs, scheint es, waren besonders die Eigenschaften als Beinamen aus den Göttern verkörpert heraustretend, abgelöst und zu Personen erhoben, nur wenige, seltne, wie Päeon, Themis, Nemesis, Opis, Agyieus, Aegäon, Glaukos. Merkwürdig ist die Anschauung wonach manche dieser Wesen, die meistentheils weiblich waren, eine Mehrzahl bilden, Horen, Mören, Musen, Chariten, Eileithyien, bei Homer, und dann der Fortschritt diesen Mehrheiten Namen beizulegen. — In diesen entwickeln sich die Begriffe über die Götter, die in eins zu verbindenden Namen oder Personen, in welche der eine große auseinander geht, schließen das Wesen auf und dienen dem poetischen und Kindersinn des Volks zu einer Veranschaulichung statt einer Definition. Diese Namen zeigen sich im Allgemeinen nicht als eine leichte poetische Spielerei, sondern sind meist so sinnig erfunden und so wohl zusammengepaßt, daß man darin eine ernste, allmälige Entwicklung der religiösen Ideen erkennt, die nach ihrem bildlichen und poetischen Charakter der Sprache die schönste Bereicherung gewährt hat. Sie theilen gleichsam die Aemter oder Thaten eines großen Gottes unter sich, dienen auch zum Schmuck seines Cultes. Die gewöhnliche Zahl ist die überhaupt herrschende, die **Drei** 6). Wie drei Horen, Mören, Chariten, Musen, diese auch verdreifacht in

---

5) Plut. Symp. 7, 6, 3. 6) Götterl. 1, 53. Meine Zeitschr. f. a. Kunst S. 223. Außer den Solonischen drei Eidgöttern Ἱκέσιος, Καθάρσιος, Ἐξακεστήριος, d. i. dem einen Zeus, schwört man bei Demosthenes bei Zeus, Poseidon, Demeter (c. Timocr.); andre Redner verstehn unter den Eidgöttern in Athen Apollon Patroos, Demeter und Zeus (Dinarch. ap. Schol. ad Aeschin. c. Timarch. p. 137 R. Hesych. τρεῖς θεοί. Spanh. ad Aristoph. Nub. 1236. Rose Inscr. vet. p. 249.

neun, Eileithyien, so Thaugöttinnen, Thrieen, Praxidiken, Göttinnen des Donners nach Apelles (Bronte, Astrape, Keraunobolia), drei Nymphen, drei Kabirische Nymphen, drei Lemnische Kabiren, drei Dämonen des Hammerwerks, Kelmis, Damnameneus und Akmon, drei Kyklopen, Hundertarme, Kureten, Korybanten, Telchinen, Eroten, von Skopas Eros, Pothos, Himeros; drei Söhne des Boreas und der Chione bei Hekatäos. Zwei sind Opis und Hekaerge in Delos, Mören in Delphi, Auxo nnd Karpo in Athen, Hilaira und Phöbe in Sparta, Damia und Auxesia in Epidauros, zwei Nemesen in Smyrna. Fünf Hyaden, Daktylen, sieben weibliche Heliaden und Söhne des Helios, Töchter des Atlas. Einen großen Stoff der Namendichtung gaben die fünfzig Nereiden und Okeaniden. Sehr selten und ohne Bedeutung für die Mythologie sind die Vier, wie vier Jahreszeiten, und die Sechs.

Wenn man die große Menge dieser Wesen betrachtet, so ist nie zu vergessen daß nur ein kleinerer Theil so gut wie überallhin verbreitet ist, der größere aber nach den Hauptculten in die Landschaften und Orte sich vertheilte, so daß man nur nach der richtigen Vorstellung von der Vielheit und den Verhältnissen der Orte unter sich die von der Vielheit der Götter in ihren einzelnen Kreisen gewinnt. Clemens stellt als einheimische Dämonen zusammen den Menedemos, welchen die Kythnier, Kallistagoras den die Tenier, Anios den die Delier (nach dem kyklischen Epos), Astrabakos den die Lakonen ehren (Protr. p. 35. Pott.), lauter sonst gewiß gar wenig bekannte Personen. Manche andre wurden nur an wenigen Orten verehrt, wie etwa Chloris, Thyia, andern war wohl nirgends ein Altar oder eine Cäremonie gewidmet, die nur als Erfindung eines Dichters oder Malers zu nehmen sind, wie etwa Apate. Jedenfalls blieben viele schwankend zwischen Bild oder Allegorie und Wesen oder Person, wie bei uns oft Kräfte, Gesetze der Natur in unbestimmten Begriffen umgehn. Ideen, Wünsche nahmen die Form von Dämonen an, die zunehmende Menge derselben machte daß dieser formale Schein sogar dem Spott ausgesetzt war⁷). Auch können gewisse Priapische Scheindämonen, die ich zur Aphrodite anführen werde, gar wohl dahin gezählt werden. In wie weit auch in der historischen Zeit der Griechen selbst die bedeutendsten Personificationen der Natur in Quellen, Flüssen, Winden, die über dem Sichtbaren webende Welt wirklich fortempfunden worden sei, ist unbestimmbar im Allgemeinen. Immer mehr theilten sich durch die Bildung und die vielfachere Berührung unter einander die Menschen in verschiednere Klassen. Aber unerachtet der so entstandnen Unbestimmtheit und Lockerheit der Vorstellungen lebte doch diese damalige Welt mehr oder weniger wie umgeben von einer Menge von Geistern, die sie bei Namen nannte und begrüßte, mehr in der Phantasie als mit Ueberlegung und Begriff beschäftigt, wozu viel beitrug daß sie immer mehr den Göttern als Töchter und Söhne angeschlossen wurden, wie schon früh Hebe, Eileithyia, nachher Eros und unzählige andre. Seit dem Zeitalter der Gelehrsamkeit gieng die nachahmende Vermehrung und Verquickung und besonders auch Variirung solcher genealogischen Namen und Sagen, namentlich auch in der heroischen Mythologie, oft in das Flache und Müssige über.

Ein Mittel durch Namen andeutend und anspielend die Natur der Götter zu beleuchten hat auch die Erfindung hergegeben neben den Eltern auch eine Amme für sie zu ernennen, von der physisch oder moralisch Einfluß auf jeden nach seiner Art ausgegangen seyn könne. Das Bild hat viel Nachahmung gefunden, wie die Dichter es auf Löwen oder Felsen ausdehnen, Schiller sagt: die Gewohnheit nennt er seine Amme. Um zu zeigen wie sehr man auf diese Art die Aufmerksamkeit des guten Volks zu erregen gesucht oder auch poetisch gespielt hat nur zum Schmucke des Mythus, kann eine Reihe von Beispielen dienen. Die Horen werden genannt Ammen des Zeus,

---

7) Ein Beispiel ist bei Aristophanes Eccles. 317 ὁ δ'ἤδη τὴν θύραν ἐπεῖχε κρούων τὴν θύραν ὁ Κοπρεαῖος.

der Here, (im Hymnus des Olen) des Hermes, des Dionysos, des Aristäos, die Nymphen der Here, als Erde, die auch selbst als ihre Amme genannt wird⁸), Euböa (die Nährende, wie Persephone Polyböa heißt), Prosymna und Akräa, die Töchter des Asterion bei dem Heräon ohnweit Argos, besonders des Dionysos, welche schon die Ilias unter den Ammen des rasenden Dionysos, zugleich seinen Bacchen, versteht (6, 132), in Naxos Philia, Koronis, Kleïs, denen Zeus ihn übergiebt, die Brisäischen Nymphen oder die Brisa; auch des Hermes, und des Kretischen Zeus als eines Naturgottes, wie auch in Arkadien auf dem Lykäon, welche Theisoa, Neda und Hagno genannt werden, oder trägt Nais ihn auf dem Arm: in Kreta hatten sie in Engyon den Namen Mütter, Ματέρες ⁹). Vom Hellenischen Zeus wird auch der Name Abrastea oder Nemesis bei Kallimachos auf die Kretische Amme übergetragen; eine Ite verbindet mit Abrastea Plutarch (Symp. 3, 9, 2). Ammen der Athene werden genannt Dädale, in Athen Aedos und Apheleia, Schaam, die einen Altar bei dem Tempel der Polias in Athen hatten ¹⁰), in Alalkomenä Alalkomenia, der eine Schwester Thelxinea gegeben wird, wohl mit Bezug auf das Einnehmende der Ammenerzählungen. Ammen des Apollon nennt Philochoros die Thrieen, deren Ansehn im Orakelgeben er ein Ende gemacht hat, ein Späterer aber Athene Sitonia, weil sie wie er das Getraide groß zieht. Ortygia ist bei Strabon Amme des Apollon und der Artemis; auch Opis und Hekaerge in Delos sind Ammen genannt worden um davon die Namen der beiden Götter Opis und Hekaergos abzuleiten. In einem Städtchen in Elis zeigt die Legende sich so ungezwungen in ihrer volksmäßigen Einfalt und Localeitelkeit daß man ein Weib des Orts Elaphion nannte, von welcher Artemis Elaphiäa erzogen worden sey und diesen Beina-

---

8) Plut. Sympos. 3, 9, 2.   9) Meine A. Denkm. 2, 154.
10) Pausanias der Grammatiker bei Eustath. Odyss. p. 1279, 40.

men habe [11]). Amme des Apollon wird auch die Wahrheit genannt, mit Bezug auf die Orakel, und Korythaleia, in sofern er auch *Κουρότροφος* ist [12]), Ammas die der Artemis [13]). Des Dionysos Ammen heißen Leukothea, Nysa, Hippa, wegen des Symbols Roß, insbesondere des Sabazios Amme, oder Eriphe mit Hinsicht auf das Bockssymbol, wovon er auch Eriphios von Kallimachos genannt wird, auch Bacche und Brome, Ambrosia aber zum Lobe des Weins, endlich auch Erato und Polyhymnia, weil er zum Gesang anfeuert, Thyone oder auch Dione, sonst auch seine Mutter, wie Leda, die Mutter der Helena, in Rhamnus ihre Amme wird, oder Ma Amme des Dionysos als Sohnes der Rhea [14]). Kalligeneia ist die Amme der D e m e t e r die auch selbst so genannt wird, oder auch der Kore, der schönen, Arne des P o s e i d o n, Mormolyke des H a d e s (bei Sophron), Demeter Europa (die finstere) des T r o p h o n i o s (des unterirdischen), Sinoe des P a n in Megalopolis, Trygon des A s k l e p i o s in Thelpusa, Enyo des A r e s, sonst auch Mutter oder Tochter, oder Bellona, Thero des Ares Theritas bei Therapne, Eupheme der M u s e n, Mania des E r o s, wie Theognis sagt.

Auf ähnliche Weise wird auch ein Erzieher (*τροφεύς*) genannt, Nysos des Dionysos, oder Silen als das fließende Wasser, sonst auch beide als Vater gegeben, Anytos, einer der Titanen, der Despöna [15]), Akakos, Sohn des Lykaon, des Hermes, des Akaketa [16]), Pallas der Athene, als Pallas, Lanzenschwingerin, Temenos, des Pelasgos Sohn, der Hera, um sie als Pelasgisch von Haus aus in Anspruch zu nehmen,

---

11) Paus. 5, 22, 5.   12) Plut. Sympos. 3, 9, 2. Schol. Odyss. 19, 85. In Sparta brachten die Ammen die Kinder zur Artemis Korythalia auf das Land, Athen. 4, 16.   13) Hesych. s. v. *καὶ ἡ μήτηρ, καὶ ἡ Ῥέα, καὶ ἡ Δημήτηρ* eins mit *Μᾶ*, kein nomen proprium.   14) Steph. B. v. *Μάσταυρα*.   15) Paus. 8, 37, 3. Aeschyl. Agam. 1160 *ἠνυτόμαν τροφαῖς*.   16) Pausan. 8, 36, 6.

eben so wie in Alalkomenä Athene von dem Autochthonen
Alalkomenes, von dem sie den Namen hat [17]).

Feste der Dämonen sind selten. Museia kommen vor auf
dem Helikon, über welche der Thespier Amphion schrieb [18]) und in
Thespiä, ein pentaeterisches sehr glänzendes Wettspiel, getrennt
von dem des Eros [19]), und dann in den Schulen [20]), Charitesia
in Orchomenos [21]), und in Sikyon ein Festtag (ἑορτή), an
welchem den Eumeniden ein trächtiges Schaf geopfert wurde [22]),
so wie auch die Semnen in Athen durch die Feier sich aus-
zeichnen.

II. Weltordnung und Regierung.

1. Horen (1, 693 f.)

Die Horen sind göttlich nicht als ein Theil der göttlichen
Natur, sondern als eine bestimmte, regelmäßig wechselnde Erscheinung in und an ihr. G. Curtius nimmt als Grundbedeutung an Lenz (Griech. Etymol. 1, 322), also die Zeit
vorzugsweise, wonach denn die andern sich eben so gesetzmä-
ßig einander folgenden auch Zeiten seyn würden, so daß sie in
ihrer Mehrheit in den Begriff Jahr übergiengen. Dionysos
als Frühlingsgott führt die drei Horen in einem bekannten
Basrelief, in einem andern, das den Namen Kallimachos trägt,
an seiner Stelle ein Satyr [1]). Der Thalamos der Horen
schließt sich auf im Frühling, wie Pindar in einem Frag-

---

17) Paus. 9, 33, 4.   18) Athen. 14 p. 629a.   19) Paus. 9,
31, 3.   Plut. Erot. p. 748.   20) Aeschines (in Timarch.) gedenkt der „Sorge für die Pädagogen, der Museia in den Schulen (διδα-
σκαλείοις) und der Hermäen in den Paläftren."   21) C. J. Gr.
n. 1583.   22) Paus. 2, 11, 4.
1) Akad. Kunstmuseum zu Bonn. 2. Ausg. S. 111 f.

ment sagt. Als Frühlingsgöttinnen empfangen und schmücken und führen sie unter die Götter ein die Aphrodite in dem kleineren Homerischen Hymnus auf Aphrodite (6, 5), so wie sie in den Kyprien mit den Chariten der Aphrodite in alle Frühlingsblumen in deren schönster Jugend getauchte Gewänder weben [2]). Die Frühlingshore sehn wir auch im Geleite der aufsteigenden Persephone. In der Altis zu Olympia stand daher ihr Altar hinter dem der Aphrodite, und man sagte die ὥρα einer Schönen genießen u. d. gl. Nicht weniger schließen sich die Horen der Demeter an, mit der ihnen geopfert wird [3]); doch ist, wenn diese oftmals in dem Homerischen Hymnus auf sie ὡρηφόρος genannt wird, zeitige Frucht zu verstehn, nicht daß sie das Jahr anführe, wie dem Kallimachus in seinem Hymnus auf sie einfällt die vier Schimmel ihres Wagens auf die vier Jahreszeiten zu deuten (122). Der Gäa und ihnen bringt Hermes den neugebornen Aristäos bei Pindar (P. 9, 60), und so pflegen sie auch den Dionysos und den Hermes. In Athen wurde ihnen im Frühling und Herbst, an den Thargelien und an den Pyanepsien geopfert [4]), den lieben Horen, wie sie im Frieden des Aristophanes heißen (1168), die auch die Rebstöcke mit Früchten beladen [5]). Philochoros in der Atthis sagt daß man beim Opfer der Horen das Fleisch nicht briet, sondern kochte, wie man in die Gebräuche immer Sinn und Gebet zu legen suchte, indem die zu große Hitze, so wie sie röstet, auch verbrennt und ein allmäliges Reifen gedeihlicher ist [6]). Nach demselben Philochoros stellte Amphiktyon in dem Hieron der Horen einen Altar des aufrechten Dionysos und einen der Nymphen auf, um die

---

2) Der siebente Vers emendirt von Hecker im Philologus 5, 423.
3) Brunck. Anal. 2, 50, 2.   4) Schol. Aristoph. Equ. 725. Plut. 1053. Porphyr. A. N. 2, 7, der eine Procession des Apollon (als Sonne) und der Horen erwähnt.   5) Odyss. 24, 344. Axioch. §. 20 vom jenseits der Seligen ἄφθονοι ὧραι παγκάρπου γονῆς.   6) Athen. 20 p. 656 a.

Mischung des Weins zu empfehlen [7]), was nur mythisch, keineswegs auch nur von einem Temenos der Horen zu verstehen ist. Ein Opfer bestand auch in Erstlingen der zur Zeit gereiften Früchte [8]). Die Horen an dem Altar bei dem Pythischen Kitharödensieg des Apollon deuten auf das Cyclische des Fests. Das Haupt des Zeus und der Hera umschwebten sie in den Kolossen des Phidias und Polyklet mit den Chariten, das des Zeus nebst den Mören in dem Olympieion zu Megara, und in dem Tempel der Hera in Argos waren von Smilis dem Aegineten auf Thronen sitzende Horen neben der thronenden Hera [9]), deren Ammen sie im Hymnus des Olen auf sie genannt wurden [10]). Auch ein Hieron der Horen in Argos erwähnt Pausanias (2, 20, 4).

Das Stetigste, Gesetzmäßigste von Allem sind die Horen in der physischen Weltordnung; daher wird ihnen bei der Uebertragung in die sittliche Welt (denn daß die Bedeutung nicht ursprünglich ethisch gewesen sey, wovon Lehrs ausgeht, scheint klar) Themis zur Mutter gegeben, und nun führen sie in der Theogonie die schönen Namen Eunomia, Dike und Eirene, Wohlgesetzlichkeit, Gerechtigkeit und Frieden, welche das Thun der Sterblichen bestimmen, regeln, ὠρεύουσι, nach dem von diesen Horen gebildeten Zeitwort (901). Es ist möglich daß ihnen auch in dieser Beziehung hier und da geopfert wurde. Auf einer seltenen von Millingen herausgegebenen Münze von Gela bei Agrigent steht geschrieben Eunomia. Doch möchte ich nicht darauf bauen daß wenn Pindar rühmt, in Korinth wohnen diese drei Schwestern, die Geberinnen des Reichthums (Ol. 13, 6), dieß auch auf einen Altar oder Hieron schließen lasse und dieser Cult von da nach Syrakus und Kamarina verpflanzt worden sey [11]).

---

7) Athen. 2, 2 p. 38.   8) Hesych. Ὡραῖα θύειν, ὡραιοτάσσεται δὲ καὶ ἐπὶ τῶν ἐκ γῆς ὡραίων, καὶ ἐπὶ τῶν καθ' ὥραν συντελουμένων ἱερῶν.   9) Paus. 5, 17, 1.   10) Paus. 5, 17, 1. 2, 13, 3.   11) Boeckh. Anim. crit. ad Ol. 4, 1.

Etwas Andres als die dämonischen Griechischen Horen sind die vier Jahreszeiten die wir vorzüglich oft in Römischen Monumenten und Dichtern personificirt erblicken, die Töchter des Helios und der Selene nach Quintus Smyrnäus oder übereinstimmend des Lykabas nach Nonnus. Und doch wurden sie allgemein, auch von Winckelmann und Visconti mit den tanzenden Horen vermischt, bis Zoega in der vortrefflichen Abhandlung zu Taf. 94—96 den großen Unterschied nachwies. Vier Jahrszeiten unterschieden auch die Griechen, wie schon aus Alkman bekannt ist, und Zoega vermuthet, daß sie auch schon zu Athen an den Thargelien in der Procession des Helios auftraten (p. 222 not. 18), was mir sehr unwahrscheinlich ist. Die Verwendung des altberühmten Namens der festen Naturgesetze im ewigen Wechsel auf äußerlich bestimmte Zeitabschnitte, ist auch ausgedehnt worden auf den Tag mit der Nacht, welcher zwölf Horen hat bei Nonnus (12, 17) wie bei den Babyloniern, den Athenern, den heutigen Griechen und den Türken. Doch ist ὥρα in der Bedeutung Stunde erst spät in Gebrauch gekommen [12]. Erst im Museum zu Alexandria wurde diese Tageseintheilung festgestellt und niemals sind die Stunden noch auch die Tage des Monaths, wie in der späteren Indischen Mythologie die sieben und zwanzig Gandharven Gottheiten der Tage und Nächte, zu Personen erhoben und bildlich dargestellt worden. Nicht gleiche Horen wie die zwölf sind die zehn welche Hygin anführt (fab. 183), sondern diese sind so viele Abtheilungen des Tags nach den Verrichtungen, Aufgang und Untergang der Sonne mitgezählt [13].

---

[12] Nach Herodots Zeit, so schloß aus 2, 109 Ideler über die Sternkunde der Chaldäer S. 210 Rot. †† vgl. dessen Chronol. 1, 238 und Hindenburg zu Xenophons mem. Socr. 4, 7 p. 170 ss.   [13] Ueber diese Stelle irrt Zoega p. 221 not. 17. Sie wurde aufgeklärt durch den Griechen P. Kodrika im Mag. encyclop. 1812 T. 6 p. 57—84 (zu Νύμφαι ist zu verstehen λουσιάδες, Helete ist ἡ λιτή, das Gebet, Acte et Hecypris, die durch et in eins verbunden sind, da ja sonst auch elf

2. Mören (1, 698).

Aus der Theogonie lernen wir zuerst die Namen der drei Mören kennen, von denen Klotho der älteste gewesen seyn mag, früher vielleicht der einzige. Bedeutsam ist der Plural in der Odyssee Κατακλῶθες, oder Κλῶθες: Pindar sagt Klotho und ihre Schwestern (N. 6, 17) [1]). Das Bild des fortgesponnenen Fadens ist eines der uralten aus dem häuslichen Leben, wie Fluß auswärts für den Lauf der Dinge, und keine Metapher ist häufiger als spinnen und weben. Die Preußischen Lithauer sollen noch jetzt sagen: so spann es Laima. Im Serbischen Volkslied spinnen die drei Wilen (die nordischen Wölen) am goldenen Rocken und tanzen unter Kirschbäumen) [2]). Die Herrschaft dieses alten Bildes bezeugt besonders das in der Odyssee oftmal, in der Ilias nur im letzten Gesang (525) vorkommende Zeitwort zuspinnen, von Zeus, den Göttern, dem Dämon, das auch Platon in einem Epigramm und andre Spätere beibehalten, so daß die Spindel in der Hand verschiedener Götter, auch noch der Syrischen Göttin, oft nur diese

---

statt zehn herauskommen würde, ἀκτή und ἡ Κύπρις, Mahl und Kypris, wobei jedoch ἀκτή nicht durch δημήτερος ἀκτή erklärt werden darf, sondern in einer neuen, aus ἀκτάζω, ἀκταίνω convivor, in deliciis vivo geflossenen Bedeutung genommen werden muß. Dieß ἀκτάζω führt auch Kobrika aus Plut. Sympos. probl. 4 an und mehr darüber enthält die Pariser neue Ausgabe des Thes. l. Gr.) Diese Tageseintheilung enthält auch das Lucianische Distichon:

"ΚΕ ὧραι μόχθοις ἱκανώταται, αἱ δὲ μετ' αὐτὰς
γράμμασι δεικνύμεναι ΖΗΘΙ λέγουσι βροτοῖς,

Das Wort ζῆθι enthält die Zahlbuchstaben 7. 8. 9. 10. Die Römer hatten 16 Abtheilungen, Abstufungen des Lichts und der Dunkelheit in den 24 Stunden. Hegewisch Chronologie S. 17 f. 65.

1) Buttmann Mythol. 1, 293 trennt Odyss. 7, 197 κατὰ von κλῶθες. Ueber Ἀρπυιαι κλωθῶες in der Inschrift der Regilla s. meine Zeitschrift f. a. Kunst. 228 Not. 43, wo auch die auf Emendation beruhenden Κλῶθες δίκης ἐπίουροι des Heraklit berührt sind. 2) Wuk Th. 1 N. 73 '1823.

allgemeine Bedeutung zu haben scheint. Etwas ganz Andres ist der Begriff μοῖρα, αἶσα, Theil, und seine Anwendungen und Bestimmungen. Indem Klotho zu einem von drei Mörennamen gemacht wurde, dachte man sie als den Lebenslauf im Ganzen und von Anfang an, so daß die Mören zu den Eileithyien gestellt werden und eine Parze z. B. auf dem schönen Spiegel Borgia bei der Geburt des Dionysos gebildet ist [5]). Atropos, die dritte, die Unabwendbare, dem angesponnenen Faden gegenüber, ist der Tod. Lachesis aber, die mittlere, bedeutet die Ereignisse, was man im Leben erfährt. So läßt bei Pindar Helios sich die Lachesis und den Zeus schwören daß er Rhodos bekommen werde, (Ol. 7, 64). Sie bedeutet Gutes und Böses, was der Mensch im Leben erlangt, erfährt: denn Keinem verleiht die Möra ununterbrochenes Glück, wie Pindar sagt [4]). Dieser Erklärung wird man nicht die der alten Philosophen entgegenstellen wollen [5]).

Unter den zahlreichen Abbildungen der drei Mören ist vorzüglich das nur sie enthaltende Relief schätzbar das in meiner Zeitschrift zuerst edirt worden ist [6]), aber mit irriger Erklärung der mittleren Figur, welche keineswegs eine Scheere hält, die den Lebensfaden zerschneidende der Römischen Dichter,

---

3) Mus. Piocl. tav. B₃.
4) N. 7, 55 τυχεῖν δ' ἕν' ἀδύνατον
εὐδαιμονίαν ἅπασαν ἀνελόμενον· οὐκ ἔχω
εἰπεῖν, τίνι τοῦτο Μοῖρα τέλος ἔμπεδον
ὤρεξε.
5) Plat. Rep. 10 p. 617 c. Λάχεσιν μὲν τὰ γεγονότα, Κλωθὼ δὲ τὰ ὄντα, Ἄτροπον δὲ τὰ μέλλοντα. Aristot. de mundo fin. Τρεῖς Μοίρας κατὰ τοὺς χρόνους μεμερισμένας· νῆμα δὲ ἀτράκτου τὸ μὲν ἐξειργασμένον, τὸ δὲ μέλλον, Atropos das Vergangene und Geschehene, Lachesis das Zukünftige, Klotho die Bestimmende und Jedem das Seinige Spinnende. 6) Taf. 3 S. 197. Nachher von Schinck Leben und Tod oder die Schicksalsgöttinnen — mit dem Humboldtischen Parzenmarmor 1825. Der obere von Rauch restaurirte Theil ist später wieder aufgefunden worden. R. Rochette Mon. inéd. p. 44.

sondern als Lachesis drei Loose, von denen sie das mittlere heraußzieht⁷). Atropos deutet auf die in der Schicksals-rolle verzeichnete unabwendbare Entscheidung des Horoskops. Diese Bezeichnungen nach den Namen gehören späteren Zeiten an; an dem Borghesischen Altar haben alle drei Mören nur den langen Stab. Häufig kommen sie erst vor an Römischen Sarkophagen bei Geburten, daher auch bei Prometheus dem Menschenbildner, Hochzeit und Tod⁸), doch auch schon in spä-teren Vasengemälden, die zur dritten Ausg. von Müllers Hand-buch angeführt sind (S. 398, 1). Sehr nah lag ihre Zusam-menstellung wie mit den Horen, so auch mit Eileithyia und mit den Erinnyen. Die drei namhaften Mören konnten nur Töch-ter des Zeus und der Themis seyn, welche die Theogonie nennt (904), während in einer vorhergehenden Stelle die Mören als Kinder der Nacht neben den strafenden Keren mit dem nur zu diesen passenden Namen interpolirt sind (217). Jene andern aber hatten nach Pausanias in Theben ein Heiligthum nahe dem der Themis und des Zeus Agoräos, waren in dem Tem-pel der Demeter und ihrer Tochter am Aufgang nach Akrokorinth, worin die Bilder nicht gezeigt wurden (2, 17, 4), hat-ten im Sikyonischen Altäre außerhalb des Haines der Eume-niden (2, 11, 4), ein Hieron auch zu Sparta (3, 11, 4): in der Olympischen Altis konnte ihr Altar nicht fehlen (5, 15, 4). Nach Pollur opferten ihnen die Bräute mit der Hera Teleia und der Artemis (als Eileithyia, 3, 38).

Freieren, unbestimmteren Gebrauch machen nicht selten die Dichter von den Mören, wie z. B. im Hymnus auf den Py-thischen Apollon Möra bei dem Thron des Gottes Wache hält (60), wie in der Ilias die Horen der Here den Wagen an-

---

7) E. Braun im Bullett. d. Inst. archeol. 1839 p. 99—101.
8) Böttiger Kunstmythol. 2, 273—75. O. Jahn Archäol. Beiträge S. 170 f. Mon. d. Inst. archeol. 5, 6—8. Annali 21, 394—98. Bul-lett. Napol. Nuova serie anno 5 p. 156 tav. 6, 1.

spannen, oder bei Pindar die Mören sich abwenden wenn Feind=
schaft unter Verwandten entsteht (P. 4, 145), oder wenn Zeus
sie sendet die zürnende Demeter zu begütigen oder sie dem Zeus
im Gigantenkampfe beistehn.

Im Tempel zu Delphi standen zwei Mören, was Plu=
tarch zu den räthselhaften Merkwürdigkeiten Delphis zählt (de
ei 2), Pausanias offenbar dadurch falsch erklärt daß Apollon
Möragetes neben ihnen die Stelle der dritten einnehme (10,
24, 4). Wahrscheinlich dachte man dabei, nicht an Leben und
Tod, sondern an Gutes und Böses, wie sie es nach der Theo=
gonie in den Lebensfaden einspinnen, so daß diese ihre Auf=
stellung den zwei Fässern der Gaben, böser und guter, auf der
Schwelle des Zeus in der Ilias gleich kommt.

Von der eigentlichen und vollen Idee der Mören entfernt
sich die des Ausdrucks des Gegensatzes in den menschlichen Din=
gen. Aber diese Idee verändert sich auch dadurch daß von der
Vorstellung der Abhängigkeit eines Lebensloses von dem Aus=
gangspunkt und von seiner ununterbrochnen Verkettung, trotz
der wie nach Loos und Zufall in den Faden eingeflossenen Er=
eignisse (durch Lachesis), der Nachdruck auf die Festigkeit der
Bestimmung in jedem Einzelleben gelegt wird, wodurch sich
die Gefaßtheit männlich herzhafter Gemüther ausspricht. So
sagt Solon: das Schicksalbestimmte ($\tau\grave{\alpha}\ \mu\acute{o}\rho\sigma\iota\mu\alpha$) hebt weder
Wahrzeichen noch Opfer auf, und Theognis: dem was Loos
($\mu o\tilde{\iota}\rho\alpha$) ist zu leiden, ist nicht auszuweichen, was aber Loos
ist zu leiden, fürcht' ich nicht zu erleiden (817), die Ilias
nennt dieß $\tau\grave{o}\ \pi\epsilon\pi\rho\omega\mu\acute{\epsilon}\nu o\nu\ \alpha\check{\iota}\sigma\eta$ (15, 209. 16, 441), das
dem Krösos bei Herodot gegebene Orakel $\tau\grave{\eta}\nu\ \pi\epsilon\pi\rho\omega\mu\acute{\epsilon}\nu\eta\nu$
$\alpha\check{\iota}\sigma\eta\nu$, welches hinzufügt, daß dieser Möra zu entfliehn unmög=
lich sey selbst für einen Gott (1, 91), in überkräftiger Sprache:
denn die Mythen berühren nicht einmal diesen Gedanken oder
daß einen Gott diese Satzung betroffen habe. Wohl aber zeigt
sich jemehr der auf die Mythen gestützte Glaube sich abschwächte
und verlor, mit der Zunahme des Naturalismus eine Hinnei=

gung zum Fatalistischen, zur Pepromene oder Heimarmene, indem das Participium zum Personennamen wird (Götterl. 2, 188 f.) welche, was Platon erwähnt, Tochter der Nothwendigkeit, Ananke genannt wird. Daß nichts mächtiger sey als diese, ist dem Chor der Euripideischen Alkestis die Frucht die ihm aus Poesie und Philosophie erwachsen ist (968). Ihr und der Gewalt, Bia, hatten Bürger von Korinth an dem Aufgang nach Akrokorinth ein Hieron errichtet, das man nicht zu betreten pflegte [9]), ein Zeichen daß man sie nicht verehrte wie eine Gottheit, sondern sie widerwillig anerkannte, ihre Herrschaft mit Scheu fühlte wie das Zwangsgesetz eines Tyrannen.

3. Themis (1, 700).

Themis erweiterte ihre Bedeutung und Bezüge ins Große als sie, nach der Theogonie (901) den Horen und Mören als Gemalin des Zeus zur Mutter gesetzt und auch mit ihrem Namen Gäa als Göttin des Delphischen Orakels geschmückt wurde. Dieß wird dann auch, wie aus den Eumeniden des Aeschylus bekannt ist, dahin variirt daß das abstracte Wesen in eine Person verwandelt und Tochter der Gäa, Gründerin einer zweiten Stufe des Orakels, genannt wurde. Als Delphische Sage führt Pausanias an daß Gäa das Orakel der Themis, diese dem Apollon als Geschenk übergab (10, 5, 3), und Themis kann hier als Tochter verstanden werden. Denn die Theogonie setzt Themis als ideelle Gottheit neben der Mnemosyne unter die zwölf Titanen (135), — eine Idee die Aeschylus im Prometheus tiefsinnig entwickelt hat. Im Hymnus auf Aphrodite wird Themis zwischen Artemis, Leto und Athene genannt (94) und in einem der kleinen Proömien vor der Theogonie in der großen Reihe der Götter (16). Musäos dichtete daß sie von Rhea das Zeuskind empfieng und es der Amalthea übergab [1]). In dem Hymnus auf den Delischen

---

[9]) Pausan. 2, 4, 7.
[1]) Eratosth. Catast. 13.

Apollon ist sie bei der schweren Geburt der Leto gegenwärtig mit den Göttinnen welche die besten (vornehmsten) sind, Dione, Rheie, Amphitrite und andre, und dafür daß man hier nicht an Gäa-Themis denke ist gesorgt dadurch daß sie den Beinamen Ἰχναίη hat (94) und daß sie dem neugebornen Gott Nektar und Ambrosia reicht (124)[2]) (wie sie den Zeus der Amalthea bringt), hier wohl nicht nach der Genealogie als Tochter der Gäa, sondern als eine Urgöttin.

Der Beiname ἰχναίη kann nur bedeuten daß Themis dem Unrecht nachspürt, es aufspürt[3]), weßhalb derselbe auch der Nemesis in einem Epigramm gegeben ist[4]), und Themis auch πανδερκής, die allsehende, genannt wird[5]). In Thessalien wurde diese verehrt in einer Stadt Ichnä[6]), die ohne Zweifel nach ihr benannt war, aber ihre dieß verläugnende Legende nicht entbehrte, die nemlich daß Zeus die Göttin verfolgte bis er bei den Ichnäern ihr auf die Spur kam[7]).

Die Orakelgöttin Themis sehn wir auf dem Dreifuß sitzend, in jugendlicher edler Gestalt, ein Rathfragender vor ihr, in einer Schale von Vulci, welche Gerhard besonders herausgege-

---

2) Winckelmann Descr. des pierres gr. de Stosch. p. 191.
3) Ilgen führt an Philo de Mose 1 p. 96 ἡ γὰρ κόλασις ἑπομένη κατ' ἴχνος μελλόντων μὲν ἐβράδυνε, πρὸς δ' ἀδικήματα θέοντας ἐπιδραμοῦσα κατελάμβανε. 4) Br. Anal. 2, 186, 5. 5) Quintus Sm. 13, 299. Themis Ichnäa die Tochter des Helios Lycophr. 129. Phavor. 6) Strab. 9 p. 435. 7) Steph. B. s. v. Hesych. Ἰχναίην χώραν· τὴν Μακεδονίαν, ἔνθα τὸ μαντεῖον ὁ Ἀπόλλων κατέσχε καὶ πρώτη Ἰχναίη Θέμις. Ein Autoschediasma voll Unrichtigkeiten. Bei Strabon geht der Stadt Ichnä in Thessalien Phyllos voran, wo ein Tempel des Apollon. Makedonien gehört gar nicht hierher und man konnte nicht sagen: Makedonien, wo Apollon das Orakel hat. Streicht man aber auch Μακεδονίαν, was statt Θεσσαλίαν oder eigentlich statt ἐν τῇ Θεσσαλίᾳ zugesetzt worden ist, so scheint doch auch das Orakel des Apollon irrig nach Ichnä gesetzt zu seyn, dessen Göttin schwerlich mit Apollon verbunden wurde und auch schwerlich der Stadt den Namen gegeben hätte, wenn sie nicht sein Hauptcult gewesen wäre.

ben hat (1846), die wohlrathende (εὔβουλος, ὀρθόβουλος). Sie prophezeiht in der Myrmidonensage dem Zeus von der Göttin die einen Sohn gebären werde mächtiger als er [8]) und mit ihr rathschlagt Zeus im Anfang der Kypria. Die heilige Themis in Pytho erwähnt Pindar auch in den Pythien (11, 9) und noch Ovid diese wahrsagende Parnassische Göttin (Met. 1, 321. 4, 63).

Ein gutes Zeichen ist es daß die Titanin Themis als Gesetz und Strafgerechtigkeit im Cultus nicht selten vorkommt. Außer dem Thessalischen Ichnä, wo ein Tempel der Ichnäe vorauszusetzen ist, warnend vor Missethat, da von ihr, wie von so vielen Tempeln, die Stadt den Namen hatte, finden wir in Rhamnus einen kleinen Tempel der Themis hinter dem der Nemesis [9]). Themis Erhalterin als Beisitzerin des Zeus Xenios der Fremden oder Handelsleute in Aegina bei Pindar hatte in dessen Tempel vermuthlich eine Statue (Ol. 8, 20 cf. N. 11, 8). In Theben war nach Pausanias ein Hieron der Themis mit einer marmornen Statue (9, 2), eines in Tanagra, mit andern des Dionysos, der Aphrodite, des Apollon (9, 22, 1), in Athen am Aufgang zur Akropolis ein Tempel mit dem Grabe des Hippolyt davor, vermuthlich nicht ohne Bezug zwischen Beiden (1, 22, 1), im Hain zu Epidauros hatten Artemis, Aphrodite und Themis je ein Hieron neben einander (2, 27, 6), in Olympia Themis einen Altar (5, 14, 8), in einem Tempel in der Altis saßen sie und die Horen auf Thronen (5, 17, 1), in Korinth und auf dem Isthmos werden Tempel des Helios, des Poseidon, der Nyr und Themis erwähnt [10]). Wie die älteren Maler und Rhetoren die Gerechtigkeit, wohl eher die Dike als die Themis, darstellten, führt aus Chrysippus Gellius wörtlich an (14, 4). Eine starke Aenderung des Zeitgeistes verräth sich dadurch daß nach einer Inschrift in der Schenkung des Seleukos Kallinikos und sei-

---

[8]) Pind. I. 7, 32. [9]) Jon. Antiquities T. 2 ch. 7 pl. 2.
[10]) Menand. de Encomiis p. 100.

nes Bruders Antiochos an den Didymeischen Tempel die erste
Phiale der Agathe Tyche und die zweite der Themis, dann noch
zwei alten Göttern der Leto und der Hekate bestimmt oder nach
ihnen genannt wurden.

Auch auf die Themis ist die Mehrzahl, ohne Zweifel drei,
angewandt worden: in Trözen war ein Altar der Themi=
den [11]). Pindars Θέμιτες Διός klingen an (Ol. 10, 29).

4. Dike (1, 700).

Dike findet sich zwar nirgends mit dem Namen einer großen
Gottheit verknüpft, wie Themis, Opis, Nemesis, Nike, aber
scharf haben die Griechen, nach ihrer starken ethischen Anlage,
von jeher diesen Augapfel Gottes auf Erden, wie Kant das
Recht genannt hat, ins Auge gefaßt, und in den Werken und
Tagen tritt die Gerechtigkeit als die einzige Tugend hervor.
Ohne Zweifel ist sie die älteste der vier Haupttugenden in dem
ethischen System, die Tapferkeit, Mannhaftigkeit, abstrahirt von
den großen Beispielen des Herakles und der Achäischen Helden=
welt, die Sophrosyne und die Sophia von dem Leben der Bil=
dung in den Städten. Wie der Askräische Hesiod die aus
Zeus-geborene Tochter schildert mit unübertrefflicher Kraft und
Innigkeit, dieß ist an einer andern Stelle dem Zeus selbst an=
gerechnet worden (Götterl. 2, 186). Hinter den krummen
Rechtssprüchen der abgabenfressenden Herren läuft verfolgend
Horkos, der Eid, her (ἔργ. 219—221), der die Menschen am
härtesten trifft (Theogon. 231.) Die Strenge des Begriffs
gebrochner Eide zeigt sich in der kühnen Dichtung von der Styr
und der Buße der Götter, die bei dem ihnen von der Iris
überbrachten Eidwasser falsch geschworen haben (Theog. 775—
806). Auf der Wahrheit als einem Heiligthum ist auch die
Gerechtigkeit gegründet. Während die alte Satzung im Volke
mehr oder weniger fortlebte, gaben der Ehrfurcht vor der Dike
einen neuen Schwung die Orphiker. Ein bekannter Orphischer

---

[11] Pausan. 31, 3.

Ausspruch ist, daß Dike neben dem Thron des Zeus sitzend, wie sie bei Hesiodus, wenn sie ihm eine aus der Menschen ungerechtem Sinn entsprungene nachtheilige Entscheidung verkündet, neben Vater Kronion sich niedersetzt (259), alle menschlichen Dinge überschaue[1]). Nach einem Orphischen Lehrsatz über Zeus bei Platon folgt Dike ihm immer nach strafend das vom göttlichen Gesetz Abweichende[2]), worauf das Wort des Sophokles sich bezieht: Dike mit Zeus zusammensitzend nach alten Gesetzen[3]). Mit Bezug auf dieß große Dogma scheint dem Orpheus Eurydike zum Weibe gegeben zu seyn, ein Name der auch sonst häufig vorkommt. Terpander preist den Ort wo die Lanze der jungen Männer und die tönende Musa und die breitstraßige Dika blühn. Am Kasten des Kypselos bestraft Dike die Ungerechtigkeit, und oft nimmt das Wort geradezu die Bedeutung Strafe an. Solon spricht vom Bewahren der ehrwürdigen Grundlagen des Rechts (13, 15) und sagt: Dike weiß schweigend was geschieht und geschah und wird mit der Zeit alles rächen (15, 15), und hinterher kommt Dike (4, 8). Ein Sprichwort war: spät malen der Götter Mühlen, aber sie malen klein[4]) und ein Tragiker sagt, nach langer Zeit durchblicke Zeus das Pergament. Ὁ Ζεὺς κατεῖδε χρόνιος εἰς τὰς διφθέρας. Wie dieß Bild in Athen im gemeinen Gebrauch war, zeigt sich darin, daß die rationalistische Melanippe des Euripides sagt: ihr meinet daß die Vergehen im Himmel in Zeus Schreibtafel eingetragen würden und er,

---

1) Demosth. Or. 1 p. 402. Dasselbe in vier wortreichen Versen in einem unsrer pantheistischen Orphischen Hymnen (61), wohl gewiß spät nach der Demosthenischen Rede, auch wenn diese nicht ächt ist. Lobeck Aglaoph. p. 391. 395—97. B. Gisele im Rhein. Mus. 8, 87 f. 2) Leg. 4 p. 715e. Proklos in theol. 6, 8 hat den Vers erhalten (fr. 20): τῷ δὲ δίκη πολύποινος ἐφείπετο πᾶσιν ἀρωγός, der vermuthlich in anderm Zusammenhang stand. 3) Oed. Col. 1384. Mit ἀρχαίοις νόμοις vgl. die von Aristoteles Rhet. 1, 13 angeführten Verse aus der Antigone. 4) Sext. Empir. p. 279. Andre Stellen über die zögernde Strafe bei Valckenaer Diatr. p. 186.

wenn er sie erblicke, die Menschen strafe. Ja auch der unteren Götter Mitbewohnerin nennt Sophokles die Dike [5]). Eine große Menge von Stellen der verschiedensten Autoren, besonders auch der Tragiker, über die Gerechtigkeit, nicht der Gerichte, sondern die göttliche, meistentheils unter dem Bilde der Dike, stellt Stobäus zusammen im Florilegium (1, 4) und schon äußerlich durch das Verhältniß der Zahl zu dem andern Begriffen gewidmeten Raum ergiebt sich, eine wie große Rolle die Dike in der Griechischen Litteratur gespielt hat. Manche dieser Aussprüche haben ganz das volksmäßige Gepräge, wie z. B. auch bei Aristophanes: Dike kehrt mit dem Karst des Zeus ein ganzes Geschlecht um (Av. 1240). Nach der Apostelgeschichte schlossen die Einwohner von Malta aus der an der Hand des Paulus hängenden Schlange nach der Rettung aus dem Meere, daß er ein Mörder seyn müsse und Dike ihn nicht leben lassen werde (28, 4). Bei Einigen erhielt, wie Athenäus sagt, Dike auch Altäre und Opfer (12 p. 546 c). Ein Temenos derselben kommt in einem Epigramm vor aus der Hafenstadt von Megara, das vielleicht in Handelsgeschäften seine Bestimmung hatte [6]). Eine Statue nennt ein andres Epigramm in Rom [7]).

Dem Aratos ist die Jungfrau am Himmel Dike, die im goldnen und silbernen Weltalter auf Erden weilte, im ehernen aber zum Himmel entfloh (wie Aedos und Nemesis [8]). Die Jungfrau am Himmel hielt eine Aehre in der Hand und diese

---

5) Antig. 451. Aeschylus in den Phrygern:
ἡμῶν γε μέντοι Νέμεσίς ἐσθ' ὑπερτέρα,
καὶ τοῦ θανόντος ἡ δίκη πράσσει κότον.

Anders der Pythagoreer Theages bei Stobäus Floril. 1, 67. Θέμις γε οὖν φημίζεται παρὰ τοῖς οὐρανίοις θεοῖς, Δίκα δὶ παρὰ τοῖς χθονίοις, νόμος δὶ παρὰ τοῖς ἀνθρώποις. In den Schutzflehenden mahnt der Chor den König daß ein Zeus noch über die Todten Recht spreche.
6) C. I. Gr. N. 1080.   7) Syll. Epigr. Gr. N. 137.
C. I. Gr. T. 3. N. 5972.   8) Phaen. 95 — 136. Eratosth. Catastr. 9. Dieser letztere nennt sie Tochter des Zeus und der Themis

scheint Anlaß zu der Aratischen Dichtung gegeben zu haben in Verbindung mit den Hesiodischen Worten (256):

Ἡ δέ τε παρθένος ἐστὶ Δίκη, Διὸς ἐκγεγαυῖα,
κυδρή τ' αἰδοίη τε θεοῖς οἳ Ὄλυμπον ἔχουσι.

Die Aehre aber und die Jungfrau hat ein Arat nicht darum in Verbindung gedacht weil der Ackerbau fromm sey, wie die Scholiasten sagen, was flach und unbestimmt wäre: noch unkundiger und leichtsinniger, wie es im Mythologischen das Gewöhnlichere ist, erklärten Andere Ceres. Sondern sehr wahrscheinlich dachte Aratos an die Aehre als das (für diesen so wichtige) heiligste Symbol des Jacchos. An dem Gabinischen Tisch ist dafür der weit bekanntere mystische Korb neben die Jungfrau gesetzt. Die Frömmigkeit der alten Welt und die der Eleusinien werden ungezwungen und bedeutsam verbunden.

Den guten Klang der Dike beweisen auch die vielen Namen die mit dem Worte zusammengesetzt worden sind, als Eurydike, Philodike, Telodike, Kallidike, Laodike, Archedike, Lysidike, Alkidike, Kleodike, Orsedike.

6. Praxidike, Praxidiken.

So wurde Dike hier und da genannt in sofern sie Vollzieherin des Rechts ist, das Recht durchführt, verwirklicht, die Schuld der Gerechtigkeit eintreibt, von πράξασθαι δίκην: Hesychius drückt sich nicht wohl aus: auch war es ein Irrthum an Handelsgerichte zu denken, indem der Seemann κατὰ πρῆξιν ausgienge¹). Schon Panyasis nennt eine Ogygische Nymphe Praxidike, Weib eines Tremilos, nach welchem Lykia

---

nach der Theogonie. Dike unter den drei Horen aber ist, eben so wie die Eirene unter denselben, eine Andre als die für sich verehrte Dike. Die Ausbildung der Genealogieen ist etwas Späteres, die ältere Sprache war einfacher. Dike aus Zeus geboren, in den Werken u. T.

1) Der Eigenname Πραξιθέα kann nur überschmeichlerisch bedeuten wahre Göttin, die sich thatsächlich als Göttin zeigt.

benannt war²). Pausanias aber nennt bei Haliartos ein Hieron
von Göttinnen die sie Praxidiken nennen, wobei sie schwören
und den Eid nicht oberflächlich nehmen (9, 32, 2). Die
Wirkung des bedeutsamen Namens wurde dadurch verstärkt,
daß man den Eid unter freiem Himmel ableistete und aus der Stadt
zu dem Hieron das an dem Telphusischen Berge stand, auszog.
Bei Photius und Suidas liest man, daß die Göttin Praxidike
(irgendwo) nur als Kopf aufgestellt wurde, und sie fügen aus
Mnaseas und einem Dionysios genealogische Spielereien hinzu,
die sich damals gern auch an die seltnen Götter anhängten
um durch Namen Gedanken über Wesen und Wirken derselben
anzudeuten. In Lakonien der Insel Kranae gegenüber wo
Paris die Helena umarmt hatte, stand nach einer volksmä=
ßigen moralischen Legende an einer Migonion genannten Stätte
ein Hieron, wo Menelaos nach der siegreichen Rückkehr neben
der Statue der Aphrodite Migonitis die der rächenden Praxi=
dike und der Thetis (diese zu Ehren des Achilleus mit Bezug
auf den Schuldigen) errichtet haben sollte³). Mit Recht setzt
ein Orphischer Hymnus als Beinamen oder Eigenschaft der
Persephone (11) und die Orphischen Argonautika sprechen sehr
uneigentlich von Orgien der Praxidike (31).

7. Nemesis.

Der Nemesis hat zuerst Herder, der Mann welcher die
tiefsten und feinsten Eigenthümlichkeiten der Völker ahnungsvoll
zu erfassen verstand, in den zerstreuten Blättern als der Göttin
des Maßes und der Mäßigung eine eingehendere Betrachtung
gewidmet¹), und wie sehr er von ihrer Bedeutung für die

---

2) Steph. Byz. v. Τρεμίλη.   3) Pausan. 3, 22, 2.
1) Zoega in der Abhandl. S. 60—72 berichtigt in Anmerkungen
zu Herders Nemesis vieles Irrige darin, geht aber selbst von einem durch=
aus unstatthaften Grundbegriff aus und mischt viel ein was aus seinen
nun verschollenen mythologischen Grundsätzen fließt. Auch sein selbständiger
Aufsatz Tyche und Nemesis S. 32—55 ruht nicht auf historischem Grund

Griechische Bildung erfüllt war, zeigen die Aeußerungen von ihm welche Schiller in einem Brief an seinen Freund Körner mittheilt. Seitdem haben viele, zuletzt Bunsen [2]), über sie geschrieben und die Idee derselben durch einen guten Theil des Griechischen Alterthums mit Rücksicht auf so viele vereinzelte Aeußerungen zu verfolgen würde hier zu weit führen: ich werde mich auf wenige Bemerkungen beschränken.

Nach der ersten und eigentlichen Bedeutung des Wortes, Zutheilung, Austheilung, sollte man erwarten, daß Nemesis jedem zutheile was ihm gebühre und darüber wache. Allein wir finden es von Anfang an nur in einer besondern Beziehung gebraucht, in malam partem, wie fortuna in bonam. Die Ilias mahnt dem Herzen einzuprägen Schaam und „Nemesis" (13, 121), welche beide nach der Hesiodischen Allegorie im eisernen Zeitalter in weißen Gewändern die Erde verlassen und zu den Unsterblichen im Olympos eingehn (200). So wie αἰδώς die Scheu ist selbst etwas Unrechtes zu thun, so ist νέμεσις die Zurechnung, die Zutheilung im bösen Sinn, der Unwille über alle Ungebühr Andrer, Misbilligung, Tadel, — wie Telemachos zu den Freiern sagt: νέμεσις δέ μοι ἔσσεται ἐξ ἀνθρώπων, wenn er nämlich die Mutter zu einer Heirath zwänge — daher νεμεσίζειν, νεμεσᾶν übelnehmen, unwillig werden, und οὐ νέμεσις ἐστι, es findet keine Zurechnung, kein Eifern, kein Tadel statt. Im Gegensatz der Zurückhaltung und Bescheidenheit der αἰδώς ist Stolz, Ueberhebung, Anmaßung, Schrankenlosigkeit, Gewaltsamkeit, Uebermuth, das was den

---

ist aber eine so begeisterte und geistreiche mythologische Rhapsodie daß Göthe noch an dem Abend als er das Buch erhalten hatte, das Gedicht Urworte Orphisch mit Bleistift niederschrieb, das er den Freunden aus Göttingen, die es ihm überbracht hatten, Sartorius und Frau, am folgenden Morgen übergab. Auch Manso hat auf manche von Herder übersehene Seiten der Nemesis aufmerksam gemacht im Mercur 1810, in seinen vermischten Abhandl. 1821 S. 169.   2) Hippol. 1, 259. 327 f. Gott in der Geschichte 2, 254—267.

sittlichen Unwillen erregt. Nemesis ist, wie Pausanias sagt, am unerbittlichsten von den Göttern den Uebermüthigen, ὑβρισταῖς (1, 33, 2).

Einen scharf genug bestimmten Begriff und zuerst mythische Persönlichkeit finden wir der Nemesis gegeben von dem Kyprischen Stasinos. Die Zeit war gekommen daß die epische Poesie die Troische Sage ihrem ganzen nun wohlgeordneten Zusammenhang nach unter dem Gesichtspunkte der sittlichen Weltordnung faßte, und das Epos welches den ersten ihrer drei Haupttheile enthielt, nach seinem Entstehungsort Kypria genannt, hob diesen Gesichtspunkt bedeutsam an der Spitze hervor durch die Verknüpfung der Helena, sonst Tochter der Leda, mit der Nemesis. Diese erhob er zu einer Göttin vermittelst des von der Thetis entlehnten Mythos, daß sie von Zeus Mutter wurde nachdem sie vergeblich, um sich ihm zu entziehn, αἰδοῖ καὶ νεμέσει, durch Land und Meer geflohen war und sich in einen Fisch und alle Landthiere verwandelt hatte, Mutter der Dioskuren und der Helena. Themis hatte den Zeus, welcher die Erde von der übergroßen Menschenlast erleichtern wollte, gerathen die Helena zu erzeugen, die den Krieg durch ihre Schönheit und ihren Leichtsinn entzünden sollte, die Thetis aber dem Peleus zu überlassen, der mit ihr den entscheidendsten Krieger auf Seiten der Rächer erzeugte [3]). So hat also Stasinos, wie nachmals Aeschylus durch die Titanin Themis als Mutter des Prometheus statt Gäa einer dogmatischen Idee die positive mythische Grundlage gab, einen ethischen Grundsatz durch einen heiter gehaltnen Mythus für das Volk zu einer Sache des Glaubens gemacht. Durch die Größe des rächenden Umschlags belebte und erweiterte sich der Begriff der Uebermuth strafenden Nemesis. In dem Untergang Trojas und der meisten Achäer erschien Nemesis in der That als "ein Unheil den Menschen", der Gesichtspunkt unter welchem die

---

3) Ep Cycl. 2, 87. 513.

Theogonie sie unter die Erzeugnisse der Nacht setzt (273): die Glücklichen und Guten, wie die heiligen Hyperboreer, entgehn, wie Pindar sagt, der übergerechten Nemesis (P. 10, 44.)

Der Name der auf solche Art in den Kreis der leibhaften Göttinnen eingetreten war, ist später auch auf eine Naturgöttin, der uns nicht klar und bestimmt überlieferten alten Göttin von Rhamnus bei Marathon, wahrscheinlich Artemis, übergetragen worden, deren Bedeutung sich dadurch nicht weniger veränderte als z. B. in viel früherer Zeit die ursprüngliche der Chariten in Orchomenos, des Eros in Thespiä. Daß nemlich Agorakritos der Parier im Wettstreit mit dem Athener Alkamenes eine Aphrodite gemacht und besiegt sie den Rhamnusiern als Nemesis verkauft haben soll, erklärt sich mit aller Wahrscheinlichkeit daraus, daß unter den Augen der Göttin von Rhamnus der Sieg von Marathon erfochten worden war, d. h. im Sinne der Einwohner durch den Beistand ihrer Göttin, die sie daher von nun an als Nemesis verehrten. Victorien, zu den Hirschen (der alten Göttin) an ihrem Stirnband[4]), deuteten auf den Sieg, wie schon Roß vermuthet hat, und man fabelte nach Pausanias zu Rhamnus, daß die Perser den Marmorblock, aus dem die zehn Ellen hohe Statue gemacht war, mitgebracht und zu einer Tropäe bestimmt gehabt hätten. Von dem Bewußtseyn nach der göttlichen Ordnung der Dinge an dem übermüthigen Feinde gerochen zu seyn, könnte nichts einen bestimmteren Ausdruck geben als die der alten Göttin in der neuen Statue beigelegte neue Bedeutung, an der in der höchst bewunderten schönen Gestalt nur wenige Zeichen auf ihr früheres Wesen zurückgewiesen haben mögen. Dieser neue Cultus ist ein fast eben so großer Beweis des tiefen und religiösen Eindrucks

---

4) Im brittischen Museum befindet sich nach der Synopsis 47. edition p. 119 n. 325 ein im Tempel zu Rhamnus gefundener und für Nemesis gehaltner sehr verstümmelter kolossaler Kopf (Nur Stirne, rechtes Auge, Ohr, obere Wange und der Kopf mit dem Haar. Ob auch die Spur eines ehernen Kranzes?)

welche der wunderbare Perserkrieg gemacht hatte, als der aus dem Werk Herodots so eigenthümlich und anziehend hervorgeht. Er nennt die Nemesis nicht; aber verwandt ihrem Wesen ist die Idee die er Neid der Götter nennt und von der ich weiter unten zu sprechen gedenke. Ein großer Irrthum von Böttiger war es daß die Idee und Dichtung der Nemesis in der Richtung Herodots auf die Strafe alles Uebermuths und der göttlichen Ordnung, in dem $\vartheta\varepsilon\iota o\nu\ \varphi\vartheta o\nu\varepsilon\rho o\nu$ ihre Quelle gehabt habe, das auch noch in der neuesten Zeit mit der Nemesis identificirt worden ist. Um nochmals auf Rhamnus zurückzukommen, so läßt sich nicht bestimmen ob und wie viel dort nach und nach auch in die Tempelsage von dem Spartischen Mythus übergegangen seyn möge. Gewiß ist daß wir in dieser Hinsicht keinen Schluß aus Kratinos ziehen müssen, der in seiner Nemesis sich über das altsymbolische Ei lustig machte, nicht anders wie andre Komiker gethan haben [5]). In den erhaltnen Versen aus den Kyprien zeugt Zeus mit Nemesis wie nach den Wandlungen auch mit Thetis, und Pausanias sagt, es sey die Meinung aller Hellenen daß Zeus der Helena Vater, die Sage eines Theils daß Nemesis ihre Mutter und Leda ihre Amme sey (1, 33, 7). Am Fußgestell in Rhamnus wurde Helena von Leda der Nemesis zugeführt in Gegenwart von Tyndareos und den Tyndariden, an einer Trinkschale aber welche die Göttin hielt, bezogen sich wahrscheinlich die Aethiopen auf Achilleus, der in der Besiegung des Memnon das Werk der Nemesis gleichsam vollendet hatte, so daß nur noch die vertheidigungslose Stadt zu zerstören übrig blieb. Helena die auf diese Art in den Tempel gekommen war, wird von Kallimachos Rhamnusierin genannt (in Dian. 232) und die Neuilier verehrten sie nach Athenagoras gar als Adrastea (do legal. p. 6). So schließen an ernste Gedanken zuletzt sinnlose Spielereien sich an.

---

5) Ep. Cycl. 2, 131 Not. 67. S. 133 Not. 70. 71.

Durch diese Darstellung habe ich die Ansicht berichtigt die ich früher gefaßt hatte, nicht bloß im epischen Cyclus (2, 130—136), sondern auch in der Götterlehre selbst (2, 576—579); indem ich die Nemesis von Rhamnus, der ich bei ihrer großen Berühmtheit einen so jungen Ursprung zuzuschreiben nicht gewagt zu haben scheine, für die frühere hielt, wo sie nemlich eins gewesen sey mit der Naturgöttin, wie Themis in Delphi mit Gäa, Opis, Upis mit Artemis, zumal da die Rhamnusische Nemesis auch Upis genannt wird von Marcellus in einer der Triopeischen Inschriften: nennt doch eine rohe Legende den Erechtheus Sohn der Rhamnusischen Nemesis, der sie als Königin des Orts mit Namen Nemesis aufgestellt habe, bei Suidas (Ῥαμν. Νέμ.) und Appulejus nennt Rhamnusia neben vielen alten Naturgöttinnen (Metam. p. 763 Oudend.). Jene Analogie hat mich getäuscht und ist hier nicht anwendbar und das Andre ist ohne allen Belang. Besonders hat auch die Sage über die Statue des Agorakritos erst jetzt eine völlig befriedigende Lösung erhalten [6]). Noch oft wird es vorkommen daß Angaben und richtig sowohl als irre leitende Andeutungen in mythischer, poetischer, ironisch-komischer, küstermäßiger, mythographischer Gestalt auf diesem weiten und überfüllten Felde mythologisch kritischer Nachforschung nicht auf einmal aus ihrer vielfachen Verwicklung in einfache für den Erfahrnen wenigstens nicht unwahrscheinliche Verbindung gebracht werden.

Es läßt sich erwarten daß Nemesis als Tempelgöttin und als die Demüthigerin des furchtbar bedrohlichen Persischen Uebermuths eine verstärkte Gewalt über die Vorstellungen, und für sich als einer der Dämonen einen zunehmenden Einfluß auf die Gebildeten erhielt. Aus deren so häufigen Erscheinung in der Litteratur unter den manigfaltigsten Wendungen des Gedankens geht hervor daß dieß wirklich der Fall gewesen

---

[6] Götterl. 2, 579 Not. 9.

ist: die glänzende Offenbarung ihrer Macht in dem erhabensten Weltereigniß hat viel dazu beigetragen die Aufmerksamkeit auf die Spuren ihres Wirkens bis in das Kleinste des täglichen Lebens wach und die Scheu vor ihr rege zu erhalten. Die religiöse und sittliche Gesinnung findet seit der Zeit in dieser Idee ungefähr eben so viel Halt und Richtung als früherhin in der der Dike, deren Tochter Mesomedes im zweiten Jahrhundert, in dem Hymnus auf sie und Ammianus u. A. nennen, deren Botin aber Platon sie nennt, die ihr der Menschen leichtsinnige und vermessene Reden zuführe (Legg. 4 p. 417 d). W. v. Humboldt sagt in einem Sonett, daß zwei Dinge den Phantasiegestalten von Hellas für alle Zeiten tiefen Reiz geben, der Chariten zartes Walten und der Nemesis Streben nach strengem Maße, die durch edle Scheu den Gewaltigsten vom Ueberschreiten der Linie zurückschrecke. In der Nation lag allerdings die bestimmte Anlage die am Delphischen Tempel durch das Wort Maß am Besten ausgesprochen war, womit zusammenhängt das plastische Talent nicht blos in Bildern, sondern auch in der Poesie und in den Staaten, so wie durch den Chilonischen Spruch nichts heftig ($μηδὲν ἄγαν$), und der Keim alles dessen was von Nemesis ausgesagt wird, ist schon in der alten Formel Schaam und Nemesis enthalten. Aeschylus nennt in den Persern, deren Seele sie ist, die Nemesis nicht und auch sonst nur selten[7]. Im Agamemnon, in welchem „Götterscheu und Frömmigkeit sich stärker und reiner aussprechen als in irgend einem andern Stück — waltet, obgleich der Begriff der Nemesis an mehr als einer Stelle, vorzüglich aber in dem Chorgesange der auf das Erscheinen der Kassandra folgt, angedeutet ist, doch der des strafenden Rechts vor"[8]. Auch Sophokles feiert wenig die Person Ne-

---

[7] Sept. 217 $δυσμενέων δ' ὄχλον πύργος ἀποστέγει· τίς τάδε Νέμεσις στυγεῖ$; Phryg. $ἡμῶν γε μέντοι Νέμεσίς ἐσθ' ὑπερτέρα$. [8] W. v. Humboldt Vorr. zu seinem Agam. S. V.

mesis, sagt aber wohl „der Götter Nemesis, welche böse Thaten abwehrt, welcher man entflieht". Mit Recht ist bemerkt worden daß er den unermeßlichen Vortheil hatte, eine Reihe wesentlicher, von Aeschylus errungener Begriffe als populäre Voraussetzungen zu behandeln [9]. Wenn im Allgemeinen nicht zu läugnen ist daß in der Poesie der christlichen Völker sich nicht der ethische Ernst zeigt als in der der heidnischen [10], und wenn dieser ethische Ernst vernehmlich genug auch aus der epischen und lyrischen Poesie der Griechen spricht, so hat doch besonders die Tragödie durch die Ideen der Dike und Nemesis, nachdem durch den Perserkrieg, der so viel in Athen in Schwung gebracht hat, das Nachdenken mächtig aufgeregt und das sittliche Bewußtseyn in dem Gedanken einer göttlichen Weltregierung und einer zur Ausgleichung, zum Gleichgewicht und zur Harmonie strebenden Kraft in den Dingen gestärkt und erhöht worden war, das wirksamste Organ der Erhebung und Veredlung der Denkart abgegeben.

Auch die einem Verstorbenen angethane Schmach straft Nemesis. Die Elektra des Sophokles ruft in der Meinung daß Klytämnestra den todten Orestes höhne, Nemesis an diese Worte zu hören (782), und die Scholien erinnern dabei an die Nemeseia oder die Nemesia, d. i. ein Opfer welches man nach den Griechischen Lexikographen, mit Beziehung auf eine Stelle des Demosthenes, den Verstorbenen feierte: ein zartsinniger Gebrauch um von dem Andenken geliebter Todten die Erinnerung an etwa ungerochen gebliebene Beleidigung, die sie im Leben erfahren hatten, abzuwenden, wenn die Cäremonie nicht die Absicht hatte im Allgemeinen abzuschrecken von Uebermuth und Gewaltthätigkeit, vor denen die Gerichte nicht immer einen zureichenden Schutz gewähren, wie man den Fluch auf Vergehen setzte, welche den Polizeistrafen sich entzogen. Diese

---

9) Bernhardy Griech. Litter. 2, 701.   10) Wüllner über den Ajas des Sophokles S. 7.

Nemeseia meint wohl auch Timäus von der Weltseele damit daß Nemesis noch jenseits des Grabes räche.

Da das Glück zur Ueberhebung reizt, das Widerwärtige aber sie niederschlägt, so gieng Nemesis leicht auch in die Bedeutung über daß sie das Glück einhalte, um nemlich dem Uebermaß zuvorzukommen. So sagt Pindar, möge Zeus Gutes zu Gutem verleihen und nicht die Nemesis über das Zutheilwerden schöner Dinge anderer Meinung machen (O. 8, 86). Ja es wird wohl etwas Gutem eine zur Abwechselung folgende Nemesis entgegengesetzt [11]). Aeschylus widerspricht ausdrücklich einer alten Meinung, daß aus großem Glück Jammer entsprosse, indem es im Hause der Gerechten Dauer habe und nur durch gottloses Thun verscherzt werde (Agam. 722—732). Aber wie in der gemeinen Vorstellung Tyche mit der Nemesis in Wechselbeziehung gesetzt werden konnte, ist klar.

Etwas dunkel bleibt uns die Gegenüberstellung der Nemesis und der Hoffnung, womit in dem späten Jahrhundert ihres Vorkommens mancherlei philosophische und religiöse ziemlich schwankende geistreiche Vorstellungen verbunden worden seyn möchten. An einem Altar der Florentinischen Gallerie sind beide auf zwei entgegengesetzten der vier Seiten abgebildet [12]). An dem merkwürdigen Marmorkrater Chigi ist zwischen beide Eros, der weinend die Psyche über eine Fackel hält, gestellt [13]).

---

11) Ein Dichter bei Stobäus:
$$\tilde{\eta}\nu\ \tau\iota\ \pi\acute{a}\vartheta\eta\ \tau\iota\varsigma$$
$$\dot{\epsilon}\sigma\vartheta\lambda o\nu\ \dot{a}\mu o\iota\beta\alpha\acute{\iota}\eta\nu\ \dot{\epsilon}\kappa\delta\acute{\epsilon}\chi\epsilon\tau\alpha\iota\ N\acute{\epsilon}\mu\epsilon\sigma\iota\nu.$$

12) Beger Spicil. p. 84.. Uhden in Wolfs Muf. der AW. 1, 553 f. Humoristisch ist die Erklärung eines Epigramms Cod. Palat. p. 379:
$$\text{'}E\lambda\pi\acute{\iota}\delta\alpha\ \kappa\alpha\grave{\iota}\ N\acute{\epsilon}\mu\epsilon\sigma\iota\nu\ \epsilon\check{v}\nu o\nu\varsigma\ \pi\alpha\rho\grave{\alpha}\ \beta\omega\mu\grave{o}\nu\ \check{\epsilon}\tau\epsilon\nu\xi\alpha\cdot$$
$$\tau\grave{\eta}\nu\ \mu\grave{\epsilon}\nu\ \dot{\iota}\nu\text{'}\ \dot{\epsilon}\lambda\pi\acute{\iota}\zeta\eta\varsigma,\ \tau\grave{\eta}\nu\ \delta\text{'}\dot{\iota}\nu\alpha\ \mu\eta\delta\grave{\epsilon}\nu\ \check{\epsilon}\chi\eta\varsigma.$$
Das strenge Maßhalten hat Manchem die Nemesis mißfällig gemacht, wie sie z. B. in einem der Brunckschen $\dot{\alpha}\delta\acute{\epsilon}\sigma\pi o\tau\alpha$ n. 18 $\mu\alpha\kappa\acute{\alpha}\rho\omega\nu\ \pi\iota\kappa\rho o\tau\acute{\alpha}\tau\eta$ genannt wird. 13) Zoegas Abhandl. S. 386—392. In Vermigliolis Saggio di bronzi Etruschi trovati nell' agro Perugino 1813

Im Bilde bezeichnet am Allgemeinsten die Nemesis der als ein Maß (πῆχυς) zum Kinn geführte Unterarm, der schon an einer Vase mit Atreus und Thyestes vorkommt. Spätere Symbole sind der Zügel (der zornigen Rede) [14], ein Joch (an Gleichgewicht, Nebeneinandergehn erinnernd, oder eher Bändigung des Uebermuths), Rad (unter ihrem Fuße) [15]. Die der ὕβρις entgegengesetzte Demuth kündigt sich an durch das dreimalige Spucken in den Busen, „der Nemesis wegen", wie ein Epigramm des Straton sagt (71). Unter sich oder in den Busen schauen, bei Mesomedes, deutet eher auf Bescheidenheit als auf Selbstbeschauung oder Nachdenken überhaupt.

Einen Tempel der Nemesis führt Pausanias außer dem zu Rhamnus nur in Paträ in Achaja an (7, 20, 5): an einem Altar ist geschrieben Δεσποίνῃ Νεμέσει καὶ συννάοις θεοῖς [16], worin der Titel Despöna die Vornehmheit der Göttin in späterer Zeit beweist. Bekannt ist der Tempel in Smyrna, worin zwei Nemesen verehrt wurden. Worauf man diese Zweiheit bezog oder ob sie überhaupt eine andre Bedeutung haben sollte als die Mehrheit, gewöhnlich aber Dreiheit andrer Dämonen, ist nicht bekannt. Nach der Sage bei Pausanias (7, 5, 1) von der Gründung von Neusmyrna wohin die Einwohner aus der alten Stadt verpflanzt wurden, auf Veranlassung eines Traums Alexanders von Makedonien als er von der Jagd vom Berg Pagos zurückgekommen war, unter der Platane vor dem Tempel der Nemesen, die ihm erschienen und ihm befohlen hatten an dieser Stelle eine Stadt zu bauen, wird ohne Zweifel falsch angenommen daß der Tempel, der an Pracht mit dem Ephesischen wetteiferte, schon bestand und den Nemesen geweiht war. Vielleicht hat gerade in der

---

sind nebst verschiedenen andern Götterfiguren von einem Wagen aus Erz Nemesis mit Zügel und Apfelzweig und Elpis die eine Blume hält. R. Galeria di Firenze T. 3 p. 53.   14) — μηδ' ἀχάλινα λέγειν.
15) Eckhel D. N. 2, 548 ff.   16) Gud. p. LV, 13.

wirklichen Geschichte von der Verlegung der Stadt irgend ein
Anlaß gelegen den Cultus der Nemesen an der Stelle einer
alten, bis dahin beibehaltenen vermuthlich unhellenischen soge=
nannten Artemis einzuführen indem der neue große Tempel
gegründet wurde. Sie werden in Inschriften die großen Göt=
tinnen genannt. Außer durch die Zweiheit neuerte man was
seit diesen Zeiten, besonders in Kleinasien, mit immer größerer
Leichtigkeit vor sich gegangen zu seyn scheint, auch durch die
für sie angenommene Mutter Nacht und die ihnen beigelegten
Flügel, die in diesen Zeiten sehr gemein und freilich auch dem
Wesen der Nemesis angemessen waren: eine Bemerkung des
Pausanias über sie (1, 33, 6) giebt eine sonderbare Vorstel=
lung von seiner Einsicht in die mythologische Symbolik. Sonst
ist der bildliche Charakter der Nemesis von Smyrna nicht ver=
schieden von dem gemeinen. Von der großen Stadt Smyrna
aus scheint deren Hauptgottheit sich ziemlich weit verbreitet
zu haben. Wir finden sie in Halikarnaß [17]), in Lesbos [18]),
in Alexandria.

8. Abrastea.

Abrastos, Unentfliehbar, einer der schönsten Heldennamen,
am bekanntesten durch die Sage vom Thebischen Krieg, aber
auch in der Ilias nicht selten, ist natürlich älter als die weib=
liche Form Abrasteia. Diese aber kommt vor in Versen der
epischen Phoronis als Göttin vom Berg ($\delta\varrho\epsilon\iota\eta$, nemlich $M\eta$-
$\tau\eta\varrho$ $\delta\varrho\epsilon\iota\eta$), wo die drei Idäischen Urschmiede ihre Die=
ner heißen, und in Versen aus der Niobe des Aeschylus,
welche den Berekynthischen Landstrich den Sitz der Abrasteia nen=
nen. Hier kann nur an Rhea gedacht werden, die in der
Anschließung der Hellenen an Phrygischen Cult den Hellenischen

---

17) Walpole Travels p. 555, wo sie $\varkappa\acute{\upsilon}\varrho\iota\alpha\iota$ heißen, wie bei Chandler Inscr. p. 96.   18) Mionnet 3, 47. Bei den Lesbiern hatte
auch, wie in Smyrna, die Nacht einen Tempel.

Zunamen erhalten hat, so wie die Asiatische Göttin in Aeolischen und Jonischen Küstenstädten den Hellenischen Namen Artemis. Die Bedeutung jenes Zunamens ist nicht zweifelhaft: er drückt nur nachdrücklicher aus was Themis oder auch Opis, Upis, in späterer Zeit zu Rhamnus Nemesis [1]). Die falsche moderne gelehrte Liebhaberei tief scheinender Gründlichkeit mit Hülfe lockrer Etymologie hinter dem Griechischen Namen irgend einen orientalischen zu suchen darf uns eben so wenig aufhalten als das volksmäßige System der Alten der religiösen Bedeutung von Götternamen einen nichtssagenden historischen Bezug auf einen ersten Gründer unterzuschieben, also auf einen König Abrastos, wie es in diesem Fall nicht bloß viele namenlose Grammatiker thun [2]). Nicht als zufällig können wir ansehn daß auch in Kreta dem Rheakinde (Zeus-Atys) eine Amme Namens Abrastea gegeben wird. Bekannter aber als die alte Göttin vom Gebirg mit Namen Abrastea, vereint gedacht mit der großen Naturgöttin eine sicherstrafende Dike, ist die unter modificirter, engerer Bedeutung von ihr getrennte und besonders verehrte Abrastea welche ganz nach der Nemesis (nichts über das Maß, μηδὲν ὑπὲρ τὸ μέτρον) gebildet ist und von Vielen dieselbe mit ihr genannt wird, und die Grammatiker welche sie von ihr unterscheiden, sehen dabei nur auf die Verschiedenheit des Herkommens: wenigstens liegen von verschiedenen Bestimmungen des Begriffs keine Merkmale vor. Es scheint aber nur der Aufschwung des Begriffs der Nemesis seit der Zeit des Perserkriegs den Anlaß gegeben zu haben daß Abrastea als eine andre Nemesis verehrt oder diese große Göttin Abrastea

---

1) Suid. *Ἀδράστεια Νέμεσις ἦν οὐκ ἄν τις ἀποδράσειεν*. Aristot. de mundo *παρὰ τὸ ἄφυκτος εἶναι καὶ ἀναπόδραστος*. Ein Autoschediasma scheint zu seyn was Harpokration v. *Ἀδράστεια* anführt. *Δημήτριος ὁ Σκήψιος Ἄρτεμιν φησὶν εἶναι τὴν Ἀδράστειαν ἀπὸ Ἀδράστου τινὸς ἱδρυμένην*. 2) Daß Abrastos von Argos eine Personification von Abrastea Nemesis sey, hat O. Müller Eumen. S. 179 in Uebereilung geschrieben.

genannt wurde, wie Antimachos sagt, indem er wie auch Kallisthenes diesen ihren Namen von König Abrastos ableitet, der ihr den ersten Altar (er war ein Stadium ins Gevierte groß) bei dem Fluß Aesepos errichtet habe. Ein Hieron derselben dort, bei Kyzikos, wo auch Münzen ihre Verehrung bezeugen³), führt Strabon an, während weder sie noch Nemesis eines habe in dem Abrastea oder Abrasteas Feld genannten Landstrich (13 p. 588). Zweifelhaft ist ob in der Troischen Stadt Abrasteia, deren Führer in der Ilias — vielleicht auch schon nach der Voraussetzung daß die Stadt nach einem Fürsten benannt sey — Abrastos genannt wird (2, 828), die Göttin mit der dort vermuthlich die Stadt den Namen theilte auch schon der Nemesis gleich war: denn es konnte dort auch der allgemeine Begriff der göttlichen Gerechtigkeit gelten welche die Menschen scheuen sollen, wie uns Ichnäe, die Themis, als Name einer Stadt vorgekommen ist. Ob auf den Münzen mancher Asiatischen Städte Nemesis oder Abrastea gemeint sey, wird nicht immer zu bestimmen seyn. Aeschylus nennt einmal Abrastea wo er Nemesis denkt⁴), eben so wie bei dem Zeus $\nu\varepsilon\mu\acute{\varepsilon}\tau\omega\varrho$ in den Sieben (466); sonst kommt sie in den Tragödien nicht vor außer zweimal im Rhesos, aber bei Pindar (N. 10, 28. I. 3, 44). In Kirrha, dem Hafen von Delphi, nennt Pausanias eine Bildsäule der Abrastea in dem Tempel des Apollon, der Artemis und Leto (10, 37, 5). In den Sprüchen $\dot{\sigma}\varphi\vartheta\alpha\lambda\mu\grave{o}\varsigma$ $\mathit{A}\delta\varrho\alpha\sigma\tau\varepsilon\iota\alpha\varsigma$, $\pi\varrho o\sigma\varkappa\upsilon\nu\varepsilon\tilde{\iota}\nu$ $\tau\grave{\eta}\nu$ $\mathit{A}\delta\varrho\alpha\sigma\tau\varepsilon\iota\alpha\nu$ ist Nemesis zu verstehn, wie Sokrates bei Platon sagt: ich bete zu Abrastea wegen dessen was ich sagen will (Rep. 5 p. 456 e), wie man sagte: ich spreche, ich will reden mit Abrastea und dergleichen mehr⁵).

---

3) Mionnet II p. 547 N. 222. Cyzicus und sein Gebiet von J. Marquardt 1830. S. 103—119 über Abrastea und Nemesis so fleißig in Ansammlung der Stellen als unzulänglich in der Würdigung derselben.
4) Prom. 928 οἱ προσκυνοῦντες τὴν Ἀδράστειαν σοφοί.
5) Wyttenbach zum Phädon p. 246 Lips.

Platon hat der Abrastea, die bei ihm sonst auch im gewöhnlichen Sinn der Nemesis vorkommt, in philosophischer Auffassung Ideen von Weltgesetz und ewiger Nothwendigkeit untergelegt, die sich weit und bis tief herab in der Zeit und selbst im Volke verbreitet haben⁶). Es ist eine richtige Bemerkung von Zoega⁷) daß Platon für die Gesetzgeberin des Weltalls sich des Namens Abrastea bedient „als eines ehrwürdigeren und nicht im Munde des Volks entweihten, das bei jeder Kleinigkeit Nemesis anrief", oder wegen des volleren, edleren Wortlauts.

Was den Abrastos von Sikyon betrifft, so ließ ich im ersten Theil (S. 447 f.) unentschieden ob er als ein Dämon ähnlich wie Abranos zu betrachten sey⁸), muß aber jetzt bei erneuerter Prüfung dafür stimmen. Vermuthet hatte ich es schon viel früher⁹), damals aber Angaben die ihn und den Abrastos von Argos, durch Scholien getäuscht, und selbst den angeblichen Stifter von Abrasteia am Aesepos angehn vermischt. In der Ilias ist Adrestos der erste König von Sikyon (2, 572), wie Erechtheus von Athen, Triptolemos u. a. Die Herodotische Erzählung, welche O. Müller in seinen Eumeniden „an tiefer Bedeutung unerschöpflich" nennt, erklärt sich einfach und befriedigend sobald man annimmt daß der Tyrann Klisthenes

---

6) Hermias ad Plat Phaedr. p. 148, zu den Worten im Phädrus p. 248c θεσμὸς Ἀδραστείας ὅδε. Appulejus de mundo p. 312 Oudend. ineffugibilis necessitas. Eine Vaticanische Inschrift μεγάλη Νέμεσις ἡ βασιλεύουσα τοῦ κόσμου magna altrix cet. S. zu Zoegas Abhandl. S. 393. Ammianus Marcell. 14, 11. p. 59.   7) Abh. S. 72.
8) Die Ilias nennt den ersten König von Sikyon Adrestos 2, 572, ein Scholiast des Pindar N. 10, 30 Gründer des Tempels der Here Alexandros in Sikyon. Erechtheus und andre Dämonen als Könige sind bekannt genug.
9) Anhang zu Schwencks Andeutungen 1823 S. 302 f. und es stimmte Gerhard bei in seinem Prodromus S. 81 Not. 72. S. 106 Not. 166. Schwenck widersprach Mythol. Skizzen S. 7 f. mit Recht, da die Sache nicht gehörig aufgeklärt war. Wie Creuzer die Stelle behandelt ist u. a. zu sehen in seinem Comment. Herod. 1819 p. 217—220.

den Sikyonischen Adrestos, „dem sie die höchsten Ehren erwiesen und unter andern seinen Tod ($πάθη$) durch tragische Chöre feierten, indem sie den Dionysos nicht ehrten, sondern den Adrestos", nicht etwa wirklich verwechselte mit dem Adrastos des ihm verhaßten Argos, sondern in der boshaften Annahme daß er mit dem Sikyonischen Adrestos derselbe sey, die Sikyonier zwang, indem er nur die Trauerchöre auf den Dionysos übertrug, statt ihres Adrestos den Melanippos, den Feind des Adrastos von Argos in der Thebaïs zu verehren, so wie er den Heroen ihrer Phylen an Stelle ihrer herkömmlichen Namen Schimpfnamen nach Thieren beilegte. Herodot nennt ein Heroon auf der Agora, und auf dieser verehrten auch in Athen die Dionysischen Chöre die Götter [10]), aber er durchschaute überhaupt den Zusammenhang nicht. Wie wäre Klisthenes darauf gekommen die höchste Ehre des Trauerchors auf einen Gott überzutragen und gerade auf den Dionysos (die Chöre aus welchen die Sikyonische Tragödie viel älter als die Attische hervorgegangen ist), wenn nicht Adrestos den Dionysos bedeutet hätte, welchem seine Ehren zu entziehen ruchlos gewesen wäre? Freilich ist hierbei vorausgesetzt daß der Name des Gottes auch eine andre Bedeutung haben könne als die bekannte in dem Namen des Heros Adrastos und dem Beinamen der Göttin. Von demselben Wort $ἁδρός$ nemlich ist außer dem $Ἀδρανὸς$ in Sicilien noch ein anderer Dämon abgeleitet, $Ἀδρεύς$ [11]). Dem Dionysos, dessen Erndte in Sikyon noch jetzt als die bedeutendste erscheint, paßt dieser Name eben so gut als für die Demeter. Die Endung wie in $Ἄδρηστος$ haben wir in $δορπηστός, δειπνηστός$, die man erklärt Zeit des Mahls: aber die Bedeutung dieser Form ist viel weiter und unbestimmt, sehr verschiedener Anwendung fähig. Aehnlich ist auch $Κυρρήστης, Λυγκησταί$, von $Κύρρος$

---

10) Götterl. 2, 166. 11) $Ἀδρεύς, δαίμων τὶς περὶ τὴν Δήμητραν, ἀπὸ τῆς τῶν καρπῶν ἁδρίσεως$, wofür es heißen sollte $ἁδροσύνης$. Hesiod. ἔργ. 476, wovon $ἁδροχῶρος$.

und *Λύγκος*, übereinstimmender *Τυφρηστός*; auch *ἀγρώστης* für *ἀγρότης* durch Pleonasmus des σ, sagen die Grammatiker¹²).

Die Auflösung des Räthsels würde weit leichter gewesen seyn wenn nicht der Scholiast zum Pindar Nem. 9, 30 den Abrestos und den Abrastos für denselben erklärte und aus einem Menächmos von Sikyon und einem Dieuchidas, Verfasser von Megarika, aus viel späteren Zeiten nicht blos als Klisthenes sondern als Herodot, ein genealogisches Gemengsel anführte. Es gehört viel Aufmerksamkeit und Vergleichung unzähliger Stellen dazu um sich zu überzeugen in welchem Grade, nachdem der dämonische Inhalt und der symbolische oder in Namen bedeutsame Charakter der Sage einmal verkannt oder verworfen worden war, diese traurigen Geschichtsmacher leichtsinnig und willkürlich die alten überlieferten Namen in Genealogieen von Dynasten, nach Gesichtspunkten die uns unbekannt sind, zusammengereimt haben. Die Nichtigkeit solcher Gemächte nachzuweisen erfordert in den meisten Fällen eine große Ausführlichkeit. Das hier berührte enthält einige Namen die den Sikyonischen Abrestos anzugehn scheinen, *Πόλυβος* und *Ταλαός* (von *θάλλειν*), die in Verwandtschaft mit andern von Argos herstammenden gesetzt sind.

9. Nike, Kratos und Bia.

Die Theogonie nennt den Sieg oder die Entscheidung, die Stärke und die Gewalt nebst dem Eifer, Zelos, Kinder der Styr und des Pallas (383—85). Als Tochter des Pallas ruft auch Bacchylides die Nike an. Aeschylus führt im Prometheus die Stärke und Gewalt als Gesellen die Zeus dem Hephästos gegeben, auf und der Gewalt war mit der Nothwendigkeit an dem Aufgang auf Akrokorinth ein Hieron geweiht¹). Bedeutung für die mythologische Poesie und Kunst hat nur Nike, in Verbindung besonders mit Zeus, dem sie in der He-

---

12) Lobeck Paralipomena grammaticae Gr p. 443 f. 549.
1) Paus. 2, 4, 7.

siodischen Titanomachie nebst den Geschwistern von ihrer Mutter zugeführt wird, der z. B. in einem Spruch des Bakis mit ihr den Tag der Freiheit herbeiführt ²), und mit Pallas Athene, bei der wir auf sie zurückkommen werden, aber auch mit andern Göttern und mit Sterblichen denen der Sieg zu Theil wird.

Seit den Zeiten des abgelebten Götterglaubens ist mehr und mehr das Glück, Tyche als Grund und Quelle aller guten Ereignisse, aller Erfolge gepriesen und angerufen worden.

II. Die Natur.

Erscheinungen am Himmel.

1. Nyx.

Die Nacht erscheint als das naivste Princip und als die Mutter in sichtbarer Erscheinung der Lichtkörper bei vielen Völkern und potenzirt an der Spitze vieler Systeme. Die Hesiodische Theogonie, auch schon mehr ausgebildet, reiht sie gleich an das Chaos an und läßt sie mit Erebos vermählt Aether und Hemera (123), Helios, Selene und Eos aber von Hyperion und Theia erzeugen (371). In einem Zwischenabschnitt des Gedichts sind von der Nacht für sich, von der Seite genommen daß sie keines Menschen Freund ist ($N\grave{v}\xi$ $\delta\lambda o\acute{\eta}$), verschiedene meist widerwärtige Dinge abgeleitet (210 ff.), so wie auch in den Werken die gute und die böse Eris (17), und da in der erstgenannten Reihe auch Nemesis zugesetzt ist, so hat in später Zeit in Smyrna auch die Nacht Verehrung gefunden. Der physischen Göttin aber geben die tragischen und andre Dichter schwarze Pferde ($N\grave{v}\xi$ $\mu\varepsilon\lambda\acute{\alpha}\nu\iota\pi\pi o\varsigma$), oder wie Aeschylus, einen finsteren Wagen, und schwarzen Peplos ($\mu\varepsilon\lambda\acute{\alpha}\mu\pi\varepsilon\pi\lambda o\varsigma$).

---

2) Herod. 8, 27.

2. Eos (1, 681—690.)

In einem von den der Theogonie vorangestellten Hymnen wird Eos mit Helios und Selene in der Reihe der Götter welche die Musen preisen, genannt (18). Was die Theogonie selbst sagt, daß Erigeneia auch den Morgenstern und die glänzenden Sterne überhaupt erzeugt habe (381), verdient keine Beachtung da, wie schon bemerkt, jener der Eos lichtbringend vorangeht und die Sterne zwar wohl in den Peplos der Nacht gestickt worden sind, aber mit Ausnahme der Dioskuren, als Anführern des Morgens und des Abends, und dem Sirius keine religiöse Bedeutung angenommen haben. Davon findet sich nicht einmal eine Spur hinsichtlich der wenigen Sternbilder, die von Alters her auch der Grieche als Zeichen am Himmel festgehalten hat oder als Bilder, wie das von der Fortbewegung des Sternhimmels als einer steten Flucht vor dem Jäger. Die Mythologie nach und nach in Sternbilder zu verpflanzen war eine nicht über Pherekydes hinauf zu verfolgende Phantasie und schöne Spielerei mythologischer und astronomischer Liebhaberei.

Eos, die rosenfingerige wie im Rigveda die Sonne goldhandig ist, fährt in der Odyssee mit Rossen (23, 244), wie sie noch in schöner älterer Composition in einem Rund am Constantinsbogen zu sehn ist[1]). Euripides läßt sie reiten im Orestes ($\mu\sigma\nu\acute{o}\pi\omega\lambda\sigma\varsigma$ 995), wie in einem Fragmente den Morgenstern. Geflügelt läuft sie dem Kephalos nach, z. B. an einer Tischbeinschen Vase mit den Namen (4, 12). An einer andern schwebt sie dahin mit zwei Gefäßen in Händen, das eine emporgehalten, indem sie sich nach ihm umschaut, das andre ausgießend mit der Linken[2]). Sie sammelt den Morgenthau auf und gießt ihn aus.

---

1) Admir. Romae n. 22. Tombeaux de Canosa pl. 5. 2) Millingen Anc. uned. mon. 1, 6. Beigeschrieben ist $ΛΟΣ$ und an dem Gefäß in der Rechten $ΚΛΛΕ$.

3. Iris (1, 690—692.)

Nach Alkäos zeugt Iris (die Göttin des Regenhimmels) mit Zephyros den Eros d. i. den Trieb des Wachsthums. Auch am Amykläischen Thron war sie (Ἶϱις) nebst Poseidon und Amphitrite am Grabe des Hyakinthos. Dieser Iris kommt wie der Eos die Kanne zu, worin sie die Wasser sammelt und den Wolken Nahrung zuführt, wie bei Ovid (Metam. 2, 271), woraus Lüfte und Wolken trinken, wie Statius sagt (Theb. 9, 405). Damit ist nicht zu verwechseln in der Theogonie der Krug voll Styrwasser den sie zu holen geschickt wird (784). Eine geflügelte wasserschöpfende Jungfrau auf einer Münze von Terina stellt, wie O. Müller bemerkt hat, Iris vor, nicht eine Sirene[1]). Physiker symbolisirten daß sie stierköpfig die Flüsse ausschlürfe[2]). Die Flügel, die ihr ausschließend bei Homer das Beiwort χϱυσόπτεϱος giebt, sah Aristophanes auch in der Vergleichung mit der schüchteren Taube (Av. 575). Als Botin mit dem Heroldstab ist sie in Dichtung und Kunst immer gefällig. Daß Kallimachos sie mit einem Hunde der Artemis vergleicht und den Thron der Hera nicht verlassen, stehend und unaufgegürtet an dessen hohem Fuße schlafen läßt, damit sie ihr jeden Augenblick zum Dienste zur Hand sey, (H. in Del. 28—239), ist gewiß nicht, wie Preller einst dachte (Mythol. 1, 288), ein Zeichen, daß sie immer mehr zur Dienerin der Hera und bloß dieser geworden sey, sondern geschmacklos erfunden, um die Vorstellung von dem vielgeschäftigen Regimente der Hera zu erhöhen. Die Künstler gebrauchen Iris zuweilen auch bloß als Dienerin, wo eine Begleiterin schicklich ist, z. B. in den Wandgemälden wo sie der Hera in der Liebesscene auf dem Ida, oder wo sie der Thetis die ihren Sohn in den Styr eintaucht, zur Seite ist.

---

1) Avellino Opuscoli T. 1.   2) Plut. de placit. philos. 3, 5. Sonst sind die Flüsse selbst als Stiere symbolisirt.

Auf Erden.

4. Flüsse (1, 652—656).

Flüsse und Quellen sind Götter, pflegen aber nicht gleich andern Naturwesen verwandter Art Dämonen genannt zu werden, wie denn die Alten nicht zu systematisiren gewohnt waren was frei aus dem Leben der Religion hervorgegangen war. Doch müssen sie, die als Element des Süßwassers für sich allein, auch ohne durch eine einheitliche Person umfaßt zu seyn, indem Okeanos sich nicht als ein großer Gott darstellt, wegen ihrer Wichtigkeit für das Leben der Menschen, Thiere und Pflanzen unter den großen Göttern schon im voraus besprochen worden sind, formell auch der Klasse zugezählt werden die den großen Göttern gegenübersteht.

Das hervorragende Ansehn des Acheloos war vermuthlich dadurch wenigstens mit veranlaßt daß die Orakelsprüche von Dodona die fast alle, wie Ephoros sagt, am Schluße ermahnten dem Acheloos zu opfern, wie ja in Dodona auch Zeus Naios verehrt wurde, sich in Akarnanien, Thesprotien, Ambrakia [1]), in Aetolien, Epirus, nach Athen [2]), und weiter verbreiteten. Ephoros [3]) stimmt denen bei, welche sagten, daß während den andern Flüssen nur die Nahwohnenden opferten, den Acheloos allein alle Menschen ehren, daher komme daß der Name Wasser bedeute und so auch in den Orakeln verstanden sey und auch verstanden werde wenn man in den Eiden, Gebeten, Opfern häufig Acheloos für Wasser gebrauche, so daß nun die verschiedensten Völkerschaften statt der eigenen Flußnamen den allgemeinen Ausdruck gebrauchten, wie wenn man die Athener Hellenen, die Lakedämonier Peloponneser nenne. Der Flußname kommt auch vor, in Elis, in Arkadien nach Pausanias (8, 38, 7), vom Sipylos herabfließend, wie

---

1) Ignarra de buthysia p. 244.   2) Gerhards Vasengem. 2, 110 f.   3) P. 122 Marx aus Macrob. 5, 18.

aus der Ilias bekannt ist (24, 616), wo der Scholiast auch einen bei Dyme in Achaja und einen Acheloos bei Larissa in Troas nennt. Und, fügt er hinzu: „alles Wasser nennt man Acheloos, denn der Gott in Dodona ermahnte dem Acheloos zu opfern: deßhalb ehrten den Acheloos auch die Athener und die Dymäer, Rhodier und Sikelioten". Aber die Dymäer hatten ja ihren eignen Acheloos und die Athener verehrten doch nicht ihren Ilissos oder Kephissos unter dem Namen Acheloos. Den genannten Orten sind beizufügen Oropos, wo der Acheloos mit dem Kephissos, Nymphen und Pan einen gemeinschaftlichen Altar hatte, und ein andrer Altar im Megarischen, ihm von Theagenes gesetzt, der dem Wasser auch diesen Namen gab, bei Pausanias (1, 34, 2. 41, 2). In Metapont wurde ihm, wie in Akarnanien (nach dem angeführten Scholion) und vermuthlich von da dorthin verpflanzt, ein Kampfspiel gefeiert[4]). Acheloos für Wasser ist uns nicht bloß aus heiligen Formeln bezeugt, sondern bekannt auch als dichterischer Ausdruck aus Stellen des Euripides, der Komiker Aristophanes und Achäos, des Vergil, und Artemidor sagt: „Acheloos bedeutet dasselbe mit den Flüssen und allem trinkbaren Wasser" (2, 38). Es ist nicht wahrscheinlich, daß das Orakel zu Dodona das Element verstanden oder den großen heiligen Strom, den es ohne Zweifel meinte, das Wasser genannt hätte, wenn dieß nicht zugleich dessen stehender Eigenname gewesen wäre. Aber es ist auch nicht zu glauben, daß ohne die Bedeutung Wasser oder irgend einer Wortbedeutung wegen Flüsse der verschiedensten Gegenden diesen Namen geführt haben sollten. Den Ausdruck für Wasser aber, der überall auch zum Namen für den Fluß des Orts dienen konnte, finden wir in Formeln und bei Dichtern als einen feierlicheren Ausdruck alter Sprache dem gemeinen häufig vorgezogen. Daß dem größten der Griechischen Ströme und

---

[4]) Eine Münze mit αχελοιονολθα (ἆθλον) Millingen Transact. of the roy. Soc. of Litt. 1 p. 140 1827. Annali del Inst. arch. 11, 270 1839.

den Dodonäischen Orakelsprüchen zu Ehren der Flußname je die Bedeutung Wasser angenommen haben würde, ist nicht denkbar. Steht dieß fest, so gewinnt die Etymologie des Namens an Wahrscheinlichkeit wonach λωῖος wie in ὁμολωῖος gut⁵), und das erste Wort wie in verwandten Sprachen Wasser bedeutet. Gutwasser wäre ein guter Flußname und dasselbe Wort für Wasser ist von mir und von Vielen in Ἀχιλλεύς angenommen worden⁶), und dann auch in Ἀχέρων anzunehmen, selbst wenn dort im Doppelsinn zugleich an ἄχεα gedacht worden ist. Didymus, auch von Macrobius angeführt, setzt der Erklärung des Ephoros die andre entgegen, daß die Menschen dem Acheloos als dem ältesten der Flüsse — wenigstens dem größten der Griechischen — zu Ehren allen Gewässern seinen Namen gegeben hätten, die nicht verbessert wird durch die Wendung des Hermias zum Phädros (p. 75 Ast.), daß man ihn wegen seiner Größe zum göttlichen Aufseher (ἔφορος θεός) des Trinkwassers gemacht habe. Begreiflich aber ist daß während viele Flüsse den Namen Acheloos als das Wasser des Orts erhielten, an manchen Orten auch dem großen Strom zu Dodona ein Altar gesetzt wurde, der in der Ilias Fürst (κρείων) genannt wird.

Nach dem Dodonäischen Acheloos ist kein andrer Fluß mythisch und genealogisch fruchtbarer als der Asopos. Keinen sehn wir im Gedanken an seinen Sohn, den Smyrnäischen Homer, andächtiger an als von der Burghöhe von Smyrna den kleinen Meles, der sich unmittelbar darunter aus dem nahen

---

5) GötterL 2, 208.   6) Auch Lobeck im Aglaoph. p. 952 scheint diese Erklärung J. Scaligers nicht zu misbilligen wegen des Vorkommens des Wortes in den Germanischen Sprachen (besonders häufig ist es im Schwarzwald, Schönach, Schwarzach, Grenzach, die Seefelder Ach u. s. w. u. s. w. und das Bedenken in G. Curtius Gr. Etymol. 1, 95 f. scheint mir nicht entscheidend. Ein seltner Name ist Ἀχερών, Ἀχερών bei Tzetzes ad Lycophr. 583. 1162. chil 7, 354.

Thal herauswindet, weiterhin aber ansehnlicher strömt wo ihm die Karavanenbrücke mit ihren Kamelen noch in der Stadt allen poetischen Reiz abstreift⁷).

Die Flüsse werden abgebildet gewöhnlich in jugendlicher

---

7) Es wird erlaubt seyn hier die Erklärung der satyrischen Verse des alten Asios von Samos im Epischen Cycl. 1, 144 f. die von Dübner in dem Anhang von Fragmenten in seinem Hesiodus und von Marktscheffel in seiner Ausgabe von dessen Fragmenten p. 416 befolgt wird, zu vertheidigen gegen die von O. Müller Gr. Litter. 1, 200 und Lauer Litter. Nachlaß 1, 75, auf die auch Bergk zurücksieht, Lyric. p. 326 ed. 2a. Ich verstehe nicht wie ein lahmer, ungeladener alter Schmarotzer mitten unter den Hochzeitsgästen des Meles (αὖτε Μέλης ἰγάμει) stehend, ich sage nicht, ἥρως genannt werden mochte, da dieß als komisch oder spöttisch genommen werden könnte, sondern βορβόρου ἐξαναδύς, zumal da man dieß von den Flüssen ganz eigentlich zu verstehn gewohnt ist. So erhebt der Jsmenos annoso scrupea limo ora heraus bei Statius Theb. 9, 411 was ganz eben so auch dem kleineren Fluß zukommt, und daß Meles der Heros ist, mitten unter den Versammelten stehend, folgt aus der scherzhaften Annahme daß seine Hochzeit gefeiert wird und dabei der Knissokolax, ein offenbar bedeutsamer Name, da κνίσσα den Fettgeruch oder Bratenduft bedeutet und das Compositum nach Διονυσόκολαξ zu erklären ist, nicht ein Bettler, sondern „gleich einem Bettler", worin nur der Witz liegen kann, daß er als Tafelsänger, wie die Samischen Kreophylen auftrete. Mit Parodie hat dieß durchaus nichts gemein, so wenig wie es an „conviviale Elegieen" erinnert. Müller hat ohne Zweifel der einfachen Erklärung sich nur nicht erinnert, da er nicht zu denen gehörte die zu raschen Einfällen mehr Fähigkeit haben als zur scharfen Prüfung überraschender Vorkommnisse. Als satyrisch-komischer Scherz ist der Gedanke einfach und es ist erklärlich genug, daß schon der Ahnherr oder der Vorgänger der Samischen Zunft der Kreophilier, da Knissokolax mit diesen in der Bedeutung übereinstimmt, vor allen Homeriden, bei der Hochzeit ihres Stammvaters ihnen gleich gewesen sey, da man sich ja wohl denken darf, daß im reichen Samos die Tafelsänger viel zu thun hatten und unter ihnen auch manche mehr durch das Schmarotzerhafte als durch die Begeisterung aufgefallen seyn mögen. Es ist nur Schade daß nicht erhalten ist, was vermuthlich in folgenden Versen der Flußgott, in der Mitte stehend, zu dem Alten gesagt hat mit gleicher Derbheit als womit dieser vorher geschildert ist.

Gestalt, da die allermeisten nicht groß sind, und so auch der Meles selbst in dem Gemälde des Philostratus (2, 8)⁸) und auf einer Münze⁹): die majestätisch gelagerten bärtigen Ströme, wie Tiber, Rhein, Donau, Nil sind nur Ausnahmen. In Unteritalien und Sicilien wurden die Flüsse in Stiergestalt mit Mannskopf verehrt, worin man ehmals Hebon, den jungen Dionysos, sah ¹⁰). Zu den Hochzeiten wurde auch aus den Flüssen wie aus dem bevorzugten Brunnen des Orts Wasser geholt, wie ein Grammatiker sagt, als Vorbedeutung (οἰωνός) der Zeugung und Kinderaufziehung ¹¹). Wenn manchen Quellen göttliche Heilkraft beigelegt wurde, so erscheint hier und da ein Fluß als Beistand gegen die Pest. In zwei Jamben an einer Säule bei dem türkischen Gotteshaus zu Burnabat bei Smyrna wird Gott Meles gepriesen als Retter von aller Seuche und Uebel, was man auf die Pest unter Marc Aurel bezieht ¹²). Bei der Pest in Selinus führte Empedokles zur natürlichen Abhülfe zwei Flüsse durch den ausdünstenden See und Opfer thaten das Uebrige ¹³).

5. Nymphen (1, 656—659).

In der Griechischen Mythologie und Poesie nehmen die Nymphen der besonderen mannigfaltigen Klasse eine bis zum Auffallenden große Stelle ein. Daß ländlichem Volk in Berggegenden die Quellen sehr lieb und vertraut sind, ist natürlich.

---

8) Dazu sind p. 444 andre angeführt. So gebildet ist auch der Kratis von Consentia, der Aufidus, Aesaros, Sarnus und Eilaros, Fiorelli Monet. ined. p. 15, der Inopos von Delos, der Imbrasos von Samos, der Kydnos von Tarsos, der Hyparis (Nöhden a coll. of anc. coins pl. 4), mit zwei Hörnchen, wie der Kephissos (Ael. V. H. 2, 33) und viele.   9) Morell. fam. misc. 7, 1. Es versteht sich, daß dadurch die Auffassung des Asios von dem Meles nicht widerlegt wird. 10) Götterl. 2, 616.   11) Schol. A. Il. 23, 142, wo für ποταμοὺς das erstemal γάμους zu lesen ist.   12) Corp. Inscr. Gr. n. 3165. 13) Meine Kl. Schr. 3, 41 f.

Welche Wichtigkeit sie für das Schweizervolk hatten, ist wohl nachgewiesen in einer neueren Abhandlung, die auch auf England und andre Gegenden vergleichende Rücksicht nimmt¹). Auf einem hohen Berg bei Baden an dem Mummelsee der Herrenwiese haben sich Sagen erhalten von guten Seefräulein und von einem dieser Mummelchen, das einen Hirten liebte und ihm zuletzt, damit eine ernste Wahrheit sich schaurig entbinde, den Tod bringt²). In der Griechischen Religion und Poesie aber sind die schönsten volksmäßigen Vorstellungen ununterbrochen gehegt und gepflegt, durch den Ausdruck geadelt, fruchtbar poetisch entwickelt worden, indem fremde Anregungen und Stoffe die nationale Entfaltung wenig störten. Die überall verbreiteten Nymphen schlossen sich den meisten Diensten der großen Götter an und nahmen in dieser Verbindung an Heiligkeit zu. So sahen wir sie bei den Heiligthümern der Hera und der Demeter (1, 372). Mit Apollon und Artemis ruft bei Sophokles Deïanira die Nymphen an (Tr. 210). Besonders gehn sie die Lakonische Artemis Limnäa an³). So gehörte Karyä der Artemis und den Nymphen⁴). Aber auch als der Jagdgöttin sind dieser die Quellen der wildreichen Thäler heilig⁵) und die Nymphen selbst feiern sie mit ihren Reigen (Götterl. 2, 391) und jagen mit ihr, wie sie den Jägern im Allgemeinen ungefähr so nah sind, als den Hirten. Mit Aristäos, dem Hirtengott, und Hermes stehn sie im Bunde, sowie mit Apollon Nomios. Er und Pan ist an einer Nymphengrotte bei Athen angeschrieben⁶). Als Begleiter der Najaden wird Hermes in einem Attischen Epigramm an einem Quellhaupt aufgestellt⁷). Besonders häufig aber begegnen sie uns in Gesellschaft des Pan, der sich seit dem Perserkrieg

---

1) H. Runge der Quellcultus in der Schweiz, in der Schweizer Monatsschrift 1859. 2) Schreiber Baden mit seinen Heilquellen S. 226.
3) Götterl. 1, 581. 4) Paus. 3, 10, 8. 5) Max. Tyr. 38=8°
6) Chandler 2, 111. 7) C. I. Gr. n. 457.

so sehr fast überall hin von Athen aus verbreitet hat. An der Korykischen Höhle ist die Aufschrift dem Pan und den Nymphen⁸). Mit Pan dem Tänzer singen und tanzen die Jungfern (κόραι) der Rhea Nachts vor der Vorhalle des Pindar⁹). Die Thesmophoriazusen des Aristophanes rufen den Hermes Nomios, den Pan und die lieben Nymphen an ihren Reigen zuzulächeln (977). Zu den Nymphen und Pan nebst Zeus und Here soll Aristides vor der Schlacht beten¹⁰): nach der Schlacht bei Plataeä führten den Sphragitischen oder Kithaeronischen Nymphen die Aeantiden auf den Kithaeron das vom Orakel vorgeschriebene Opferthier der Stadt und das Uebrige zu¹¹). Insbesondre sind die schönhaarigen Nymphen mit dem Gott von Nysa verbunden: sie erziehen ihn in duftiger Höhle und als er erwachsen durch die waldigen Schlüfte wandert, da folgen sie ihm, er führt, und Geräusch erfüllt den Wald, nach einem Homerischen Hymnus auf den Bromios (26). An den rauschenden und berauschten Festen des Dionysos werden sie dann zu Bacchen und Mänaden, *Νύμφαι Βαχχίδες* sagt Sophokles, wie die Nymphen der Artemis zu Jägerinnen, und der Poesie, den Festspielen und der Kunst eröffnet sich ein gränzenloser Spielraum. Nun tanzen auch die Nymphen mit den Satyrn um die Mittagsstunde¹²). Neben der unbestimmten Vielheit setzt man auch, zur Uebereinstimmung mit so manchen andern Arten weiblicher Dämonen, drei Bacchen¹³), eben so wie drei Nymphen, Dionysos mit drei Nymphen kommt in einer Elegie von Euenos vor. Die drei Najaden werden gebildet halbnackt, bis zur Mitte, und sehr oft vor sich haltend eine

---

8) Walpole memoirs p. 315.   9) P. 3, 78. S. zu Philostr. Im. 2, 12.   10) Plut. Aristid. 11.   11) Plut. Aristid. 19. Sympos. 1, 10, 3.   12) Apollon. 4, 1309. In einem seltsam gelehrten Hesiodischen Bruchstück bei Strabon stammen die Bergnymphen, die Satyrn und die tanzliebenden Kureten von fünf Töchtern des Hekataeos und der Tochter des Phoroneus zusammen ab.   13) Trilogie S. 496. Not.

Muschel [14]). Theokrit nennt drei dieser dem Landvolk gewaltigen Göttinnen die mitten im Wasser schlaflos den Reigen anstellen (13, 43). Ein häufiger Typus Sicilischer Münzen ist eine Nymphe die der Quelle sich nähernd das Gewand ein wenig aufhebt [15]).

Hesiodus bestimmt das Alter der schönhaarigen Nymphen, Töchter des Zeus, auf eine große Zahl von Generationen im Vergleich mit Rabe, Hirsch und Phönir (fr. 163) und noch Pausanias erwähnt als Aussage der Dichter daß sie eine große Anzahl Jahre leben, aber doch nicht ganz vom Tode befreit seyen (10, 31, 3).

Der Cultus ließ wohl keine der lebengebenden Quellen womit die Bewohner in Berührung kamen, ganz außer Acht, und da ihre natürliche Wohnung in hohlen Grotten war, den nymphenheiligen, nymphenbewohnten, so waren deren viele auch ausgeschmückt mit Statuen und Weihgeschenken als Nymphäen und besonders viele Inschriften weisen darauf hin. Wenig bedurfte es dafür jede zugängliche Felsengrotte, worin Wasser rieselte, zu einem Nymphäon einzurichten. Der Kyane bei Syrakus aber war ein Hieron errichtet, indem bei dieser großen Quelle, die Pluton durch den Durchbruch bei der Entführung der Kore bewirkt hatte, dieser jährlich ein großes Fest gefeiert wurde, wobei man Stiere in die Quelle versenkte [16]). In Sicilien war der Gebrauch den Nymphen Haus vor Haus üppige Opfer zu bringen und um ihre Statuen herumtanzend trunkene Nachtfeiern zu halten [17]). Aber auch der Hirt schickt, wenn er ihnen opfert, seinem Freund ein gut Stück Fleisch [18]).

---

14) Long. 2, 23 τρεῖς Νύμφαι μεγάλαι γυναῖκες κ. τ. λ. Spon Miscell. 31, 1. Gal. Mythol. 327. 530. M. Pioclem. 7, 10. Drei zu Etidusa Plut. κεφ. Ἑλλην. 41 p. 401. 15) Visconti Oeuvres div. T. 3 pl. 4 p. 263. 16) Diod. 14, 72. 5, 4. 17) Athen. 6 p. 250a. 12, 519c, worauf Virg. Ecl. 5, 74, wie J. H. Voß erinnert, nicht zu beziehen ist. 18) Theocr. 5, 140. Euripides spricht von Stieropfer und Fest der Nymphen El. 789. 805. 630.

Theagenes baute in Megara ein durch die Größe, die Ausschmückung und die Menge der Säulen merkwürdiges Brunnenhaus, in welches das Wasser der Sithnischen Nymphen sich ergoß: was er wohl aus Politik that wegen der Sage, daß Zeus mit einer dieser Nymphen den Megaros erzeugt habe [19]. Am Oeta wurde auch ein Fest Nymphäa mit einem Wettlauf, wobei keine Frauen zusehen durften, gefeiert [20].

Den höheren Kreisen die Nymphen im Ansehn zu erhalten diente das bis tief in die Culturzeit herab lebendige Vorurtheil der Edelgeschlechter daß ihre Ahnen, wie von dem Strom ihres Geburtslandes, wenn nicht von einem Gott, so von einer Nais herstammten. Eine Najade ist in der Ilias Mutter eines Fürstensohnes am Ufer des Stroms, eines andern am Rande des Tmolos (14, 444. 20, 384), eine Najade legt sich zu dem Schäfer Bukolion und gebiert ihm Zwillinge (6, 21.) Auch Herakles hat mit der Nymphe Melite den Hyllos erzeugt, und diese Sagenform ist so herrschend geworden, daß auch die später gesetzten Stammväter der Stämme, Hellen, Doros u. s. w. in dieser Form ihren Adel erhalten. Gewichtiger ist im Mythus daß sie Götter aufpflegen: Götterammen nennt sie Sophokles (Oed. Col.).

Von der andern Seite erhebt auch das Landvolk durch romantische Sagen von Nymphen die schöne Hirten lieben und sie an sich fesseln, unter psychologisch manigfaltigen Wendungen und oft auf dem Grund einer ernsten Wahrheit als Lehre, dieß Geschlecht in der Poesie. Am berühmtesten ist der Sicilische Daphnis und seine Haltenir, Echenais, wie Kalypso den Odysseus halten und zum Gemal haben möchte: in Kreta raubt nach einem Epigramm des Kallimachos den Ziegenhirten Astakides eine Nymphe vom Berg und er wohnt nun heilig unter den Diktäischen Eichen, wie die Hirten auch den Daphnis verehrten. An eine Grabschrift auf einen früh gestorbenen

---

[19] Paus. 1, 40, 1.   [20] Antonin. Lib. 32.

schönen Jüngling ist hier schwerlich mit Jacobs zu denken. Denn wenn auch in einer andern sehr späten vorkommt daß die Najaden ein wackres Mädchen der Schönheit wegen raubten, und nicht der Tod[21]), so ist dieß doch gesucht und matt ausdrücklich zum Troste gesagt: die Liebe der Nymphen zu schönen Sterblichen aber Gegenstand des Gesanges.

Die Natur der Nymphen eingeschlossen die des Meers, ist nur eine, wie verschieden auch ihr Aufenthaltsort; sie sind das Wasser als Lebensprinzip, als Seele oder Geist, der auch des Stoffs sich entäußernd zur Erscheinung kommt in Mädchengestalt. Daß die Ilias wiederholt sie Töchter des Zeus, Apollonius heiliges Geschlecht des Okeanos nennt (4, 1414), hat dieselbe Idee zum Grunde. Sie haben nach Homer die hohen Häupter der Berge oder schöne Haine, die Quellen der Flüsse und grasigte Auen (Il. 20, 8. Od. 6, 123. H. in Ven. 97). Die ersten heißen berglagernd (ὀρεσκῷοι, sie bewohnen den waldbedeckten Berg (H. in Ven. 258. 286, ὄρειαι, οὔρειαι, ὀρεάδες, ὀρεσπάδες); in der Theogonie zeugt Gäa, wie den Himmel zum Sitze der Götter, so die Berge (von denen die Flüsse herabfließen) zur reizenden Wohnung der Göttinnen Nymphen (129). Hervorgegangen sind die Dreaden aus den Quellen, sind nicht Waldfräulein besondrer Art, wesentlich nicht verschieden von denen der Triften (πίσεα), den λειμωνιάδες, welche Sophokles ἐνύδρους nennt (Phil. 1440), oder denen die in Felsen wohnen (πετραῖαι). Schwenck's Meinung, daß den Bergnymphen, da nicht angegeben werde, welche Wirksamkeit sie ausüben, ein allgemeines göttliches Walten innerhalb des jedesmaligen Bergbezirks gegolten habe (Gr. Mythol. S. 329), ist gewiß nicht richtig. Sondern von der Naïs, dem Wassergeist, geht das ganze Geschlecht aus und die Phantasie ist nicht thätig gewesen für die verschiedenen Arten der Nymphen Unterschiede der Er-

---

21) C. I. n. 6201 *παῖδα γὰρ ἐσθλὴν ἥρπασαν ὡς τερπνὴν Ναΐδες, οὐ Θάνατος.*

scheinung ober der Natur festzustellen, nicht kühn und unruhig genug um das einfache Bild des Naturlebens auszumalen. In einer Grabschrift hat Hades mit den Dreaben, d. i. mit den Nymphen eines Bergbrunnens im Walde einen siebenjährigen Knaben geraubt [22]). Freilich dachte man sich die Nymphen zum Theil auch im Wasser verborgen, als ὑδριάδες, und Grammatiker stellen diesen Wasserbewohnerinnen die Najaden (ναΐδες) gleich [23]): doch sollte dieß nur in einem engeren Sinn seyn. Dahin gehören auch die Quell= und Brunnennymphen (πηγαῖαι, κρηναῖαι), schon in der Odyssee (17, 240), oder κρηνίδες. Die Arkader nannten ihre Najaden Dryaden und Epimeliaden, das letztere indem sie ihren Heerden deren Wohlthat zuwiesen [24]). Apollonius erklärt dieß, wie auch der Scholiast anmerkt, als schaafpflegend (οἰοπόλοι 4, 1322) [25]). Apollonius nennt diese sehr poetisch ἀμορβάδας (3, 878), da ἀμορβός den Begleiter und insbesondre auch den Hirten als Begleiter der Heerde bedeutet. Auch die Stallungen haben ihre Nymphen nach dem Epigramm der Anyte Πανὶ καὶ αὐλιάσιν. Jene Libyschen Nymphen nennt Apollonius zugleich Töchter des Landes, χϑονίας, oder aus der Erde kommend worauf man häufig und so in Cypern Gewicht legte, wie der dortige Nymphenname Ἐνδηΐδες zeigt [26]), wie bei Pindar Naïs Kreusa eine Tochter der Erde ist. Die Ἐννησιάδες bei den

---

22) C. I. n. 997. Das Grab ist bei diesen Nymphen und verkündigt, daß es nach Athen gehöre durch den Beerdigten. Eben so n. 6293 Νύμφαι κρηναῖαί με συνήρπασαν. 23) Schol. Il. 20, 8. Bekk. Anecd. p. 17. 24) Pausan. 8, 4, 2. Suid. Ἐπιμηλίδες. Schol. Il. 20, 8 αἱ δὲ ἐπὶ τῶν βοσκημάτων ἐπιμηλίδες. Phryn. Arab. bei Bekker p. 17 αἱ περὶ τὰς νόμας τῶν τετραπόδων ἐπιμηλίδες, ὅτι μῆλα ἅπαντα τὰ τετράποδα καλοῦσιν οἱ ἀρχαῖοι. Auch μηλίδες und περιμηλίδες. 25) Orph. H. 50 αἰπολικαί, νόμιαι. Philostratus 2, 11 nennt auch βουκόλους, indem er dreierlei in den Bildern von Nymphen unterscheidet, wassertriefendes Haar, hyacinthähnliches, wie auch die Odyssee sagt (23, 138) und wüstes. 26) Hesych. So Nymphen χϑόνιαι bei Kallimachos in Apoll. 91, eine αὐτόχϑων in Del. 30.

Lesbiern[27]) sind der Insel eigene. Die der Waldthäler sind Ναπαῖαι, Αὐλωνιάδες, die der Höhlen ἀντριάδες, denen ein Epigramm von Theodoridas eine gewundene Seemuschel weiht, die des Feldes ἀγρονόμοι[28]), λιμναῖαι, λιμνάδες die der Seen. Für ποταμοῦ Κόραι, oder ποταμοῦ γένος wie z. B. Ἀσωπιάδες κόραι, ist prosaisch ἐπιποτάμιοι, ἐπιποταμίδες, ποταμηίδες, so auch ἐφυδριάδες, μεθυδριάδες; ἑλειονόμοι, ἀλσηίδες, ὑληωροί, ἀγριάδες, ἀγρωστῖναι, Bergnymphen[29]) δρυμίδες[30]) und κηπίδες bei einem Aristänet gehört wohl zu den Ziererreien dieser Zeit. Diese Manigfaltigkeit der ideellen Bevölkerung wurde vermehrt durch die in Liedern berühmten örtlichen Namen als der Nysischen Nymphen, der Idäischen, der Dodonischen, Acheloischen, Parnassischen, Korykischen, Kastalischen, Kithäronischen, Helikonischen, Diktäischen, Delischen, Lemnischen, Melischen, Mykalessischen, Jalysischen und zahlloser andrer Nymphen, deren berühmte Namen die Bilder lieber Landschaften hervorriefen.

Mit den allgemeinen lebengebenden Kräften der Nymphen verbanden sich im Einzelnen auch verschiednerlei vermeinte oder wirkliche wunderbare Kräfte. Wahrsagung, Begeisterung und Gesang, in so fern sie im Wasser ihren Grund haben, waren an besondre Gottheiten gewiesen, so daß sie mit Nymphen nur seltner verbunden werden. Doch wird eine dem Wahnsinn verwandte Ergriffenheit nach ihnen benannt. Ein Nymphenergriffner, νυμφόληπτος, (lymphaticus) von den Nymphen rasend war Bakis, von welchem Orakel in Bücher zusammengeschrieben waren[31]). Ein Nymphenergriffner in einer Attischen Inschrift erbaute nach Eingebung der Nymphen ihnen eine Höhle[32]), vermuthlich um Fragenden Antwort zu geben und davon sich zu nähren. Auf dem Kithäron war, sagte man nach Plutarch, ehmals in der Höhle der Sphragitischen Nymphen ein

---

27) Hesych.   28) Odyss. 6, 108.   29) Hesych.
30) Cram Anecd. 1, 275.   31) Paus. 4, 27, 2.   32) C. I. Gr. n. 456.

Orakel gewesen, indem darin viele der Eingebornen nymphen-
ergriffen wurden, die sie Nymphenerfaßte nannten (Aristid. 19).
Anmuthig spricht über diese Erfassung Platon im Phädros
(p. 238 d. 241e). Die Sibylle war Tochter einer Nymphe.
Die Musen sind ihres Geschlechts und ein Theokritischer Hirt
sagt: auch mich haben auf den Bergen die Nymphen viel herrliche Lieder gelehrt. An dem großen Altar des Amphiaraos
in Oropos war die eine der fünf Abtheilungen den Nymphen,
dem Pan und zwei Flüssen geweiht [33]. In Heraklea nicht
weit von Olympia war eine Quelle welche allerlei Entkräftun-
gen und Schmerzen vertrieb mit einem Hieron von vier Nymphen, die ihre besondern Namen hatten, zusammen aber Jonides
hießen, wofür man aber, wie immer, nicht die wahre Bedeutung (von ἰάω) gelten ließ, sondern den berühmten Jon von
Athen zur Erklärung herholte [34]. In Samikon war eine
Höhle worin den Nymphen des Flusses Anigros Aussätzige
irgend ein Opfer gelobten, dann sich abschabten und den Fluß
durchschwammen und geheilt waren [35]. Drei Nymphen von
denen die eine die Hand auf einen sitzenden Alten hält, mit
Ueberschrift Νύμφαις ἀπνύαις, haben wohl vom Podagra oder
dergleichen geheilt [36], warme Bäder der Nymphen, wie bei
Pindar (Ol. 12, 18).

Opferthiere der Nymphen sind verschiedentlich erwähnt worden. Die gewöhnlichsten Opfer waren Milch, Oel, auch Wein
und Lämmer. Es versteht sich daß von einem großen Theil
der Menschen das Element des Wassers selbst, wie andre Elemente, anstatt der mythischen Geistererscheinung, als heilig gedacht und angerufen wurde. Die Alten setzten im Allgemeinen
nichts darin statt der populären Gewohnheit der bildlichen
schönen Maske zu folgen, ein wenig Verstandesaufklärung zu

---

33) Pausan. 1, 34, 2.   34) Paus. 6, 22, 4. Nikander bei
Athen. 15 p. 683a.   35) Paus. 5, 5, 6.   36) C. I. Gr.
n. 454.

zeigen. Bei den Quellen, bei den Verwandtschaftsgöttern beschwört Sophokles (Oed. Col. 1333).

Eine seltnere Klasse sind die Baumnymphen des Hochwalds, nachweislich vorzüglich im Ida und in Arkadien. Der Homerische Hymnus auf Aphrodite erklärt, ohne ihren besonderen Namen Dryaden oder Hamadryaden zu nennen, ihre Natur so ausführlich als ob seiner Zeit und in seinen Kreisen die merkwürdige Anschauung und die Empfindnng worauf sie beruht, neu und befremdend genug erschiene um poetisch zu wirken (258—274. 286). Diese Nymphen schließen sich weder den Sterblichen noch den Unsterblichen an, lange zwar leben sie und genießen unsterbliche Speise. Mit ihnen zugleich ($ἅμα$) wenn sie geboren werden wachsen entweder Tannen oder Eichen, hochgipflige, schöne, vollgrünende [37]) (dort die prächtigen Belanidieichen, und nicht minder majestätisch sind die Nadelholzbäume auch im Peloponnes), aber wenn das Loos des Todes herannaht, werden zuerst die schönen Bäume dürr und die Rinde verdirbt ringsher und die Aeste fallen ab und ihre Seele ($ψυχή$) verläßt das Licht der Sonne. In den immerfort quellenden Säften hoher Waldbäume also, deren eine Art ihren Namen herrschend gemacht hat, indem an $δρῦς$ im Sinn von Baum überhaupt hier nicht zu denken ist [38]), wird ein selbständiges Leben angenommen, wie in einer Quelle. Die Nymphe ist mit dem Baum zugleich, $Ἁμαδρυάς$, $ἡλικιῶτις$ $τοῦ$ $φυτοῦ$. Nach dem Traum der mythischen Phantasie aber sind die Seelen der Bäume berglagernde, schönbusige Nymphen,

---

[37]) V. 268. 269 sind vermuthlich sehr spät eingeschoben: beides gehört nicht hierher daß die Bäume ein Tempel der Unsterblichen seyen — denn von einer bloßen Gruppe oder einer Anzahl heiliger Bäume ist offenbar nicht die Rede, da vielmehr alle Bäume des Waldes ihre Dryade die „in ihnen geborene" enthalten — und daß sie nicht abgehauen werden. Selbst arborem violare capitale est (Curt. 8, 9) würde hier matt seyn.

[38]) $Νύμφαι\ δενδρῖτιδες$ in einem Epigramm des Agathias (46) sind durchaus falsch und willkürlich gesetzt.

die den großen und göttlichen, waldbekleideten Berg bewohnen, mit den Unsterblichen schönen Chor aufführen: mit ihnen gatten sich Silene und Hermes im Innern lieblicher Höhlen und sie sollen der Aphrodite ihren Sohn erziehen und bei sich haben. Daher ist es auch erklärlich daß die Dienerinnen der Kirke aus Quellen, von Hainen und aus Flüssen entstehen, drei natürliche Arten von Nymphen und darunter Hamadryaden, ohne etwas besondres Zauberhaftes (Odyss. 11, 350.) Die Arkader nannten die Nymphen, wie schon angeführt, Dryaden und Epimeliden, und erwähnt wird auch eine der Dryaden genannten Nymphen, Phigalia als Mutter des Phigalos (Paus. 8, 39, 2), und nach einer Sage bei Charon von Lampsakos, die bis auf Eumelos zurückzugehn scheint, da aus ihm der Name der dort vorkommenden Nymphe Chrysopeleia angeführt wird, gab sich eine Hamadryade dem Arkas hin aus Dankbarkeit weil er den Baum, „in welchem die Nymphe geboren war," vor der Gefahr durch den Bergstrom fortgerissen zu werden, durch einen Damm geschützt hatte [39]). In einer ähnlichen Sage bei Charon und Plutarch und schon bei Pindar, aus dem die Worte von der Nymphe „des Ziels eines baumgleichen Daseyns theilhaft" erhalten sind (fr. 145 f.), von Rhökos dem Knidier stand der Baum in Gefahr zu sinken, die Nymphe in dem Baum belohnte ihn dafür daß er sie stützte mit sich selbst unter dem Verbot einer Andern zu gehören und machte eine Biene zur Botin (süßen Genusses) zwischen ihr und ihm, die ihm aber einmal, als sie ihn beim Würfelspiel anflog, zu unwilligen Reden veranlaßte, worauf die Nymphe erzürnt ihn blind machte (damit er nie wieder sie schaute, gegen die er sich einmal gleichgültig gezeigt hatte). Die Leidenschaft des Spiels hatte bei ihm den Reiz des rendez vous überwogen. Dieß ist der Sinn der ganzen Dichtung. Ein edler Italiener erzählte mir als Beweis von der ehmaligen Gewalt dieser selben

---

39) Tzetz. ad Lycophr. 480.

Leidenschaft über ihn selbst, daß sie ihn zurückhielt einer Dame von der ich wußte in welchem Grab er noch an ihr hieng, die verabredete Stunde einzuhalten ⁺⁺). Auch auf dem Parnaß waren die Nymphen Dryaden; denn von einer Nymphe Tithorea „wie sie nach der alten Rede der Dichter aus andern Bäumen und am meisten aus Eichen (die dem Parnaß nicht eigen sind) erwachsen," hatte die Spitze und die Stadt Tithorea den Namen Tithorea, wie Pausanias sagt (10, 32, 6), und eine auf dem Helikon nennt Kallimachos Melie, die erschreckt den Reigen verläßt erbleichend aus Angst für den gleichaltrigen Baum ($\tilde{\eta}\lambda\iota\kappa o\varsigma\ \pi\varepsilon\rho\grave{\iota}\ \delta\rho\upsilon\acute{o}\varsigma$), wobei der Dichter bestimmter als Pausanias seinen Unglauben an diese alte Vorstellung der Einfalt ausdrückt (in Del. 79—85.) Seine Zeitgenossin Myro verstand nicht einmal die Bedeutung des Namens mehr indem sie in einem Epigramm die Hamadryaden Töchter des Flusses nennt (Anthol. Pal. 6, 189). Als bedeutungsloser poetischer Zierrath kommen sie nicht selten vor, wie in einem der Platonischen Epigramme, wo sie nebst Hybriaden nach der Syrinx des Pan tanzen (14), und in einem Lucianischen, besonders bei den Römischen Dichtern der guten Zeit und noch bei Ausonius und bei Nonnus. Die Pedanten, welche den fünfzig Danaiden Mütter zusammensuchten, haben auch zwei Hamadryaden, die Atlanteie und Phöbe genannt werden, entdeckt. In Mährchen des Antoninus Liberalis spielen sie am Othrys und im Dryoperlande (22. 32.) Auch in die Römisch-Griechische Sage sind sie eingedrungen.

---

40) Vielleicht kannte Pindar die Sage nur noch weniger entwickelt. Eine große Geschichte von der Rache einer Thynischen Hamadryas, die den Vater des Paräbios vergebens gefleht hatte $\mu\grave{\eta}\ \tau\alpha\mu\varepsilon\varepsilon\iota\nu\ \pi\rho\varepsilon\mu\nu o\nu\ \delta\rho\upsilon\acute{o}\varsigma\ \tilde{\eta}\lambda\iota\kappa o\varsigma,\ \tilde{\eta}\ \grave{\varepsilon}\pi\grave{\iota}\ \pi o\upsilon\lambda\grave{\upsilon}\nu\ \alpha\grave{\iota}\tilde{\omega}\nu\alpha\ \tau\rho\acute{\iota}\beta\varepsilon\sigma\kappa\varepsilon\ \delta\iota\eta\nu\varepsilon\kappa\acute{\varepsilon}\varsigma$, und die dafür ihm und seinen Söhnen den Tod gab, erzählt Apollonius 2, 468—489. Noch ungeeigneter als $\tilde{\eta}\ \grave{\varepsilon}\pi\grave{\iota}$ ist wie von Schol. Il. 8, 20 die Hamadryaden erklärt werden $\grave{\varepsilon}\pi\grave{\iota}\ \tau\tilde{\omega}\nu\ \delta\acute{\varepsilon}\nu\delta\rho\omega\nu$. Ein Phantasiegebilde wie dieses war für Grammatiker schwer zu fassen und auszudrücken.

Die Römer, sagt Plutarch, nehmen an, eine Nymphe Dryas habe dem Faunus beigewohnt (Caes. 9) und auch Virgil (Georg. 1, 11) und Ovid (Heroid. 4, 49) verbinden Faunen und Dryaden.

Auch bei andern Völkern finden wir Hamadryaden. In der Sakontala liest man: ihr Bäume in denen Waldgöttinnen wohnen, nach G. Forster. Im Schwedischen und bei den Celten weist J. Grimm „seelige" und unverletzbare von Geistern bewohnte Bäume nach (D. Mythol. S. 275. 373. 1. A.), wobei es auf die Geister ankommt, denn unverletzbar konnten Bäume auch seyn weil sie Göttern geweiht waren oder wegen ihrer Ehrwürdigkeit überhaupt, und Al. Humboldt bemerkt, der „Baumdienst" steige bei den Iraniern bis zu den Vorschriften des Hom hinauf, des im Zend-Avesta angerufenen Verkünders des alten Gesetzes (Kosmos 2, 99.) Doch sind hierin nicht unzweideutig Dryaden enthalten. Ja die Vorstellung von dem Leben des Baums, welche den der Natur so nah als von der Civilisation ganz entfernt lebenden Kindern des Gebirges natürlich ist, wird auch bei der höchsten Cultur durch die Sentimentalität von Neuem hervorgerufen. W. von Humboldt schildert in den Briefen an eine Freundin was alles die alten Bäume seiner Wohnung, Ahorn, hochalte Akazien, (von Obstbäumen ist auch bei ihm nicht die Rede) zu leiden haben, und fügt hinzu: „Thieren steht es doch frei einen Schutz zu suchen und doch kann man sich kaum erwehren die Bäume auch als empfindende Wesen anzusehen. Lebende sind sie offenbar. Ihr Neigen sieht oft wie eine Klage aus daß sie so unbeweglich dastehen müssen" u. s. w. (1, S. 295 vgl. 288 f.)

Viel hat J. Grimm auch gesammelt über Germanischen Waldcultus (S. 41—43. 45. 82 f. 371 ff.) Bei den Griechen verräth sich nirgends daß sie den Wald oder den Hain an sich geheiligt hätten, was der Verehrung des Meeres selbst statt des Poseidon, des Flusses selbst statt des Flußgottes gleich kommen würde, und ich muß dem, daß die Dryaden Waldnymphen seyen, die in den Wäldern hausend das Leben und Weben der Bäume darstellen, und daß der nicht ganz so alte Glaube an Baumnymphen sich natürlich doch wohl zuerst an Bäume von ganz besonderem Alter, Höhe, Schönheit und Umfang, dergleichen man auch wohl überhaupt als einen vorzüglichen Lieblingsplatz der Nymphen dachte, angeknüpft habe, ausdrücklich widersprechen, da diese Ansicht in einer Schrift vorkommt die mit einer an den Philologen selten zu gewahrenden Liebe zu den ältesten religiösen Naturanschauungen tief eindringend und feinsinnig verfaßt ist, aber auch sonst gerade über die Hamadryaden ungemein viel enthält womit ich nicht übereinstimmen kann⁴¹). Waldnymphen könnte man etwa wie Bergnymphen oder Dreaden nennen die nicht den einzelnen Baum angehn, aber freilich auch nicht den Wald im Ganzen, sondern zu dem einen Geschlechte der Nymphen gehören. Nicht etwa die allgemein verbreitete Kühle und Frische des Waldes ist als das physische Substrat auch in Bezug auf sie zu denken das wir bei jedem dämonischen Wesen voraussetzen, denn allzu verschieden ist die Feuchtigkeit des schattigen Waldes von den wässrigen Auen: ein ganzer Wald könnte Nymphe heißen wie eine ganze Insel oder Landschaft z. B. Aegina, Rhodos, Thebe, Kamarina bei Pindar, wie der Berg in männlicher Gestalt dargestellt wird.

Meernymphen.

Die allgemeine Eintheilung in Nymphen des Meeres und der Erde⁴²) kann man nicht ablehnen. Die ersten, Homers unsterbliche ἅλιαι, ἅλιαι θεαί, ἁλιάδες, die θαλάσσιαι⁴³), πόντιαι, wurden von Sophokles im Dädalos γοργάδες genannt. Gewöhnlicher heißen sie unter besonderm Namen ent-

---

41) Lehrs Populäre Aufsätze aus dem Alterthum S. 94—97.
42) Schol. Apollon. 4, 1412. 43) Eine sonderbare Form ist Θάλατται bei Philostratus Im. 1, 27. 2, 16.

weder Nereiden oder Okeaniden und in ihrer großen Zahl fand die Griechische Poesie Anlaß in einer Fülle von Namen eine Schilderung des Meers niederzulegen. Da die dichterische Anschauung dieselbe ist, so werden wir die Namen aus beiden Klassen zusammenstellen. Der Versuch sie zu erklären ist nicht bloß im Einzelnen, sondern auch in neuerer Zeit mit Fleiß im Ganzen wiederholt angestellt worden ++). Es verlohnt dieß der Mühe, da diese zahlreiche Klasse von Namen am deutlichsten zeigt wie große Herrschaft diese Kunst und Gewohnheit einer Art von Onomatopöie gewonnen hatte. Sie durchdringt auch die Orphische Poesie bis zuletzt und ist von Empedokles selbst in seine philosophischen Verse aufgenommen worden, wie die vier ἔνθ᾽ ἦσαν Χθονίη τε καὶ Ἡλιόπη κ. τ. λ. u. a. zeigen (11—13 Sturz.) Wie viel Beifall diese durch Namen andeutenden bunten Schilderungen alter Dichter gefunden haben, zeigen die späten Nachahmungen durch je fünfzig Namen der Danaiden und der Aegyptiaden, der Söhne des Herakles von den Thespiaden, der Hunde die den Aktäon zerrissen, bei Apollodor, die trockenste Production, besonders da zu genealogischem Sammelwerk und Erdichtung kaum in den Hunden ein ausreichender Stoff für Naturbeschreibung vorlag.

Poetischer ist es gewiß nach unserm Gefühle wenn in der Odyssee Thetis „mit andern Halien" kommt um den Achilleus zu klagen (24, 47): den Rhapsoden gefiel es viele Namen als ein Intermezzo zusammenzustellen, wie in der Ilias, wo zu derselben Klage Thetis von ihrem Vater weg emporsteigt, mit ihr alle Nereiden so viele in dem Abgrund des Meeres waren und drei und dreißig Namen folgen mit dem Zusatz und andre (18, 39—48), oder wie in der Theogonie vierzig Okeaninen

---

44) Schwenck Gr. Mythol. S. 285, Stackelberg in Gerhards Studien 2, 290. Emil Braun Gr. Götterlehre 1, 93—119. Schömann de Oceanidum et Nereidum Catalogis Hesiodeis 1843 p. 16 ff. (Opusc. 2, 147.)

aufgezählt werden, außer denen aber viele andre nemlich dreitausend seyen (349—361) ⁺⁵), und eben so viele Flüsse, oder im Hymnus auf Demeter ein und zwanzig, die mit Persephone auf der Trift spielen (418—425.) Seitdem durch die Hesiodische Theogonie das neue System einige Zahlen mit zugehörigen Namen, besonders für die Dämonen zu bestimmen fest gestellt wurde, setzte sie selbst fünfzig Nereiden, Töchter des Nereus und der Okeanide Doris (240—265), eine Zahl die seitdem feststeht ⁺⁶), nachdem Pindar, Aeschylus, Sophokles, Euripides (dieser in drei Stellen, in deren einer dieser Chor durch Meer und Flüsse tanzt Jon. 1081), diesen Satz als positiv bestätigt hatten, während Aristophanes, vielleicht nach eigner Erfindung ironisch, auch dem Kopais fünfzig Jungfern giebt (Acharn. 882), bis in die spätesten Zeiten. Da aber Dichter und Namen beischreibende Maler sich nicht fort und fort an die Homerischen und Hesiodischen Namen banden, sondern immer neue entstanden, so war almälig eine so große Menge von Nereiden gegeben, daß pedantische Grammatiker zwischen den Töchtern des Nereus und der Doris als Töchtern des Nereus (und der Doris, die fünfzig) und Nereiden schlechthin, unehlichen Kindern von andern Müttern, der zahlreichern Klasse, unterschieden, wie Didymos aus Mnaseas wörtlich anführt bei Ammonius ⁴⁷) und es ist fast komisch wie der Herausgeber Valckenaer in dem ersten Versuch moderner Gelehrsamkeit über die Nereiden in dieses Familienverhältniß sich nicht finden zu können gesteht ⁴⁸).

45) Apollodor nennt nur sieben Kinder des Okeanos und der Tethys, wo τριοχίλιαι zugesetzt ist, 1, 2, 3.   46) Bei Apollodor sind fünf Namen nur ausgefallen 1, 2, 7, bei Hygin p. 7 einer.   47) De differ. adfinium vocab. p. 93.   48) Animadv. 3, 1 p. 124. Eine Anzahl Namen aus Vasengemälden stellt O. Jahn zusammen in der Vasensammlung König Ludwigs S. CXVII Not. 838. Vgl. Gerhards Rapporto Volc. p. 146. Eine Nereide *ΠΟΝΤΟΜΚΛΛ* Mus. Etr. n. 544. In einem 1834 zu Saint rustike gefundnen Mosaik Leukas und Xantippe.

Augenscheinlich ist daß die Namen im Allgemeinen bezwecken das Meer nach seiner ganzen, so verschiedenen äußeren Erscheinung und nach seinem inneren Wesen und göttlichen Kräften zu schildern. Es war eine Täuschung daß manche Okeanidennamen, wie Δωρίς, Ῥύδεια, Περσηΐς, Ἰάνειρα Länder bezeichnen sollten [49]. Dieß hat schon G. Hermann bemerkt in der Recension von Göttlings Hesiodus, wo er auch mehrere von dessen Erklärungen mit eigenen vertauscht [50]. Die Dichter mischen diese Eigenschaftsnamen in den Verzeichnissen nicht bloß nach metrischer Bequemlichkeit, sondern offenbar auch zur Vermeidung des Scheines der Bedeutsamkeit im Einzelnen, welche der Sinnige wahrnehmen und errathen sollte, und des Systems im Ganzen. In umgekehrter Absicht stellen wir Klassen nach der Bedeutung ausgesucht zusammen, wobei einige Namensvariationen aus Apollodor oder sonsther zugesetzt werden mögen.

Auffallend ist der Anfang des Verzeichnisses in der Theogonie Πειθώ τ' Ἀδμήτη τε, worin Anziehung, Festhalten und das unbändig Gewaltige des Anblicks in eins verschmolzen scheinen. Die See ist wogenschnell, Κυμοθόη, Κυμώ, Κυμοδόκη, Θόη, Πασιθόη, Ἀμφιρώ, Ἀμφιθόη, Καλλιρόη, Ὠκυρόη, oder legt und sänftigt die Wogen, Κυματολήγη, und da die Wogen das Roß zum Symbol haben, auch Ἱππώ, Ἱπποθόη, Λευκίππη, Ἱππονόη; sie ist weitschauend und allumfassend, Εὐρώπη, Πανόπη, Ἀμφινόμη, Εὐρυνόμη, Ἀμφιρώ, Ποντοπόρεια, bettlos, ruhlos, Ἠλέκτρη, vorstürmend dem Winde gleich Ὠρείθυια, vielvermögend Δυναμένη und vielaufnehmend, es sey Flüsse oder was in ihr untergeht Δεξαμένη, Schiffe tragend und wohl geleitend, Ναυσιθόη, Εὐπόμπη, sie ist rauschend Ἰάχη, salzig Ἁλίη, Ἁλιμήδη. Farbenschein wirft sie verschieden nach Luft und Stand der

---

[49] Müller Prolegomena S. 349.   [50] Wiener Jahrb. der Litter. 1832 3, 214.

Sonne, als *Γλαύκη*, *Γλαυκοθόη*, *Γλαυκονόη*, *Γαλήνη*, *Γαλάτεια*, *Ξάνθη* (in Vasengemälden *Ξανθώ*, wie auch ein Fluß Xanthos); auch goldig und rosig erscheint sie, *Χρυσηΐς*, *'Ροδόπη*, *'Ρόδεια*, wie in der Ilias und der Theogonie ein Fluß *'Ρόδιος* vorkommt und eine der Flußmusen des Epicharmos *'Ροδία* heißt. Viele Namen beziehn sich auf die Stelle welche einzelne Nereiden einnehmen, wie in der Nähe von Inseln *Νησαίη*, des hohen Ufers *'Ηϊόνη*, *'Ακτή*, des felsigen, *Πετραίη*, wo sie brandend und sprützend emporsteigt, oder über den Meersand hin sich verlaufend, wenn die großen Wellen wie mit Absicht und neckisch sich weithin verfolgen und überspringen, ein Schauspiel dem man nicht müde wird zuzusehen, *Ψαμάθη*, oder eingehend in die Häfen, *Εὐλιμένη*, *Λιμνώρεια*, eindringend auch in die tiefen Höhlen der Ufer, *Σπειώ*, hervorbrechend aus den Quellen, *Κρηναίη*, und insbesondre als die *Στύξ*, großen Namens. Meerenge deutet vielleicht als Durchbrechen des Landes *Περσαίη* an, und dieselbe auch *Ζευξώ*, indem durch den leichten und schnellen Kahn zwei gegenüberliegende Küsten, zwei nahe Inseln wie in eins verbunden werden. Die Triebkraft des Wassers drückt aus *Νέαιρα* (wie *Νιόβη*), die das grüne Kleid der Erde erneuert, und dadurch Schaaf- und Ziegenheerden aufzieht, *Μηλόβοσις*, *Εὐάρνη*, Frucht bringt, *Φέρουσα*, und dadurch Reichthum schafft, *Πλουτώ*, und Wohlstand, *Τύχη*, die neben *Εὐδώρη* steht, Geberin *Δωτώ*, *Δωρίς*. Das Urelement ist das Wasser, in *Πρωτώ*, *Πρωτομέδεια* (wie *Πρωτεύς*), und in ihm auch das Geistige und Prophetische gegründet [50]), *Εἰδυῖα*, *'Ιδυῖα*, *Μῆτις*, *Προνόη*, wie auch eine Nais bei Konon heißt (2), *Πολυνόη*, *Νημερτής*, *'Αψευδής*, *Εὐμόλπη*. Das Prophetische bedeutet wahrscheinlich *Κερκηΐς*, welche der Scholiast des Hesiodus erklärt ἡ σοφία,

---

[50]) Götterl. 1, 620. Daher auch dem Glaukos *'Επιμήδη* zum Weibe gegeben wird bei Apollodor und die Eleusinische *Δύσαυρα* Tochter des Okeanos ist.

da *Κέρκωψ* den Wahrsager bedeutet von dem Schauen auf die Spitze der Opferflamme.

Mehrere Namen enthalten schmeichlerisch im Allgemeinen und unbestimmt Lob und Preis, wie *Εὐνείκη, Ἐρατώ, Μελίτη, Ἀκάστη, Ἀγαύη, Φαινώ, Καλλιάνειρα, Καλλιάνασσα, Κλυτίη, Κλυμένη, Ἰάνθη, Ἰάνειρα, Ἰάνασσα, Ἴαιρα, Διώνη, Θεοειδής, Οὐρανίη, Πασιθέη.* Manche sind auch zu zweifelhaft oder zu dunkel um hier erörtert zu werden, wie *Τελεσθώ, Μενεσθώ, Ἀσίη, Καλυψώ, Κρισίη, Ἀμάθεια, Πληξαύρη, Γαλαξαύρη.*

Auch Spuren von Cultus der Nereiden finden sich, außerdem, was 1, 619 schon erwähnt ist, in Altären derselben auf Lesbos [52]) und auf Delos, wo Glaukos mit den Nereiden Orakel gab [53]). Nicht bloß unzählige Bildwerke, sondern auch Epigramme und Stellen der Rhetoren bis auf Himerius herab, zeigen, wie gern die Phantasie eines Volkes, das mehr Küsten und Inseln als irgend ein andres gebildetes in gleich mäßigem Raum hatte und zum großen Theil ein Seeleben führte, mit den Nereiden spielte. Bis unter den heutigen Bewohnern hat sich die Vorstellung der Naraides erhalten [54]).

Luftregion.

In diesem Naturgebiet war das Schwanken der Vorstellung zwischen dem Naturwesen und einem darin waltenden Geist, einer göttlichen Persönlichkeit, natürlich noch häufiger als in den andren und namentlich auch dem des Wassers. In Naturdingen von so wenig greiflicher Art, lag es dem Gedanken ferner ein von ihnen Verschiedenes, dem Menschen Verwandtes abzusondern, und wenn im Allgemeinen die Natur und Götter eins waren, so bringt hier eigentlicher Elementen-

---

[52]) Plut. Conviv. sap. 20. [53]) Aristoteles bei Athen. 7 p. 296 c. [54]) S. Pashleys ausgezeichnete Travels in Crete 2, 214 ff.

dienst oder Verehrung des Elementarischen an sich häufig deutlich genug hervor.

6. Die Winde, Boreas, Zephyros (1, 707 f.)

Im Buch der Weisheit wird der Wind unter den Gegenständen der Naturverehrung hoch oben gestellt. „Sie sehen an den Werken nicht wer der Meister ist, sondern halten entweder das Feuer oder Wind oder schnelle Luft oder die Sterne oder mächtiges Wasser oder die Lichter am Himmel die die Welt regieren, für Götter (13, 2.)

Die Ilias stellt zusammen Euros und Notos (Naß) und Boreas und Zephyros die von Thrakien her wehen (2, 145. 9, 5) und eben so die Odyssee (5, 295) außer denen sie keine Winde nennen. Diesen vieren findet die Theogonie zu Eltern den Astraos und die Eos, indem sie statt des Euros den Argestes (Weiß) nennt, den sie auch mit dem Zephyros, so wie den Boreas und Notos zusammenstellt (378. 870)[1]), „ein Geschlecht aus Göttern, den Sterblichen große Wohlthat." Morgenluft ($ἠῷος\ ἀήρ$) weht vom sternigen Himmel über die Erde, wie es in den Werken und T. heißt (550) und Aristoteles bemerkt, Ursache der Winde sey meistentheils die aufgehende und untergehende Sonne, und früh wehen die Winde von der Morgenröthe, den Sommer aber Abends auch vom Untergang der Sonne (Probl. 26, 34. 55.) Aber die Winde sind nicht bloß wohlthätig, zeugend und belebend, sondern zum Theil auch verderblich. Daher setzt die Theogonie außer jenen vieren noch einen Typhoeus als Vater der Mißhauche, welche die Schiffer verderben und das Feld verderben, $μάψ\text{-}αυραι$ (869—80), Gott des $τυφώς$ [2]), Sturm, Wirbelwind,

---

1) S. Mützell de emend. Theogoniae p. 470 ff.   2) Phot. v. $τυφώς$· $ὁ\ κατὰ\ θάλατταν,\ ὑφ'\ οὗ\ τὰ\ πλοῖα\ φθείρεται$. Id. v. $τετύφωμαι$ — $τυφωνικὰ\ καλούμενα\ πνεύματα$. Seine Wirkung auf dem Land schildert Sophokles Antig. 412—417. Die repentini flatus, Plin. 2, 48. Voß Mythol. Br. 1, 238.

Stoßwind, dem ein schwarzes Lamm geopfert wird ³). Daß Aeolos als Schaffner der Winde, den Charakter der Winde um die Aeolischen Inseln ausdrücke, hat Polybius eingesehn ⁴). Er geht nur die Poesie und Kunst an, so wie die Harpyien ⁵). Bei Homer lernen wir auch die Hauptwinde nur von dieser Seite kennen und in den Tagen und Werken den Boreas allein nur nach der Natur geschildert (506. 518. 547.) Wie Gebet und Opfer an die nackten Naturdinge überhaupt im Drange des Lebens, in der augenblicklichen Noth gerichtet, mehr und mehr sich erniedrigt haben, so geben sie auch Luft und Winden gegenüber ein Kapitel unter den versuchten Heil- und Schutzmitteln ab, und da ich einen Versuch über diesen dürftigen Theil der Griechischen Alterthümer früher ans Licht gestellt habe, so muß ich mir erlauben auf diesen zu verweisen ⁶). Ich habe dort vermuthet, daß erst durch den Ruf der Persischen Magier, welche namentlich die Winde durch Beschwörungsformeln und Opfer bannten, diese Art des Aberglaubens unter den Griechen einen höheren Schwung genommen habe. Die Verehrung der Winde in Persien ist aus Herodot und Strabon bekannt. In Delphi, dem Sitze der religiösen Politik, wo Nachrichten und Kenntnisse in ungewöhnlicher Weise zusammentrafen, hieß Apollon, als das Heer des Xerxes nahte, die Delpher, die in Bestürzung für sich und Hellas fragten, zu den Winden beten, denn diese würden Hellas große Mitkämpfer seyn, und sie machten davon den Hellenen die frei bleiben wollten, tröstliche Mittheilung und setzten zugleich den

---

3) Aristoph. Ran. 847. Virg. Aen. 3, 120 nigram Hiemi pecudem, Zephyris felicibus albam. Cic. N. D. 3, 20: quod si nubes retuleris in deos, referendae certe erunt tempestates, quae populi Romani ritibus consecratae sunt. 4) Buch 34, 11 aus Strabon 6 p. 276. Aristot. Probl. 26, 13 διά τι ἐπὶ Ὠρίωνι γίνονται αἰόλαι μάλιστα αἱ ἡμέραι. 5) Diese sind in fünf sehr verschiedenen Bildungen zusammengestellt in der Revue archéol. Nouv. Série 1, 367—382. 1860. 6) Kleine Schriften 3, 57—63.

Winden einen Altar in Thyia, wo Thyia, die Tochter des Kephissos, ein Temenos hatte, und verehrten sie mit Opfern, und Herodot setzt hinzu daß die Delpher die Winde dort noch jetzt versöhnten nach dem Orakel (7, 178.) Derselbe berichtet als Athenische Sage, die er auf sich beruhen läßt, daß Boreas den Athenern, als ihre Flotte bei Chalkis lag, wie auch früher (am Athos bei dem Vorgebirg Sepias) geholfen habe, die vom Orakel die Weisung erhalten hätten, den Eidam zum Hülfsgenossen herbeizurufen. Dieser Eidam steht in Beziehung zu dem physischen Mythus von der Entraffung der Oreithyia die zu einer Königstochter umgewandelt worden war, als die sie auch in der Naumachia des Simonides und auf denselben Anlaß von Chörilos genannt wurde. Darauf gründeten sie dem Boreas ein Hieron am Jlissos (189); von dem Feste der Boreasmen habe ich a. a. O. gesprochen. Am Vorgebirg Sepias aber, das der Thetis und den Nereiden heilig war, hatten nach Herodot die Magier vergeblich die Stürme zu besänftigen versucht, die bis zum vierten Tag andauerten (7, 191.) Die Athenische Sage drückte sich in ihrer Einfalt gern so aus, Boreas habe den Athenern wegen der Verwandtschaft (κῆδος) beigestanden. Noch größer war die Einfalt der Thurier, die indem sie nach der Vernichtung der feindlichen Flotte des älteren Dionysios durch den Sturm dem Boreas jährliche Opfer einsetzten, ihn zugleich durch Volksbeschluß zu ihrem Bürger ernannten, ihm als solchem ein Haus mit Grundstück ertheilten, um ihn auch, wie die Athener, ihren Verwandten und Wohlthäter (κηδεστὴν καὶ εὐεργέτην) nennen zu können [7]). Auch auf die Megalopoliten hat das Beispiel Athens gewirkt, die dem Boreas als ihrem Retter vor Agis und den Lakedämoniern ein Temenos und jährliche Opfer weihten und ihn fortan keinem der Götter an Ehre nachsetzten [8]). Cäsar opfert nach Appian auf dem prätorischen Schiff den heiteren Winden,

---

7) Ael. V. H. 12, 61.   8) Paus. 8, 27, 6. 36, 4.

Augustus dem Poseidon Asphalios und dem wogenlosen Meer und Seneca dem Circius. Ein Epigramm des Bacchylides, worin ein Eudemos dem Zephyros aus Dank dafür daß er ihm beim Worfeln geholfen, einen Tempel auf dem Feld errichtet, ist für epideiktisch zu halten: schon der νηός verräth es. Doch hatte Zephyros an der heiligen Straße bei Athen einen Altar neben einem Hieron der Demeter 9). An die vier Hauptwinde ist vielleicht gedacht wo in Titane einmal im Jahr ein Priester am Altar der Winde Nachts opfert 10). Noch weniger gehn die acht und zwölf Winde den Cult, sondern allein die Schifffahrt oder die Meteorologie an 11).

7. Thyia.

Die im Vorigen mit ihrem Temenos erwähnte Thyie bedeutet als Tochter des Kephissos den aus dem Feuchten abgeleiteten Wind 1), und ganz dieselbe ist die Attische Oreithyia 2) am Ilissos, deren natürliches und mythisches Verhältniß zum Boreas schon berührt worden, die waizenbringende Luft der Werke und Tage (549.) Aehnlich bei den Phrygern und Makedoniern βέδυ, was auch ein Orphisches Fragment und der Komiker Philyllios gebraucht, indem es zugleich Wasser und Luft als „lebengebend" bedeutet 3). In Athen hat das erwähnte Delphische Orakel und

---

9) Paus. 1, 37, 1.   10) Paus. 2, 12, 1.   11) Kapp de ventis, eorum apud veteres distributione, numero variisque nominibus in seiner Ausgabe von Aristot. de mundo zu 4, 12 p. 367—447. Abgebildet sind die acht an dem allbekannten Thurm der Winde zu Athen, verzeichnet die Namen der zwölf Griechisch und Lateinisch an einer Säule in der Kathedrale zu Gaeta.   1) Aristot. de mundo 4, 10. τὰ δὲ ἐν ἀέρι πνεύματα καλούμενα ἀνέμους, αὔρας δὲ τὰς ἐξ ὑγροῦ φερομένας ἐκπνοίας. Seneca Natur. quaest. 5, 3. 4. venti fluviales, aurae ζωογόνοι Pallad. ep. 122, ζωογόναι πνοιαί, πνοιαὶ ἀενάοι. 2) Das ist Ὀρίθυια (wie Διώνυσος für Διόνυσος) von ΟΡΩ, ὄρωρε, ὄρνυμι, eben so ΟΡΕΙΜΑΧΟΣ auf einer Vase.   3) Clem. Al. Str. 5, 673.

die Vernichtung der Persischen Flotten so großen Eindruck gemacht, daß dem Naturmythus von der Entraffung der Thyia durch den Boreas, der vorher schon in die Königssage verflochten war, durch die hohe Begeisterung der Zeit in einem Drama des Aeschylus und einem dieser Zeit, die auch die des Polygnotischen Styls ist, würdigen Gemälde die Hoheit und poetische Wahrheit eines alten Mythus aufgeprägt werden konnte[4]). Auch in das eine der Delphischen Gemälde von Polygnot ist die durch jenes Orakel vermuthlich berühmt gewordne Thyia übergegangen und der Maler hat ihr Chloris, Flora, die ihre Tochter genannt werden könnte, an ihrem Schooße ruhend, beigegeben. Dieselbe, die später zur Demeter steht, eignet sich aber auch zur Gattin des lebenanfachenden Zephyros, und es erhalten so Boreas und Oreithyia ein nur der Bedeutung nach nicht übereinstimmendes Gegenstück. In älteren Bildern eilt er ihr nach sie zu haschen, in einem sehr schönen späteren sinkt er in ihren, der noch schlafenden Schoos, während Thyia oder Aura oben abgebildet ist, nach der Art wie in den Gemälden häufig auf die dargestellte Scene zunächst einwirkende Götter eine obere Reihe bilden[5]).

8. Die guten Winde.

Die guten Winde, als fruchtbelebend[1]), werden in Athen und Sparta, auch Zeus als εὐάνεμος angerufen (Götterl. 2, 195.)

9. Die Attischen Tritopatoren.

Eine Erfindung der Orphiker, die, wie außer dem was mit

---

4) Nouvelles Annales de l'Institut archéol. Section Française 1838 Vol. 2 p. 358—396 pl. 22. 23. Meine Alte Denkm. 3, 144—191.

5) Meine Alte Denkm. 4, 211—217 Taf. 2. Aura parit flores tepidi fecunda Favoni. 1) Ἄνεμοι οὐ τὰ φυτὰ μόνον, ἀλλὰ πάντα ζωογονοῦσι Geopon. 9, 3 p. 573.

dem Jacchos zusammenhängt, wohl nicht viel aus ihren mythologischen Dogmatiken in den Cultus übergegangen ist. Die Athener nemlich opferten ihnen, sie allein, und beteten zu ihnen für die Kindererzeugung vor der Hochzeit, wie Phanodemos berichtet. Schon vorher schrieben die Attischen Gesetze (θεσμοί) vor, die Heirath dem Uranos und der Ge zu weihen, als dem ersten Ehepaar (um die Würde der Ehe dem Gefühl einzuprägen.) Jetzt fügte man das Opfer um Kindersegen hinzu und setzte die Tritopatores (Viele schreiben Τριτοπάτρεις), Drittväter, ein als eine göttliche Potenz im dritten Glied. Das erste war Uranos und Ge, das zweite Helios und Selene, die Tritopatores das dritte [1]. Nun führt Aristoteles von der Seele (1, 5), welcher Gebrauch von der Lehre macht, aus den sogenannten Orphischen Versen an, daß die Seele aus dem All getragen von den aufathmenden Winden eingehe in die Leiber, und Phanodemos berichtet daß in des Orpheus Physika oder Physikos die Tritopatores Amalkeides, Protokles und Protokleon Thürwärter und Wächter der Winde genannt würden. Die Dreizahl, die Namen und die drei Generationen sind mythologische Formen, wie in solche jene Physikotheologen ihre Dogmen einzuhüllen pflegten, um eine Gemeinde oder

---

[1] Dieß ergiebt sich wenn man vergleicht was Suidas und was das Etymol. M. aus Philochoros anführen, den sie auf verschiedene Weise, indem sie ausziehen wollen, um allen Sinn bringen. Der Name Τριτοπάτορες kann nicht täuschen. Der Satz der auch in Bekkers Anecd. p. 292 vorkommt, daß die alten Athener Erde und Sonne für ihre Eltern hielten, ist in die Genealogie eingemischt, so daß Ge und Helios verbunden sind, nun aber τοὺς δὲ ἐκ τούτων τρίτους πατέρας nicht paßt. Eben so wenig dieß als daß der Etymologe die Selene der Ge in jenem Satz unterschiebt, indem er an Ge und Helios als Paar anstieß, die aber in jenem Satz gar nicht als Paar gedacht waren. Die Corruption der Mythologie in den grammatischen Hülfsbüchern in einigem Umfang nachgewiesen würde eine für Viele abschreckende Ansicht eröffnen. Lobeck p. 763 versieht sich wie gewöhnlich, dieser Irrungen nicht, sondern denkt sie zu rechtfertigen.

Volksglauben für sie zu gewinnen. Die Sonne und der Mond wurden als das mittlere Glied oder die unmittelbaren Eltern wahrscheinlich mit dem Gedanken gesetzt daß auch das Licht und die Wärme mitwirkend seyen bei der Belebung der im All schlummernden Seelen, die durch den Lufthauch (ἐπιπνοίαι ἀπὸ τῆς ὅλης, ἀναπνοή, divinae particula aurae) den Leibern zugeführt würden. Aehnliche Gedanken über das Wesen der Seele verfolgten auch die Pythagoreer und die Jonischen Philosophen. Die Bedeutung der Tritopatoren als Götter der Winde und Geburtsgötter (θεοὶ γενέθλιοι) ist nach der Erörterung von Lobeck im Aglaophamus (p. 753—764) klar und unzweifelhaft, wenn man auch in einigen untergeordneten Punkten nicht beistimmen mag [2]). Wenn, wie Pollur will (3, 7), nach Aristoteles Drittvater den Großvater bedeutete, so ist diese Bedeutung auch wohl denkbar, die andre aber nicht weniger und daß die Tritopatoren die ersten Menschen beseelten nachdem sie selbst Eltern und Großeltern gehabt hatten, ohne Zweifel die richtige für sie.

10. Gewitter.

Auf dem Isthmos bei Korinth war ein altes Heiligthum, der Kyklopen-Altar genannt, auf welchem sie den Kyklopen opferten noch zur Zeit des Pausanias (2, 2, 2.) Man denkt sich unter diesen die Kinder des Himmels und der Erde in der Theogonie (139), Bronte, Sterope, Arge, also die des Gewit-

---

2) Wenn später dennoch wenigstens drei falsche Vermuthungen aufgestellt worden sind, so geschah es ohne Zweifel nur weil man die Untersuchung nicht kannte. Auch ich hatte eine falsche Etymologie, Τριττοπάτορες, vermuthet, Tril. S. 152, mit Recht aber dabei bemerkt daß wenn Klitodemos, der Verfasser des Exegetikon, den Tritopatoren als Winden die Namen Kottos, Briareus und Gyges gab, dieß meine Erklärung von diesen bestätige, insofern als auch Klitodemos so gedacht habe. Allein wichtiger ist daß alsdann von ihm die Tritopatoren der Orphiker und jene Stürme der Theogonie mit einander verwechselt oder vermischt worden sind.

ters, während sonst der niederfahrende Zeus, Καταιβάτης, verehrt wurde, wie z. B. dieser in Tarent neben dem Olympios und neben einem Eleutherios, wo der Blitz auf den Münzen ihn angeht¹). Andre Spuren des Kyklopencultus findet Schömann in Arkadien²).

11. Echo.

Der aufeinanderfolgende Klänge wiederholende Wiederhall erregt in hohem Grade die Aufmerksamkeit und Verwunderung und seine Personificirung wird natürlich fester gehalten und vielfacher verwandt als etwa die der Kanache oder des Windgeräusches, der Tochter des Aeolos. Euripides führt die Echo sogar als unsichtbare Person sinnreich auf durch schlagende Antworten in der Andromache, was in seinem Adonis Ptolemäos Philopator nachahmte, wo Echo ohne Zweifel die bekannte Klage: todt ist der schöne Adonis nachhallte. Hier indessen wird sie nur darum erwähnt um zu erklären, daß sie nichts von einem wirklichen Dämon an sich hat, nicht mehr als unser Rebig, nach dem in Baden ein Ort genannt wird, sondern daß es uneigentlich ist wenn sie einmal θεός genannt wird, wie gar viele Dinge, und unzähligemal Nymphe. Nicht mehr als Syrinx welche Pan liebt, gehört Echo, die ihn als eine Tochter des dichtesten Walds mit seinen Felsen und Thälern, vor den Nymphen überhaupt anzugehn schien, unter die in religiösem Sinn aufgefaßten Wesen: und es zeigt sich keine Spur einer ihr gewidmeten Verehrung. Sie gehört einzig den Spielen der Poesie und den Künstlern an, besonders in der Zusammenstellung mit Narkissos. Wenn Pindar sie heißt die Botschaft von dem Sieg eines Sohnes dem Vater in das Haus der Persephone zu überbringen, (Ol. 14, 31) und Andere ähnlich, so sieht ein Kind ein daß er wünscht: der Vater

---

1) Lorentz de rebus sacris Tarentinorum p. 10.   2) De Cyclopibus. Greifswald 1859.

möge dort das Ereigniß erfahren können wie durch einen Wiederhall des lauten Rufes womit er es verkündet [1]).

III. Menschennatur.
1. Erinnys, Erinnyen (1, 698—700). Ara, Aren, Pönen, Manien, Eumeniden, Semnen.

Wer die schon bei Homer und gleichmäßig reich im Fortschritt und in Berührung mit andern Dämonen entwickelten Erinnyen in einem psychologisch und synonymisch genau geordneten Stammbaum der Begriffe darzustellen unternimmt, wird meiner Ueberzeugung nach auf die von Pausanias und dem Etymologicum Magnum (p. 374) angegebene Bedeutung zürnen zurückgehn müssen, wie bei den Griechen auch alle andern Dämonen im Griechischen Namen den Begriff ihres Wesens ausdrücken. In der ungeschlachten Legende der Pferdezüchter in Onkeion bei Pausanias ist Demeter erzürnt ($\dot{o}\varrho\gamma\acute{\iota}\lambda\omega\varsigma\ \ddot{\varepsilon}\chi\varepsilon\iota$), wovon Pausanias ihren dortigen Beinamen Erinnys ableitet, mit dem Bemerken, daß die Arkader das Zürnen ($\mu\acute{\eta}\nu\iota\mu\alpha,\ \tau\grave{o}\ \vartheta\upsilon\mu\tilde{\omega}\ \chi\varrho\tilde{\eta}\sigma\vartheta\alpha\iota$) $\dot{\varepsilon}\varrho\iota\nu\nu\acute{\upsilon}\varepsilon\iota\nu$ nennen (8, 25, 4). Mag dieß Zeitwort wirklich gebraucht oder von Pausanias dem Beinamen etwa vermuthet worden seyn, so ist der Sinn von jenem nicht zu bezweifeln, da es vollkommen auch das Wesen der Rache-

---

[1] Fr. Wieseler die Nymphe Echo, eine kunstmythol. Abhandlung Göttingen 1854 meint S. 6 der Nymphe Echo werde auch ein Dienst geworden seyn wie den Nymphen ihren Schwestern, und mit ihnen, aber gewiß in sehr beschränkter Weise. Aber Nymphe wird sie ja nur in weiterer Bedeutung genannt, nicht in Bezug auf das Wasser, von dem der Schall nicht zurückprallt, und Dreade, Antriade haben bei ihr, wenn sie so genannt wird, eine andre Beziehung ‑ als bloß. Wenn ein Römer in Griechenland eine Statue der Echo $\varphi\iota\lambda\iota\nu\acute{\eta}\chi\dot{\omega}\ \varDelta\iota\dot{o}\pi\alpha\nu\iota$ in einem Paneum weiht, so ist es eine gefällige Decoration. C. J. Gr. n. 1438 cf. 1439.

göttin ausdrückt. Eine zürnende Demeter kommt auch sonst vor wie eine schwarze: es ist dieß eine mythische Formel für gewisse Zustände des Feldes und an irgend eine Beziehung zwischen der zürnenden Göttin des Feldes und den Erinnyen der Unterwelt hätte nie gedacht werden sollen[1]). Zu ἔρος, ἔρως und ὅρις kommt als Drillingsschwester ἐρινύς hinzu mit eigner Bedeutung vermittelst der Paragoge, wie in ἐλινύς, ιννύω von ἴω, ἀγινέω, ὀρίνω[2]). Denn eine plötzliche Regung, ein Ausbruch ist das Gemeinschaftliche in allen drei Wörtern. Der Kuhnschen Herleitung aus dem Sanskrit hat auch Georg Curtius beigestimmt in den Grundzügen der Griechischen Etymologie (S. 309) und zwar wegen der Uebereinstimmungen zwischen der Demeter Erinys und den Vedischen Sagen von der Saranyûs, indem der Spiritus lenis für den asper unorganisch sey. Max Müller in seiner Recension meiner Götterlehre, wo er misverständlich mich als Urbedeutung des Wortes selbst das Gewissen annehmen läßt, das nur die An-

---

[1] K. O. Müller Eumeniden S. 165—176, welchem sogleich Klausen ad Choeph. 35 und K. F. Hermann Quaestt. Oedipodeae p. 71 f. sich anschlossen, will die alten und allgemeinen Rachegöttinnen aus dem localen Cult der Demeter Erinnys ableiten und verwickelt sich in ein Gewirr der unhaltbarsten Combinationen, wie schon G. Hermann in seiner Recension Opusc. VI. 2. p. 293 ff. und Preller Demeter S. 161—68 gezeigt haben. Schömann zur Uebersetzung der Eumeniden S. 58. 63 f. hält zwar beide Vorstellungen für ursprünglich unabhängig von einander, die eine hier, die andre dort entstanden, nachher aber doch an manchen Orten verbunden und nimmt eine solche Vermischung namentlich in dem Attischen Eumenidencult zu Kolonos mit K. F. Hermann an. Es besteht aber zwischen beiden nicht der entfernteste Zusammenhang. Mit Unrecht ist auch in meiner Trilogie S. 368 eine Demeter Erinnys auch in Böotien angeführt. Eines Ptolemäus Hephästion war es würdig zu erfinden daß Orestes am Feste der Demeter Erinnys geboren worden sey. [2] Lobecks Vermuthung, daß vom letzten Ἐρινύς stamme, Pathol. s. Gr. p. 225, ist nicht glücklicher als die G. Hermanns in den Wiener Jahrb. 65, 148, daß ἐριννύειν gleichbedeutend sey mit ἐλιννύειν. Hesiodos bringt Ἐρινύες und Ἔρις wenigstens etymologisch richtiger zusammen Θεγ. 801.

lage unsrer Natur ist ohne welche wir nichts von Erinnyen wissen würden, nimmt an daß Erinys, was freilich die Griechen nicht mehr wußten, so wie Sarangû Dämmerung (dawn) bedeute, und meint daß diese (sonst die Sonne) das Verbrechen als Kind der Nacht an das Licht bringe[3]). Man braucht nicht den Satz zu bestreiten, daß „jedes eine abstracte Qualität bezeichnende Wort ursprünglich einen materiellen Sinn gehabt habe und in der alten Sprache der Mythologie keine abstracte Gottheit sey, die nicht mit ihren Wurzeln an dem Boden der Natur hänge", um so erkünstelte Ableitungen zu verwerfen als die von ἐριννύς, von ἑρμῆς u. s. w. aus Vedischen Wörtern sind. In einer so großen Menge von Göttern und Dämonen trifft die Grundbedeutung so ungezwungen mit den unstreitig Griechischen Namen in eins, daß die Ausnahmen von dieser Regel schon durch ihre Seltenheit, als eine ihrer Natur und Abkunft nach seltsam räthselhafte Klasse, als Fremdlinge zerstreut in einer großen national verbundnen Masse sich ausnehmen mußten. Die Wirkung des Affects, eine bestimmte Anschauung, wie z. B. die des hervorbrechenden Zornes und Rachegefühls, ist es die ihnen den Namen giebt. Gehn wir auf Urzustände zurück, so ist der Mord nächster Angehörigen zu denken als das woraus die Erinnys entsprungen ist und worauf eine psychologische Auseinandersetzung zurückgehn muß, als das was vor allen Andern ein sinnlich ergreifendes Bild und tiefste Empörung hervorruft. Es ist ihm auch das Vergießen von Stammesblut an die Seite gesetzt worden, indem Irion, der es zuerst gethan auch rasend wird wie Orestes und Niemand ihn sühnen will bis Zeus sich seiner erbarmt[4]). Das Bild des Gemordeten verfolgt den Thäter und je tiefer die Idee von dem Zusammenhang der Seelen nach dem Tode mit den Lebenden und die der göttlichen Gerechtigkeit und der Vergel-

---

[3]) The Saturday Review 1858 p. 114.   [4]) Trilogie Prometheus S. 547.

tung, δράσαντι παθεῖν, gedrungen war, um so leichter verwandelte sich die subjective Vorstellung des beängstigten Gewissens in eine göttliche den Schuldigen verfolgende Erinnys, die natürlich jenseit des Lebens ihre Wohnung hat, im Erebos, wie Homer sagt, im Hades mit Persephone, die von daher ebenfalls straft. Den Geist des Gestorbenen, singt in den Choephoren der Halbchor, bezwingt nicht des Feuers heftige Flamme und er zeigt nachher seinen Zorn u. s. w. (320), ὀργάς mit Bezug auf die Wortbedeutung von ἐρινύς, wie auch schon in der Ilias χωομένη κακὰ μήδεται (21, 412). Der volksmäßige, stehende, unzähligemal vorkommende Ausdruck ist μήνιμα, daß von dem Verletzten im Hades ein Zürnen ausgeht, das den Thäter peinigt und verfolgt: wie ein Gespenst ist der Schatten hinter ihm. Noch dem König Pausanias als flehendem wird das μήνιμα des schuldlosen von ihm getödteten Mädchens von einem Dämon Epidotes abgewendet[5]). Nicht zu übersehn ist wie Platon in den Gesetzen diesen "alten Mythus" auseinandersetzt (9 p. 865 d. e.). Die bildende Kunst hat uns ein Denkmal dieser herrschenden Vorstellung erhalten. An einer Amphora von Vulci ist zu der Ermordung des Aegisthos das Eidolon der Klytämnestra gestellt, welches die drei Erinnyen begleiten[6]), an der schon bekannteren Vase aus einem Grab zu Canosa das des Aeetes hinter seiner nun von der Strafe ereilten Tochter Medea. Die Dreizahl finden wir auf die Erinnyen nicht übergetragen vor Euripides im Orestes (328) und den Gemälden, wie namentlich auf dem an einer Vase aus Paros mit der Unterwelt in Karlsruh. Die für diese drei erfundenen Namen, die zuerst bei Apollodor vorkommen, Tisiphone, Magära und Alekto, drücken die Furie des Mörders aus, die endlos grimmige Mordrächerin. Wie sehr

---

[5]) Pausan. 3, 17, 8. Jl. 22, 358. Od. 11, 73 μὴ τοί τι θεῶν μήνιμα γένωμαι. [6]) Mon. d. Inst. archeol. 5, 56. Annali 1853 25, 272.

der Frevel des Mords alle andern überstieg, sieht man an der lange Zeit herrschenden Pflicht der Blutrache und an der zur Milderung aufgebrachten Mordbuße, ποινή, ein Wort das schon bei Homer abgeleitete Bedeutung und Gebrauch angenommen hat.

An den Vatermord schließt sich schwere Mißhandlung oder Beleidigung desselben an, wovon wir im Oedipus das große Beispiel sehn, so daß die Erinnyen als die Bestraferinnen von derlei Vergehen erklärt worden sind[7]). Den Meineid zu strafen geht bei Hesiodus die Erinnys am fünften des Monats um; sie nimmt den Gastfreund, den Fremden, den Bettler in ihren Schutz. In stufenweiser Verfeinerung des sittlichen Gefühls werden von dem allgemeinen Gewissen alle Härten und Vergehen unter das Strafamt der göttlichen Erinnys gestellt, deren Namen nunmehr den Einzelnen mahnt alles was ihr überwiesen ist an sein sittliches Gefühl und Gewissen zu halten. Man kann daher wohl sagen daß Erinnys neben Dike und vor der Nemesis das den Stamm der Hellenen tief durchdringende sittliche Gefühl ausdrückt. Nicht zufällig ist es daß gegen das was im A. T. vom Gewissen verlautet und erst im Christenthum seine Entwicklung gefunden hat, indem darauf der Christenglaube unmittelbar und unausgesetzt einwirken soll, schon im frühesten Griechischen Alterthum die Erinnyen so große Macht ausüben und daß Platon und Epiktet diese Pflanze der Vorzeit so sorgsam erziehen, die dann auf Cicero, Seneca, Tacitus, den jüngern Plinius, Quinctilian, Persius und Juvenal fortwirken[8]).

---

[7]) Etym. M. Auch Lobeck nimmt an, daß die Erinnys von der Schuld gegen die Eltern ausgehe: Aglaoph. p. 635. f.   [8]) Stäudlins Geschichte der Lehre vom Gewissen 1821. W. v. Humboldt sagt schon 1793 in der Berliner Monatsschrift (22, 150): „Eine der wichtigsten Ideen des Griechischen religiösen Alterthums, die Bestrafung des Lasters durch eigen dazu bestimmte Gottheiten, sehr ausführlich behandelt in den Eumeniden 199 ff. und 493 ff. Diese Ideen vollständig auseinanderzusetzen und

Die Festigkeit und Allgemeinheit des Rechts der Erinnyen erhalten einen erhabenen Ausdruck eben so sehr durch das Wort der Theogonie daß die Göttinnen des furchtbaren Zorns die Uebertretungen der Menschen sowohl als Götter verfolgen (220), als durch das des dunklen Ephesiers daß sie als Gehülfen der Dike aufspüren würden wenn Helios seine Maße überschritte. Als ein allgemeines Naturgesetz dehnt ihre Gewalt auch die Ilias aus wenn sie die Klagen und Weissagungen des Rosses des Achilles unterbrechen (19, 418) und Aeschylus im Prometheus wenn er die Mören und die nichts vergessenden Erinnyen die Steurer der Nothwendigkeit nennt (518). Den stärksten Eindruck aber von der Wirkung der Erinnyen auf die Vorstellungen in der alten Zeit giebt die erschütternde Schilderung des Aeschylus indem er aus ihnen den Stoff genommen hat zu seinem poetischen Kraftbilde. Die Spitze ihrer Wirkungen auf den Menschen ist daß sie dem Frevler den Hymnus singen welcher Wahnsinn schafft, wie dem Orestes, dem Irion, was im Bilde durch das schlangenlockige Haar, womit sie auf ihn eindringen, ausgedrückt wird.

Die Genealogie dieser Wesen ist etwas sehr Untergeordnetes, wie gar viele. Natürlich sind sie Kinder der unholden Finsterniß, in der Hesiodischen Theogonie der Erde aus dem Blute des Uranos (184), mit Rücksicht wohl auf den ersten an dem Vater begangnen Frevel, indem sie nebst den Giganten und den Melischen Nymphen, drei bösen Dingen, als eine genealogische Schmarotzerpflanze aus den von der Erde aufgenommenen Blutstropfen des entmannten Uranos, sich ansetzten. Der Erde auch unter dem Ehrentitel Euonyme, von gutem

---

so viel es geschehen kann, sorgfältig zu unterscheiden, wieviel darin wirklicher Volksglaube war und was allein auf die Behandlung der Dichter zu rechnen ist, müßte nicht allein an sich, sondern auch zur Vergleichung mit den Meinungen andrer Nationen und Zeiten ein interessantes Geschäft seyn, wozu freilich die Materialien aus dem ganzen Alterthum geschöpft werden müßten".

Namen, und des Kronos in der angeblich Epimenideischen Theogonie⁹), der Erde und des Dunkels (Σκότου), bei Sophokles, oder des Phorkys bei Euphorion, um spätere Variationen zu übergehen, der Nacht, im Tartaros, sagt einfach Aeschylus (Eumen. 71—75. 317. 832.) Sie nennen bei Aeschylus die Mören ihre Schwestern von derselben Mutter (Eumen. 947, ματροκασιγνήτας) mit denen er sie auch öfter zusammenstellt: des Hades und der Götter Erinnyen sagt Sophokles (Antig. 1074.)

In Kerynea in Arkadien war ein Heiligthum gestiftet von Orestes, und man sagte, daß wer mit Blut oder einer andern Schuld behaftet oder auch als Gottverächter hineingienge durch Schreckniße den Verstand verliere, weßhalb auch nicht Allen der Eingang gerade offen stand. Kleine Statuen darin waren von Holz; an dem Eingang aber standen wohl gearbeitete marmorne von Frauen welche Priesterinnen der Eumeniden gewesen seyn sollten ¹⁰): und es ist daher nicht zu verwundern wenn man zur Zeit des Pausanias sagte Tempel, der Eumeniden, nicht der Erinnyen. Nach Ovid hatten die als Furien bezeichneten Göttinnen einen Tempel in Paläste, einer Stadt in Epirus ¹¹).

In engster Beziehung zu den Erinnyen stehen die Flüche, ἀραί, welche nach Homer Zeus- und Persephone vollziehen. Der Fluch beruht auf dem Bewußtseyn des Rechts und der göttlichen Gerechtigkeit und wenn er eine That des Menschen ist und an sich dem Gefühl des erlittenen Unrechts sich auch

---

9) Tzetz. ad Lycophr. 406, Εὐονύμη, Istros bei Schol. Soph. Oed. Col. 42 schreibt, wohl aus einem andern Dichter, Κυωνύμη, mit langem ω, wie bei Pindar Ol. 2, 7 εὐωνύμων πατέρων, wie Διώνυσος für Διόνυσος. 10) Pausan. 7, 25, 4. Hierher ist auch durch Emendation zu ziehen was wir bei Schol. Oed. Col. 42 lesen καὶ ὁλοκαυτήσαντι αὐταῖς οἶν μέλαιναν ἐν Καρνείς τῆς Πελοποννήσου, nachdem die Erinnyen εὐμενεῖς geworden. 11) Fast. 4, 236. Alle Conjecturen, insbesondre die jüngste, in Bonn entstandne ac palla cinctae für saepe Palaestinae deae, sind entbehrlich.

etwas Menschliches, Haß und Feindschaft beimischen kann, die Erinnys hingegen in dem leidenden, schuldbewußten Gewissen ihren Ursprung hat, so ist ἀρά ursprünglich oder eigentlich Gebet und unter die göttliche Vollziehung gestellt, aber bei verschiednem Ursprung treffen beide in dem Begriff göttlicher Strafe zusammen. Natürlich haben daher beide Vorstellungen sich verbunden und vermischt, wie z. B. Telemachos sagt, seine Mutter würde ihm die Erinnyen anfluchen (στυγερὰς ἀρήσετ' Ἐρινῦς 2, 135;) Aeschylus läßt in den Eumeniden die Erinnyen sagen: Flüche werden wir in den Behausungen unter der Erde genannt (409), und in den Sieben verschmilzt er in eins die Ara Erinnys des Vaters (70), des Vaters betende Erinnys (εὐκταίαν Ἐρινύν 704.), des Vaters Oedipus hehre Erinnys (861), zu der oder zu des Oedipus Schatten die Schwestern beten (955 f.) 12). Schon in Versen aus der Thebais lesen wir daß der Fluch des Brudermords der Göttin Erinnys nicht entging und bei Aeschylus in den Sieben daß die Keren Erinnyen des Oedipus Geschlecht vernichteten (1041.) Doch werden auch beide Kräfte noch geschieden gehalten, wie z. B. die Elektra des Sophokles die Persephone, den chthonischen Hermes und die hehre Ara und die ehrwürdigen Erinnyen, Götterkinder anruft (111) und die Maler zur Zeit des Demosthenes auch die Aren unter vielen andern allegorischen Personen malten 13). Das Hieron der Ara in Athen 14) von dem aus die polizeilich nicht zu erreichenden Frevler verflucht wurden, versetzte sie aus dem Hades mitten in das Leben. Aenderung und Verschiedenheit hat das Zusammentreffen der beiden Principien in die Thebische Sage gebracht, in welcher ursprünglich das des Fluchs geherrscht zu haben scheint. In der alten Thebais fluchte Oedipus seinen

---

12) Hesychius scheint in Ἀράντεσιν, Ἐρινύσι, Μακεδόνες die Flüche als Erinnyen aufzuführen. 13) Götterl. 2, 528. 14) Hesych. Ἀρᾶς ἱερόν.

beiden Söhnen, die ihn mishandelt hatten, und es erfolgte der Brudermord; diesen Fluch glaubte man fortwirkend im Kadmeischen Geschlechte der Aegiden in Sparta, welchem die Kinder wegstarben und das, wie Herodot erzählt, Hülfe in Delphi suchte und danach den Erinnyen des Laïos und Oedipus ein Hieron errichtete, das mit ihnen auch nach Thera übergegangen ist (4, 149), wozu Pausanias noch anführt, daß nachdem dieser Erinnyen Zorn ($μήνιμα$) den Tisamenos nicht verfolgt hatte, er dessen Sohn Autesion traf und er deßhalb zu den Doriern überzog (9, 5, 8). Wenn Pindar sagt daß Erinnys die Brüder zum Wechselmorde trieb (Ol. 2, 41), so ist nicht zu verwundern, daß auch das Orakel die durch die erschütternde Orestessage von Argos allgemein durchgedrungnen Erinnyen zu versöhnen den Aegiden vorschrieb. Einer besondern Sage gehören die Erinnyen der Mutter des Oedipus in der Odyssee an (11, 279), und wenn Hermesianax den Kithäron Wohnsitz der Erinnyen genannt hat, so folgte er nur der späteren Gewohnheit die Erinnyen auch in die alte Hauptsage Thebens aus der von Argos zu versetzen und sie und den Fluch zu verbinden; denn auf dem Kithäron wurde Oedipus ausgesetzt, oder dachte er den Kithäron als das Thebische Land und die Erinnyen als die Seele der ältesten Thebischen Sagen, wofür urkundlicher der Fluch zu nehmen ist.

Auch Pönen, $Ποιναί$, sind späterhin die Erinnyen nach dem allgemeinen Begriff der Strafe, wie Antipater sagt, $ποινῆτις\ Ἐρινύς$, genannt worden, nicht von Aeschylus, der das Wort in der allgemeinen Bedeutung besonders oft gebraucht, oder andern bedeutenden Dichtern; aber z. B. Aeschines gegen Timarch nennt die mit angezündeten Fackeln verfolgenden Pönen, Hesychius führt sie auf [15]), an gemalten Vasen wird der Name gebraucht [16]). Polybius, Epiktet, Lucian stellen

---

15) $Ποιναῖς,\ φρικταῖς\ Ἐρινύσι\ τιμωρητικαῖς.$ 16) An der großen Apulischen Unterweltsvase in Carlsruh ΠΟΙΝΑΙ, an einer andern das Wort zum Theil noch sichtbar: Meine alten Denkm. 3, 123.

Erinnyen und Pönen neben einander ¹⁷), mit einigem Spott auf die Mythologie.

Von diesen Pönen ist zu unterscheiden die in der seltsamen zwischen Argos und Megara gemeinsamen Sage (ἔπη κοινά), die Pausanias erzählt (1, 43, 7.) Wenn diese so alt ist als die auf dem Grabe des Koröbos auf der Megarischen Agora errichteten Statuen, die ältesten aus Marmor die Pausanias in Griechenland gesehen zu haben glaubte, so ist die Vermischung dieses ernsthaften Volksglaubens und der tiefen Theilnahme an einem jugendlichen Paar auffallend. Aber man läse gern auch etwas über das Alter des die Geschichte enthaltenden Epigramms, welche leicht zur Auslegung einer symbolischen Bildgruppe gedichtet seyn könnte ¹⁸).

Rührend ruft bei Sophokles Ajas in Begriff sich zu tödten die Erinnyen zu Hülfe, die immer jungfräulichen und immer alle Leiden unter den Menschen schauenden, hehren Erinnyen, die eilfüßigen, an (835). Dieß erinnert an die Zusammenstellung in des Aeschylus Sieben Κῆρες Ἐρινύες (1041), wo Κῆρες die Geltung des Beiworts vernichtend hat, dem zwei andre vorangehn, gewiß nicht umgekehrt. Meint das Beiwort die immer jungfräulichen Unbestechlichkeit, als Reinheit, wie Suidas, Schönheit wie Winckelmann will (Mon. ined. 149), oder daß sie nur ihren Beruf verfolgen, für sich nichts

---

17) T. H. ad Lucian. Necyomant. 9 Not. 4.   18) Psamathe, Tochter des Königs Krotopos in Argos, gebiert einen Sohn von Apollon und setzt ihn aus Furcht vor dem Vater dessen Hunden aus, die ihn auf der Weide zerreißen. Der Gott schickt ihnen die Pöne in die Stadt welche die Kinder von den Müttern wegrafft bis Koröbos den Argeiern zu Gefallen sie tödtet. Als aber darauf eine böse Krankheit folgte, gieng Koröbos nach Delphi um dem Gott für die Tödtung der Pöne Buße zu leisten. Die Pythia hieß ihn einen Dreifuß aus dem Tempel forttragen und wo dieser hinfiele dem Apollon einen Tempel bauen und selbst wohnen, und wo der Dreifuß ihm entfiel, bei dem Berg Gerania, baute er die Kome Tripodiski.

begehren? Wie eilfüßig (ταννπόδας) nennt derselbe Dichter sie erzfüßig, wegen ihrer Unermüdlichkeit (El. 491), Euripides Lauferinnen, flügeltragende. Jägern und Jagdhunden werden sie verglichen, dem Raubvogel der von oben spähend auf seine Beute stürzt [19]). Sie beugen den Sündern die Kniee [20]). Ein Name wie dieser wird natürlich auch in weitern und uneigentlichen, auch unbestimmten Bedeutungen vielfach gebraucht, wie z. B. Philostratus bei dem rasenden Herakles Erinnys nennt statt der oft personificirten Lyssa (2, 23) und sie zuweilen als Urheberin von verderblichen Anschlägen und allerlei Bösem genannt wird [21]). In der Ilias verblenden Zeus, Möra und Erinnys, die dunkelwandelnde, den Agamemnon den Achilleus zu beleidigen (19, 87), in der Odyssee verleitet sie den Melampus, Rinder zu rauben für seinen Bruder (15, 234). Aus der Gewissensangst des Schuldigen ist der Uebergang gemacht zu Geistesverwirrung überhaupt in den Worten des Sophokles λόγου τ'άνοια καὶ φρενῶν Ἐρινύς (Antig. 603). Als Verzweiflung etwa kann man sie fassen wenn in der Parabel der Odyssee die Harpyien die schönen reichbegabten Waisenkinder, des Pandareos Töchter, den Erinnyen zuführen (Odyss. 20, 77).

Daß die Erinnyen nachmals den Namen Eumeniden, Wohlwollende [22]), erhalten haben, verräth eine große Veränderung der Begriffe, Sitten und Verhältnisse, die nur stufenweise erfolgt seyn kann. Die Pflicht der Blutrache konnte unter den Hellenen in all ihrer Heftigkeit und Strenge nicht fortbestehen. Gebrochen erscheint sie schon durch die ποινή, Mordbuße, nach freier Uebereinkunft, ein Wort das schon bei Homer so häufig und in manigfaltiger Anwendung vorkommt, bei

---

19) Eurip. Or. 317.   20) Hesych. καμπεσίγουνοι.   21) Lobeck ad Ajac. p. 104 ed. 2.   22) Keineswegs κατ' ἀντίφρασιν zu verstehen, wie Schol. Eurip. Or. 38, Eustathius Il. 10, 454, Servius angeben.

Hesiodus sich schon in den allgemeinen Begriff der Strafe verflacht hat. Nun entstanden Streitigkeiten auch über die Pön und wohl häufig genug, da am Schilde des Achilles ein über die Pön geführter Proceß vorkommt. (Jl. 18, 498). Auch die Sagen von den Reinigungen vornehmer Blutbefleckten im Auslande von berühmten Geschlechtern, welche den Flüchtiggewordnen diese Reinigung ertheilten, deuten auf das Bedürfniß der barbarischen Pflicht entgegenzuwirken. Diesen Cäremonien muß eine mystische Kraft beigelegt worden seyn, wie sie ja auch gleich religiösen Gebräuchen unter genauer Regel und Vorschrift standen. Auf diese Art wurden die Umgetriebenen im Innern beruhigt, die Zürnerinnen versöhnt, worauf vermuthlich der Delphische Apollon mächtig einwirkte, dem es daher wohl zukam zu der neuen Stiftung in Athen, indem die Sage die ganze Veränderung an die von Orestes anknüpfte, die Hand zu bieten. Als die bürgerliche Ordnung sich vervollkommnete mußten natürlich an die Stelle der übereinkommlichen Pönen gesetzliche oder gerichtliche treten: indem sie dem schwankenden Belieben oder den unstäten Maßbestimmungen, die etwa durch das Herkommen sich eingeführt hatten, entzogen und unter eine allgemeine Controle, unter ein Blutschiedsgericht gestellt wurden, mußte man darin bald einen Vortheil für Alle erkennen. Daß dieses zuerst in Athen auf bleibende Weise zur Ausführung gebracht worden sey, ist nach dem Verhältniß der Bewohner Attikas zu den andern Stämmen nicht unwahrscheinlich. Betrachten wir den Mythus von Orestes nicht bloß äußerlich, sondern sehen auf die in das Leben eingreifenden Ideen, die er umschließt und die in Namen, Vorstellungen und Gebräuchen sich ankündigen, so sind die Erinnyen in den Eumeniden untergegangen, diese an die Stelle von jenen getreten, und keine andre Dämonen haben ihre Bedeutung so gänzlich umgewandelt: sie gehören ganz verschiedenen Zeitaltern an. Der Glaube an die Erinnyen, die Furcht vor ihnen, ihre sittliche Einwirkung auf das Menschenleben, die noch bei Homer und Hesiodus sichtbar genug sind, mußten nachlassen so wie Gesetz und Sitte stark genug wurden gegen die Missethaten vor denen in früherer Zeit sie zurückschrecken sollten. Ihr Ursprung aus dem Gewissen, aus der Furcht vor dem zürnenden Geist des Verletzten ist klar: aber als Dämonen haben sie gleich Strafgesetzen Einfluß auf die Menschen behauptet. Dieß hatte sich geändert, wurde nicht mehr als ein allgemeines Bedürfniß empfunden. Zwar war ihr Gedächtniß unauslöschlich durch die Poesie der Heroenzeit. Aeschylus schildert sie kräftig genug im Geiste der alten Zeit, es wurde ihnen noch von den durch die Areopagiten Losgesprochenen geopfert[23]), und hier und da finden wir Heiligthümer der Erinnyen erhalten und Beispiele daß einzelne Männer von ihnen geängstigt werden, wie z. B. der oben erwähnte König Pausanias: ganz ist nicht leicht ein so bedeutender alter Glaube erloschen. Aber nicht historisch zu denken, sondern nur poetisch ist es, daß bei Aeschylus die Semnen, die man in Athen statt ihrer verehrte, unmittelbar aus den Erinnyen hervorgehn, obgleich ein gewisser Zusammenhang zwischen beiden und ihrer Bedeutung statt findet. Stillschweigend ist die Blutrache überhaupt aufgehoben, mit ihr die Hauptmacht und der wesentlichste Beruf der Erinnyen, indem der Muttermörder losgesprochen wird und von einem andern dem bisherigen verwandten Amte der Erinnyen ist nicht die Rede, sondern nur von dem Dienste der Semnen, deren Identität mit ihnen nur scheinbar ist, da sie nur an deren Stelle getreten waren. So werden auch die dem Gerichte des Areopags vorstehenden Göttinnen, welche Euripides die namenlosen nennt (Iph. T. 95), im Allgemeinen Semnen genannt; so z. B. von Dinarchos (c. Demosth.), Lucian, Pausanias. Die Erinnyen verfolgen den Einzelnen, jene aber gehn das Gemeinwesen an. Zusammentreffen sie darin, daß

---

23) Die drei für Blutsachen bestimmten Monatstage werden nach den Erinnyen genannt.

sie unter der Erde wohnen und daß von da aus sie strafen. Den Einzelnen verfolgt rächend der Geist des Gemordeten oder sonst schwer Gekränkten kraft der Erinnyen, bis sie durch Reinigungsgebräuche oder durch die geleistete Pön gesühnt sind. Da aber im Allgemeinen immer auch unversöhnte Geister im Hades übrig bleiben konnten, von denen dem Land Unsegen drohte, da Strafe seyn muß, so sind Jahresfeste um den ungesühnten Geistern zu genügen, wie bei den Römern, den Slawen, bei den Hellenen aufgekommen, und indem durch Anerkennung der auf der Gemeinde möglicher- ja fast unvermeidlicherweise haftenden Schuld und Flüche und den bewiesenen guten Willen sie auf religiöse Weise zu sühnen das Bewußtseyn der Reinheit wiedergewonnen wird, so wurden in Bezug auf sie (ähnlich wie an einzelnen Orten Allerseelenfeste) die Zürnerinnen nun Gnädige, Wohlwollende. Das Wort σεμναί drückt dieß nicht geradezu aus, aber man vertraut, daß der frommen Verehrung Verzeihung und Wohlwollen entsprechen werde. Nach Pausanias hatten in der Nähe von Sikyon in einem Tempel in einem Haine von Steineichen die Eumeniden, dieselben Göttinnen die in Athen Semnen hießen, jährlich ein Fest und ein trächtiges Schaaf nebst Honig und Milch und Blumen statt Kränzen wurden ihnen dargebracht (2, 11, 4.) Von Erinnyen hier keine Spur mehr. Da aber diese Eumeniden in Sikyon gewiß ungefähr derselben Zeit angehören als die Semnen, so ist klar, daß Aeschylus, der im Stück selbst diesen in Athen nicht ursprünglichen, Namen nicht gebraucht, ihn als Titel nur entlehnt hat, weil er den erfreulichen und tröstlichen Ausgang der Dichtung, welche den an die Stelle der Erinnyen getretnen Cultus aus der Orestessage herleitet, bestimmter und passender ausdrückt als der Athenische Name. Aeschylus nennt vielmehr an einer Stelle wo wir schon die Semnen hören Erinnys (938). Wenn Demosthenes [24]) sagt,

---

24) Bei Harpocr. v. Εὐμενίδες ebenso Suid. Schol. Soph. Oed. Col. 42 und in der Hypothesis. G. Hermann irrte die Aeußerung des

Aeschylus habe den Namen der Eumeniden eingeführt, indem Athena die Erinnyen umstimmte, so giebt es wahrlich keinen Anstoß daß ein Staatsmann sich an die Sage und Poesie hält ohne kritisch nach dem historischen Zusammenhang zu fragen.

Nachdem von Sikyon und der Tragödie des Aeschylus die Eumeniden bekannt geworden waren, hat man sie hier und da mit den alten Erinnyen in unmittelbare Verbindung gesetzt. So in dem oben angeführten Tempel zu Kerynea in Arkadien, wo auch eine Stadt den Namen Orestia hatte [25]). In der Nähe von Megalopolis an der Straße nach Messenien, wo vielleicht von früher her nur ein Heiligthum der Erinnyen gewesen war, ist die Fabel von Verwandlung der Erinnyen in Eumeniden zu Gunsten des Orestes in monumentaler Weise nach sehr naiv volksmäßigem Sinn dargestellt worden. Hier sollte Orestes gerast haben, auch vor dem Gericht auf dem Areopagos von einem Vetter der Klytämnestra mit Klage verfolgt worden seyn. Die Erinnyen nannte man hier, wie auch den Platz um das Hieron, Manien [26]) und diese waren ihm als er raste schwarz erschienen; nicht weit davon hieß ein Ort Heilung, Ἄκη, wo sie ihm weiß erschienen waren nachdem er in der Wuth sich einen Finger abgebissen hatte, der von Marmor abgebildet auf einem kleinen Erdhügel errichtet war, ursprünglich wohl ein die Mörder angehendes Symbol [27]); auch

---

Demosthenes auf eine ausgefallene Stelle der Eumeniden zu beziehen de choro Eumenidum p. XI, wie schon Schwenck in seiner Ausgabe der Eumeniden p. IV gezeigt hat. In dem Orakelspruch bei Pausanias 7, 25, 1 ist der Name Εὐμενίδες ein Zeichen mehr dafür daß er in diese die Schonung der Schutzflehenden empfehlende Sage hineingedichtet ist. Es scheint daß der Komiker Philemon bei Schol. Soph. Oed. Col. 42 dasselbe positiv ausspricht was ich vermuthet habe, daß die Athenischen Semnen nur sagenhaft oder poetisch als versöhnte Erinnyen ausgegeben würden, ἑτέρας φησὶ τὰς Σεμνὰς θεὰς τῶν Εὐμενίδων.   25) Steph. B.
26) Eurip. Or. 390 μανίαι τε, μητρὸς αἵματος τιμωρίαι.   27) S. meinen Brief unter den von W. v. Humboldt an mich geschriebenen

die nach dem Gegensatz eingerichteten Opfergebräuche führt Pausanias an (8, 34, 1. 2.) Die Attische Sage, wie Athena zu Gunsten des Orestes, welcher ruhig abwartend dasteht, eine Stimmscherbe in die Urne wirft, ist auch auf Münzen von Tegea; dieß wohl zur Unterstützung der Behauptung im Besitz der Gebeine des Orestes zu seyn, die sie mit den Lakedämoniern theilten.

Die Einsetzung des Blutgerichts in Athen war selbst nach dem Parischen Marmor älter als Orestes, mit welchem Aeschylus sie mit dem äußersten Fall, daß die auf einer Satzung beruhende Pflicht der Blutrache gegen eine heilige der Natur stritt, in Verbindung bringen mochte. Auch ist es folgerecht, daß die Erinnyen nach dieser Lossprechung ihr Amt einzelne Gewaltthätige zu verfolgen aufgeben, an deren keinen sie ein so großes Recht hatten als an Orestes, welchem vor Allen die Blutrache zu üben oblag, welchem Apollon selbst sie geboten hatte, wie in den Choephoren ausgesprochen ist (283) und der wegen seiner That in der Odyssee noch gepriesen wird. Wir erkennen sie, die zu den alten Göttern gehörenden und eben darum in die Welt der jüngeren Götter nicht mehr passenden Göttinnen, deren Bild der Dichter in den kräftigsten Zügen selbst veranschaulicht, nicht wieder in den Semnen oder Eumeniden, deren Cultus er nicht minder im wahrheitgetreuesten Bilde darstellt. Eine ähnlich grelle Umwandlung gewahren wir an keinem der Götter und Dämonen. Daß beiderlei Wesen, im Geist und nach dem Bedürfniß ganz verschiedner Zeitalter ausgedacht, unerachtet des Gemeinsamen das wir in ihrer Idee und Behausung erkennen, der Zeit nach weit auseinander lagen, konnte dem Nachdenken des Aeschylus nicht

---

S. 87 f. vgl. Steinthal Völkerpsychol. Bd. 1. St. 3. Es ist sehr denkbar daß dieser nicht mehr verstandne Finger zufällig den Anlaß gegeben hat, indem er der Legende diente, den nach ihr gestalteten Cultus selbst in später Zeit an dem Orte zu begründen.

entgehen. Aber der sehr natürlichen Vorstellung des Volks, welches wohl vorher schon die beiden verwandten Wesen und Culte verknüpft hatte, mußte Aeschylus um so bereitwilliger folgen als er überhaupt das Ganze der religiösen Ueberlieferungen in Ehren gehalten wissen wollte und den durch den veränderten Geist der Zeiten und Denkarten entstandenen Widerstreit in den Mythen zu vermitteln suchte. Wie er seine Aufgabe gelöst hat die alten und neuen Götter zu einigen, die Erinnyen in die Semnen, oder, indem er den eigentlichen in Athen herrschenden Namen weislich vermeidet [28]), in Eumeniden, die er im Drama selbst eben so wenig nennt, zu verwandeln, die schauerlichen Erzürnten feierlich und friedlich als Semnen abziehen zu lassen, ist zu bekannt und zu kunstreich durchgeführt, um eine auf den Grund gehende Erörterung hier zu versuchen.

Wo den Erinnyen alte Heiligthümer gegründet waren, um den Menschen die Scheu vor ihnen zu erhalten und zu stärken, zerstörte man diese nach dem Eintritt der neuen Göttinnen natürlich nicht, verband sie etwa mit ihnen, wie wir einige Beispiele gesehen haben. Für die Sage ihrer Umwandlung in die Semnen kam es zu statten daß der alte nationale Name der Erinnyen nur aus den Dichtern bekannt, in keine Athenische Sage oder Verehrung aufgenommen gewesen war. Die mythologische Analyse, freilich eine trockne Sache, kann allein wenigstens die Culturgeschichte auf manchen Punkten einigermaßen ins Licht setzen.

Den ehrwürdigen Göttinnen, Σεμναὶ Θεαί, soll in Athen

---

28) Er spielt darauf an 373: *εὐμήχανοί τε καὶ τέλειοι κακῶν τε μνήμονες σεμναὶ καὶ δυσπαρήγοροι βροτοῖς*. So auch Sophokles durch τὸ σεμνὸν ὄνομα zwischen αἱ ἔμφοβοι θεαί (die Erinnyen) und τὰς πάνθ' ὁρώσας Εὐμενίδας Oed. Col. 39—41, und Euripides Or. 399: *οἶδ' ἃς ἔλεξας, ὀνομάσαι δ' οὐ βούλομαι· σεμναὶ γάρ*. Im Oedipus zu Kolonos sagt Sophokles 470 *σὺν ταῖσδε ταῖς σεμναῖσι δημούχοις θεαῖς*.

Epimenides ein Hieron errichtet haben nach einem Lobon von Argos über Dichter bei Diogenes L. (1, 117.) Diese Angabe ist nach dem was wir sonst von den Ideen des berühmten Kretischen Theologen und seiner priesterlichen Wirksamkeit wissen, und besonders, nach seiner Reinigung des durch Mordthaten befleckten Attischen Landes, auch nach dem Zeitalter der Stiftung, die nur als eine Fortsetzung und Erweiterung der eben von ihm vollzogenen Reinigung erscheint, nicht unwahrscheinlich. Wenigstens scheint mit dieser die Einsetzung der Semnen in Athen Zusammenhang zu haben. Im Athenischen Cultus ist der Name der stehende und als solchen bezeichnet ihn, außer den Lexikographen, Rednern, Komikern, Pausanias, indem er ihn von dem Hesiodischen der Erinnyen unterscheidet (1, 28, 6. 7, 25, 1) — so wenig genau nimmt auch er es oft mit seinen mythologischen Bestimmungen — aber auch von dem Sikyonischen der Eumeniden. Ihr Hieron und Altäre auf dem Areopag läßt er nicht unerwähnt. Die Semnen waren unter den Göttern der Stadt und des Landes bei denen gesetzliche Eidschwüre abgelegt wurden[29]). Wie angesehn der allgemeine Cult der Semnen war, sieht man daran, daß darüber zehn ἱεροποιοί, wohl zu unterscheiden von den zehn die ein vielumfassendes Amt hatten, gesetzt waren, gewählt aus allen Athenern, vermuthlich als Auszeichnung mit Rücksicht auf anerkannte Rechtschaffenheit, da dieser Umstand in Bezug auf einen der zehn hervorgehoben wird[30]). Ein Geschlecht „bei den Semnen", die Hesychiden, das die Procession anzuführen das Recht hatte und aus sich Priesterinnen stellte, verehrte als Ahn den Hesychos[31]) offenbar mit Bezug auf die ernste Ruhe

---

29) Dinarchos c. Dem. 47 p. 159 R. 64 p. 164. 170.   30) Etym. M. s. v. p. 469.   31) Schol. Oed. Col. 489. Der Scholiast gebraucht hier den Namen Eumeniden aus Nachlässigkeit, wie die von ihm angeführte Stelle aus Polemon beweist. Hesych. λήτειραι· ἱέρειαι τῶν σεμνῶν θεῶν.

und Stille, die bei dieser Procession und den Opfern der Hesychiden (*λήτειραι Ἡσυχίδες*) herrschen sollten, wie die Gebräuche der Hellenen immer bedeutsam und schön sind. Die Opfer waren Kuchen (*πόπανα*), Wasser und Honig (*νηφάλια*), weinlose Spenden, die Aeschylus nach der allgemeinen Verknüpfung oder Vermischung beider Gottheiten auf die Erinnyen überträgt, jedoch mit dem Zusatz von nächtlichen Brandopfern (110 f.) Sophokles malt die Gebräuche der Semnen selbst aus (469—85), wie besonders auch die Heiligkeit und Stille des ganzen Cultus (122—135.) Die Processionen wurden von den unbescholtensten Männern und Frauen aufgeführt, wobei Sklaven ausgeschlossen waren, und Epheben setzten eine Ehre darin die Kuchen zum Feste zu machen [32]. Gebete für die Stadt an die Semnen in Volksbeschlüssen berührt der Redner Aeschines (in Timarch. p. 175.) Der verurtheilte edle Diomedon sagte, daß sie vor der Schlacht bei den Arginusen zu Zeus Soter, Apollon und den Semnen gebetet hätten [33]. Statuen der Semnen waren in Athen, eine von Kalamis die in der Mitte stand und zwei von Skopas aus Parischem Marmor [34].

Außer in Athen selbst hatten die Semnen das von Sophokles gefeierte Hieron mit Hain und mit einem Untergang in die Unterwelt (*χαλκόπους ὁδός*), wie am Areopagos, in dem Demos Kolonos, wohin die Sage den Oedipus gezogen hatte. Ein Anachronismus hieß zwar, da der Thebische Krieg älter war als der Troische und die Eumeniden in der Sage von Orestes abgeleitet wurden. Aber nachdem Theseus in das

---

32) *σιτοποιοῦσι τὰ πέμματα*. Philo *περὶ τοῦ πάντα σπουδαῖον εἶναι ἐλεύθερον*. 33) Diod. 13, 102. 34) Schol. Aeschin. in Timarch. 1, 747 R. welcher richtig Kalamis schreibt, Clem. Al. Protr. 4 p. 14 nach Polemon, Paus. 1, 28, 6 mit dem Bemerken, daß sie nichts Furchtbares hätten, indem man nach der Legende sie für dieselben mit den Erinnyen hielt, an deren Stelle sie getreten waren. Schol. Oed. Col. 39. Urlichs Skopas in Athen S. 5.

Thebische Heldenlied verflochten worden war, wie früher schon ein Attischer König in das Troische, und in Eleusis den vor Theben gefallenen Anführern Gräber geweiht waren, hat jenem schönen Attischen Demos die Dichtung die heilige Merkwürdigkeit des zu den Semnen in die Grabeshöhle eingegangenen Oedipus erworben, welchem man auch in Athen in dem Peribolos der die Altäre der Semnen auf dem Areopagos umfieng ein Denkmal gesetzt hatte [35]).

Die Bedeutung der Semnen im Cult war in Kolonos ohne Zweifel dieselbe wie auf dem Areopag, die Absicht von dem Land allem Unsegen abzuwenden den ihm die Geister aller derer die ungerochen gebliebenen Frevel erduldet hatten drohten, den Abscheu vor Störung der friedlichen Ordnung und blutiger Gewaltsamkeit, die den Staat zerrüttet, auch gegen die Todten zu bethätigen, fromme Unterwerfung unter das allgemeine im Gewissen verkündigte Gottesgesetz zu bekennen, Fülle des Segens dagegen von den so feierlich anerkannten, verehrten Göttinnen auf das Land herabzuflehen. Und hier tritt nun die Tragödie als historisches Document ein eben so bestimmt in Bezug auf die Semnen gegenüber dem Staat wie im ersten Theil in Bezug auf die Erinnyen der Vorzeit gegenüber dem in Missethat, Flucht, Gemüthsunruhe und Schrecken bis zum Wahnsinn verfallenen Einzelnen. Man wird nicht erwarten daß der Dichter ein treues genaues Abbild der Wirklichkeit aufstellen wollte, aber auch nicht verkennen, daß er mit poetischer Freiheit ein Bild der Semnen und ihres Dienstes aufgestellt habe, der in so viel späterer Zeit als die Legende die Umwandlung der Erinnyen des Orestes wegen setzt, eingetreten war. Bei dieser dichterisch freien und eigenthümlichen Schilderung der Semnen seiner Zeit hinderte nichts den Dichter auch abweichende Gedanken seiner Religions- oder Mythenphilosophie einzumischen. Die Idee derselben mag so un-

---

35) Paus. 1, 28, 7. Val. Max. 5, 3, 3.

bestimmter geworden seyn, je mehr ihre Heiligkeit und ihr Ansehen als Aufseherinnen über alles Thun zunahm, die eben so wohl die Saat und die Frucht mit Hagel verderben und das Land unfruchtbar machen als Alles gedeihen lassen, die Familien, die Heerden mehren als Seuchen senden, Bürgerkrieg oder Frieden und Wohlfahrt schaffen u. s. w. Nichts aber ist leichter als sich zu überzeugen, wie durchaus verfehlt der Gedanke war, daß die Erinnyen „eine besondere Form der großen Göttinnen seyen, welche die Erde und die Unterwelt beherrschen und den Segen des Jahres heraufsenden, die Demeter und Kore." Die Arkadische sich in eine Stute verwandelnde Erinnys zürnt nicht den frevelnden Menschen, sondern dem Roßposeidon, und ob diese Legende, von der wir nur seit Lykophron und Kallimachos Spur haben, einigermaßen alt sey, wissen wir nicht, während die den Mörder grimmig verfolgenden Göttinnen ihrem Charakter und Wesen nach den Anfängen der Cultur angehören.

2. Alastor.

Dies Wort kommt zuerst in der Tragödie vor, worin es, wie Harpokration bemerkt, häufig war. Seine Bedeutung scheint nicht ganz leicht zu bestimmen wenn man auf die Etymologieen eines Chrysippos, Apolloboros, Didymos [1]) oder auf den ungeheuren Wust von Stellen im Thesaurus von H. Stephanus neuester Ausgabe den Blick richtet. Wenn Orestes in den Eumeniden zur Athena sagt: ἥκω, δέχου δὲ πρευμενῶς ἀλάστορα, οὐ προστρόπαιον, οὐδ' ἀφοίβαντον χέρα (230), so kann man nicht gut anders verstehn als den irrenden, umherirrenden, Irrgeist [2]), also ἀλήτην, nur ge-

---

1) Etym. M. Bekkeri Anecd. p. 174 s. v.   2) Die passive Bedeutung homo quem vindicta divina persequitur anzunehmen, sind wir bei ungezwungner einfacher Natur des Worts, obgleich auch Grammatiker seine Bedeutung in παλαμναῖος umgekehrt haben, nicht berechtigt.

bildet von einem paragogischen ἀλάζω (wie σκεύω, σκευάζω.) Hiermit verträgt sich aber daß der oben besprochne von den Todten aus den Frevler verfolgende Geist so genannt wurde, der diesem überallhin nachirrt, von ihm gleichsam umgetrieben wird, und Aeschylus mochte diesen etwa im Volk unter andern üblichen Namen des Rachegeistes aufnehmen, weil für die in seiner Tragödie so viel eingreifende Idee des die Gewaltthat nach göttlichem Gesetz irgendwie oder wann erreichenden Rachegeistes ein neuer Name und mythologische Individualität mit dem alten der Erinnyen vortheilhaft abzuwechseln und die Vorstellung von dieser geheimnißvollen Wirksamkeit der Gottheit neu zu beleben und zu kräftigen schien. Aus der Tragödie würde der Alastor dann weiter in die Litteratur und das Leben übergegangen seyn und auch neue Bedeutungen angenommen haben. Bei Aeschylus schiebt Klytämnestra auf den alten giftigen Alastor des Atreus, des Mörders seiner Bruderskinder, keck ihre eigne Mordthat an Agamemnon, (1465—80), dessen Schatten in den Choephoren von seinen Kindern zur Hülfe bei der Rache an Aegisthos angerufen wird (483.) Aeschylus aber gebraucht auch schon das Wort in weiterem Sinn allgemein als Rächer und „allverderblichen wegen einer schweren Schuld im Hause haftenden Gott, der nicht einmal im Hades den Verstorbnen

---

Orestes vor seinem Alastor fliehend, sollte sich ἀλάστορα nennen? Auch Jacobs zu Philostr. jun. 9 p. 629 hat diese Erklärung, nimmt ἀλάστωρ in der späteren andern Bedeutung μιαρός — wie er es unrichtig auch gleich darauf in ἐλευθέρα λοιπὸν ἡ παῖς τοῦ ἀλάστορος auf den (frevlerischen) Oenomaos bezieht, da es doch auf die um die Schädel der gemordeten Freier schwebenden εἴδωλα geht. — Umgekehrt Orestes steht um Aufnahme als ein Herumirrender, nicht als ein Verbrecher der Schutz sucht, nicht als einer mit befleckten Händen, indem sein Mord eine Pflicht geworden sey: oder, wenn man die nähere Bestimmung die sich an das einfache ἀλάστωρ geheftet hat, nicht glaubt aufgeben zu dürfen, als ein Umherirrender, der sich zu rächen verlangt, nicht als ein Flehender der sich der Rache zu entziehen sucht.

losläßt", in den Schutzflehenden (399) und vermuthlich verstand er auch in dem Bruchstück τὸν μέγαν ἀλάστορα ³) Gott als den allgemeinen Rächer der Schuld, wie Nikocharis die Sphinx die rächende nannte ⁴). Haben ja doch einige spätere Schriftsteller dem Zeus den Beinamen Alastor gegeben, den auch Hesychius zu Alastor nennt. Nur Wörter uralten Gepräges halten bestimmte Begriffe fester: an dem unstätigen Gebrauch der von Alastor gemacht wird, ist der Unterschied der neueren poetischen Mythologie von der im Alterthum gewurzelten deutlich. Bei Sophokles sagt Hyllos ἐξ ἀλαστόρων νοσεῖν, (gerade wie ἐξ Ἐρινύων) müsse wer einen Entschluß fassen wollte wie sein sterbender Vater ihn von ihnen fordert (Tr. 1237.) Mit Selbstironie über sein Wüthen gegen die Heerde sagt Ajas: und ich Unglücklicher der ich die Alastoren, Rachegeister (der Stiere, gegen mich) mit eigner Hand losließ (372.) In weiterer als persönlicher Bedeutung nennt Sophokles den Oedipus in Kolonos den Alastor seines Landes (787) und Plagegeist, Alastor der Hirten den Nemeischen Löwen in den Trachinierinnen. Sehr häufig kommt das Wort bei Euripides vor, besonders auch im Plural, namentlich μὰ τοὺς νερτέρους ἀλάστορας, zuweilen auch frei und unklar gebraucht. Nach den Worten des Jason in der Medea: τὸν σὸν δ' Ἀλάστορ' εἰς ἔμ' ἔσκηψαν θεοί (1333) hat der hochachtbare Millingen den Alastor auch in einem schönen Vasengemälde erkannt ⁵), wo er neben der den Drachen, welchen Jason tödtet, einschläfernden Medea steht, wie in einem andern das Eidolon des Acetes, er aber zwar auch in natürlicher Größe, aber mit großen Flügeln und ein Schwerd in Händen: und das Schwerd wird ihm auch in den Phönissen gegeben, wo Antigone zu ihrem eingeschlossenen Vater sagt: σὸς Ἀλάστωρ ξίφεσι βρίθων καὶ πυρὶ καὶ σχετλίαισι μάχαις ἐπὶ παῖδας ἔβα τοὺς σούς ὦ

---

3) Bekk. Anecd. p. 382.   4) Ibid. τὴν ἀλάστορα Σφίγγα.
5) Peintures de vases pl. 6.

πάτερ (1583.) Kreon sagt zu ihm: διά τε τοὺς Ἀλάστορας τοὺς σοὺς δεδοικώς (1623.) Zuweilen geht der Alastor durch ganze Geschlechter, wie z. B. Ἀλάστωρ εἰσπέπαικε Πελοπιδῶν [6]) und als δαίμων Ἀλάστωρ ist er ganz wie die Erinnys; denn der einzelne Menschengeist würde nicht δαίμων genannt werden. Der Alastor der Eriphyle sollte der Pythia zufolge nach Pausanias im angeschwemmten Lande des Acheloos von Alkmäon weichen (8, 24, 4.)

Das Wort ἀλάστωρ aber kommt seit Demosthenes auch in einem ganz neuen Sinn vor, der, weil es als Scheltwort dient, nicht scharf zu bestimmen ist, sondern in dem Kreise von greulich, bösartig, mörderisch, widerwärtig umläuft[7]). Dieß Umspringen der Bedeutung ist durchaus nicht unnatürlich, da ein Quälgeist nicht anders erscheinen kann so bald die leichtsinnige Welt vom Ethischen oder der Idee der göttlichen Vergeltung absieht. Wohl zu unterscheiden ist daher der δαίμων ἀλιτήριος, der wirklich bös, ein Frevler, ἀλιτήριος, ἀλιτρός ist, da er die Menschen blos aus seiner eignen Natur plagt und neckt, wie z. B. einer im Hause des Hipponikos zu Athen nach Andokides die Tische umwirft und Aeschines den Demosthenes einen Aliterios von ganz Hellas schilt, Klearchos den jüngeren Dionysios Alastor Siciliens bei Athenäus (p. 541). Ueber diese neue Bedeutung ist indessen die der Tragiker so wenig in Vergessenheit gerathen daß noch Synesius schreibt Αἰμιλίου γὰρ ἀλάστορας δεδίμεν. Es ist daher klar, wie weit von der Wahrheit sich die Grammatiker entfernen, denen die Neueren folgen, indem sie von der Bedeutung, die nur ein Auswuchs ist, das ursprüngliche Wort, ἀλάστωρ von λήθομαι,

---

6) Xenarchos bei Athen. 2 p. 63.   7) Dem. de cor. p. 324 Reisk. ἄνθρωποι μιαροὶ καὶ κόλακες καὶ ἀλάστορες, de falsa leg. p. 438 καὶ ἀλάστορα τὸν Φίλιππον ἀποκαλῶν, Herodianos im Etym. Gud. ὁ ἀσεβής, ἢ ὁ κακοποιός. Andre ὁ μεγάλα τετολμηκὼς ἀδικήματα, φονεύς, ὁ ἁμαρτωλὸς ἢ ὁ φονικὸς δαίμων, μιάσμασιν ἐνεχόμενος, Hesych. ἀλάστορες παλαμναῖοι οἱ μιάσμασι ἐνεχόμενοι ἢ οἱ μεγάλα ἁμαρτάνοντες.

ableiten, als unvergeßlich, unverzeihlich, abscheulich⁸), indem sie dabei nie den Geist und den lebenden Menschen unterscheiden — außer etwa im Etymol. Gud. ὁ νεκρός, ὁ φονεύς, denn der Todte ist doch der rächende Geist, das Andre aber wurde schimpfend gesagt, wiewohl Andre auch mit φονικὸς δαίμων beide durchaus verwünschen. —

3. Ate (1, 709 — 714).
4. Apate.

In der Theogonie sind ἀπάτη und φιλότης Töchter der Nacht und man könnte denken, daß sie verknüpft seyen weil der Liebestrieb mit Ueberraschung und Berückung zusammenhängt. Da aber Alter und Streit folgt, auch Nemesis vorangeht, so ist die Beziehung ungewiß (224): Bös ist auch Betrug, Täuschung aller Art. In einem trefflichen Vasengemälde aber ist

---

8) Harpocr. s. v. οὗ μηδέ ποτ' ἄν τις ἐπιλάθοιτο. Δημοσθένης ὑπὲρ Κτησιφῶντος. Dieß Citat geht ohne Zweifel nur den Alastor, nicht die Etymologie an. Plutarch de def. orac. p. 418b δαιμόνων οὓς ἀλάστορας καὶ παλαμναίους ὀνομάζουσιν ὡς ἀλήστων τινῶν καὶ παλαιῶν μιασμάτων μνήμαις ἐπεξιόντες. Derselbe Quaest. Gr. 25 ὁ ἄληστα καὶ πολὺν χρόνον μνημονευθησόμενα δεδρακώς (der aber selbst die alte Bedeutung Rächer befolgt Vit. Mar. 8 ἀλάστορα ξενοκτασίας. Coriol. 35 σοὶ νικῶντι ἀλάστωρ τῆς πατρίδος εἶναι) und schon Chrysipp (neben der richtigen ἀπὸ τοῦ ἀλᾶσθαι ἢ πλανᾶσθαι)· So viele Andre: ὁ τοιαῦτα τολμήσας ὧν μή ἐστι ἐπιλαθέσθαι, τιμωρός καὶ ἀνεπίληστα ἔργα ποιῶν, νεκρὸς ἔφορος δαίμων τῶν τὰ ἄλαστα πεποιηκότων, ἀλάστοις, ἀνεπιλήστοις, δεινοῖς, ἄλαστα τὰ κακὰ ἀνεπίλαστά τινα ὄντα. So denken an λήθομαι auch Passow im Wörterbuch: „wer für eine Missethat Rache zu nehmen nicht vergißt", Solger Nachgel. Schriften 2, 661, K. F. Hermann Quaest. Oedipod. p. 97, Nägelsbach de religionibus Orestian continentibus p. 35. Noch schlimmer ist freilich die Ableitung in Bekk. Anecd. p. 206 Ἀλάστωρ ὁ ἁμαρτωλός, παρὰ τὸ ἀλιτεῖν, ὅπερ ἐστιν ἁμαρτεῖν die auch Apollodor nicht verschmäht.

Apate mit Namen in besondrer Bedeutung zu nehmen¹). Dem Tereus, welcher die Philomele mit Begleitung zu ihrer Schwester führt, tritt sie entgegen und hält eine Scheere in der Hand, das Ausschneiden der Zunge anzuzeigen durch Prolepse, und es schaudern oder werden wild die Pferde vor dem Greuel dieses Verbrechens. Der Sinn also ist daß durch Apate der böse Gedanke die Lust zu büßen und die Entdeckung unmöglich zu machen ihm eingegeben worden sey. Diese Apate ist also durch das Plötzliche, der Natur und Gewohnheit des Betroffenen Fremde, wie Eingegebene der Ate verwandt. Ob δαιμόνων ἀπατά wirklich vorkomme, bin ich nicht gewiß. Aber ähnlich wie im Gemälde mag Apate im Drama mehrmals dämonisch gewirkt haben, da sie als Theatermaske genannt wird²), wiewohl auch listiger Betrug behandelt worden seyn könnte. Im Macbeth vertritt sie die Hexe und in Maria Stuart lesen wir:

> Ich wiederhol' es, es giebt böse Geister,
> Die in des Menschen unverwahrter Brust
> Sich augenblicklich ihren Wohnsitz nehmen,
> Die schnell in uns das Schreckliche begehn
> Und zu der Höll' entfliehend das Entsetzen
> In dem befleckten Busen hinterlassen.

„Auch schöne Seelen haben ihre Teufelsaugenblicke", sagt Lavater. Auch Zeus ἀπατήνωρ, der in Versuchung führt, kommt vor.

5. Keren (1, 708 f.)

Die Keren sind in der Theogonie als Töchter der Nyx neben die Mören gestellt (217). Sie führen aus was jene bestimmen. Der Hesiodische Dichter des Schildes malt sie in der Schlacht mit blutigem Gewand um die Schultern, gräß-

---

1) Nouv. Annales de l'Inst. archéol. Paris 1836 pl. 21 p. 263, mit meiner Erklärung Alte Bildw. 3, 365.   2) Jul. Poll. 4, 147.

lich blickend im furchtbaren Lärmen, Einen lebendig haltend verwundet, einen andern ungetroffen, einen Andern sterbend durch das Getümmel schleppend (156—160) und dasselbe mit geringen Abweichungen schon im Homerischen Schild (18, 535—540), so daß Jakob Grimm die Walkyren mit ihnen vergleichen mochte (D. M. S. 240. Erste Aufl.) in denen zwar eine eigenthümliche Idee schwärmerischer Tapferkeit liegt. Am Kasten des Kypselos stand die Ker mit Zähnen eines wilden Thiers und Krallen an den Nägeln hinter dem auf ein Knie gesunkenen Polynikes, auf welchen Eteokles angieng, und aus ihrer Nähe zu jenem schloß Pausanias wohl nicht mit Unrecht, daß dieser als der Schuldlose zu verstehen sey (5, 19, 1). Vasengemälde stellen sie dar als die strackhinlegende nachdem Pfeil oder Lanze die tödliche Wunde beigebracht, nur das alte Beiwort ausdrückend und daher nicht unschön, auf verschiedne Weise, aber den Flügeln nach sehr rasch. Auch für Tod wird κῆρες gesetzt, Keren der Seuche in der Ilias, die Krankheiten geben sie den Menschen in den Werken und Tagen (52) und Theognis betet um Abwehr der bösen Keren. Dieser nennt auch den Durst und den Wein, Mimnermos das Alter und den Tod zwei Keren. Eine so bedeutende Person als diese für das kräftige Alterthum sehr charakteristische, konnte späterhin dichterisch Thanatos nicht werden, der allein von den Göttern, wie Aeschylus in der Niobe sagt, nicht Geschenke, nicht Opfer und Spenden begehrt, nicht Altar noch Päan hat.

6. Hypnos und Oneiros.

Ueber die manigfaltigen Bilder des Schlafs hier zu sprechen ist nicht meine Absicht[1]). Aber in Sikyon war in der Nähe des Asklepieion in einem Gebäude (οἴκημα) von einer

---

1) Mus. Pioclem. 6, 11. Besonders Zoega Bassir. tav. 93 p. 202—217. Neben Endymion O. Jahn Archäol. Beitr. S. 53 ff.

Statue von ihm der Kopf noch übrig und in einer Stoa eine andre mit einem Löwen, den er einschläferte, und eine des Oneiros. Hypnos hatte hier den Beinamen Epidotes [2], Mehrer der Gaben, wie neben Zeus Soter in Mantinea ein Hieron dem Epidotes, der den Menschen Gutes gebe, geweiht war [3]. Plutarch sagt: „von den andern Göttern ist der eine Epidotes, der andre Meilichios, der andre Alerikakos" [4]. In Trözen opferte man auf demselben Altar den Arbalischen Musen und dem Schlaf und sagte daß dieser Gott den Musen am meisten Freund sey [5]. Diese Zusammenstellung fand man wiederholt in Tivoli in der Villa des Cassius, wo Hypnos vorgestellt war als ein Jüngling mit gesenktem Kopf und geschloßnen Augen, den linken Arm im Stehn auf einen Stamm gelehnt, eine umgekehrte Fackel in der Hand. Der Schlaf an sich hat nichts mit den Musen gemein, sondern nur durch die Träume. Die Musen faßte man im Allgemeinen auf als Sinnen und Gedächtniß und der Traum scheint diesen als die Phantasie und das Unwillkürliche im Dichten beigegeben zu werden. Der Gedanke hat daher Aehnlichkeit mit der Bemerkung die sich mir oft aufgedrungen hat, daß man um das Wesen des eigentlichen dichterischen und künstlerischen Genies so zu erklären daß es nicht das Merkmal einer ganz abgesonderten Menschengattung abgebe, man auf die Natur des Traums überhaupt und auf die Träume mancher Gebildeten zurückgehn müsse, die durch Erfindung, Zeichnung, Farbe und poetischen Inhalt und nicht bloß durch Fülle und Schnelligkeit alles was sie wachend produciren würden, weit übertreffen. Die Kraft oder die Quelle ist dieselbe. Träumt der Dichter, der Prophet

---

2) Paus. 2, 10, 2. 3) Paus. 8, 9, 1. 4) Non posse suaviter vivi sec. Epic. p. 252. Frob. In Sparta nannte man beliebig Epidotes den Dämon der das μήνιμα von König Pausanias abwehrte. Paus. 3, 17, 8. In Lakedämon aber hieß nach Hesychius Zeus Epidotes und dieser mag dort zu verstehen seyn. 5) Paus. 2, 31, 5.

hingerissen, inspirirt, so erhält durch diesen wachen Zustand der Genius besondre Kräfte, während doch das wache Selbst seiner Thätigkeit nicht Richtung giebt, vielmehr in einem gewissen Stillstand bewußtlos schlummert.

IV. Zu den großen Göttern
nach deren Aufeinanderfolge im zweiten Theil.

I. Athena.
1. Herse, Aglauros und Pandrosos (2, 289 f.). Erysichthon.

Die Göttinnen des Thaus der ohne Unterschied ἔρση, ἔρσα und δρόσος heißt, so wie beide Wörter auch von früh oder eben gebornen Thieren gebraucht werden. Das zweite wird durch die vorgesetzte Sylbe nur verstärkt, Fülle des Thaus, und Ἄγλαυρος bedeutet die helle, scharfe Luft des Morgens [1]) worin der Thau fällt, wie in den Vollmondnächten, wovon Alkman die Ersa Tochter des Zeus und der Selana nennt. Der Thau wird in der Odyssee τεθαλυῖα genannt, der das Sprossen bewirkt, im Süden in regenlosen Monathen ganz besonders. In Ithaka und anderwärts hat man den Ueberfluß an Korn und Wein von dem reichlichen Thau hergeleitet. Der Name Aglauros ist durch Buchstabenversetzung, indem man geneigt war mit den Namen durch kleine Veränderung zu spielen, oft auch durch Vertauschung eines einzelnen Buchstabens eine neue, ebenfalls angemessene Bedeutung zu geben, in Ἄγραυλος verwandelt worden, was aber einen falschen Begriff

---

1) Unrichtig ist die Ableitung von ἀγλαὸς allein, wie ἄγαυρος. Lobeck Paralipom. p. 81. 291.

giebt, im Freien hausend, wie ποιμένες ἄγραυλοι, und wenn
dieser Name sich von Demosthenes, bei dem die Epheben im
Tempel der Agraulos schwören (de falsa leg.), und Andern,
selbst in abgeleiteten Formen; für Aglauros gebraucht findet
und auch Athena selbst diesen Namen führt²), ebenso wie
Pandrosos³) als Agraulos wie im Cyprischen Salamis, verehrt wurde⁴), so bestätigt dieß nur was man so oft wahr-
nimmt, daß die Späteren die sinnig und treffend gegebenen
Namen ohne an die Bedeutung zu denken nur ganz äußerlich
genommen haben. Ein Grammatiker schreibt: „bei der Agraulos schwur man, (vielleicht die Athena verstehend) bei der Pandrosos seltner: bei der Herse aber finde ich es nicht"⁵).
Agraulos wird auch Priesterin der Athena genannt⁶). In
einer Grotte der Akropolis, auf der Seite des Tempels der
Polias mit dem Pandrosium wurden mit Kekrops seine Töchter,
nach Euripides im Jon Ἀγραύλου (der Athena) κόραι τρί-
γονοι, nachher auch Pan verehrt (492—96), wie uns auch
ein Relief darstellt⁷) Ein mit dem der Athena Polias zusammenhängender kleiner Tempel war der Pandrosos geweiht,
Pandroseion genannt⁸). Wenn man der Athena eine Kuh
opferte, mußte man ein Schaaf der Pandrosos darbringen: welches
Opfer ἐπίβοιον hieß⁹). Herodot nennt den Tempel Heiligthum
der Aglauros wo er des Aufstiegs einiger Perser durch die
geheime (noch sichtbare) Oeffnung durch den Felsen herauf
bei diesem Tempel erwähnt (8, 53), Pausanias aber nennt
ein Temenos der Aglauros über dem Dioskurentempel (1, 18,
2). Auch mit ihrer Hore des Sprossens, Thallo, verehrten die

---

2) Harpocr. Suid. Ἄγλαυρος.   3) Schol. Aristoph. Lys. 439.
4) Porphyr. de abstin. 2, 54. Euseb. pr. ev. 4, 15.   5) Schol.
Aristoph. Thesm. 533.   6) Hesych. s. v. wie Jo der Hera, poe-
tisch ihr Liebling.. Marcell. statua Regillae 60.   7) Meine A.
Dnkm. 1, 77 f.   8) Paus. 1, 27, 3. Inschrift über den Bau C.
J. n. 160 §. 4 p. 277.   9) Philochoros bei Harpocr. s. v.

Athener die Pandrosos [10]) und Antheil hatte sie auch an den
Plynterien und Kallynterien. Auch sind Fabeln daß Hermes
die Herse, Ares (nicht der Krieger) die Aglauros liebt: der
ersten beiden Sohn hieß Kephalos. Die bedeutsamste Cäremonie war daß Jungfrauen der Athena Thau, der wohl gesammelt in einer Schale zu denken ist, darbrachten, genannt
die Ersephoren oder Errephoren, Arrephoren [11]). Die Beziehung einer der staunenswerthesten Gruppen aus dem östlichen
Giebelfelde des Parthenon, auf diese drei Thaugöttinnen, die
ich in meinen alten Denkmälern angenommen habe (1, 77—
81. 88), ist nur im Zusammenhang mit der Auffassung des
Ganzen wozu sie gehört, verständlich und zu prüfen. Welche
große Bedeutung für den Cult der ätherischen, agrarischen
Athena die aus ihr gebornen Thautöchter, durch welche sie sich
gleichsam unmittelbar verkündigte, gehabt haben mögen, sieht man
daran daß an sie sich eine mystische Geschichte heftet, worin sie
frei als Personen handeln. Athena giebt den drei Schwestern
den in einen Kasten gelegten Erichthonios (ihren Sohn von
Hephästos) und verbietet ihnen an dem Anvertrauten vorwitzig
zu seyn. Pandrosos, sagen sie, folgte, die beiden andern aber
öffneten den Kasten und geriethen, als sie den Erichthonios
sahen, in Raserei und stürzten sich die Akropolis hinab wo sie
am meisten gerad abgeschnitten ist, wo die Perser heraufgestie-
gen sind. Pausanias, der dieß berichtet (1, 18, 2), fügt bei
Erwähnung des Tempels der Pandrosos (1, 27, 4) die wichtige Nachricht hinzu, daß zwei Jungfrauen nicht weit von diesem Tempel wohnen, Arrephoren von den Athenern genannt,

---

10) Paus. 9, 35, 1.   11) C. J. 1 n. 431 $\dot{\eta}$ βουλὴ καὶ ὁ δῆ-
μος Ἀπολλοδώραν — ἐρρηφορήσασαν Ἀθηνᾷ Πολιάδι. Stuart Antiqu.
of Ath. T. 2 p. 15 cf. 44 ἐῤῥηφόρησαν Ἀθήνῃ. Hesych. Ἐῤῥηφόροι,
οἱ τῇ Ἔρσῃ ἐπιτελοῦντες τὰ νομιζόμενα: richtig Möris, statt οἱ, αἱ τὸν
δρόσον φέρουσαι. Etymol. M. Ἀῤῥηφόροι. Lobeck Aglaoph. p. 872
hält ohne Zweifel irrig δρόσον für das Naß womit man die Grabmäler
der Heroen besprengte, indem er dieß dem Grammatiker selbst beilegt.

und sich (vermuthlich dienend) bei der Göttin aufhalten bis zur Zeit des Festes und an diesem in der Nacht eine Cäremonie vornehmen, worauf sie entlassen und statt ihrer zwo andre auf die Akropolis eingeführt werden. Die Cäremonie, worauf allein die Bemerkung gehn kann, daß was er hier melde nicht Allen bekannt sey, war diese. Die Priesterin der Athena gab ihnen etwas zu tragen auf die Köpfe ohne zu wissen was sie gab und ohne daß die Tragenden es wußten. In einem Mauerverschloß in der Stadt, nicht weit vom Tempel der Aphrodite in den Gärten ist ein natürlicher unterirdischer Gang; diesen gehn sie hinab, lassen was sie tragen unten und empfangen und bringen etwas Andres eingehüllt zurück. Wesentlich ist hierbei das Geheimniß, und es scheint daher daß die Cäremonie sich beziehn sollte auf das Mysterium, das verhüllt Getragene auf den Erichthonios; zwei Ersephoren, nicht drei, weil Pandrosos das Verbot den Kasten nicht zu öffnen nicht überschritten hatte, erhalten etwas Geheimes zu tragen, vergehn sich aber nicht wie Erse und Aglauros. Das Kästchen mit einem Gott darin und das Rasendwerden bei dessen verbotner Oeffnung kommt auch in andern Culten vor und es ist möglich daß diese Form dunkler Mystik auf die Thaugöttinnen erst im Laufe der Zeit, bei steigendem Ernst ihres Cultus angewandt worden ist. Aber um diese, wie alles göttliche Geheimniß, spannende und erschütternde Sage auf sie überzutragen mußten sie längst zu der physischen Urbedeutung jene höhere Heiligkeit für die Verehrer angenommen haben, welche sich mit menschlich persönlichen Wesen verbindet. Man macht sich von den frommen Gefühlen und ihrem Drang zu dem Unbegreiflichen nicht die richtige Vorstellung wenn man eine solche auch von Griechischen Priestern vermuthlich niemals bestimmt und übereinstimmend erklärte Geschichte auf nackte, flache Naturallegorie zurückzuführen sucht. Eine Legende welche das Meiden der Akropolis durch die Krähe und den Lykabettos an die angeführte mystische Geschichte knüpft, erweist ihr schlechte Ehre [12]).

Diesen drei Schwestern ist auch ein Erysichthon in Athen beigesellt worden, der Erdaufreißer, wie auch der Stier von Straton bei Athenäus genannt wird, wie wir auch finden ἀρότρῳ ἐνοσίχθονι, von dem Dämon gebraucht also Pflüger: der aber nur noch vorkommt in der aus mythischen Wesen gebildeten Königsreihe, worin Kekrops auch sein Vater genannt wird, dem aber nicht er, der früh starb, sondern Kranaos nachfolgte [13]). Größer war sein Ruf in der Thessalischen Sage, wo er auch in den verwickelten Triopischen Mythus und Cult, die ich übergangen habe, hereingezogen wurde, selbst als Sohn des Triopas. Wenn wir den Fürsten Erysichthon bei Kallimachos und Ovid, welcher Bäume eines Hains der Demeter abhaut um sich einen Saal zu bauen und dafür mit Heißhunger gestraft wird, auf die Namensbedeutung zurückführen, so scheint einer ins Vornehme umgebildeten Sage die ländliche Parabel zu Grunde zu liegen die den Ackersmann von dem Freveln an dem heiligen Holz abschrecken sollte.

Die Attische Genealogie hat diese Göttinnen mit Kekrops verknüpft. Ein Vasengemälde, das merkwürdigste der Polygnotischen Periode, stellt ihn mit den drei Töchtern dar in Verbindung mit Erechtheus dem Vater der Oreithyia und dem seinigen in dem den Attischen alten Göttern geschaffnen System historischer Genealogie [14]). Der am Morgen sich erhebende Windhauch ist allerdings eine mit dem Thau sich verbindende göttliche Kraft zur Belebung des dürren Attischen Bodens; auch wird Oreithyia Tochter des Kekrops genannt

---

12) Antig. Caryst. 12. 13) Paus. 1, 2, 5. Grabmal des Erysichthon 1, 31, 2. 14) Nouv. Ann. de l' Institut archéol. Section Française 1838 pl. 22. 23. Meine A. Denkm. 3, 144—185.

von Stephanus Byz. (v. *Εὐρωπός*.) Geschrieben ist dort *ΚΕΚΡΟΣ*, die Verstärkung der Endigung durch das Digamma aber (*Κέκροψ*) ohne Zweifel nur ausgelassen. Doch von diesem historisirten sogenannten zweiten Kekrops kommen die Thauschwestern nicht her, sondern von dem eigentlichen, der aus der Erde geboren ist [15]), den Autochthonen bedeutet und vermöge seiner Herkunft aus der Erde dem Thau, welcher sie bedeckt, scheinbar zum Vater gegeben werden konnte, wenn er auch in Wirklichkeit einen andern Ursprung hat. Das Symbol des Autochthonischen ist die Schlange in welche Kekrops ausgeht, daher der zwiegestalte genannt [16]) und wahrscheinlich ist von der Cicade, welche die alten Athener aus Stolz auf ihren Autochthonismus als Nadel im Haar trugen [17]), sein Name gebildet [18]).

---

15) Anton.. Lib. 6 *πρόσθεν ἢ φανῆναι Κέκροπα τῆς γῆς*. Hyg. 48. Von den angeblich zur Zeit des Kekrops bestandenen vier Phylen wird die erste Kekropis, die zweite Autochthon genannt. Poll. 8, 9, 109.
16) Meine A. Denkm. 1, 144. Verschiedene abgeschmackte Deutungen von *διφυής*, wie auch Echidna und Chiron und überhaupt das Kentaurengeschlecht, auch Pan, Aktäon genannt werden, von späten Griechlein werden angeführt, die vielleicht, nebst vielen andern, aus Vorträgen von Sophisten gezogen sind, die irgend einen Gedanken auf einen beliebig misdeuteten Mythus stützen wollten, wie beschränkte Prediger auf ein verdrehtes Bibelwort. Apollodor 3, 14, 1 *Κέκροψ αὐτόχθων, συμφυὲς ἔχων σῶμα ἀνδρὸς καὶ δράκοντος*. 17) Thucyd. 1, 6. Aristoph. Nub. 978. 18) Schwenck's Etym. mythol. Andeut. S. 231 f. The philological Mus. 2, 357 J. K. Eine Heuschreckenart hieß *κερκώπη*, Hesych. s. v. Aristophanes u. A. bei Athen. 4 p. 133 b. c. Lautversetzungen waren so häufig, und an dem immer etwas auffallenden, wenn auch nach der volksmäßigen Sprache durchaus nicht unwahrscheinlichen Namen des Landes-Autochthonen als einer wahren Heuschrecke nach der Herkunft, mochte sie so leicht eintreten, daß sie kaum zurückzuweisen ist. Akusilaos nennt in Argos einen *Κέρκωψ γηγενής* Apoll. 2, 1, 3. Einige neue Erklärungen, wie die von G. Curtius Griech. Etymol. 1, 144, von *κρώπιον* Sichel, Vielschnitt, fallen nicht in den mythologischen Zu-

2. Thallo und Karpo. Auro.

Die Thallo wurde zu Athen zugleich mit der Pandrosos verehrt, und da die Göttin des Sprossens mit der der Frucht oder der Reife verbunden wird, so hieng wohl auch diese mit dem Dienste der agrarischen Athena zusammen. Denn auch Pallas als die alte Aethergöttin webt ein neues Gewand der Horen [1]). Pausanias, welcher jenes anführt, nennt die Thallo und Karpo zwei Athenische Horen, so wie Auro und Hegemone Athenische Chariten (9, 35, 1.) Die Auro, vom Zunehmen oder Wachsen benannt (woher $αὐξιθαλής$), nimmt eigentlich ihre Stelle zwischen Thallo und Karpo ein. Diese aber sind so wenig eigentliche Horen, die beiden andern so wenig eigentliche Chariten, wie die Eirene der geopfert wird, identisch ist mit der Eirene unter den drei Hesiodischen Horen: sondern sie werden von Pausanias, der in Ansehung der Hegemone ganz geirrt zu haben scheint, nur der Aehnlichkeit wegen unter die alten nationalen Horen und Chariten gestellt, wie unter allgemeine Begriffe. Dieß hat schon Zoega erinnert (Bassir. 2, 219 not. 6.) Clemens von Alexandria verbindet Thallo und Auro als zwei Attische Göttinnen (Protr. p. 16.) In dem Athenischen Ephebeneid wurden nach Agraulos, Enyalios, Ares und Zeus angerufen Thallo, Auro (auch hier statt Karpo) und Hegemone [2]), wie Artemis bei Kallimachos und Antoninus Liberalis heißt. Die Horen welchen an den Thargelien und den Pyanepsien in Athen geopfert wurde habe ich zu den drei Horen im ersten Abschnitt gezogen.

---

sammenhang. Strabon, der dem Namen etwas Barbarisches anzuhören meinte 7 p. 321, hat sich darin eben so sehr geirrt als in den andern zugleich angeführten Namen. Kekrops ist so wenig zum gemeinen Namen geworden wie Erechtheus und daß dennoch einmal ein Maure bei Zosimus so heißt, kann das Barbarische des altgriechischen nicht beweisen.
1) Hermippos in der Komödie $Ἀθηνᾶς γοναί$.   2) Poll. 8, 106.

Auch in Mehrzahl und verstärkt durch vorgesetztes τρι wird Thallo genannt von Hesychius Τριθάλλιαι.

Nike. (2, 295 f. 3, 40).

So nah als der ländlichen Athena der Thau, ist der städtischen der Sieg über die Feinde. Sie ist und heißt selbst Nike, wie z. B. auf der Akropolis zu Athen, aber gewöhnlich drückt die zu ihr gesellte Göttin Nike, die stete Begleiterin des alle Dinge beherrschenden Zeus, aus wie groß die Gemeinschaft ist worin sie zu ihm steht. Wie manigfaltig auch der Gebrauch ist der von dieser Person gemacht wird, so ist doch die Beziehung worin sie zu Athena gestellt wird, hervorstechend genug. Im Hesiodischen Schilde trägt Pallas den Sieg auf der Hand (339), wie an dem Goldelfenbeinkoloß des Phidias, νικηφόρος (Götterl. 2, 296.) Ohne Flügel sehen wir Nike auf Vasen[1]).

II. Hera.

1. Hebe 1, 369—71. 692.

Die Hochzeit des Herakles mit Hebe im Haus des höchsten Zeus berühren noch Pindarische Chöre in religiösem Tone (N. 1, 11. J. 3, 76.) An einem silbernen Altar im großen Heräon bei Argos war sie dargestellt, wo Pausanias sie die sogenannte nennt (2, 17, 6) indem er zugleich die goldelfenbeinerne Statue der Hebe von Naukydes nennt. Hebes Hochzeit von Epicharmos erhielt großen Ruf. In Aegina fand man in Asomata eine Inschrift wonach in dem Hebetempel (Ἄβατον) eine Statue gestiftet wird C. J. Gr. N. 2138 [1]). Aegina gegenüber war im Attischen Demos Arone ein Tem-

---

[1]) Annali del J. a. 11, 75. 77. Die hier tav. B. als ungeflügelt edirte Erzstatue in Berlin, war es nicht; Löcher zum Einsetzen der Flügel haben sich gefunden. [1]) Transact. of the Soc. of litter. II, 2, 383.

pel derselben. Im Kynosarges zu Athen waren Altäre des Herakles und der Hebe, die sie, wie Pausanias auch hier abweisend sagt, für dessen Gattin halten (1, 19, 3.)

2. Charis, Chariten (1, 372 f. 696 f.)

Der ältesten Beziehung dieser Göttin auf die Frucht des Bodens hat sich ein Gemmenschneider erinnert, der den drei Chariten die sich nackt umschlungen halten wie in der bekannten dreimal erhaltnen Statuengruppe, Aehren, Mohnköpfe und Blumen in die Hände gab [1]). Von den Minyern mag auch in Kyrene der Cult der Chariten stammen, den wir auch in dem Aeolischen Kyzikos finden. In Sparta hatten Kleta und Phaenna einen Tempel am Fluß Tiasa nach Alkman bei Pausanias (3, 18, 4), welche derselbe Chariten nennt (9, 35, 6), vielleicht aber nach eigner Theorie, so wie Auxo und Hegemone Chariten und Karpo und Thallo Horen in Athen [2]). Homer hat die Chariten besonders mit Aphrodite, doch auch mit dem Schlaf und in Hephästos mit der Kunst des Goldgeschmeides verbunden. In der Hesiodischen Theogonie (909) sind sie unter dem Begriff der Lebensfreude und des Wohllebens gefaßt nach den Namen, die Pausanias auch dem Onomakritos zuschreibt, Euphrosyne, Heiterkeit, Aglaia, Glanz (und es glänzt die Freude, $\dot{\alpha}\gamma\lambda\alpha\ell\zeta\epsilon\sigma\vartheta\alpha\iota$ bedeutet sich freuen und der Ausdruck sinnlichen Wohlbefindens ist glänzend) [3]) und Thaleia, was an $\delta\alpha\iota\tau\alpha\;\vartheta\alpha\lambda\epsilon\ell\eta\nu$ und $\vartheta\alpha\lambda\ell\alpha\iota$, Mahle erinnert. Vielleicht spielen alle drei zusammen in Mahlesfreuden, wofür Solon sagt $\epsilon\upsilon\varphi\varrho\sigma\upsilon\nu\alpha\iota$. Aber sie wohnen bei ihm auch mit Homeros und den Musen im Olymp (64), wo sie im Homerischen Hymnus auf den Pythischen Apollon zu des-

---

1) Köhler Descr. d'un camée du Cabinet de S. M. l'Emp. de t. l. Russies 1810. 8. der über die Attribute schweigt. 2) Zoega Bassir. tav. 94 not. 6. 3) Hesiodus im Schild 272 τοὶ δ' ἄνδρες ἐν ἀγλαΐαις τε χοροῖς τε, Pindar P. 1, 2 der Tanz ἀγλαΐας ἄρχα.

sen Laute und dem Gesang der Musen tanzen mit den Horen und dem schönen dritten Dreiverein Harmonia, Hebe und Aphrodite (16.) Der Wortbedeutung gemäß sind sie überall wo Schönes und Gutes, Wohlempfindung und Genuß ist. Allen Göttern gesellen sie sich zu, wie der Hymnus auf Aphrodite sagt (95.) Den Dionysos begleiten sie als den Frühlingsgott; als die Musik, die Laute, die Syrinx und den Aulos in Händen, hielt alle drei eine Statue des Apollon in Delos auf der linken Hand, neben Apollon setzen sie im Olymp ihre Stühle, wie Pindar sagt (Ol. 14, 10), der sie mehrmals den Musen gleichstellt und selbst ihren Garten baut (Ol. 9, 26), aber ihr Wesen zusammenfassend auch sagt: durch euch wird alles Wonnige und Süße den Sterblichen, wenn geschickt, wenn schön, wenn glänzend ein Mann ist (Ol. 14, 5.) Im Wagen der Chariten fährt der singende Chor bei Simonides (ep. 70), die lebenschaffende Charis blickt den Siegenden an mit festlicher Musik bei Pindar (Ol. 7, 11.) Auch neben den Aesculap stellt sie ein Bildhauer[4]), wie Chariklo schon von Pindar dem Chiron zum Weibe gegeben wird. In Athen widmete man den Chariten auch die bekleidet, wie in der älteren Zeit überhaupt, mit Hermes vor dem Eingang in die Akropolis, aufgestellt waren, eine der Menge unverständliche Feier, und wenn diese Statuen, wie man sagte, von Sokrates des Sophroniskos Sohn, waren [5]), so war der Sinn der Zusammenstellung und der Feier vermuthlich daß in der Erkenntniß die höchste Befriedigung liege. Wohl möglich daß auch in Smyrna nicht ohne geistliche Beziehung die Chariten von Bupalos über den Statuen der Nemesen aufgestellt waren, man sieht nicht in welcher Weise. Durch Pausanias, der dieß anführt, erfahren wir auch daß von demselben berühmten alten Bildhauer die Chariten in Pergamos waren, gemalt aber die Chariten von Pythagoras in dem Python, so wie in Smyrna

---

[4]) Mus. Piocl. 4, 13.   [5]) Paus. 1, 22, 8. 9, 35, 1. 2.

eine Charis im Odeon stand (9, 35, 2.) Im Tempel der Nemesis waren die Chariten auch in Sinope, vielleicht mit dem Gedanken daß die Scheu vor Ueberhebung auch angenehm sey und eine freundliche Wirkung mache. In Arkadien opferte man ihnen in Verbindung mit den Eumeniden welche dem Orestes versöhnt, nicht mehr als Manien, auf dem Felde der Heilung (Ἄκη) erschienen seyn sollten [6]).

3. Eileithyia (1, 371 f. 697.)

Als Bedeutung des Namens ist kommend, nahend, succurrens, auch in Kuhns Zeitschrift für vergleichende Sprachforschung angenommen [1]). In einem Gesetz das Aristoteles in Bezug auf die Diät der Schwangeren vorschlägt, daß sie täglich einen Gang machen sollten zur Verehrung der Götter welche das Amt für die Geburt erhalten haben (Polit. 7, 14, 9), ist vorzüglich Eileithyia zu verstehen, deren Tempel oder Hieron auch häufig vorkommt [2]).

III. Apollon.

1. **Opis und Hekaerge in Delos** 2, 351. 394.

2. **Hilaira und Phöbe in Sparta,**

Töchter des Amykläischen Apollon in dem Epos Kypria, welchen Jungfrauen die gleich den Göttinnen Leukippiden genannt wurden, den heiligen Dienst thaten [1]). In der Göttlichkeit der Phöbe und Hilaira erkennt Zannoni den Grund daß sie auf

---

6) Pausan. 8, 34, 2.   1) Gust. Lagerholz 8, 422, nachdem Pott Bd. 6. Heft 5. eine Semitische Form für Alilat darin gesehen hatte. 2) In Bura, Pellene, am Eingang von Aegion (Curtius Peloponnes 1, 462), in Aehion nach einer Inschrift, auch nach Inschriften in Attika (Roß Demen von Attika N. 164, 9), der Latier in Kreta (C. J. Gr. N. 3058 extr.) u. s. w.   1) Paus. 3, 16, 1.

einem Gemälde, dem ersten in den Pitture d'Ercolano, mit Leto, Niobe und Aglaja zum Spiel vereinigt sind²).

3. Päeon (1, 695. 2, 372 f.)

Solon sagt Päons des arzneireichen Werk haben die Aerzte.

4. Musen (1, 700—703.)

Die ursprüngliche Vorstellung von dem Sitz göttlicher Begeisterung zeigt sich noch lebendig in der Dichtung des Eumelos, der drei Musen setzte und sie Kephisso, Borysthenis und die dritte ohne Zweifel auch nach einem Flusse, nicht Apollonis, wie wir lesen, genannt haben soll, und in der Komödie des Epicharmos Hebes Hochzeit, die er in Umarbeitung die Musen nannte. Es waren deren sieben, Nilo, Tritone, Asopo, Achelois, Heptapore, Rhodia, Titoplo, wobei sich wohl nicht zweifeln läßt daß diese Musen besonders als Fischweiber gefaßt waren und eine große Kenntniß des Fischgeschlechts und der Leckerei in Fischen, die Stärke der Griechen in der Opsophagie zur Schau gestellt war¹). Wird ja doch von den Nymphen auch die Weissagung dem Bakis eingegeben²). Auch das Geschlechtsregister des Homer und Hesiodos von Pherekydes und Hellanikos her, das sie mit Linos und Orpheus verknüpft, setzt an die Spitze Apollon und Thoosa, die das Element des Wassers bedeutet³). Die geistig persönlichen Musen stehn in nächster Beziehung zu Apollon, dessen Lautenspiel sie mit Gesang begleiten. Von beiden sind die Sänger auf Erden und die Kitharisten⁴).

Durch den Musendienst am Helikon hat Böotien einen

---

2) Gal. di Firenze 1, 6 p. 22.   1) Meine kl. Schr. 1, 288—292. Lenormant in der Revue archéol. 6, 610 ss. 1850. 2) Aristoph. Pac. 1070. Götterl. 1, 620 f.   3) Der epische Cyclus 1, 147.   4) Theogon. 94. Hom. Il. 25.

großen Einfluß auf die allgemeine Griechische Cultur gewonnen. Ihr Helikonisches Heiligthum hat eine zahlreiche Klasse von Hesioden d. i. Sängern⁵) erzogen, die in kurzen Eingangshymnen alle an die Musen gerichtet, wie einer vor den Werken und Tagen und drei vor der Theogonie gestellt sind, ihren Stand, ihre Kunst den Lorberzweig in der Hand die Götter zu preisen und größere Gedichte vorzutragen ausspreche. Von ihnen rühren auch die neun Namen, die sich neben andern nur örtlichen herrschend behauptet haben, her, Kleio (da sie aller Unsterblichen Gesetze und Eigenschaften singen κλείουσιν und die κλέα ἀνδρῶν), Euterpe, Thaleia, Melpomene, Terpsichore, Erato, Polymnia, Urania, Kalliope, Gesang, Musik und Tanz. An der großen Vase François aus alter Zeit kommen alle neun Musen mit den beigeschriebenen Namen vor, nur daß Polymnis statt Polymnia und Stesichore statt Terpsichore ohne Aenderung des Sinnes geschrieben ist⁶). Stesichore ist auch geschrieben zwischen

---

5) Wie in Kleinasien und auf den Inseln die Verfasser großer Heldengedichte und zweier kleinerer sich anschließender Arten nach dem Stand Homere genannt wurden, so daß die persönlichen Namen der frühesten unbekannt und die vieler folgenden streitig geworden sind, so führten in Böotien die Diener der Helikonischen Musen mit dem Lorberreis allgemein, den Namen Hesiodos, so verschieden auch der Hesiodos der Hauslehren, der der Theogonie und die welche sich der Genealogie und der mythischen Verherrlichung der Edelgeschlechter widmeten, denen sie sich vermuthlich in gewisser Weise anschlossen, so wie die welche (ohne an der großen Achäischen Heldenpoesie Theil zu nehmen) nur die Sagen und Kriegsgeschichten des Böotischen Herakles besangen und dadurch jenes Hauptbestreben des Böotischen Geistes diesen uralten Stammheros vom Peloponnes nach Böotien zu verpflanzen und dort einheimisch zu machen förderten, nicht bloß der Zeit nach gewesen sind, sondern auch nach Standpunkt und Bildungsart, zum Theil wenigstens, offenbar sind. Die Wortbildung von ἡσίοδος, ähnlich wie ἡσυχής, ist nicht zweifelhaft.

6) Mon. d. Inst. archeol. 4, 54 f. wo der Erklärer E. Braun, wie ich fürchte in den häufigen Fehler verfällt dem Künstler eine mytholo-

Erato und Polymnis, die den Wagen des Ares (ΑΡΑΣ) und der Aphrodite begleiten an einer Vase im 2. Bande der Elite céramographique. Andre Vasengemälde enthalten sieben der bekannten neun Musen mit den Namen, zum Theil mit beliebigen Attributen, musikalischen Instrumenten, einer Schriftrolle oder einem Kästchen, Blumenschnüren⁷). Mnemosyne wird die Mutter genannt weil der Sänger so viele Namen nicht wußte wenn nicht ihn die Musen erinnerten (μνησαίατω), wie einer in der Ilias sagt (2, 491)⁸). Mnemosyne waltend in Eleutherä nach dem Hymnus vor der Theogonie (54), nach derselben unter den sechs weiblichen Titanen (135) und unter den sieben Göttinnen mit denen Zeus sich vermält (915.) Allgemeinere Bedeutung als Mnemosyne und ewige Wesenheit drückt aus die Genealogie Alkmans, welcher die Musen Töchter von Himmel und Erde nennt, des Mimnermos, welcher zwischen diesen Musen und jüngeren, Töchtern des Zeus unterscheidet, wie ja auch in der Theogonie schon wenigstens Mnemosyne unter den Titanen ist; des Musäos, welcher den Vater Kronos nannte. Euripides bedenkt sich nicht den Erechthiden zu schmeicheln daß bei ihnen, im Lande der Bildung und der reinsten Luft, die blonde Harmonia die neun Pierischen Musen erzeugt habe (Med. 806—812), mit denen nach der Sage schon bei Homer der Thrakische Thampris gewetteifert hatte. Das ehrwürdigste Denkmal des Thrakisch Pierischen Musendienstes blieb immer der Musenhain auf dem Helikon, wo jähr-

---

gische Absichtlichkeit und Grübelei zuzuschreiben, die auf seinem Standpunkt nicht zu erwarten sind. Annali 20, 315—19.   7) Musée Blacas pl. 4. de Witte Description d'une coll. de Vases peints cet. 1837 n. 5 p. 3. Vgl. Dubois Maisonneuve pl. 43.   8) Auch Hymn. in Merc. 429 wo Hermes zuerst sie singt, Solon, Pindar N. 7, 15. Ihre Statue mit den Musen in Athen bei Pausanias 1, 2, 4, wo diesen und einigen andern Göttern νηφάλια ἱερά eigen waren, Schol. Soph. Oed. Col. 100. In einem lyrischen Fragment, welches v. Leutsch im Philologus 11, 336 dem Terpander zuschreibt, heißen sie Μνάμας παῖδες, bei Ovid Metam. 5, 268 Mnemonides.

lich ein Opferfest gefeiert wurde und ihre Statuen standen 9). Auch auf dem Libethrischen Berg, vierzig Stadien von Koronea, standen die Statuen der Libethrischen Musen und Nymphen 10). Hauptort ihres Böotischen Cultus aber war Thespiä am Südwestende des Helikon 11), auf dem auch die Thespier ihr Musenfest das einzige bekannte im Musenhain feierten, pentaeterisch mit Wettspielen sehr glänzend 12). Von dem Böotischen Grenzort Eleutherä ziehen die Musen nach Athen und weiter in den Peloponnes. In Athen nennt Pausanias ein Museion (1, 26, 1. 3, 6, 3), Altäre der Musen, des Hermes, der Athena, des Herakles in der Akademie (1, 30, 2), einen der Musen des Ilissos (1, 19, 6), ihre Statuen in dem Haus des Dionysos Melpomenos (1, 2, 4); in Trözen ein Hieron der Ardalischen Musen, nach dem Erfinder des Aulos so genannt, und nicht weit davon einen alten Altar, auf dem sie ben Musen und dem Schlaf als ihrem besten Freund unter den Göttern opferten (2, 31, 4.) Diese Zusammenstellung drückt auch ein Basrelief aus 13). Im Sinne der Verwandtschaft der höchsten Geistesthätigkeit im Schlafe mit dem Genie oder den Musen wurde erzählt daß Hesiodus im Schlafe zum Dichter geworden sey, und Ennius 14). Ein Wörterbuch der mystischen Sprache Persischer Dichter erklärt den Schlaf durch Nachdenken über die göttlichen Vollkommenheiten 15). In Tegea waren Bilder der Musen und der Mnemosyne im Tempel der Athene Alea, in Megalopolis ein Hieron der Musen, des Apollon und des Hermes 16). In Sparta wurde ihnen vor dem

---

9) Paus. 9, 29, 3. 30, 1.   10) Paus. 9 34, 4.
11) Strab. 9 p. 410. Paus. 9, 29, 2.   12) Paus.9, 31, 3. Plat. Erotic. p. 748. Ein Thespier Amphion hatte über diese Μουσεῖα geschrieben, Athen. 14 p. 629 a. Auch in Thespiä war ein kleiner Tempel der Musen, Paus. 9, 27, 4.   13) Mus. Pioclement. 28.   14) Fronto p. 22 Niebuhr. cf. Synes. de insomniis p. 136. 371 Petav.   15) W. Jones Works 1, 455.
16) Paus. 8, 47, 2. 32, 1.

Kampfe geopfert [17]) und hatten sie ihr Hieron links von dem Tempel der Pallas Chalkiökos und Xoana so alt als welche in Hellas [18]). Ein Museion mit Statuen der Musen war auch in Thera. C. J. Gr. N. 2448. Jenseits Böotien ist Delphi Hauptort der Musen, wo sie mit Apollon die Vorderseite des großen Tempels zierten und ein Heiligthum hatten neben dem Tempel der Gäa, südlich von dem des Apollon, neben einem von der Kassotis ausfließenden Wasser [19]). Zu Dion in Pierien opferten Alexander und sein Vater nach der Schlacht von Chäronea den Musen (etwa um sich wegen ihres Frevels an Hellas zu entsündigen?) [20]). Bei Stagiri war ein Museion [21]), in Amphipolis mit einem Denkmal des Rhesos als eines Musensohnes gegenüber [22]). Archelaos stiftete in Makedonien nach Diodor scenische Wettkämpfe, deren Tage der Reihe nach die Namen der Musen führten. Daß die Musen, deren Namen und Einfluß so sehr verbreitet war, nur an wenigen Orten außer ihren ältesten Sitzen, auch wirklich verehrt worden seyen [23]), kann man demnach nicht sagen. Plutarch bemerkt daß ihre Tempel immer in weiter Entfernung von den Städten lagen [24]). In den Schulen ($διδασκαλείοις$) wurden ihnen Museia geopfert, so wie Hermäa in den Paläſtren [25]). Außer den Dichtern mit denen und der Musik die Schule sich beschäftigte, den Söhnen der Musen, wie die Poesie mannigfach festgestellt hat [26]), hieng frühzeitig alle Bildung von den

---

[17] Plut. Apophth. Lac. p. 221 a. Lycurg. 24, wo Alkmans Wort: entgegen dem Eisen schön die Laute geziemt, angeführt ist, Lucian de saltat. c. 10.   [18] Pausan. 3, 17, 4.   [19] Plut. de Pythiae or. c. 17 p. 402 d, als $πάρεδροι τῆς μαντικῆς$.   [20] Dio or. 2 p. 73.   [21] Theophr. H. Pl. 4, 16, 3.   [22] Schol. Eurip. Rhes. 246.   [23] K. F. Hermann Culturgesch. 1, 66.   [24] De curiosit. T. 3 p. 98 Wyttenb.   [25] Aeschines in Timarch.   [26] Z. B. ist in einem Hesiodischen Fragment Urania Mutter des Linos, Viele bei Schol. Eurip. Rhes. 246. Eine Schrift $Μουσῶν γοναί$ von Polyzelos Zenob. 6, 50.

Musen ab, wie denn sie schon in der Theogonie den Heroen der Stadt Wohlredenheit und Klugheit verleihen in Gericht und Verwaltung (80—93.) Solon ruft in der Elegie, der man die Ueberschrift Lehren an sich gegeben hat, die Musen an um gute Meinung bei allen Menschen, um Gunst und Achtung den Freunden, Furcht den Feinden gegenüber, um rechtmäßigen Wohlstand, indem er zugleich unter den Ständen einen der Musen aufführt (51), die also als seine Göttinnen die Bildung des Staatsmanns bedeuten. Der gläubige Pythagoras räth den Bürgern von Kroton einen Tempel der Musen zu gründen, die unter Anderm auch die Eintracht befördern[27]). Die Sikyonier nannten drei Musen, darunter eine Polymathia, Reichthum an Kenntnissen[28]). Zünftig oder auf einzelne Künste oder auch Arten der Poesie bezogen wurden die Musen späterhin von Dichtern, auf Wissenschaften von Grammatikern oder schon von Stoikern[29]). Gegen die neun national gewordnen Musen, die Thespiá aus Pierien empfangen zu haben sich rühmte, haben die drei nach der Sage von Askra nach der Grundzahl, die vorausgegangen seyn muß, Melete, Mneme, Aöde, Nachsinnen, Gedächtniß, Gesang[30]), sich wenig behauptet. Das Heraklitische Werk war nach drei Musen eingetheilt, wie Jacob Bernays zeigte, Ephorus zählt so[31]). Uneigentlich hat man auch Musen genannt in Delphi nach Plutarch die drei Saiten Nete, Mese und Hypate, die drei Tonarten, oder die vier Saiten, die fünf Sinne, oder zwei, Theorie und Praxis oder Stufen der Dichterbildung nach Ara-

---

27) Jambl. Vit. Pythag. 45. nach Dikäarchos. Was Porphyrius Vit. Pythag. 31 ihn über die Musen sagen läßt, stimmt damit überein.   28) Plut. Sympos. 9, 14 p. 744 c.   29) Heyne Opusc. 2, 299 ss. Zoega Abhandl. S. 12. Böttiger Kunstmythol. 1, 200.   30) Paus. 9, 29, 1. 2.   31) Der albern gelehrte Mnaseas zählt $\theta\varepsilon\dot{\alpha}$ aus der Ilias, $Mo\tilde{v}\sigma\alpha$ aus der Odyssee und Hymne aus der Palamedeia als drei zusammen.

tus, Anfang, Studium Ἀρχή, Μελέτη und Θελξινόη und Ἀοιδή, und dergleichen müßige Tändelei mehr.

5. Thrien.

Drei Steinchen (Θριαί), die nicht gerade Würfel oder auch Loose zu nennen, und zwar drei die geworfen wurden um nach dem Zeichen der oben liegenden Seite Fragen weissagerisch zu beantworten, und zugleich drei Nymphen, die in den Steinchen walteten. Diese bewohnten unter dem Parnaß Häuser, nach dem Hymnus auf Hermes, Schwestern und Jungfrauen, mit hurtigen Flügeln, das Haupt mit weißem Mehl bestreut, und flogen von da nach einander aus und speisten Honigwaben, wodurch sie Alles verrichteten: wenn sie durch den frischen Honig begeistert waren (θυίωσιν), verkündigten sie willig Wahrheit: hatten sie die Götterspeise verfehlt: so suchten sie Auswege. Sie waren Lehrer der Weissagung dem Apollon, die er noch als Knabe bei der Heerde übte, und jetzt giebt er sie dem Hermes in Tausch [1]). Der höchst naive Hirtenmythus deutet wohl durch das Bestreuen des Kopfes mit Mehl, während Melissen sonst Priesterinnen sind, Bienennatur der hurtig fliegenden Jungfrauen an. In einem

---

1) H. in Merc. 552—563. Lobeck Aglaoph. p. 814—818 Schneidewin Philolog. 3, 697—699. Seltsam genug daß weil nach Hesychius mehlfarbig, ἀλφιτόχρως, weiß, grau bedeute, auch die Thrien weiß, also alt, also „alte Jungfern" seyen. Wiewohl es nicht gerade unwahrscheinlich ist daß schon Hesychius auf diese oberflächliche Erklärung der Thrien durch einen Grammatiker sich bezogen hat. Ein Adjectiv θριασθρική, μαντεία, oder ψῆφος wird dem Archilochos beigelegt. Cramer. Anecd. Paris. 4. 183. Was bei Suidas v. Πυθώ erzählt wird, von einer auf den Dreifuß gesetzten Phiale mit Orakelsteinchen darin, die wenn Orakelfragende kamen sprangen, und die Pythia weissagte was ihr Apollon eingab, scheint fast Erfindung eines Grammatikers zu seyn, doch läßt sich auch denken daß in Zeiten tiefen Verfalls die uralten einheimischen Thrien hervorgeholt und etwa ein Wunder durch ein mechanisches Kunststück hinzugesetzt worden sey, um dem Orakel frischen Zuspruch des umwohnenden Volks zu verschaffen.

Orphischen Bruchstück ist Kronos trunken vom Werk der Bienen (49 p. 500). Saga, die Prophetin, wohnt mit Odin im Bach der Versenkung und trinkt mit ihm Meth. Merkwürdig ist daß auch hier der unvermeidliche Fall daß viele Weissagungen nicht eintreffen, vorgesehn ist. Vermuthlich brachte das fragende Hirtenvolk in die Häuser wo die Thrien unsichtbar walteten, den Bewohnerinnen Honigrosen zum Geschenk dar. Die Thrien fliegen aus mit hurtigen Flügeln wie die Bienen, nach einander wie sie, nach Honig und haben mit Mehl den Kopf bestreut wie sie vom Blumenstaub bedeckt sind. Den Honig den sie suchten, bringt ihnen der Hirt dar: trifft nicht zu was die Steinchen sprachen nach Aussage der Frau im Häuschen, so war das Opfer nicht gut oder nicht ausreichend zur Begeisterung gewesen. Dem Hermes fallen die Thrien wegen der Steinchen zu wie auch die Würfel als dem Gott guten Glücks. Thrien heißen sie nach Pherekydes und Grammatikern als die drei, τριαί, τρισσαί; so heißen sowohl die Steinchen als die Nymphen, weßwegen man nicht sagen sollte daß diese von jenen oder jene von diesen benannt seyen. Die Worte des Hymnus Θριαὶ γάρ τινες εἰσί scheinen dieß τριαί zu bestätigen. Vielleicht hat man so geschrieben um die einfache gemeine Bedeutung zu verschleiern: doch haben wir auch Θριναχίη für Τριναχρία. Nach dem Vers πολλοὶ θριοβόλοι, παῦροι δέ τε μάντιες ἄνδρες warfen die Fragenden selbst, und Weiber legten aus. Die Nymphen sind Töchter des Zeus und nach einer Legende des Philochoros, welche ihre Herabsetzung artig einkleidet [2]), Ammen des Apollon, in so fern sie erste Weissagerinnen waren [3]), während in anderm Betracht Kallimachos sagt, von Apollon seyen Thrien und Wahrsager [4]). Kein Mythus könnte charakteristischer im niederen Volkssinn erdacht seyn, wie denn auch Apollon bei der Kuhheerde als Knabe das Geschäft der göttlichen Thrien getrieben hat. Der eigne

---

2) Bei Zenob. 5, 75 u. A. 3) Hesych. 4) In Apoll. 45.

Vortheil ist hier Antrieb zum Prophezeihen: Honig wollen die Thrien haben; wie Bienen fliegen sie aus und wie die Bienen mit Blüthenstaub, so haben sie den Kopf mit Mehl bedeckt. Ihre Lieblingsspeise bringt ihnen der Hirt dar.

6. Trophonios.

In späterer Zeit hat des Delphischen Apollons Autorität sich auch in Lebadea geltend gemacht, wo das Orakel des Trophonios wohl seit sehr alter Zeit bestanden hatte. Zeus Trophonios der Nährende, wie ihn u. A. auch Livius nennt (45, 27), ist der Plutonische, der dort als Zeus Basileus mit der unterirdischen Hera verehrt wurde. Eine Schlange war die Wahrsagerin[1]), wie in Delphi, wo auch zuerst Erdorakel gewesen war, und Praxiteles gab der Statue des Trophonios im Hain eine Schlange, so wie nach Pausanias auch die desselben (nicht des Gottes) und die der Flußnymphe Herkyna in einer Grotte an der Quelle Schlangen um die Scepter gewickelt hatten und die Lebadeer diese dem Trophonios nicht weniger als dem Asklepios und der Hygiea zuständig hielten (woraus auf ein Gesundheitsorakel durchaus nicht zu schließen ist.) Die berühmte Orakelhöhle in der Nähe der ehmaligen Stadt hat ihre Oeffnung (στόμιον) an der Wand eines nicht großen, von Felswänden eingeschlossenen länglichen Raums, höchst unscheinbar, auch so eine Merkwürdigkeit für den Reisenden nicht geringer als die Grundmauern des großen, nicht weit davon entlegenen Tempels des unterirdischen Götterpaars, welchem die Hinabkriechenden vorher opferten[2]). Man zeigte den Schild des Aristomenes[3]), in der Geschichte des Perserkriegs kommt das Orakel vor. Wie aber Pausanias erzählt,

---

1) Schol. Aristoph. Nub. 508. 2) Götterlehre 2, 489. Trophonios ist auch ein schicklicher Beiname des Hermes Chthonios, Cic. N. D. 3, 22. Arnob. 4, 14. Daraus folgt nicht daß unter dem Trophonius des Orakels dieser gemeint sey. 3) Paus. 9, 39 extr.

nannten die Fragenden den Trophonios Sohn des Apollon, was auch er annehme, während insgemein die Höhlen- oder Schatzbaumeister Trophonios und Agamedes Söhne des Erginos genannt wurden (9, 37, 2. 3). Auch Philostratos nennt den Trophonios Sohn des Apollon (Vit. Apoll. 8, 19.), und so denkt ihn auch wohl Maximus Tyrius, indem er ihn Heros nennt, während die Römischen Staatspächter, da die Censoren in Böotien die Tempelgüter frei erklärt hatten, aus Menschen gewordene Götter nicht gelten lassen wollten und also den unterirdischen Baumeister wohl für des Erginos Sohn nahmen [4]). Manche nannten ihn auch Sohn des Zeus und der Jokaste statt Apollons und der Epikaste. Hier ist nun leicht folgender Hergang zu denken. Die Erdorakel waren veraltet, weit den stärksten Glauben aber genoß die Apollinische Wahrsagung. Darum gab man für das Orakel den unterirdischen Gott Trophonios auf und gab dieß dem andern Trophonios großen alten Namens, dem Bruder des Agamedes, der nun nicht ein Sohn des Erginos seyn konnte, wie vermuthlich sein Bruder Agamedes, sondern von Apollon abstammen mußte, um neben seinem Antheil an den Bauten auch die Weissagung zu verwalten, ein Dämon für sich, wie es andre mit Göttern gleichnamige gab. Auch wird ein Hieron des Apollon in Lebadea neben andern genannt. Nach einer Inschrift, schon bei Spon, wurden in Lebadea Trophoneia gefeiert, dem einen oder dem andern Trophonios. Uebrigens erzählen Charax und andre in den Scholien zu den Wolken allerlei, theils aus Arkadischer Sage und mit einer andern Genealogie, theils Unglaubliches über das Orakel nach Gerücht und Vorstellung. Festzuhalten ist was von dem engen Eingang in Verbindung mit dem Namen Καταβάσιον vorkommt. Dunkel bleibt die Beschaffenheit desselben, worüber Göttling in seinen Abhandlungen Aufklärung zu geben sucht.

---

4) Cic. N. D. 3, 19.

7. 8. Pythaeus. Agreus.

Wie schon in vorhomerischer Zeit in Päson die Heilkraft Apollons abgesondert angerufen und dargestellt wurde, so werden auch späterhin andre seiner Eigenschaften besonders herausgestellt. In Sparta standen auf der Agora die Statuen des **Pythaeus** und des Apollon, der Artemis und der Leto [1]). In Argos waren drei Tempel, des Apollon, seines Sohnes Pythaeus, der dahin zuerst gekommen seyn sollte, und des Horios [2]). In Kyrene nannte man Sohn des Apollon und der Kyrene **Agreus** (Götterl. 2, 374), ja vier Söhne von ihnen, Agreus, Nomios, Aristäos und Autuchos [3]). Ein Grammatiker nennt den Targelios [4]).

Bei Apollon mag man auch eines aus dem Physischen ins Ethische oder das Romantische verwandten Mythus gedenken, der Niobe nämlich und des Apollon. Die Lydische Νιόβη war dem Wort nach eine Νέαιρα [1]), eine Ariadne, die Neue, die verjüngte Natur, die ablebt und von Apollon getödet wird, nicht unmittelbar, wie Hyakinthos, in welchem das Lebendige

---

1) Paus. 3, 11, 7.   2) Id. 2, 35, 2.   3) Etym. M. Justin. 13, 7.   4) Cramer Anecd. Oxon. 4, 48. Götterl. 1, 463.

1) Mutter des Triptolemos im Parischen Marmor, Tochter der Niobe und des Amphion bei Apollodor, wie öfters Götter wegen des gleichen Wesens verknüpft werden, Rhea und Gäa, Pan und Hermes u. s. w. Ein ähnlicher Name ist Καινώ. Νιοπη an der Midiasvase Archäol. Zeit. 1854 S. 302. Das s für σ ist ist wie in σιός, θεός, die weibliche Endung entspricht der männlichen οψ, οφη. Diese Erklärung wurde schon gegeben zu Schwencks Andeutungen 1823 S. 298. Trilog. S. 192. Durchaus nicht im Geiste des Alterthums und des Volks ist die in der Zeitschrift für Gymnasialwesen 1855 S. 702—6 versuchte, daß die Niobe eine poetische Deutung sey des dem vorderasiatischen Cultus (angeblich) zugehörigen Steinbildes der Niobe in Lydien, "über deren Antlitz Wassertropfen zu rinnen pflegten".

des Jahrs seinen Grund hat, sondern in den hinsterbenden
Erzeugnissen und mit ihren Kindern, wenn anders diese dem
Symbol ursprünglich angehörten und nicht hinzugesetzt worden
sind, da der Mythus die Tragödie der Natur in eine mensch=
liche umwandelte und als ethische Ursache ihres Todes den
Stolz der überherrlichen Mutter und die Rache der nur zwei
Kinder der Leto erfand. Wie ganz anders ist die oberflächliche
Romanze vom Tode des Hyakinthos der im Grabe religiös
verehrt wurde, während man der Niobe Andenken in dem Felsen=
bilde des Sipylos feierte, wo darüber herabfließende Quellen
ihre Thränen bedeuteten. Der Sipylos erscheint als Heimath
der Niobe auch dadurch daß Tantalos ihr Vater genannt wird.
Aber der Mythus kam auch nach Theben, vermuthlich durch
eine Kolonie, die Andres und besonders die Lydische Musik
dorthin brachte [2]), wie denn diese Kunst, wo sie am höchsten stieg
in allen Zeiten gern gewandert ist. Daß Niobe durch die Sage
nach dem Tod ihrer Kinder an den Sipylos zurückgeführt
wird um dort zu sterben, ist ein äußerlicher Grund mehr für
ihre Heimath am Fuße des Sipylos. Daß sie auch nach Ar=
gos versetzt wurde, wo ihr Phoroneus als Vater zufiel und
Zeus mit ihr als dem ersten sterblichen Weibe, wie Apollodor
sagt den Argos erzeugt, während sie auch des Phoroneus Mut=
ter und Gattin des Inachos genannt wird, erklärt sich daraus
daß auch Pelops ein Sohn des Tantalos war. Hier ist auch
Apollon und zwar als Lykios bekannt.

Es ist charakteristisch für alle diese Umbildungen der Na=
turmythen in Geschichte, daß man die frühere Bedeutung durch
viele willkürlich aus dem Leben genommene und zufällig aus=
sehende specielle Umstände, wie z. B. hier die Zahl der Söhne
und Töchter, versteckte, und doch wie unwillkürlich, durch die
allgemeinste Beschaffenheit des primitiven Mythus oder durch
eine Ahnung, einen noch nicht ganz verwischten Eindruck seiner

---

[2]) Meine Kretische Kolonie S. 84.

heiligen und tief in die Empfindung des Volks eingreifenden Geltung, einzelne Merkmale einflocht, die noch außer dem Grundverhältniß dem in diesen Dichtungsprocessen und Analogieen bewanderten Erklärer die Thatsache der Metamorphose verrathen und bestätigen. So ist möglich daß schon in der wunderschönen Erzählung die Achilleus dem Priamos vorträgt (24, 599—608), der Zug daß nach dem Tode der zwölf Kinder der Niobe Kronion die Völker zu Steinen machte, so daß jene neun Tage liegen blieben und dann von den Göttern bestattet wurden, dem Acte des Naturfestes entspricht worin der Tod des Jahres durch die leidenschaftlichste Trauer gefeiert wurde. Besonders zu beachten aber ist der Name der Chloris unter den Töchtern der Niobe und daß diese ausgezeichnet wird als die älteste oder die jüngste und dadurch daß sie allein am Leben blieb, wiewohl dann auch Andre wieder zwei Töchter und den Sohn Amphion leben bleiben lassen: kaum eine andre mythische Person hat zu so manigfaltigen, zum Theil auch sehr schaalen Variationen und Zusätzen Anlaß gegeben, so daß die vielerlei Ranken den edlen Stamm nicht bloß ganz zu verdecken, sondern zu ersticken drohen. Chloris, die Grünin, wie Joh. H. Voß richtig übersetzte, also mit Flora nicht ganz eins ³), dem Hesiodus noch unbekannt, die von Polygnot mit der auferziehenden Luft, Thyia, verbunden, von Praxiteles neben Demeter nebst dem Triptolemos gestellt wurde †), hätte auch die Tochter der Niobe als die einzige genannt werden können: aber die vielen Kinder standen durch Homer fest und waren in der allein noch geltenden beziehungslosen Ge-

---

3) Mit Recht bemerkt Marini Frat. arvali p. 376 daß Flora nicht aus der Chloris entstanden sey, irrt nur in dem Grunde daß diese erst zu Ovids Zeiten von den Griechen anerkannt worden sey. Auch Catulls Chloridos ales equus vom Zephyros ist wenigstens Alexandrinisch.
4) Bei Plinius 36, 5, 23 ist statt Flora nach der Lesart Candoris zu schreiben Chloris, nicht Hora mit O. Müller Handb §. 357, 4, noch Cora mit Schneidewins Philologus 5, 177.

schichte wesentlich. In Argos stand im Tempel der Leto neben deren Statue von Praxiteles Chloris⁵) als die jüngste Tochter des Amphion und der Niobe, indem man sagte daß sie und ihre Schwester Amykla auf ihr Flehen von der Leto gerettet worden seyen⁶). Die allein am Leben gebliebene Chloris, Amphions und der Niobe Tochter, wurde auch im Altis zu Olympia als Siegerin in dem Wettlauf der sechzehn Jungfrauen ausgezeichnet⁷). Die Odyssee setzt in die Unterwelt Chloris die Tochter des Amphion, aber des Jasiden Amphion, der einst im Minyeischen Orchomenos mächtig herrschte, als Gattin des Neleus, der sie ihrer Schönheit wegen heirathete (11, 280), und der Scholiast fügt aus Pherekydes ihre Mutter Phersephone, Tochter des Minyas, hinzu, bei der, obgleich nun die durch ihre Bedeutsamkeit glänzend gewordnen Namen in den Genealogieen frei genug verwandt wurden, — wie auch daran ersichtlich daß Amphion, in Theben Gemal der Niobe, hier Sohn des Jasos heißt — doch auf die Schönheit der Kora und ihre der Natur der Chloris gleiche Bedeutung angespielt seyn möchte (Κόρη konnte der Unbestimmtheit wegen nicht gesetzt werden). Sophokles scheint die Urbedeutung der Niobe im Physischen, im Allgemeinen ahnen zu lassen in den Worten der Elektra über sie (149)⁸), wie sie auch denen gewiß nicht unbekannt war, die sie zuerst als Tochter des Tantalos einführten.

---

5) Nachgewiesen auf einer Münze, Millingen Syll. pl. 3 n. 32. 59. R. Rochette sur le torse de Belvedere p. 271. 6) Paus. 2, 21, 10. Eine gute Probe von der Mythologie und Etymologie der Alten ist daß Chloris vorher *Μελίβοια*, die Süßnährende (wie *Πολύβοια*) geheißen habe und vor Schrecken die Farbe des *χλωρὸν δέος* angenommen habe. 7) Paussan. 5, 16, 3.
8) Ἰὼ παντλάμων Νιόβα, σὲ δ' ἔγωγε νέμω θεόν,
ἅτ' ἐν τάφῳ πετραίῳ
αἰεὶ δακρύεις.

IV. Artemis. Hekate.

1. Kallisto.

Aus der Artemis Kalliste¹), deren Tempel auf ihrem hohen, dicht mit Bäumen besetzten Grabhügel stand²). Die Tegeaten weihten sie als Tochter des Lykaon, Mutter des Arkas nach Delphi, wo sie auch in der Lesche gemalt war³). In Athen auf der Akropolis ihre Statue neben der der Jo wegen der Gleichheit der Sagen von der Liebe des Zeus zu ihnen und ihrer Verwandlung durch die eifersüchtige Hera⁴).

2. Auge auf den Knieen.

Pausanias nennt sie mit Recht Eileithyia auf den Knieen. Sie hatte einen Tempel und Statue auf der Agora zu Tegea (8, 48, 5), und es ist charakteristisch für die Auslegungsart der Legende daß sie das ἐν γόνασι davon herleitet daß Auge, von Herakles schwanger, als ihr Vater Aleos sie dem Nauplios übergeben hatte um sie im Meer zu ersäufen, auf dem Wege niederfiel und (den Telephos) auf den Knieen gebar an der Stelle wo der Tempel der Eileithyia errichtet worden sey. Denn es bedeutet die Stellung der Gebärenden¹), in welcher auch zwei Göttinnen zu Epidauros und Aegina gebildet waren, die uns bei der Demeter vorkommen werden. Der Name Auge, Glanz, geht auf das Mondlicht, wie für Selene auch Αἴγλη gesagt wird²), so hält Eileithyia auch, wie Artemis selbst, zuweilen Fackeln in Händen.

---

1) K. Jacob zur Mythol. S. 55.   2) Pausan. 8, 35, 7.
3) Pausan. 10, 9, 3. 31.   4) Paus. 1, 25, 1. 8, 3, 3, Hesiodus
6. Eratosth. Catast. 1. Schol. Theocr. 1, 123.   1) Meine kl.
Schriften 3, 185 ff.   2) Eustath. p. 823. So Antimachos wenn er die Chariten Kinder der Αἴγλη und des Helios nennt.

3. Antäa.

Ein Dämon der Hekate, welche selbst auch Antäa, die feindliche, gegenwirkende genannt wurde, weil sie Schreckgestalten, Gespenster entsandte, die man in den Regionen in die ihr trauriger Dienst eingedrungen war, vor den Reinigungscäremonien fortscheuchte [1]), war Antäa [2]). Aus Sophokles wird dafür Ἀνταῖος angeführt [3]).

V. Hermes.

Phales, eins mit φαλλός, Befruchter der Heerden, wie nach der gemeinsten Auffassung des Hermes überhaupt, in Kyllene statt seines Bildes als Symbol ein Phallus auf einem Fußgestell errichtet war [1]), wo man nicht den Dämon verstehn soll [2]). Die Acharner enthalten ein Chorlied an den Dämon Phales, (263 ff.) wozu F. A. Wolf bemerkt, daß Phales sonst wenig oder gar nicht in der Göttergesellschaft auftrete. Das Letztere ist das Richtige und vielleicht ist er auch dort eine Erfindung des Aristophanes, wie ja auch Aeschylus einige Dämonen eingeführt, wenn auch nicht besungen hat, und dazu auch der veränderte Accent Φαλῆς, den der Scholiast den Attikern zuschreibt.

1) Dio Chrys. or. 4 p. 108.   2) Hesych. Ἀνταία, ἐναντία· σημαίνει δὲ καὶ δαίμονα καὶ τὴν Ἑκάτην δὲ Ἀνταίαν λέγουσιν ἀπὸ τοῦ ἐπιπέμπειν ἄντα. Dieß ἄντα schrieb ich statt αὐτά, da es ἀνταία erklärt. Lobeck dagegen Aglaoph. p. 121. 221 σημαίνει δὲ καὶ (scil. ἀνταῖα) δαιμόνια, um darauf im Schluß zu beziehen αὐτά. Aber daß ἀνταῖα bedeute δαιμόνια, ist sehr unwahrscheinlich erfunden und nichts gezwungner als die dem Wort Ἀνταία gegebene Doppelbeziehung unter doppeltem Accent. Von Apollonius wird Rhea ἀνταίη δαίμων genannt 1, 1141.   3) Erotianus p. 62 Ἀνταῖον θεόν, τὸν βλάβης ὑπονοούμενον αἴτιον ἔσεσθαι ἀνθρώπῳ (l. ἀνθρώποις). ἀνταῖον δ' ἐκάλουν οἱ παλαιοὶ τὸν σώφρονα (?), ὡς καὶ Σοφοκλῆς ἐν Κλυταιμνήστρᾳ λέγων· „τὸν δὲ Ἀνταῖον περιδινέοντα οὐχ ὁρᾶτε καὶ δεῖμα προσπνέοντα Ἀνταίας θεοῦ".   1) Paus. 6, 26, 3.   2) Wie Lucian zu thun scheint Iup. tragoed. 42 θύοντες Κυλλήνιοι Φάλητι.

VI. Demeter.

1. Damia und Auresia.

Herodots ausführliche Erzählung über den Ursprung der Feindschaft, zwischen Athen und Aegina (5, 82—87) enthält das auffallendste Beispiel nach einigen Ueberlieferungen aus dem Epos von der großen Wichtigkeit gewisser Götterbilder für die Staaten in gewissen Zeiten und zugleich für die Ernsthaftigkeit womit man schon vor Herodots Zeit eine Legende, die so oft nachgewiesene Verwandlung des Bedeutsamen in einen erdichteten Vorfall, sogar in den Zusammenhang einer nicht unbedeutenden einheimischen Geschichtssage aufnahm, die dabei immerhin auch mit andern fabelhaften Umständen ausgeschmückt seyn mochte. Die beiden genannten Göttinnen vertreten zusammen, so wie Thallo und Auro die Gottheit der einen Demeter als Saat- und Feldgöttin, aber mit dem Zusatz eines besondern, mit dieser sonst nicht verbundenen Amts. Den Epidauriern schrieb die Pythia vor, als ihnen die Erde keine Frucht gab, Statuen der Damia und Auresia zu errichten, und zwar aus Holz des zahmen Oelbaums. Dieß erhielten sie von den Athenern unter der Bedingung daß sie jährlich der Athena Polias und dem Erechtheus opferten (eine Art von Abhängigkeit, Verpflichtung zu bekennen). Die Aegineten standen damals noch unter der Gerichtsbarkeit von Epidauros: als sie aber seemächtig geworden waren, machten sie sich frei und nahmen auch die Göttinnen weg, die sie in der Mitte ihrer Insel in Oee aufstellten und mit Opfern und eine jede von beiden mit einem weiblichen Scheltchor, der aber nur die einheimischen Weiber, nicht die Männer schimpfte, unter je zehn männlichen Ordnern, ehrten, nach dem Gebrauch der Epidaurier, nicht ohne geheime Cäremonien (ἄρρητοι ἱεργίαι), wie beides mit unwesentlichen Verschiedenheiten im Demeterdienst auch sonst vorkommt. Nachdem die Bilder ihnen weggenommen waren, weigerten sich die Epidaurier der vertragsmäßigen Leistung und die Aegineten erklärten, als sie ihnen abgefordert wurden, daß sie mit den Athenern keinen Vertrag hätten, worauf diese eine Trireme abschickten, deren Mannschaften, auf den Grund daß das Holz daran ihnen gehöre, sie an darüber geworfenen Stricken von den Gestellen herabzuziehen versuchten. Als sie zogen erfolgte Donner Blitz und Erdbeben, sie wurden irrsinnig und tödeten einander, so daß nur Einer in den Phaleros zurückkehrte. (So die Sage, um nicht zu gestehn daß die Aegineten im Kampfe gesiegt hätten). Diese aber erzählten, daß die Athener eine Flotte sandten, sie selbst aber die Seeschlacht vermieden und nachher als das Heer die Insel besetzt hatte, es mit Hülfe der Argeier von Epidauros her vernichteten, wobei es donnerte und die Erde bebte, und nur Ein Mann kehrte nach Athen zurück. Zwischen Beides ist ungeschickt genug eingeschoben, daß Athener die Bilder mit Seilen von den Gestellen reißen wollten, aber durch ihr Ziehen nur bewirkten daß sie, eines wie das andre, auf die Kniee sanken, in welcher Stellung sie seitdem verblieben. Herodot spottet dieser lächerlichen Angabe, welche die Erzählung der Athener übergehn konnte, indem sie das Ziehen mit Stricken aufnahm, weil in Athen die Bilder nicht vor Augen standen. Pausanias, der die Geschichte nicht genau (nicht auch nach der Athenischen Sage) schreiben will weil sie von Herodot wohl erzählt sey, bemerkt nur daß er die Bilder gesehn und ihnen geopfert habe nach der Art wie man in Eleusis opfere (2, 30, 5) d. i. als Cerealischen Göttinnen und in operto (Not. 1.)

$\Delta\acute{\alpha}\mu\iota\alpha$ ($\Delta\alpha\mu\acute{\iota}\eta$) bedeutet die Bändigerin der Stiere, Einspannerin der $\delta\alpha\mu\acute{\alpha}\lambda\alpha\iota$, Pflügerin, (ähnlich $Bou\zeta\acute{u}\gamma\eta\varsigma$), wie Ἱπποδάμια, Λαοδάμια [1]), auch Hera, in Bezug auf die Erde ge-

---

1) So in meiner Zeitschr. 1818 S. 130. Preller Mythol. 1, 588 2. A. indem er $\Delta\eta\mu\acute{\eta}\tau\eta\rho$ von $\delta\tilde{\alpha}$, $\gamma\tilde{\eta}$ erklärt leitet eben daher oder von $\delta\tilde{\eta}$-$\mu o\varsigma$ $\delta\acute{\alpha}\mu\iota\alpha$ her. Ganz falsch ist „die Volkliche", Schol. Aesch. Eumen. 845 aber $\delta\alpha\mu\acute{\iota}\alpha\nu$, $\delta\eta\mu o\sigma\acute{\iota}\alpha\nu$, ist verschieden. Valckenaer ad Herod. 5, 82 quae τῷ δέμῳ fruges daret. So auch Festus v. damium — dictum

dacht, war Ζευξιδία (Götterl. 1, 735) Αὔξησια, wie zur Demeter Zeus im Hymnus auf sie sagt καρπὸν-ἄεξε (473), in Athen Auxo. Daß das Knieen der Göttinnen sie als Geburtsgöttinnen darstellte, haben wir bei der Eileithyia Auge in Tegea gesehen: als solche ist eben so bekannt als die Mondgöttinnen die Here. Nur von Epidauros her kennen wir als solche auch Demeter, für die sich aber diese Ehre, wie die Griechen sagen, eben so wohl schickt als für die Naturgöttin Here. Denn wenn wir ἐπιλυσαμένη, wie die Eileithyia genannt wurde, auch als gleichbedeutend (ἐπώνυμον) mit Demeter bei den Tarentinern und Syrakusern angegeben finden²), so ist nach Tarent der Cultus der Damia verpflanzt worden, die mit der Auresia die Stelle der Demeter vertrat. Daß der Damia und Auresia die Frauen die Spangen weihten welche das Kleid zusammenhielten, hatte vermuthlich auch Bezug auf die Geburt: in Athen gehörte das Kleid worin die Weiber geboren hatten der Artemis Brauronia. Damia und Auresia waren, die Geburtshülfe abgerechnet, dasselbe was in Athen Thallo und Auxo, die in dem Ephebeneid bei Pollur (8, 106) und auch von Clemens verbunden werden³). Ein Scholion zum Aristides, das wie noch ein andres, wegen Anspielungen auf den Kampf der Athener mit den Aegineten, die Geschichte aus Herodot beibringt, läßt das Pythische Orakel vorschreiben zu errichten die Bildsäulen Δήμητρος καὶ Κόρης, Δαμίας καὶ Αὐξησίας⁴), worin Demeter

---

a contrarietate (Enantiosemie), quod minime esset δαμόσιον id est publicum, indem das Opfer der Bona Dea, d. i. der Göttin Damia, die er nennt und demnach als Bona Dea erklärt, Damium genannt und in operto gefeiert wurde. In zwei Scholien zum Aristides ist falsch geschrieben Ταμία (wie bei Pausanias Δάμια), aber nicht zufällig, dieß zeigen die Worte αἳ εἰσι θεαὶ ἔφοροι τῶν ταμιῶν καὶ τῆς τούτων αὐξήσεως.
2) Hesych. s. v.   3) Protr. Αὐξώ τε καὶ Θαλλὼ Ἀττικαί. Es zeigt sich deutlich wie unrichtig Pausanias Auxo und Hegemone sich als Chariten erklärt, obwohl Auxo unter den Chariten, wie auch eine der Horen genannt werden konnte.   4) Schol. in Aristid. ed. Frommel

und Kore zwar nicht genau richtig ist, aber doch im Allgemeinen das Wesen der beiden Epidaurischen Göttinnen bestätigt.

Auch zu den Trözeniern, den Nachbarn der Epidaurier, waren nach Pausanias (2, 32, 2) Damia und Auresia gelangt. Wenn er aber eilfertig sagt, daß die Trözenier nicht dieselbe Sage haben wie die Epidaurier und Aegineten, sondern eine eigne, so ist daraus nicht zu schließen, daß die Göttinnen im Cult andre gewesen wären; selbst was die Geburtshülfe betrifft, finden wir sie noch in Tarent als dieselbigen. Das den Trözeniern Eigene will ich wie das Aeginetische erörtern weil die Leser nur almälig an die Wunderlichkeit und Kühnheit der den Gottesdienst angehenden Legende sich gewöhnen und zu den Analysen derselben Vertrauen fassen können. Man sagte daß die bewußten zwo Göttinnen als Jungfrauen aus Kreta gekommen seyen als gerade Alle in der Stadt im Aufstand gegen einander waren und daß dabei auch sie von den Gegenpartheien gesteinigt worden seyen und daß man ihnen ein Fest feiere und es Lithobolie nenne. Wie die Jungfrauen vergöttert worden seyen, so daß sie nun vermuthlich, da sie dieselben Namen hatten, in derselben Gestalt wie in Epidauros und Aegina verehrt wurden, übergeht Pausanias zu sagen: daß aber „aus Kreta" nicht historisch zu nehmen sey, sondern wie das Vorgeben der Demeter Dos aus Kreta zu seyn, im Homerischen Hymnus, versteht sich von selbst. Eine Lithobolie wurde aber auch in Eleusis gefeiert, auch einem Orte der Demeter, und Hesychius giebt uns die Auskunft: „$\beta\alpha\lambda\lambda\eta\tau\upsilon\varsigma$, Fest in Athen, gefeiert wegen Demophoons des Sohnes des Keleos", Athenäus nennt es eine Panegyris (großes Fest) (9 p. 406 b.) Fest in Eleusis sollte es eigentlich heißen, Athen wird nicht selten statt der genaueren Angabe gesetzt, und Athenäus bestätigt es hier. Einen erhabneren Ausdruck als $\beta\alpha\lambda\lambda\eta\tau\upsilon\varsigma$, Steinwurf giebt diesem Festspiel der

---

p. 230, worin auch in die Herodotische Erzählung Manches als beliebige Ergänzung eingeschwärzt und der Name $\Delta\alpha\mu\iota\alpha\varsigma$ nach Conjectur falsch emendirt ist (Not. 1). Das andre Scholion p. 73.

Homerische Hymnus auf Demeter (263 — 267). Da Demophoon das Kind des Keleos und der Metanira, der ihm von Demeter zugedachten Unsterblichkeit verlustig gieng, so verleiht ihm diese, weil er am Tag auf ihrem Schooße geruht und Nachts in ihren Armen geschlafen hat, unvergängliche Ehre für immer, daß ihm zu den Horen im Umlauf der Jahre (zu der bestimmten Festzeit der Jahre), die Söhne der Eleusinier Krieg und furchbares Feldgeschrei stets unter einander anordnen werden (συνάξουσ') allzeit. So deutlich und so einfach als möglich, wenn man von der βαλλητὺς weiß und nun vollends die Lithobolie des andern demetrischen Festes in Trözen hinzunimmt. Viele Festspiele bestanden aus allerlei Kämpfen und Gefechten, denen wie allem Gottesdienstlichen ein besondrer geschichtlicher Umstand als Anlaß und Vorbild, in wichtigen Fällen durch einen Hieros Logos untergelegt wurde [5]). Für ein ackerbauendes Völkchen waren Kämpfe mit Stieren schicklich, welche Eleusis hatte, die ersten aller Kampfspiele nach dem Parischen Marmor, wobei nach Aristides der Preis in Frucht bestand [6]): und auch auf Nachahmung eines Kampfs mit dem frühsten Geschütz, den Steinen des Feldes, konnte man eben so leicht wie auf Rennspiele zu Ehren von Göttern der Pferdezucht verfallen. In Gefahren und möglichen Schädigungen liegt der größte Reiz aller Kampfspiele, und in der Kunst der Gestaltung und Einrichtung des Spiels lag das Mittel es von einem in Ernst und Feindseligkeit ausgeführten Steingefecht zu unterscheiden. Die Aufstellung in Reihen, das Vordringen mit Kriegsgeschrei und das Zurückziehn, das Vorgehen einzelner Waghälse, gleich den Heroen auf den Kriegswagen, das geschickte Ausweichen vor den Würfen, Schwenkungen und manches Andre läßt sich leicht denken was den Dichter berechtigte πόλεμον καὶ φύλοπιν αἰνὴν zu nennen, dem Demophoon zu Ehren, was in der Wirklichkeit nur ein künstliches Scheinbild davon abgab, aber auch so nach dem

---

[5]) Lobecks Aglaoph. p. 679 ss.   [6]) Erwähnt auch in einem Vers bei Artemidor 1, 8.

Zusammenhang vollkommen klar und keinem Mißverstand ausgesetzt ist⁷). Daß in der Trözenischen Legende die zwo Jungfrauen unter den Steinwürfen streitender Partheien umgekommen seyn sollen, darf dabei die Vorstellung nicht irre führen, da der Legende zu ihrem Zweck alle Mittel gleich gelten, und sterben mußten die Jungfrauen um Göttinnen zu werden, wie wir bei der Ariadne gesehn haben. Als etwas Ansehnliches stellt offenbar der Dichter das jährliche Festspiel zu Ehren des Demophoon dar: es läßt sich denken als der Demos im Glanz, und damit trifft grade der Name der Person zusammen, die demnach nicht minder gedichtet wäre als Triptolemos, Eumolpos u. a. aber ihrer Bedeutung nach nicht an die Spitze einer Genealogie gestellt werden konnte wie Eumolpos, noch zum Gott erhoben werden durfte gleich dem Triptolemos. Doch ist möglich daß zu seinen Ehren erfunden ist wie nah er der göttlichen

---

7) Creuzer hat schon Krieg und Schlacht in Eleusis als „Festkampf und Jahresspiel" erklärt in seiner Symbolik u. M. 4, 282—286 1 A. (1812), 4, 259—262 2. A. (1821) und zwar mit so treffender Widerlegung der vielen Versuche der Kritiker und aus so unwiderleglichen Sachgründen nach dem ungefälschten Text, daß was die Auslegung betrifft diese Stelle die Perle des Buchs genannt werden kann, wobei einige Kleinigkeiten leicht zu übersehn sind. Die Conjectur ist oft genug teck vorgeschritten wenn man mit dem Verständniß nicht ausreichte: aber schwer verzeiht man doch αλιν εν Ἀθηναίοισι statt αλιν εν ἀλλήλοισι in neueren Ausgaben. Joh. H. Voß hat in seinem Commentar zum Hymnus einer neuen irrigen Erklärung wegen nicht gescheut ἤματα πάντα auf die Lebenszeit des Demophoon zu beziehen und eine Menge der wunderlichsten Dinge hinzugesetzt in dem Glauben daß sich die alte Geschichte von Eleusis aus der Phantasie gestalten lasse auf dem Grund dichterischer Sagen. Auch Preller im Philologus 7, 48 (1852), der zwar βαλλητύς und die Stelle des Hymnus verbindet und sowohl bürgerliche Unruhen in Eleusis als den Krieg mit Erechtheus verwirft, aber in der βαλλητύς, so wie in andern λιθοβολίαις eine Tradition von ehmaligen στάσις vermuthet, was klar zu machen ihm nicht gelingt, war doch wohl gewiß nicht auf richtigerm Wege. Auch O. Müller bespricht die wie wenige andre vielbesprochne Stelle des Hymnus in seinen Eleusinien §. 18a.

Ehre gekommen war; wenn nicht vielmehr dieser Mythus vorher für sich unter einem andern Sinn bestand und dann mit dem von der Einsetzung des Fests verknüpft wurde, wie man allerlei Mythen gleich Perlen in eine Schnur aufzureihen liebte. In so vielen zusammengesetzten Namen wird φόων, φῶν, φάντης ähnlich gebraucht.

Auch nach Tarent sind Damia und Auresia gelangt, wie nach Italien auch andre sacra Cereris. Ihr Fest hieß dort nach Hesychius Δάμεια, der Kürze wegen nur nach der ersten von beiden, ihr Opfer damium und wenn dort Demeter selbst ἐπιλυσαμένη genannt wurde, wie oben erwähnt, so ist dieß vielleicht nur um einer Erklärung auszuweichen oder der Kürze wegen von den zwo die Demeter vorstellenden Göttinnen auf den Knien in der Lerikographie übergegangen.

2. Triptolemos. Dysaules (2, 471—73.)
3. Die Gaben der Demeter.

In Athen wurden Demeter und Kore zugleich mit sie angehenden Dämonen, aber auch mit andern Göttern der Erde angerufen, wie die Aufforderung des Herolds in den Thesmophoriazusen des Aristophanes zeigt (295): "betet zu den Thesmophoren beiden, der Demeter und der Kore und dem Plutos und der Kalligeneia und der Kurotrophos, der Erde und dem Hermes und den Chariten". Daß man zu der Demeter und den „fruchtbringenden Göttern" gemeinschaftlich betete, ist gewiß: ein Oberpriester derselben ist in Inschriften von Mitylene genannt (C. J. 2175. 2192). Aber ein Irrthum ist es wenn man dem Herold in der Komödie zutraut daß er diese Götter streng nach der Folge und in der örtlichen Zusammengehörigkeit hersage und nichts ändre und einmische. So hat er höchst wahrscheinlich Kurotrophos, was vorzüglich Beiname der Ge- aber auch der Demeter ist [1]), hier als deren Dämon, wie auch

---

1) Hesych. Wie viel Mühe Kritiker, welchen die Mythologie des

Kalligeneia sie selbst und ihrer Dämonen einer genannt ist, zugesetzt und auf dieß Spiel von Beinamen und zugleich Dämonen der Götter (besonders auch Athena und Zeus) gezielt. Gewiß aber ist ein Kreis in ihrem Element verwandter Götter und der Kreis von Dämonen und Dienern (περίπολοι) der ein und dieselbe Gottheit umgiebt, zu unterscheiden. Der letztere ist bei der Demeter besonders groß; unter den verschiedensten Namen wird die Schönheit ihrer Erscheinung, die Erfreulichkeit ihrer Segnungen gefeiert. Aus der Formel in der angeführten Komödie gehören dahin

Plutos, der in dieser Verbindung, nach der Sage daß er von Demeter und Jasion auf dreimal geackertem Felde entsprieße, als die Pracht und Fülle des Aerndtefelds, wie von ihm ja auch der Gatte der Kore Pluton genannt worden ist, zu verstehen ist, der sonst freilich auch nach seiner allgemeinen Bedeutung als Sohn der Eirene, der Tyche, Gehülfe der Athena Ergane und in vielen andern Verbindungen vorkommt:

Kalligeneia (Götterl. 2, 503 f.)

Kurotrophos:

Chariten.

Andre sind Euboſie in einer von Franz herausgegebenen kleinasiatischen Inschrift:

Euthenia, geschrieben an einer Basis mit schönem Relief, worin ihre Figur steht (davor sitzt eine Epiktesis vor welcher Telete geschrieben steht) [2]:

Eueterie, Jahresſegen, deren Tempel mit denen der Kore und des Pluton ein Archiereus in Korinth vielen andern frommen Stiftungen auf dem Isthmus hinzufügte, wohl nicht vor der Zeit Hadrians oder der Antonine [3]. Auf diese beiden letzten Göttinnen mochte die Römische Abundantia Einfluß gehabt haben:

Chloris (Grünin) in einer Gruppe von Praxiteles zu

Cultus nicht gehörig bekannt ist, verschwenden, kann man auch an dieser Stelle sehn, besonders aus der langen Anmerkung von Fritzsche.

[2] Annali d. J. archeol. T. 1 tav. C p. 132. [3] C. J. Gr. 1104.

Athen, sie und Triptolemos zu den Seiten der Demeter, wie in einer andern Kore und Jacchos. Ueber Chloris ist bei der Niobe das Nöthige bemerkt worden:

Habreus, „ein Dämon um die Demeter von der ἁδρυν-σις der Früchte". Etym. M. p. 18.⁴).

4. Habranos oder Abranos in Sicilien.

Von ἁδρός war auch, wie es scheint, und bei Adrastea bemerkt worden ist (I, 7.), in alter Zeit ein Dämon Abrastos entstanden, dem in Sikyon einst Trauerchöre wie dem vernichteten Dionysos gefeiert wurden, zu unterscheiden also von Abrastos dem Unentfliehbaren, König in Argos. Einen ansehnlichen Cult aber hat in Sicilien ein Habranos oder Abranos erhalten ¹). Plutarch bezeugt daß der Gott ausgezeichnet in ganz Sicilien (dem Getraideland) verehrt werde, und Nymphiodoros nennt ihn einen einheimischen Gott der Insel, beide indem sie von der von ihm benannten Stadt am Aetna reden. Plutarch nennt sie klein, aber, wie schon bemerkt, heilig einem in ganz Sicilien verehrten Gott, und Nymphiobor berichtet von ihrem Tempel ²). Auch der Name Abranodorus bei Livius (24, 25, 11) giebt diesem Dämon eine Aehnlichkeit mit den großen Göttern. Auf

---

4) Hesiodos Op. et D. 472 ὡδί κεν ἁδροσύνῃ στάχυες νεύοιεν ἔραζε. Hesych. v. λοχίαν, τὴν εὐτραφῆ γῆν καὶ ἁδροὺς στάχυας ἢ καρπὸν φέρουσαν.

1) Der Spiritus asper ist in den Schriftstellern und Handschriften, gesetzt oder fehlend, in der Regel unsicher und die Aussprache war wohl nach Ort und Zeit verschieden. Wichtiger ist daß Ἄδρανος oder Ἀδρανός geschrieben werde, nicht Ἀδρανός oder Ἀδρανός, mit langer Penultima, wie Silius Italicus 14, 250 sich einmal zu schreiben erlaubt hat, wie wir auch Ἀδρανός hier und da gedruckt finden, worüber Lobeck Pathol. serm. Gr. p. 181 zu vergleichen ist. Denn nach der Vermuthung im Philologus 10, 213f. das Wort für eins mit Abrastos unentfliehbar und also für einen Kriegsgott zu nehmen, ist aus vielen bestimmten Gründen unthunlich. 2) Plutarch Timol. 12, wo er τὸ Ἄδρανον schreibt, wie auch Diod. 16, 68, Nymphiobor bei Ael. H, A. 11. 20.

3) Burmann im Anhang zu d'Orville Sicula p. 473. Ich finde dieß

einer Münze finden wir ihn mit einer Aehre in der Hand, auf der Rückseite die Köpfe der Paliken ³), die also vermuthlich der Stadt am Aetna gehörte. Auch die κώμη 'Αδρανῶν bei Diodor (Exc. 23, 6) hatte den Namen von dem Gott, ein 'Αδρανιεῖον kommt in einer langen Sicilischen Inschrift vor ⁴); auch in Bithynien werden Adraner genannt auf einer Münze des Commodus ⁵). Die Stadt Adranos (jetzt Aderno) gründete Dionysios der ältere (Ol. 95, 1) unter dem Aetna und benannte sie nach einem prächtigen Tempel (des Adranos) ⁶); auch ein vom Aetna ihr zufließender Fluß hatte denselben Namen. Ueber diesen, vermuthlich viel älteren Tempel berichtet aus dem schon erwähnten Nymphioboros Aelian. Es nenne dieser den Gott einen sehr wirksamen und erzähle viel von ihm, wie splendid und gegen die Bittenden bereitwillig wohlwollend und gnädig er sey, wovon aber er für jetzt nur Eines erzählen wolle, von den vielen heiligen Hunden nemlich, grösser als die Molossischen die dem Tempel wohl auch zur Bewachung dienten ⁷), als Dienern, die der Tempel unterhalte die fremden und die einheimischen Gäste zu empfangen, auf dem Weg zum Tempel zu umweheln und Nachts die von dem Opfermal ⁸) heimfahrenden Berauschten den Hügel, worauf der Tempel am südlichen Bergabhang des Aetna stand, hinabzuführen. Alles in übertriebenem pfäffischen Geiste. So machten sich die Priester die Opferwilligkeit der reichen Einwohner zu Nutze und sie vermuthlich verbreiteten auch den Ruf der Bereitwilligkeit des Gottes alle

---

nicht bei Eckhel 1, 190, noch auch bei Rasche 1, 72. Suppl. 1, 169 s. Münzen der Mamertiner mit dem Kopf des Adranos behelmt, mit einem Hund auf der Rückseite, d'Orville p. 307. Eckhel 1, 224. Mionnet 1, 259. Suppl. 359. Eine numismatische Untersuchung auch nur über den Adranos würde sehr viel erfodern.   4) C. J. Gr. 5594 col. 1, 54. 62.   5) Rasche Lex. num. Suppl. 1, 170.   6) Diod. 14, 37.
7) Wie die der Diktynna nach Philostratos V. A. 8, 30 p. 374.
8) Dieser berühmte Tempel möchte zu einem satyrischen Gedicht wohl noch mehr Stoff gegeben haben als einst die Opfermale zu Delos.

Gebete zu erhören, die auch an manchen andern Orten an verschiedenen Göttern gelobt wurde. Die tausend d. i. sehr vielen Hunde des Adranos mögen übrigens noch weit geschickter abgerichtet gewesen seyn als die des Hospitium auf dem S. Bernhard, welche die Verunglückten im Schnee aufsuchten [9]. Die Berühmtheit von jenen ergiebt sich daraus daß auf wenigstens einer der Münzen wo nichts an der Hauptfigur mit dem Adranos unverträglich ist, ein Hund sie begleitet [10].

5. Die Mühlengötter.

Nach der Natur des Griechischen Polytheismus alle Angelegenheiten, Bedürfnisse, Verrichtungen der Menschen unter den besonderen Schutz der Götter nach deren besonderen Aemtern und Kräften oder auch nach besonderen Untergöttern zu stellen, konnte es nicht fehlen daß Demeter, von der man sagte daß sie das Mahlen und Verarbeiten des Getraides erfunden habe [1], von Beidem Beinamen und Dämonen hatte. Der μυλάντειοι θεοί einer war Nostos oder auch die Eunostos. die das gerüttelte Maß des Mehls zu besorgen schien [2]. Das Wort νόστος bedeutete auch soviel als ἐπίμετρον. Hesychius und ein rhetorisches Lexikon bei Eustathius (p. 1383) nennen ein schlechtes Bildchen (ἀγαλμάτιον) in den Mühlen Eunostos,

---

[9] Eine ähnliche Geschichte wie von den Hunden des Adranos erzählt Aelian H. A. 11, 3 von Hunden eines Hephästostempels auf dem Aetna, der unauslöschliches Feuer enthielt.   [10] Auf einem geschnittnen Stein begleiten mehrere Hunde eine Figur, nach Visconti Oeuvres div. 2, 195, entweder Mars oder Adranos. Der Helm den sie trägt, scheint den letztern auszuschließen: und wenn wir Hunde als Gehülfen der Kämpfer aus Vasengemälden von den ältesten kennen, so sind sie doch bei einem Mars einer Gemme auch sehr unwahrscheinlich, und es ist daher die Frage, ob der Helm sowohl hier als auf den Münzen der Mamertiner richtig gesehn oder wenn dieß, wie er zu deuten ist.
[1] Plin. 7, 57.   [2] Etymol. M. p. 394. Statt μέτρον sollte es heißen ἐπίμετρον.

welches die Zugabe, die Hülle und Fülle (τὸ ἐπίμετρον) des Mehls, die νόστος genannt werde, zu beaufsichtigen scheine; und auch Athenäus sagt, Himalis[3]) sei bei den Dorern der Nostos und die Zugabe (τὰ ἐπίμετρα τῶν ἀλέτων), (14 p. 618 d.) Dieß wird bestätigt durch eine der Bedeutungen von πολύνοστος. Der Sinn scheint daher, Eunostos, so wie Himalis, sollten schaffen daß das Mehl reinlich, wie im gehäuften Maß, Ueberfluß, aus der Mühle hervorgehe. Eine Himalis stand in Syrakus der Demeter des Brodes (Σιτώ) zur Seite, wie in Böotien irgendwo eine Megalartos und Megalomazos (Götterl. 2, 470).

VII. Dionysos.

1. Nymphen, Mänaden, Bacchen.

Die Ammen des rasenden, feurigen Dionysos, die ihn im Nyseion umschwärmen, wie sie uns zuerst in dem fremden Mythus vom Thrakischen Dionysos und Lykurgos vorgeführt werden (Götterl. 1, 433. 435.), haben keinen Namen gewöhnlicher als den der Mänaden, auch Thyiaden (Θυιάδες, Θυάδες), Bacchen, schon bei Aeschylus, die heiligen Dienerinnen (πρόπολοι) des Gottes[1]) von welchem Sappho Baccheiotis genannt wird. So umgeben ihre Nymphen die Artemis, jagen mit ihr, tanzen ihr Reihen. Die Vielheit wird nach üblicher mythischer Form auch durch eine Dreizahl von Bacchen repräsentirt[2]), wie auch die der Wassernymphen selbst. Die Erregtheit, als der herrschende Charakter der Bacchen — wie denn die Dichterin sagt: Mänade die nicht raset, was willt du mir? — hatte natürlich ihre sehr großen Abstufungen. Die ältesten Hauptorgien, wovon Aeschylus und Euripides uns ein

---

3) Clem. Rom. Homil. 5, 13. Ἱμαλὶς δαίμων τις ἐπιμύλιος ἔφορος τῶν ἀλέτων. Hesych. ἱμαλιά· τὸ ἐπίμετρον τῶν ἀλεύρων, ἱμαλίην, ἱκανήν, καὶ περιουσίαν κ. τ. λ.

1) Schol. Lycophr. 143. 2) Tril. Prometh. S. 496 Note.

poetisches Bild entwerfen, waren Nachts auf den Bergen unter Fackelschein; doch läßt eine Stelle des Hymnus auf Demeter auch darauf schließen, daß Thyiaden im Schatten des Waldes schwärmten (385: ἡ δὲ ἰδοῦσα ἤϊξ᾽ ἠΰτε μαινὰς ὄρος κατὰ δάσκιον ὕλῃ ³). Auf dem Kithäron, indem Sophokles Theben die Mutterstadt der Bacchen nennt (Antig. 1122), rasten sie auf dem Parnaß, vereinigten sich Attische Chöre mit Delphischen ⁴). Solche wirkliche Mänaden sind wohl zu denken als die finsteren und schweigsamen ⁵), indem dieß auf die fanatischen Regungen nachfolgte, während das Begeisterte, Verzückte, das der Erschöpfung vorherging, ein gewisser seliger Taumel auch auf die göttlichen übergetragen wurde ⁶). Die Ideen, von denen diese Verzückungen ausgiengen, sind dunkel und unbestimmt, wie überhaupt die fanatischen Religionsübungen (sacra cum furore peracta); nur daß sie in der Winterfeier von dem Schicksal der Natur ausgiengen, ist klar. Mit dem Geheimniß des eigentlichen Wesens des mänadischen Treibens und seiner wahrscheinlich sehr verschiedenen Gestaltungen, worüber man sich nicht täuschen muß, steht im Contrast die Menge der lebhaften Aeußerungen in der Litteratur, nicht bloß der Griechischen, sondern auch der Römischen, über die Mänaden

---

3) Plut. Qu. Rom. 112 ἀγριωνίοις καὶ νυκτελίοις, ὧν τὰ πολλὰ διὰ σκότους δρᾶται.   4) Götterl. 1, 451. 2, 573. A. Denkm. 1, 158 f.   5) Suid. v. Βάκχης τρόπον, ἐπὶ τῶν ἀεὶ στυγνῶν καὶ σιωπηλῶν, πάρoσον αἱ Βάκχαι σιγῶσιν.   6) Hesych. Θυιάδες Νύμφαι τινές, αἱ ἔνθεοι, καὶ Βάκχαι. Id. Θυιάδες ἔνθεοι. τὴν τῶν Βακχῶν φωνὴν θυιάδα φασίν. — Id. Ἰναχρος ὥστε μαινάς· Ἀχαιὸς Ἀλφεσιβοίᾳ ἀντὶ τοῦ Ὑάς· τὰς γὰρ Βάκχας Ὑάδας ἔλεγον. Aristides schöpft rhetorisch aus der alten Poesie Or. Plat. 1 T. 3 p. 34 Cant. καὶ γὰρ αἱ Βάκχαι, ἐπειδὰν ἔνθεοι γένωνται, ὅταν οἱ ἄλλοι ἐκ τῶν φρεάτων οὐδὲ ὕδωρ δύνανται ὑφεύεσθαι, ἐκεῖναι μέλι καὶ γάλα ἀρύονται. Plut. Qu. Rom. 112 αἱ ἔνοχοι τοῖς Βακχικοῖς πάθεσι γυναῖκες. Id. Brut. 15 ὥσπερ κατάσχετοι τοῖς βακχικοῖς πάθεσι. Stat. Theb. 9, 378 Baccha vaticinatrix. Οἰστρῶσα ψυχή, εὔιοι γυναῖκες, εὐάδες.

wie über das Dionysische überhaupt, so wie der sie enthaltenden zum Theil höchst meisterhaften Kunstwerke.

In Städten und Dörfern gaben für die Mänaden die Lenäen oder Kelterfeste den Schauplatz ab. Darauf führen uns drei Worte des Hesychius: „Lenen, Bacchen, die Arkader". In den Anakreonteen wird zwar der Toreut geheißen „mache erndtende Mänaden". Aber man wird darum nicht glauben, daß Bacchen nur die Arbeit der Kelter besorgt hätten, zumal da Theokrit, Dionysius Periegetes und A. Lenä auch für Bacchä beliebig gebrauchen, zur Abwechslung[7]), da es nur bei den Arkadern im stehenden Ausdruck gewesen zu seyn scheint. Sehr wenig kommt vor über die Arten des Auftritts der Mänaden nach den örtlich ohne Zweifel sehr verschiedenen Einrichtungen des Festes, in Tanz, Umherlaufen, religiösen Acten. In Sikyon waren heilige dem Dionysos rasende Frauen aufgestellt[8]), und vermuthlich hat ein Relief zu Florenz denselben Gegenstand[9]). Für die körperliche Erregtheit ist das älteste und stehende Zeichen das Schütteln und krampfhafte Zurückwerfen des Haupts[10]). Eine große Rolle spielten bei ihnen die Schlangen[11]). Eine Stelle des Plau=

---

[7]) Strabon nennt unter den verschiednen Namen dasselbe Wesen 10 p. 468: Διονύσου δὲ Σειληνοί τε καὶ Σάτυροι καὶ Βάκχαι καὶ Λῆναι τε καὶ Θυῖαι καὶ Μιμαλλόνες καὶ Ναΐδες καὶ Νύμφαι καὶ Τίτυροι.
[8]) Paus. 2, 7, 6. [9]) M. alten Denkm. 2, 5, 9 S. 111. Den Zweifel an der Aechtheit, Bullet. d. J. archeol. 1852 p. 163 kann ich nicht theilen. [10]) Jl. 22, 461 Μαινάδι ἴση (μεγάροιο διέσσυτο) παλλομένη κραδίην. Pindar Fr. 224 μανίαι τ' ἀλαλαί τ' ὀρινομένων ῥιψαυχένι σὺν κλόνῳ. Euripides Bacch. 185 κρᾶτα σεῖσαι πολιόν, 864 ἀναβαχχεύουσα δέρην εἰς αἰθέρα δροσερὰν ῥίπτουσα. Catull capita Maenades vi jaciunt hederigerae. Im Marmor sind diese ῥιψαύχενες unvergleichlich dargestellt, am heftigsten, wenn weniger schön, in Zoegas Bassir. tav. 82. [11]) Nävius: ale jugatos angues in so gerunt, Catull: pars sese tortis serpentibus incingebant, Philostr. Im. 2, 17. Auch schwang man sie über den Kopf, Demosth. de coron. p 313, 25, die dem Asklepios geweihte Art παρείας, παρώας.

tus läßt auch auf Carnevalsmuthwillen an diesen Festen schlie
ßen [12]).

2. Satyrn (I, 451.)

Da ich der in den Nachträgen zur Trilogie gegebenen Erklärung der Satyrn und der Silene (S. 211—227.)
noch treu bin, so werde ich manche dort angeführte Stellen
und Motive hier übergehn dürfen. Nach einer sonderbaren
Genealogie gelehrter Hesiodischer Erfindung bei Strabon
(10 p. 471 s.) hatte Hekatäos[1]) mit einer Tochter des
Phoroneus fünf Töchter, von welchen die göttlichen Bergnymphen und das Geschlecht der nichtsnutzigen und ungeschickten Satyrn und die göttlichen spielfröhlichen tanzenden Kureten entstanden, also die Bacchen und Satyrn und die Kureten.
Von den Kureten wissen wir durch Strabon (p. 472), daß sie
in Kreta den Zeus, der dort wie wir gesehen haben und hierdurch nur bestätigt finden können, mit dem Dionysos in allgemeinster Bedeutung zusammentrifft, was in Böotien, wie die
Theogonie durch ihren Mythus von Zeus lehrt, bekannt war,
orgiastisch, „gleichsam als Satyrn des Zeus umtanzten", indem sie den Mythus seiner Geburt darstellten; auch (p. 469)
daß die Phryger und die Umwohner des Ida die orgiastischen
Diener der Rhea, bei einem andern Mythus (in Bezug auf
Attis-Zeus), „gewisse den Satyrn ähnliche Diener", ebenfalls

---

12) Amphitr. 2, 2, 71:
   Non tu scis Bacchae Bacchanti si vis advorsarier
   ex insana insaniorem facies, feriet saepius,
   si obsequare, una te resolvas plaga.
   Casina 5, 4, 4. Nunc Bacchae nullae ludunt.
1) Hekatäos, abstrahirt von Apollon, erinnert an Strabons weitere Verbindung des Apollinischen und des Dionysischen 10 p. 468.
Οἱ μὲν Ἕλληνες οἱ πλεῖστοι τῷ Διονύσῳ προσέθεσαν καὶ τῷ Ἀπόλλωνι
καὶ τῇ Ἑκάτῃ καὶ ταῖς Μούσαις καὶ Δήμητρι, νὴ Δία, τὸ ὀργιαστικὸν
πᾶν καὶ τὸ βακχικὸν καὶ τὸ χορικὸν καὶ τὸ περὶ τὰς τελετὰς μυστικόν.

Kureten oder auch Korybanten nannten²). Die Tochter des Phoroneus in jener Genealogie scheint darauf zu deuten, daß die Satyrn wie die Kureten Argos angehörten, so wie Apollon, von dem Hekatäos abgezogen ist. Kureten können mit der Kretischen Rhea früh in Olympia bekannt geworden seyn. Aber keinen Falls hat eine solche Hesiodische Speculation Gewicht bei der Prüfung des wirklichen wahrscheinlichen Gangs alter Culte, so daß wir die Satyrn als „Peloponnesische Waldgötter" nehmen dürften. Die Genealogie hat sie vermuthlich nur ihrer Aehnlichkeit durch die Nachahmung menschlicher Götterdiener wegen zusammengestellt: in den Peloponnes aber war der Dionysosdienst früh genug vorgedrungen. Der Waffentanz (ἐνόπλιος ὄρχησις) der Kureten und ihr Name selbst, die Jungherrn, läßt sie als ein Colleg aus dem ersten Stand erkennen und so erklärt sich warum der Hesiodos den Satyrn im Gegensatz mit ihnen den Beinamen der geringen und zu nichts brauchbaren, οὐτιδανῶν καὶ ἀμηχανοέργων giebt. Denn diese stellten die niedrigste Klasse, die Hirten an den Bergen, die Verehrer des Hellenischen Dionysos dar. Nicht unter ihnen ist die originelle Idee entsprungen, daß den an seinem Feste den Gott als Böcke umhüpfenden Bauern ein göttliches Geschlecht³), das ihn immerdar umgebe, in Gestalt und Art vollkommen entspreche. Sondern des aristokratischen Stolzes bedurfte es, um den Gedanken zu fassen und geltend zu machen, daß ohne ihres Gleichen der Gott nicht im königlichem Glanze thronen könne, und vielleicht wirkte dabei noch mehr die Einbildung auf die religiöse Vornehmheit, die in ihrem Vorzug bei dem heiligsten Gottesfest lag. Denn so hat nicht selten eine höchste priesterliche Stellung die einfältigen oder auch herrschsüchtigen Sterblichen verleitet sich Gott nahe zu stellen. Offenbar sind

---

2) Die Stellen Götterl. 2, 224 f.   3) Δαίμονες Διονυσιακοί, Schol. Aristid. 2, 307 Jebb. Σάτυρος ὄρειος δαίμων. Callistr. 1. συγχορευταὶ Διονύσου Ael. V. H. 3, 40.

die Satyrn des griechischen Dionysos eine, nur äußerlich sehr abstechende Nachahmung der Kureten des Kretischen Zeus und vermuthlich sind die Satyrn erst in Böotien versucht und weiter verbreitet worden, nachdem der Kretische Zeusdienst mehr Aufsehn in Hellas gemacht hatte, die Kureten z. B. auf Hera in Euböa übergetragen worden waren. Daß in Apollodors Roman die Satyrn, die er dem Mythus der Ilias von Dionysos und Lykurgos einschiebt, so wenig bedeuten als seine andern Erdichtungen, versteht sich von selbst. Bei den Trieterien und in den Thebischen Sagen würde irgend einmal von ihnen die Rede seyn, wenn sie früherhin existirt oder mehr Bedeutung gehabt hätten. Bestimmtere Gestaltung und Ausbildung und reiche Entwicklung hat die Fabel von den Satyrn und Silen offenbar erst erhalten im Attischen Satyrspiel seit Pratinas, der in Athen nach Ol. 70 aufführte, wohin er viel von Phlius verpflanzt haben mag: dort und in Sikyon, das sich eines so großen Vorgangs vor Athen im Bacchischen Spiel rühmte, und andern Dorischen Orten mag auch die bäuerliche Lust in Bocksprüngen zu Ehren des Dionysos früher noch als von den „Ikarischen Satyrn" und überhaupt in Attika eifrig gebüßt worden seyn. Durch bäuerlichen Ursprung und Grundzüge steht das Satyrspiel, das auch der bildenden Kunst ein so weites Feld eröffnet hat, in der Griechischen Poesie und Kunst einzig da: zur Höhe einer Kunst hat es die Syrinx nicht gebracht. Die Festfeiernden ahmten das Thier des Gottes in Sprüngen und im Tragen und Behaben nach, wie um diesen sich ganz zu eigen zu machen, und suchten sich dem Thier vermuthlich auch durch eine Bockshaut und andre Mittel ähnlich zu machen. Sie hießen daher auch τίτυροι, Böcke, wovon vielleicht σάτυροι nur dialektisch verschieden war, nicht nach einer Wurzel bestimmter Bedeutung, sondern, wie manche Wörter, nur nach andeutendem Klang, daher häufig auch Ϟῆρες, φῆρες. Aus diesen Masken sind die dämonischen Satyrn der Bildhauer entstanden, die Manches aus der Maske aufnahmen und mit künstlerischer Freiheit durch thierische Zusätze zur menschlichen Figur, vielleicht mit Rücksicht auf den Gebrauch der Bühnen, eine sehr wohl studirte Mißgestalt festsetzten: Ziegenfüße [4]) und Schwänzchen, aufgesträubtes Haar (ὀρθότριχες ἐπὶ ταῖς κεφαλαῖς φόβαι), zwei sogenannte Ziegenwarzen am Halse (φήρεα, verriculae), wenigstens an vielen Satyrn, seltner auch sprossende Hörner, und viel in den Gesichtszügen, Plattnase u. s. w. Eben so fein und harmonisch durchgebildet ist der sinnlich niedrige, bösartige innre Charakter [5]). Die menschlich edel gehaltnen Satyrn in manchen Vasenbildern, sind wohl Geschmacksache einzelner Künstler.

3. Silen, Silene.

Zuerst finden wir Silene im Homerischen Hymnus auf Aphrodite, wo sie und Argeiphontes im Ida mit den Hamadryaden in den Grotten buhlen (262 f). Nymphenreiter nannte den Silen Achäos [1]), und es versteht sich von selbst daß die Verbindung nicht auf diese Klasse der Nymphen beschränkt war, sondern eben so den „berglagernden" Nymphen gemäß war. Ein Anschluß der Silene an Dionysos schon dort als ausschließend ist hieraus so wenig zu entnehmen als aus der Zusammenstellung mit Hermes. Auch scheinen sie von den Phrygern, denen Dionysos nicht angehört, sondern statt dessen Atis mit Rhea, nach dem Ida gekommen zu seyn. Diese verehrten bei Keläna die Flüsse Marsyas und Mäander die dort entsprangen und deren Opfer noch Maximus Tyrius anwohnte (8, 8.) Dort sagte man daß Marsyas die Flöte der großen Mutter erfunden habe und ihnen gegen die Galater mit dem Wasser aus dem Fluß und der Flötenmusik beigestanden habe [2]). Er wird bekanntlich der Phrygische Silen genannt, der Silen

---

4) Lucret. 4, 584. Hor. 2, 2, 4. 5) Einiges Nachtr. S. 335—338. 1) Hesych. Phot. Νυμφόβας. 2) Paus. 10, 30 extr.

Marsyas von Herodot (7, 26), Platon, von Pausanias (1, 24, 1. 2, 7, 9. 22, 9) u. A. So ist nach Konon Silen bei den Phrygern und in Askania ist Dolion ein Sohn des Silenos und der Melite bei Alexander Aetolos. Briger oder Phryger und Midas waren auch auf der Europäischen Seite, wie Midas auch am Bormios oder Bermion in Makedonien, dessen Rosengarten der bekannten schönen Sage zur Scene dient. Nun war nach Pindar in einem Dithyramb Silenos, Gemal der Nais, der in Malea (der Südspitze von Lesbos) geborne Erzieher des Dionysos (fr. 57), Bromii altor maximi, wie Plautus sagt, und war auch der Vater des Maron[3]), dessen Stadt am See Ismaros an der Südspitze Thraciens liegt. Von Malea war er wie sie in Pyrrhichos in Lakonien sagten, dorthin gekommen nach Pausanias (3, 25, 2.) Der Nais vermält ist Silen als, gleich dem Marsyas, das fließende Wasser, was auch das Wort ausdrückt[4]). Silen hat die Quelle gegeben an dem eben erwähnten Ort Pyrrhichos in Lakonien, und gern wurde Silen mit einem Schlauch bei Brunnen aufgestellt. Reindichterisch drang er auch nach Nysa vor, wo in der wässrigen Au Dionysos erwuchs, und zu seinen Ernährern schickten sich die Silene so gut als die Najaden. Nysigeni Sileni sagt Catull (64, 254), des Dionysos Nährer, υϑηνοί-Σειληνοί[5]), was mit den weiblichen Ammen so verbunden werden konnte, daß Silen nach Griechischer Sitte den Pädagogen des vornehmen Knaben abgab, und dieser konnte auch ganz früh eintreten, wie er wohl schon in der bekannten ausdrucksvollen Statue thut. Er paßte dazu auch weil das Wasser prophetischen Geist hat wodurch er μουσόμαντις, Museseher wurde[6]). Dieß hat Anlaß gegeben den Alten im ju-

---

3) Eurip. Cycl. 140.   4) Nachtr. S. 214 f. Ἰλλεύς heißt ein Fluß, was in dem Namen Ἀχιλλεύς mit dem Wort Wasser verbunden nicht mehr bedeutet.   5) Nicol. Myrepsus Alex. (der Arzt) pr. 6) Daher das Sprichwort ὡς ἀπὸ Σειληνοῦ εἰρημένον, (wie ex tripode) παρὰ Βακχυλίδῃ, Neue Bachyl. Fragm. p. 63.

genblichen Bacchischen Zug auf einen Esel zu setzen, indem dieser ein orientalisches auch Phrygisches Symbol des Prophetischen und der tiefen Weisheit ist, im Indischen heißt es, weil er die Last der Speculation trägt. Dann aber wurde der weise Alte auch wieder zum Vater der Silenenschaar gemacht, im Kyklopen des Euripides (13. 16), wohl überhaupt im Satyrspiel, auch in dem großen Festzug zu Alexandria bei Athenäus, und Pappofilenos genannt. Daß die Silene (oder zunächst Silen) von Osten her in den Bacchischen Mythus eingedrungen sind, wozu das Element wovon sie ausgiengen, Anlaß gab, bestätigt sich auch dadurch daß in der Thebischen Fabel des Dionysos sich keine Spur von ihm findet, wie Zoega bemerkt (Bassiril. tav. 73 p. 140.) Einen Altar findet man dem Silen so wenig als den Satyrn geweiht: wohl sieht man Satyrn die selbst dem Dionysos opfern dargestellt. Eine Ausnahme macht ein Tempel des Silen „und nicht zugleich des Dionysos," welchem Methe einen Becher Weins reicht, in Elis, wobei Pausanias bemerkt daß Gräber von Silenen vorkommen (6, 24, 6.)

Während die Satyrn Böcke vorstellen sollten, mußten die Silene ihre Abzeichen vom Pferd erhalten, dem Symbol des Wassers. Dieß sind denn zunächst Pferdeschwänze, die am häufigsten vorkommen: aber auch Pferdehufe [7]) und Pferdeohren. Vier mit Pferdeohren und Schweif [8]). Auch dem alten Silen, einem etwas kleinen, fettlichen stülpnasigen Alten mit hängendem Bauch, giebt Lucian große, gerade Ohren [9]). Der alte graue kahlköpfige, stumpfnasige, bärtige Silen, der

---

7) de Witte Collection de vases peints 1837 p. 125.
8) Millingen Vases de Sir Coghil pl. 24. .   9) Bacch. 2. ὦτα μεγάλα ὀρθία. Eselsohren von Silenen auf Vasen werden wohl mit Unrecht angeführt, sie müßten denn von dem Phrygischen Silen entlehnt seyn.

eine, wird übrigens dem Pädagogos ähnlich gehalten, oft etwas komisch. Die Silene aber werden mit den Satyrn selbst bis zum Namen verwirrt und vermischt (Nachtr. S. 218), woraus man sieht, da wir von denen des Ida und dem etwaigen von Malea und Maronea nichts wissen, daß die Silene erst spät als eine Neuerung und Abwechslung im Festzug auf der Bühne und in der Kunst hinzugekommen sind. An dem choragischen Denkmal in Athen mit der Strafe der Tyrrhener haben schöne Jünglinge und ältere Männer von edler Gestalt Roßschweife. Eben so sehn wir häufig Silene an gemalten Vasen, besonders an Attischen. Philostratus bezeichnet Satyrn als dem Schwanz nach Pferde [10]. Sagenhafte wilde Männer die Satyriden genannt werden, haben nicht viel kleinere als Pferdeschwänze [11]) und ein gefangener Satyr der zu Sulla gebracht wurde, hatte eine theils dem Wiehern eines Pferdes, theils der Stimme eines Bocks ähnliche Stimme [12]). Ein Satyrname an einer Vase ist Ἵππαιος. Pausanias nennt die Silene ältere Satyrn (1, 23, 6.) Jedenfalls sind die Silene, wenn auch die Phryger und Lyder welche hatten, durch die Griechen den Satyrn ähnlich geworden. Selbst der Silen Marsyas wird im Attischen Satyrspiel in einen Satyr verwandelt, von Melanippides θήρ genannt, auch von Platon im Symposian Satyr. Dagegen wird Marsyas auch vom Geschlecht des Satyros genannt [13]). Bei solcher Vermischung und Verwirrung ist nicht daran zu denken, daß nach den Bildwerken Zeiten und Orte zu unterscheiden seyen, wo Satyrn und wo Silene je allein am Fest im Gebrauch waren. Mit Recht aber haben die Künstler sie in ihren Darstellungen nicht unter einander gemischt.

Der Thiasos.

Der Zug welcher den Dionysos an seinem Feste durch die

---

10) Im. 1, 22 τὸ ἐπὶ τὰ οὐραῖα ἵπποι.   11) Paus. 1, 23, 7.
12) Plut. Sulla 27.   13) Suid. v. Ὄλυμπος.

Straße hin feierte, wurde gewöhnlich Thiasos genannt, nicht Procession, πομπή, wiewohl man auch Beides vermischt [1]). Doch ist unter dem alten Baccheion in Megara in einer Inschrift wohl nicht Thiasos zu verstehen wie Böckh meint (C. J. n. 1059) sondern das Bacchische Fest überhaupt. Von diesem sagt Plutarch [2]): „das einheimische Fest der Dionysien wurde in alter Zeit dörflich und heiter gefeiert, eine Amphora Weins und Wintergrün, dann zog Einer einen Bock, ein Anderer folgte der einen Korb voll Feigen trug: nach Allem der Phallus. Aber nun wird dieß verachtet und ist verschwunden, indem Goldgefäße und kostbare Gewänder herumgetragen werden, Wagen fahren und Masken," diese wohl auf den Wagen, wenigstens zum Theil, wie beim Carneval, während die meisten Maskirten nebenher oder hintendrein ihr Spiel trieben. Thiasos bedeutet ursprünglich eine Gottesgesellschaft [3]) und kam wohl zuerst in Gebrauch für die den Dionysos feiernden Frauenzüge, da es von dem in den Städten dem Dionysos schwärmenden Volk wie eigentlich vorkommt und scheint von ihm auf einen Chor der Musen von Aristophanes, auf ein Kränzchen (ἔρανος) des Herakles, und eine ähnliche Gesellschaft des Poseidon in Aegina bei Plutarch (Mor. p. 381 e) oder auf irgend welche Versammlungen nur übergetragen worden zu seyn [4]).

---

1) Hesych. Θίασος χοροῦ σύστασις ἢ σύλλογος καὶ τὸ ψιλὸν πλῆ-θος· ἔσθ᾿ ὅτε δὲ καὶ τὸ Βακχικόν, ἢ ἑσμὸς γυναικῶν. Ulpian. ad Demosth. p. 688 οἱ πομπεύοντες τῷ Διονύσῳ κατὰ μίμησιν τῆς περὶ αὐτὸν θεραπείας ἐπόμπευον, οἱ μὲν τὸ τῶν Σατύρων σχῆμα σώζοντες, οἱ δὲ τὸ τῶν Βακχῶν, οἱ δὲ τὸ τῶν Σειληνῶν ἐμιμοῦντο. Artemidor 2, 37 ὁ χορὸς ὁ περὶ Διόνυσον.   2) de cupid. divitiarum p. 527 c.   3) Athenäus: θίασον παρὰ τοὺς θεούς. So Harpocration τὸ ἀθροιζόμενον πλῆθος ἐπὶ τελετῇ καὶ τιμῇ θεῶν. Nach Hesychius auch θείασος, θειασῶται, wie θειάζειν. Daher auch θιασεύεται ψυχάν, Eurip. Bacch. 532.   4) Eurip. Bacch. 532 στεφανηφόρους θιάσους. Dafür auch χορός, V. 679 γυναικείων χορῶν. Demosth. de cor. τοὺς καλοὺς ἄγων θιάσους. Theocr. τρεῖς θιάσους. Virg. Ecl. 5, 30. Daphnis thiasos inducere Bacchi instituit.

Nachher umfaßte das Wort auch die den Bacchen sich anschließenden Satyrn und Silene⁵). Daß an den Festen die Mänaden und die Satyrn oder Silene in demselben Thiasos gemischt waren, θιασῶται von einander, συνθιασῶται waren, ist fast nothwendig und an sich und nach dem vorkommenden Plural und der Zahl drei ist mit Wahrscheinlichkeit anzunehmen, daß wenigstens in den großen Städten sich mehrere Thiase bildeten.

Ob unter die Masken der Dionysien wirklich auch Pan zu irgend einer Zeit aufgenommen worden sey, wie man aus Bildwerken schließen könnte, ist doch sehr zweifelhaft. Platon nennt ihn unter den Bacchischen Tänzen, mit Nymphen, Satyrn, Silenen (Legg. 7 p. 815, c.); Lucian sagt, Dionysos habe seinen Chor, Pan, Silen, Satyr (Deor. concil. 4). Pan der Tänzer hatte allerdings mit den Satyrn viel Aehnlichkeit auch durch die Gestalt und als Gott der Hirten. Viel wahrscheinlicher ist daß Pane nur durch die Poesie und Kunst in diese Verbindung gebracht und nicht mehr als Kentauren, die Trunkenbolde schon in der Odyssee, Halbrosse wie die Silene Roßschweife hatten, selbst von der unersättlichsten Lust an den Dionysien mit in deren wirkliche Feier hereingezogen worden sind⁶). Die doch gewiß nur der Kunst angehörige Anspannung von Kentauren vor den Wagen des Dionysos ist vielleicht Nachahmung der Elephantengespanne und also aus dem Roman des Indischen Bacchuszugs abzuleiten. Thiasoten des Dionysos können die Kentauren auf keinen Fall genannt werden. Immer weiter gieng die späteste Mythologie in genealogischer und andrer Verknüpfung der Götter, so daß

---

5) Athen. 8 p. 362 ὁ τῷ Διονύσῳ παρεπόμενος ὄχλος. 6) Götterl. 2, 613 Z. 9 ist nach „Schwarm" zuzusetzen „in späteren Bildwerken." Die Vermuthung von Böttiger Vasengem. 1, 3, 108 hinsichtlich der Kentauren ist äußerst unwahrscheinlich.

z. B. Silen Sohn des Pan und einer Nymphe genannt wurde [7]).

4. Akratos.

So wie Dionysos als Kresios in Bezug auf die Mischung des Weins mit Wasser verehrt wurde (Götterl. 2, 608), konnte auch Akratos ernannt werden für den ungemischten Wein. Dieser wurde zu einer bestimmten Zeit des Symposion aufgesetzt und dann der Hymnus des Agathodämon gesungen, zuletzt aber wurde dem Zeus Soter mit gemischtem Wein gespendet [1]). In einer Halle zu Athen war ein sogenanntes Haus des Dionysos Melpomenos, darin Statuen der Athena Päonia und des Zeus, der Mnemosyne und der Musen und des Apollon und „in der Wand eingemauert nur die Maske allein von Akratos einem der Dämonen um Dionysos" [2]). Diesen Dämon verwechselt Zoega mit Silen dem Vater der Silene, Σιληνῶν ὄχ' ἄριστος in einem Orphischen Hymnus (53) auf Anlaß eines seiner Basreliefe (1, 4), wo dieser Silen betrunken von einem kleinen Satyr gestützt wird, und mit dem des Tempels des Silenos, des Silens „besonders und nicht zugleich mit Dionysos" in Elis, welchem Methe Wein in einem Becher reicht [3]). Die Trunkenheit scheut sich die Kunst nicht eben so gut wie die Weisheit zum Ausdruck zu bringen, oder die den Trinker bezeichnende Aufgedunsenheit, wie wir bei Pausanias in Elis den Witz finden daß Dionysos den Narkäos, die Erstarrung, gezeugt habe mit Physkoa, der Aufgedunsenheit.

5. Methe.

Methe, die Trunkenheit, vertritt in dem eben erwähnten Tempel die Stelle einer dämonischen Person, da sie sonst eine

---

7) Serv. ad Virg. Ecl. 6, 13.   1) Diod. 4, 3.
2) Paus. 1, 2, 4.   3) Paus. 6, 24, 6.

bloß poetische ist, wie z. B. die in dem Gemälde des Pausias, die aus einer Phiale von Glas trank, durch welches man sie schaute, mit Anspielung auf die Erfahrung daß den Berauschten die Geschwätzigkeit durchsichtig macht. Doch hatte auch Praxiteles den Dionysos und die Methe und „zugleich den berühmten Satyr" gemacht, wie Plinius berichtet. Was ich einst vermuthet habe, (Zeitschr. f. a. K. 1, 3 S. 508), daß Mystis, die bei Nonnos Erzieherin des Dionysos zu den Mysterien ist (13, 140) und die zur Methe ein Gegenstück abgeben würde, auf dem schönen Relief mit der Erziehung des Bacchuskindes dargestellt sey, ist wenigstens für Böttiger Anlaß gewesen, in seinem Herakles am Scheideweg in einem Vasengemälde, in Nachahmung des Herakles zwischen Arete und Hedone einen Epheben zu malen zwischen Terpsis als Baccha und Mystis, in deren ihm vorgehaltenen Spiegel er schaut.

Eine große Menge von Figuren mit Namen sind von den Malern erfunden worden um die charakteristischen Züge der Bacchischen Lustbarkeiten, die sie darstellten, hervorzuheben als Εὔοια, Γαλήνη, Ἡδύοινος, Γέλως und Κῶμος, welche beiden Philostratos uneigentlich die zween heitersten und trinkgesellschaftlichsten Dämonen nennt [4]). In Vasengemälden wird eben so auch Aphrodite gern mit bedeutsamen Figuren, wie von älterer Zeit her mit Chariten u. s. w. umgeben, als Paidia,

---

4) Imag. 1, 2 ed. Jacobs. p. 214 s. Weit mehr ist zusammengestellt in O. Jahns Vasenbildern, welcher S. 18 ΕΥΟΙΑ auch nicht in ΕΥΔΙΑ emendirt, (nach Pindars μελιτόεσσα εὐδία Olymp. 1, 98), wie Creuzer, O. Müller Archäol. S. 523 und Minervini Bullett. Napol. 1846 p. 75 thun. Gelos (ΣΟΥΕΤ), mit Weinlaub gekränzt, neben Dionysos. Cab. Durand. n. 85. ΕΥΘΥΜΙΗ als Baccha neben Dionysos bei der Hochzeit des Herakles mit der Hebe an einer Vase der Berliner Sammlung.

Pannychis, Pandaisia u. a. Die vielen Dämonen um Demeter scheinen den Vorrang vor solchen Figuren, den ihnen dieser Titel und hier und da ein Altar giebt, nur dem Umstande zu verdanken, daß die Getreideerndte doch einer ungleich größeren Masse und ansehnlicheren Klasse von Menschen als das Wesentlichste erscheint als Dionysos und einer ernsteren und religiöseren als Aphrodite.

Die drei Oenotropen, die in den Kyprien, als die Achäer Mangel litten Agamemnon von Delos durch Palamedes nach Troja abholen läßt (der epische Cyclus 2, 107—109), halte ich nicht mehr für wirkliche Delische Dämonen, sondern diese Geschichte für eine baare Erfindung des Dichters, eine Nachahmung der nach Aegina entführten Damia und Auresia und vielleicht ähnlicher aus dem wirklichen Volksglauben stammender Sagen. Sie heißen Oino, Spermo und Elaïs und zusammen Oenotropen indem sie Alles was sie anrührten, in Wein, Korn und Oel verwandelten, und dieß Verwandeln, wie vom Wein, so auch vom Korn und Oel mitverstanden wird. Zum Vater wird ihnen Anios gegeben, wie $Γᾶ$ $καρποὺς$ $ἀνίει$, $πλεῖστον$ $οὖλον$ $ἵει$, $ἴουλον$ $ἵει$; im Hymnus an Demeter $καρπὸν$ $ἀνήσειν$, $καρπὸν$ $ἀνῆκεν$ $ἀρούρων$, woher Jasios und Demeter Anesidora. Die Sage wird allerdings als eine ächte aufgenommen und verpflanzt nach Andros [5]) auch genealogisch mehrfach und anderweitig entwickelt, noch spät angeführt und Anios wird König und Priester, wie bei Virgil, nach dem Tode göttlich verehrt nach Clemens. Simonides in den Gebeten hatte bei den Gaben der Oenotropen als Beweis ihrer Macht die Geschichte im Epos benutzt. Aber dieß alles beweist nur wie hingegeben die Griechen den Sagen waren; während es der Kritik nicht schwer fallen kann nachzuweisen wie verschieden diese epische Erfindung von dem volksmäßigen

---

[5]) Steph. Byz. $Ἄνδρος$.

Charakter ist. Hätte Delos wirklich solche Dämonen gehabt, so würden uns von diesen historische Spuren nicht fehlen.

VIII. Poseidon.

1. Aegäon.

Aegäon, Wogener, wenn man so sagen dürfte (wie Harfner), ist Beiname des Poseidon (Götterl. 2, 629), in der Ilias aber Sohn des Poseidon, wie ihn auch Eumelos u. A. nennen: eine Variation ist Sohn des Pontos und der Thalassa. In der Theogonie ist Briareus einer der drei Brüder welche das Element des Wassers bedeuten (149.)¹). Nun enthält die Ilias die Erzählung von einem großen Dienst, welchen Thetis dem Zeus, den sie jetzt für Achilleus gewinnen soll, geleistet habe. Here, Poseidon und Pallas Athene wollen den Zeus binden und Thetis befreit ihn von den Banden. Sie ruft schnell den Hundertarmigen in den Olymp welchen die Götter Briareus nennen, alle Menschen aber Aegäon²), denn er ist an Gewalt über seinen Vater; dieser setzte sich neben Kronion, in erhabenem Trotz, und ihn fürchteten die seligen Götter und banden nicht (1, 399—406). Ich fürchte daß alte und neuere Erklärer von Zenodot an hinter dieser Stelle viel zu viel gesucht haben. Wer das Meer von tiefem Grund aufgewühlt wie in furchtbarer Gewalt toben gesehen hat, der wird verstehn was $Αἰγαίων$ eigentlich bedeutet und warum er $βίᾳ ἀμείνων$ als sein Vater genannt wird, mit Unterscheidung der physischen Stärke von der Gottheit des Poseidon überhaupt; und um diese Vorstellung noch deutlicher zu machen, wird er für denselben erklärt mit Briareus, der in der Theogonie zwar Sohn der Erde und des Himmels heißt, und welchem in derselben Poseidon seine Tochter Kymopoleia, die Wogenwälzende, zur Gattin giebt (817), während Poseidon zu den drei Kroniden

---

1) Trilogie S. 10. 148 f.   2) Die Säulen des Briareus bei Andern nennt ein Dichter bei Schol. Pind. N. 3, 38 Säulen des Aegäon.

gehört. Der Thetis zu Gefallen ist ein Göttermärchen erfunden, darin die dem Griechen überall verständliche Anschauung des Briareus-Aegäon benutzt und im Uebrigen das Mythologische mit eben so viel Freiheit und naiver Einfalt zum poetischen Zweck benutzt wird, wie gewiß nicht selten im Hieros Logos zu einem ernsten. Nicht aus Unwissenheit, sondern weil er sich über das der Reflexion und Kritik Anstößige gänzlich hinwegsetzte, giebt der Dichter dem Briareus, der doch ein Sohn des Poseidon seyn soll, sein ihm zuständiges Beiwort hundertarmig, indem gleichsam ironisch die Formel daß die Götter diesen, die Menschen jenen Namen gebrauchen der mythologischen Consequenz und Ernsthaftigkeit entgegengehalten wird. Das theologisch Unwürdige daß die mächtigsten Götter den Zeus binden wollen, fällt eben so weg wie jede symbolische oder allegorische Auslegung, und es ist der Mühe werth auch diese Art der Homerischen Poesie einem poetischen Motiv eine mythologische Unterlage mit heitrem Witz zu geben und zugleich das große Gewicht der Götternamen, wie der Namen überhaupt an einem so deutlichen Beispiel wahrzunehmen.

2. Triton (1, 650).

Sohn des Poseidon und der Amphitrite. Verehrt nur in Aegä.

3. Glaukos.

Der Glaukos ist personificirt das Meer, das in der Theogonie γλαύκη von seiner Farbe, der gewöhnlichen des ruhigen Meeres genannt wird (440). Ein eigenthümlicher Mythus und Cultus des Glaukos war in dem Böotischen Seestädtchen Anthedon (Götterl. 1, 646 ff.). Die darauf gegründete Tragödie des Aeschylus wurde Glaukos Pontios genannt zur Unterscheidung von dem Korinthischen Glaukos, nach welchem der Lyriker Simonides Korinth die Stadt des Glaukos nennt, dem Sohn des Sisyphos und der Merope, und Vater des Bellerophon, der in Potniä von seinen eignen Rossen zerrissen wurde, daher Potnieus genannt. In der etwas bunt zusammengesetzten Sage von ihm ist Manches was auf ehmaligen Cult des Gottes Glaukos auch in Korinth schließen läßt, der dort leicht zurücktreten oder in die Geschichtssage übergehn konnte, da er ganz besonders der Gott geringer Schäfer und Fischer war. Der seltsame Anthebonische Glaukos, der vielleicht von den Thrakern die sich in Anthebon niedergelassen hatten, Einwirkung erhalten hat, ist, wie es scheint, nach Gython in Lakonien verpflanzt worden, wo er Geron, der Alte, genannt wurde Denn Pausanias, der in diesem Namen den Nereus erkennen wollte (3, 21, 8), hat sich geirrt indem die Bezeichnung ἅλιος γέρων nicht bloß von Nereus, sondern auch von Phorkys und Proteus bei Homer vorkommt, Geron aber für sich als Name von ἅλιος γέρων verschieden ist, und in der Nähe von Gython spricht derselbe Pausanias kurz vorher von der Sage eines Sees zwar aus Kürze dunkel, doch von erkennbarem Bezug auf die Anthebonische Erzählung. Auch bei den Iberern hieß ein Vorgebirg ἄκρα Γέροντος [1]). Dieß sind Bemerkungen von R. Gaedechens, der ein ganzes Buch „Glaukos der Meergott" und die ihn angehenden Bildwerke mit äußerstem Fleiß geschrieben hat (1860) [2]). Viele Tempel dieses Gottes sind nicht zu vermuthen, da er von Anfang an ein Gott der armen Fischer gewesen war, die ihn als ihren Stammvater betrachteten und sogar sagten daß er selbst in einen großen Fisch verwandelt worden sey. Am Ufer opferten ihm die aus stürmischer See glücklich Entkommnen. Bei Virgil, wo dieß vorkommt, steht er den andern gelehrterweise zusammengestellten Seegöttern voran (Georg. 1, 436), so wie auch in einem epideiktischen Epigramm der Anthologie, worin in demselben Fall

---

1) Schol. Apollon. Rh. 2, 767. Meineke Anal. crit. p. 239.
2) Zu der Bemerkung S. 183 daß Glaukos in Kumä hochverehrt wurde fehlen Citate.

ein Lukillios ihm und den andern das Haar opfert, weil er nichts Andres habe. Glaukos, der in weit späterer Zeit als Nereus, und in ganz andern Kreisen als Poseidon das Meer bedeutete, wurde vermuthlich lang bevor er in der Anthedonischen Form hierhin und dorthin getragen worden ist, und lang nachher ohne diese Sage hier und dort verehrt; er wurde in Sturmesnoth mit dem kurzen Angstruf, einem dem entsetzlichen Drang empörter Wogen gemäßen Gebet ἔξω Γλαῦκε, das unter die Sprichwörter gerathen ist [3]), von den Schiffern angerufen. Von diesem Glaukos ist der der Dichter und Künstler sehr verschieden, die für die Seegötter eine vielfach übereinstimmende Behandlungsweise haben, und diese Poesie und Kunst unterscheidet sich zugleich sehr deutlich von der alten und eigentlichen, die allgemein durch religiöse Begriffe bestimmt wurde und in ihrem Ernst von uns verstanden und ganz durchschaut werden kann, auch ohne daß wir selbst an der Illusion jener Glaubensvorstellungen Theil nehmen, während die Spielereien in Genealogien und Mythenverschlingungen der gelehrten Poesie uns kalt lassen und selbst in ihrer Fortbildung durch die Kunst, die dadurch einen neuen, unendlich manigfaltigen Stoff gewann im Allgemeinen nur wenig gehoben werden. Diese Romantik und Mährchenhaftigkeit hat für uns einen zu engen Kreis. Besonders gefielen die Liebesgeschichten, das Verhältniß des Glaukos zur Ariadne und zur Skylla. Wie dem Dionysos als Wein sehr oft das Wasser mythisch gegenüber gestellt wird, so zog man den Glaukos in die Sage von der Ariadne, die auch dem Glaukos gefallen haben sollte. So dichtete Theolytos von Methymnä in seinen Bacchischen Versen daß Glaukos, der Anthedonische, der in Naxos sich in Ariadne verliebte, von Dionysos mit Reben gefesselt und auf sein Flehen (großmüthig) frei gelassen worden sey, also zu des Dionysos Ehren; und Euanthes in einem Hymnus auf Glaukos umgekehrt zu

---

3) Apostol. 7, 58. Hesych. Suid. Bekk. Anecd. 1, 97.

dessen Gunsten, daß er die Ariadne in Naxos besessen habe. Darum nennt er ihn auch Sohn des Poseidon und der Nais, nicht wie Theolytos des Kopeus, des ärmlichen Fischers *). Weit entfernt bin ich von der Ansicht daß schon auf der großen hochalten François Vase in Florenz in dem oberen Streifen, der den in sieben Paaren durch den zum Tanz lautenspielenden Theseus der, dem Anstand gemäß von ihrer Amme begleiteten Ariadne zu Dank und Ehren für die von ihr geleistete Hülfe vorgeführten Chortanz und dicht daneben ein Schiff mit zahlreicher sehr erregter Mannschaft enthält, der nackte "neben dem Schiff in den Wogen treibende Mann" den Glaukos vorstelle, nach der Vermuthung Emil Brauns bei der Herausgabe dieses so merkwürdigen, in seiner Art einzigen Monuments, welcher Niemand widersprochen hat [5]). Viel näher als in Lie-

---

4) Athen. 7 p. 296 a. c. 5) Mon. d. Inst. 4, 54—57. Annali 20, 299—383. Gädechens Glaukos S. 149—158. Eine Abhandlung würde daraus werden, wollte ich nicht nur meine Gründe ausführen gegen diesen Glaukos, sondern auch gegen die Bemerkungen welche für ihn, für diesen oder jenen Zusammenhang und gegen ein andres Local vorgebracht worden sind, nach Voraussetzungen über den Charakter der Kunst jener Zeiten, die denke ich frei und kindlich naiv, in ihren Darstellungen verfuhr, entfernt von prosaischen Erwägungen und Wahrscheinlichkeiten, wie z. B. daß Minos nicht der Mann gewesen sey die Siegesfeier zu dulden. Einfach genommen stimmt das Gebilde ganz überein mit den Worten der Ilias im Schilde des Achilleus daß Dädalos in Knossos einen Chor arbeitete für Ariadne (18, 591), d. i. ihr zu Ehren als Feier des Triumphs durch sie Dieser "Chor der Ariadne" von Dädalos war nach Pausanias zu Knossos in Relief aus weißem Marmor aufbewahrt (9, 39, 4), und der Marmor, in welchem sonst Dädalos in den Sagen nicht arbeitet, bedeutet nichts sobald wir uns nur aus einigen Angaben erinnern, was von so vielen über älteste und ältere Kunstwerke, Merkwürdigkeiten der Orte, zu halten ist. Dürfen wir uns wundern daß in Knossos selbst ein Künstler nach den Homerischen, gewiß auf eine alte Sage bezüglichen Worten einen Chor der Ariadne bildete, den man dann dem Dädalos zuschrieb, so gut wie der Maler der Vase? Das Schiff steht bereit um nach der Siegesfeier Theseus und Ariadne und die Geretteten aufzunehmen und die Erregtheit

besgeschichten lag es den Glaukos als Wahrsager in die Heldensagen hereinzuziehen wovon nicht wenige Beispiele vorliegen. Darauf leitete die Anthedonische Sage, der Vorgang des Nereus und vieles Andre.

4. Galene.

Der Nothschrei der Fischer „heraus Glaukos" zeigt recht deutlich, wie nicht die materielle Natur, hier die See, γλαυκή, sondern der ihr inwohnende Gott angerufen wurde, Glaukos

---

der Mannschaft in den verschiedensten Gestalten soll die zauberische Schönheit der Siegesfeier andeuten. Ueber das Motiv des nackten Schwimmers neben dem Schiff läßt sich allerlei vermuthen. Mit Sicherheit aber darf man behaupten daß ein nackter Mann, ohne irgend eine Andeutung eines Seegotts, ohne beigeschriebenen Namen, der keiner der übrigen Figuren außer der Schiffsmannschaft fehlt, so versteckt daß man ihn mit dem Auge suchen muß, ohne irgend eine besondre Beziehung zu Ariadne die am andern Ende noch auf dem Land ist, nicht den Glaukos vorstellt. Der Verfasser der neuen Abhandlung bemerkt selbst, daß „der Mangel der Beischrift gerade beim Glaukos sehr entbehrt werde", und daß die Erscheinung des Glaukos in vollkommner Menschengestalt hier wo er im Wasser erscheine, „immerhin sehr merkwürdig" sey. Nicht der Ariadne wegen ist Glaukos auch in der Folge in die beliebte Fabel hereingezogen worden, sondern um ihn dem Dionysos gegenüberzustellen. Nur aus diesem einfachen Motiv ist es auch zu erklären, daß in einer Gesellschaft von Göttern, die an einer Vase dem Kampf des Herakles mit Ares wegen des Kyknos zuschauen, Dionysos an dem einen, Glaukos an dem andern Ende stehen, wofür S. 196 so gezwungne Erklärungen erkünstelt werden. Ariadne ist an der Francoisvase nur Braut des Theseus, nach historischer Sage, und nur durch das Gerücht ihrer Schönheit müßte Glaukos aus den Meerestiefen herangezogen worden seyn, etwa um sie dem Theseus streitig zu machen. Erst in Naxos vermischt sich die mythische Ariadne, die Göttin, die in Kreta oder in der Theseussage in eine Königstochter verwandelt worden war, mit dieser und Dionysos tritt in den Mythus ein. Dieser aber reizte später mythologische Dichter den Glaukos einzumischen, es sey um die Schönheit der Ariadne noch mehr zu verherrlichen oder den Seegott zu erheben.

aus ihren Tiefen hervor zu Hülfe kommen soll, um der See Ruhe und Heitre zurückzugeben. Der Wind hörte auf, sagt Homer, und es ward $\gamma\alpha\lambda\dot{\eta}\nu\eta$ $\nu\eta\nu\epsilon\mu\dot{\iota}\eta$ (Od. 12, 168). Auch dieses glatte Meer in der Windstille hat seinen besondern Dämon erhalten, aber nur von nachahmenden Dichtern. Der früheste bekannte ist Kallimachos der in einem Epigramm bei Athenäus (7 p. 318) die Galene eine herrliche Göttin nennt. Sie ist nicht zu verwechseln mit Galene des Pontos Tochter bei Euripides (Hel. 1450), die nur ein anderer Name ist für die See überhaupt, wie $\gamma\lambda\alpha\upsilon\varkappa\dot{\eta}$ und selbst $\dot{\alpha}\mu\varphi\iota\tau\varrho\dot{\iota}\tau\eta$. Jene bloß poetische Galene ist in einem der Anakreonteen weichhaarig genannt (56 Bergk). Ein Stein worauf Tryphon sie geschnitten hatte, ist beschrieben in einem Epigramm von Abdäos (Br. Anal. 2, 242, 6), sie selbst gefeiert von Leonidas Alexandrinus (ib. 2, 196, 28). Millin weist sie nach im Gefolge der Thetis (Peint. de Vases 1, 43).

5. Sirenen.

Der Grundzug der Sirenen ist das Hinreißende, das Bezaubernde; ihren Zauber aber üben sie durch Gesang, wie auch die auf Inseln wohnenden Kalypso und Kirke in der Odyssee singen (5, 61. 10, 221): nichts ist zauberischerer Wirkung auf das Gefühl fähig als die menschliche Stimme. Wenn die Odyssee unsere älteste Urkunde über die Sirenen abgibt (12, 37—54. 165—201), so sind wir keineswegs berechtigt, die Schiffermähre selbst ohne Zusatz und Wendung des Dichters vorauszusetzen. Da dieser ihr, indem er sie in die Dichtung von Odysseus verflicht, einen Sinn unterzulegen scheint, wie auch einigen andern, so ist möglich daß diese seine Erfindung sich an einen Zug der volksmäßigen Sage selbst anschloß: die Vergleichung mit den Schwanenjungfrauen, welche W. Grimm anstellte[1]) schließt das Räthsel nicht auf, noch weniger kann

---

1) Deutsche Heldensage S. 387.

Windesſäuſeln oder „der an irgend einer Stelle einer Inſel pfeifende Wind", als Kern oder Keim gedacht werden. Der Homeriſchen Sirenen ſind zwei (52. 167), auf einer Inſel (201), von der ſie die Vorüberfahrenden zu ſich locken durch den ſüßen Klang ihrer Stimme (ὄπα φθόγγον μελίγηρυν, κάλλιμον) und den Inhalt, denn ſie wiſſen, wie die Leiden der Troer und Argeier, was da geſchieht auf Erden (189) und bezaubern (θέλγουσι) alle Menſchen auf Erden, die zu ihnen kommen; wer ununterrichtet ihnen naht und ihre Stimme anhört, den umfangen nicht, nach Hauſe zurückgekehrt, Weib und Kinder; ſondern die Sirenen bezaubern ihn durch den tönenden Geſang, ſitzend im feuchten Graſe die göttlichen (θεσπέσιαι (158): umher aber ſind aufgehäuft modernde Männer mit ſchwindender Haut. Drum räth Kirke dem Odyſſeus den Gefährten die Ohren mit Wachs zu verſtopfen, ſich ſelbſt aber, wenn er ſie hören wolle, von ihnen an den Maſt mit Händen und Füßen anbinden zu laſſen, damit er die Stimme der Sirenen höre, wenn er aber die Genoſſen bitte und loszulaſſen befehle, ſollen ſie ihn mit noch mehreren Banden feſſeln, und ſo geſchieht. Im Odyſſeus Akanthopler des Sophokles erzählt Odyſſeus wie er zu den zwo Sirenen kam, des Phorkos d. i. Meeres Töchtern [2]), die des Hades Weiſen ſingen. Hierin kann man nun ein Bild finden der zauberiſch anlockenden aber auch Viele ganz verlockenden, von der Familie losreißenden, ins Verderben ſtürzenden Sinnlichkeit, vor deren Zauber nur wer den Verführungen nicht ausgeſetzt iſt und ſelbſt der Verſtändigſte kaum oder ohne daß er ſich ſelbſt ſtarken Zwang anthut geſchützt iſt. Wenn in dieſem Sinn genommen die Fabel dem hohen ethiſchen Geiſte des Gedichts ganz gemäß iſt, ſo iſt es doch wohl rathſamer den Sinn in dem Natürlichen zu ſuchen und daher an einen aus der Erfahrung und Betrachtung des Schifferlebens zu denken, indem wir auch einem

---

2) Götterl. 1, 645.

Schiffermährchen nicht jeden Sinn abzusprechen genöthigt sind. Es ergiebt sich auch ein schicklicher Gegensatz, der Gedanke daß Meer und das Seeleben wohl anziehen könne, zuletzt aber dem Schiffer, wenn er sich nicht davon losmache und einmal endlich für immer zu Weib und Kind sich bleibend zurückziehe, der Untergang in den Wogen gewiß sey: wer der Lust oder dem Stande des Seemannes immerfort nachgiebt oder treu bleibt, der findet zuletzt sicher im Meere seinen Tod: sieht Weib und Kind nicht wieder. Dieß würde denn ganz übereinstimmen mit dem Rathe welchen der Schatten des Teiresias in der Nekyia dem Odysseus giebt³): an ihn als das Urbild des Seemanns würde beidemale die gute Lehre geknüpft seyn.

Der See Töchter sind die Sirenen, und ihre Heimath die Westküste Italiens, mögen sie nun von Hellenen oder anderswoher⁴) dahin gekommen seyn. Einen bestimmteren Ort, wie dem Polyphem, dem Aeolos, giebt ihnen die Odyssee nicht, und er verträgt sich auch nicht mit ihrem Wesen; sie sind zwischen Aea und Skylla. Doch so reizend war die Sage, so stark die bekannte Sucht des Volks in seiner Kindheit den Boden, die Heimath mit berühmten Geschichten auszuschmücken daß ihnen nach und nach mehrere bestimmte Wohnsitze angewiesen wurden, bis zum Vorgebirg Peloron in Sicilien.

Wenige Mythen haben so sehr gefallen und in der Poesie und Kunst ihr Andenken so sehr verbreitet. Aber man faßte nicht immer den ganzen Mythus auf, sondern nahm ihn von verschiedenen Seiten. Das Anziehende und Bezaubernde bedeuten die Sirenen wenn Aphrodite einmal Σειρήνη genannt wird und Hera in einem alten Agalma zu Koronea Sirenen

---

3) Der epische Cyclus 2, 304.   4) J. H. Voß erklärte den Namen aus dem Phönizischen sir, Gesang, Benfey von sver, tönen, Wurzellexikon 1, 461. Die Platonische Ableitung im Kratylos von εἴρειν, λέγειν, welcher Franz in A. Humboldts Kosmos 3, 208 beitritt, halte ich für sicher falsch.

auf der Hand hielt⁵); diese nemlich um das Anlockende der Ehe anzudeuten, wie denn auch Aphrodite der Here zugesellt wurde (Götterl. 2, 710). Die einfältige Legende freilich sagte, Here reizte die Töchter des Acheloos zum Wettstreit mit den Musen, die ihnen die Flügel nach dem Siege berupften und sich Kränze daraus machten⁶). Noch übler wendet diesen Wettstreit die Sage von Aptera in Kreta an (aus welcher keineswegs auf Sirenensagen sonst in Kreta zu schließen ist), um den Namen der Stadt „Flügellos" zu erklären, indem man sagte, an dem Museion genannten Ort, nahe der Stadt und dem Meer, hätten die Musen diesen Sieg errungen und den Sirenen die Flügel ausgerissen, die sich in das Meer stürzten; von den bloß gewordnen Schultern aber seyen die nahen Inseln die Weißen, $\Lambda \varepsilon v \kappa \alpha \iota$, genannt worden. Hieraus erklärt sich warum an einem Sarkophag mit dem Wettstreite der Musen und Sirenen⁷) Hera auf Seiten der Sirenen, Athene auf der der Musen steht. Aber Athene selbst hat auch ihren Reiz, durch das Geistige, weßhalb Attische Münzen sie mit einer Sirene auf der Hand darstellen⁸), und an der ältesten und merkwürdigsten der Panathenäenvasen, die der gründlichste und gediegenste der Herausgeber von Vasengemälden voranstellt in seinen unedited Monuments vermuthete er in einem Vogel mit dem Kopf einer Jungfrau eine Sirene, an der jetzt Niemand zweifeln könnte. Hier ist sie am Hals des Gefäßes der Eule gegenübergestellt, zunächst in ornamentaler Absicht, wie sie nur in dieser z. B. an einer sehr alten Vase aus Cäre zwischen zwei Sphinxen gestellt vorkommt⁹); doch nicht ohne Bezug auf die Göttin, so gut wie die Eule. Auf einer Römischen Familienmünze welche Millin-

---

5) Pauf. 9, 34, 2. 6) Preller Mythol. 1, 135 Not. 1 vermuthet daß die Sirenen hier vielleicht auf Todesgefahr deuten. Allerdings bedeuten sie oft den Tod: aber warum sollte Hera mit diesem drohen? 7) Millingen Uned. mon. 2, 15. 8) Haym Thes. Britann. 1, 11, 2. 9) Mon. d. Inst. archeol. 6, 14. Annali 30, 1858.

gen anführt (p. 9 f.), ist sie sogar mit Helm, Schild und Lanze verbunden.

Nach einer andern einseitigen Auffassung wurden die Sirenen zu bloßen Sängerinnen, Musen des Gesangs, daher Töchter einer Muse, Terpsichore, Melpomene, Kalliope, Mnemosyne, wie nach der herrschenden Zahl drei, denen natürlich ihre hierauf bezüglichen Namen, hier diese dort andre gegeben wurden. Als der Vater wurde dazu Acheloos erwählt, statt des Meergottes der König der Flüsse [10]). Dieß befolgen Apollonius, der sie Ἀχελωίδας nennt, Apollodor, Pausanias, Hygin. So verknüpfte man Götter desselben Hauptcharakters, wie Hermes und Pan, und zwar natürlich so daß der angesehnere überall gekannte der Vater, der andere der Sohn hieß; hier Mutter und Töchter. Nun konnte die Dichtung entstehen von dem Wettstreit der Sirenen mit den Musen, worin diese den Sieg davon tragen, und die Federn welche die Musen auf Sarkophagen auf dem Haupte tragen gelten als den Sirenen ausgerissen.

Noch eine weit ältere dritte Ansicht faßte die Sirenen des Homerischen Mythus von ihrer düsteren Seite auf als die den Tod bedeuten. Ein unnachahmlich schönes Epigramm der hochgebildeten Erinna beginnt Στῆλαι καὶ Σειρῆνες ἐμαὶ καὶ πένθιμε κρωσσοί, meine Grabesstele und Sirenen daran und Trauerkrug, Aschenkrug, (wie die bekannten Attischen sogenannten marmornen Urnen mit Figuren und Inschrift daran), und nach Sophokles singen die Töchter des Phorkos Todtenlieder; so daß der Tod, mit Bezug auf die aufgehäuften Leichen der Sireneninsel, das erste, der Gesang das zweite Merkmal abgiebt. Aber schon Euripides scheint den Sirenengesang, weil Sirenen häufig an Todtendenkmälern vorkommen, im Widerspruch mit ihrer ersten

---

10) Um sie noch mehr Aetolien anzueignen, nannte Jemand als Mutter Sterope, Porthaons Tochter, bei Apollodor, der auch eine Muse als Mutter an andrer Stelle kennt.

und wahren Bedeutung, reizend, aber todbringend, in einen traurigen umgewandelt zu haben, indem Helena die geflügelten Jungfrauen der Erde oder Unterwelt (Χϑών) Töchter, der Persephone Dienerinnen anruft ihre Klagelieder mit der Libyschen Flöte oder der Syrinx zu begleiten (Hel. 166). Und durch diese Wendung erhielt die Gräbersirene, das Todessymbol, zugleich wieder einen ansprechenderen Ausdruck, als Muse der Threnodie. Den Tod in nicht abschreckender Weise mit Sirenengesang in Verbindung zu bringen, diente die Umbildung welche Pindar dem ganzen Mythus gab indem er in einem Päan in den ehernen Tempel zu Delphi (den dritten in der dortigen Sage), das Werk des Hephästos versetzte, wo „goldene Keledonen sangen über dem Giebel" [11]), d. i. die zwei Keledonen auf beiden Akroterien, sehr passend nach ihrer Figur in Vogelgestalt. Pindar ahmte nicht die Sirenen nach, sondern gab ihnen nur einen neuen Namen, da $\kappa\eta\lambda\epsilon\tilde{\iota}\nu$ ein sanfteres Ergreifen und Anziehen bedeutet als $\vartheta\epsilon\lambda\gamma\epsilon\iota\nu$ (wovon die Telchinen die Zauberer genannt sind), während die Erzählungen des Odysseus den Phäaken $\kappa\eta\lambda\eta\vartheta\mu\acute{o}\nu$ wirken (11, 334); da seine Hauptabsicht bei der Variation der Fabel gewesen zu seyn scheint zu mildern und durch Aenderung des Namens die Erinnerung an einen Haufen modernder Gebeine zu dämpfen. Philostratus nennt goldene Jyngen, Zaubervögel, die eine gewisse sirenenhafte $\pi\epsilon\iota\vartheta\acute{\omega}$ einflößten (V. Apollon. 6, 11): Das Wesentliche ist der Gesang und die Folge davon der Tod, den nun der Dichter bei seinen Apollinischen Sirenen so motivirt, daß die Zuhörer aus Vergnügen an dem Gesang die Nahrung vergessen und vertrocknen [12]). Nicht so düster klingt dieß als der Homerische Mythus, aber der Tod bleibt doch:

---

11) Unzweifelhaft ist $\dot{\upsilon}\pi\grave{\epsilon}\rho$ $\dot{\alpha}\epsilon\tau o\tilde{\upsilon}$. Ueber die Lesarten in verschiedenen Autoren s. Philologus 5, 366 f. 6, 736. Rhein. Muf. 8, 147 f. Zu Pind. fr. 25 p. 568 s. sind von Böckh alle einschlägigen Stellen abgeschrieben.   12) Suidas blickt auf Homer, wohl nicht auf Pindar: ὥστε

und da Pindar mit Aeschylus einen Anfang in mythologischer Forschung und Kritik gemacht hat, so fragt sich ob wir eine Umwandlung des Mythus nur als eine durch die alte Dichtung geadelte, übrigens sinnleere Ausschmückung des Hephästischen Tempels betrachten dürfen, wobei der Tod, wenn doch an die Sirenen gedacht werden sollte, zum Ganzen gehörte, oder ob auch dieser nun eine neue Bedeutung erhalten sollte. Da an das Aeschylische: o Tod Päan, den Seufzer in schweren Leiden nicht zu denken ist, so wäre möglich daß der Dichter den Mythus von Kleobis und Biton in Gedanken hatte, oder andeuten wollte, daß dem frommen und von seinen Apollinischen Keledonen begeisterten Verehrer das Leben nichts sey, auch ohne die Aussicht eines neuen seligeren.

Eine alte Erklärung und Umdeutung des Homerischen Mythus bei Suidas würden wir leicht übersehen, wenn nicht eine Athenische Lekythos in Stackelbergs Gräbern (Taf. 16, 4) sie offenbar auch enthielte. Suidas schreibt: „Der wahre Sinn der Erzählung will dies bedeuten, daß im Meer gewisse von Bergen eingeengte Orte seyen, in welchen der Strom gedrängt eine gewisse durchbringende Stimme von sich giebt, auf welche die vorüberfahrenden Schiffer hörend ihr Leben der Strömung anvertrauen und Mann und Schiff zu Grunde gehn". Hierbei waltet der Irrthum, daß solche Töne die Schiffer immer schrecken und ängstigen, aber nie wie Sirenengesang anziehen und in Sorglosigkeit versetzen werden. Nun stellt jene Vase zwei hohe abgerundete Felsen dar, worauf zwei Sirenen sitzen, ähnlich der an der Millingenschen Athenänvase, nur mit großen Flügeln und daß die eine eine Flöte bläst. „Das sind denn die Sireneninseln, Klippen welche bei Capri aus dem Meere hervorragen und ähnlich auf einer Herculanischen Landschaft vorkommen"[13] also eine durch die Localität veranlaßte Ausle-

---

κατέχειν μέχρι θανάτου — καὶ τέλος ἔχει τῆς ἡδονῆς ἡ ᾠδὴ μὲν οὐδὲν χρηστόν, θάνατον δὲ μόνον.   13) Cluver Ital. Ant. p. 1162. 1169.

gung. Auf einer nicht sehr alten Vase von Vulci sitzen dem Schiff des Odysseus dicht zur Seite zwei Vogelsirenen hoch oben so daß die zwei Klippen und das Schiff als dazwischen hingleitend gedacht werden kann [14]). Dieser Vorstellung steht gegenüber die Sage zur Erklärung des Namens der Sireneninseln, daß die Sirenen sich ins Meer stürzten weil ihnen verhängt war nur so lange zu leben bis Einer, wie Odysseus, oder vorher die Argonauten welche an der Insel Anthemoessa bei ihnen vorbeifuhren, (nach Apollonius 4, 891) durch des Orpheus Gesang, ihnen entgehn würden, und in Klippen verwandelt wurden. Virgil verschmäht das Fabelhafte und nennt die Klippen der Sirenen nur ehmals schwierige und von vielen Gebeinen bedeckte, damals aber als Aeneas durchfuhr durch den Anprall des Meeres weithin hallend (5, 804—6). Die drei kleinen und seligen Sireneninseln lagen an dem weit ins Meer hinein erstreckten Vorgebirg Surrentum, auf dessen anderer Seite ein Tempel der Sirenen war, worin die Anwohner ihnen eifrig Geschenke darbrachten und opferten [15]). Schon Lykophron hat, daß die Sirenen, nun die drei Töchter des Acheloos und der Muse, sich vom Felsengipfel in das Tyrrhenermeer stürzten des Odysseus wegen, der ihnen entgangen war, und dazu daß eine von ihnen, Parthenope, nach Neapel gelangte, wo die Einwohner ihr ein Denkmal erbauten [16]) und sie jährlich mit Spenden und Stieropfern ehrten (712—721) und daß ein attischer Admiral (Diotimos) ihr nach Orakels Geheiß (die stehende Formel) einen Fackellauf (ein gefälliges Festspiel, sich beliebt zu machen)

---

14) Mon. d. J. archeol. 1, 8.   15) Strab. 1 p. 22. Aristot. mirab. ausc. 110.   16) Auch Strabon sagt σῆμα 1 p. 23. 26, 5, 246. Ein Temenos fehlte dabei nicht. Ein Grammatiker zu Virgil, welchen Preller Mythol. 1, 481 2. A. anführt: ager ejus Sirenae Parthenopae a Graecis est in jugeribus adsignatus. Der mons Sirenianus aus demselben möchte eine falsche Erklärung von Surrentinus enthalten, wozu der Tempel der Sirenen darauf verleitete.

einsetzte, der jährlich gefeiert wurde (732—36) und auch von Strabon erwähnt wird (5 p. 246). Münzen von Neapel stellen diese Parthenope dar [17]).

Da die Sirene Symbol des Todes geworden war und zum Kennzeichen und Schmuck der Grabmäler diente, wozu die Figur in ornamentaler Hinsicht wohl paßte, also wenigstens seit den Zeiten der Erinna, mußte sie so oft als irgend eine andre gebildet werden, da nichts häufiger vorkommt als Gräber. Auch auf dem Grabmal des Sophokles und dem des Isokrates stand eine Sirene [18]), wobei es unstatthaft ist ausnahmsweise eine Beziehung auf die Süßigkeit der Rede anzunehmen. Jophon und die Angehörigen des Isokrates konnten an diesen lobpreisenden Sinn nicht denken, da von denen die den Denkmälern nahe kommen würden, anzunehmen war daß sie an den allgemein geltenden denken würden. Nur ein einzelner mochte damit den Gedanken verbinden daß der unter dieser Sirene Liegende in seiner Art auch eine Sirene gewesen sey. Und dieser Gedanke hat vielleicht die Athenische Legende veranlaßt, daß, als Sophokles gestorben war, die Lakedämonier in Attika eingefallen waren und der Anführer im Traum von Dionysos gemahnt worden sey die neue Sirene, den Sophokles und seine Poesie, zu ehren. Ober hängt diese Erzählung wenigstens nicht mit der Sirene des Grabsteins zusammen, wie denn auch Pausanias nicht an diese, sondern daran erinnert, daß man noch jetzt das Anziehende von Poesie und Reden Sirenen nenne (1, 21, 2). Zwo kolossale Sirenen zierten die Pyra des Hephästion [19]). So sehn wir zwei Sirenen der älteren Form über einem Leichenstein [20]); goldne Sirenen sind als Schmuck in einem Grab in Ithaka gefunden worden; und thönerne hier

---

17) Drei neue macht Minervini bekannt Bullett. Napol. 1852 p. 17.
18) Vit. Soph. φασὶ δὲ ὅτι καὶ τῷ μνήματι αὐτοῦ Σειρῆνα ἐπέστησαν, οἱ δὲ χελιδόνα χαλκῆν. Plut. Vit. X orat. 19) Diod. 17, 115.
20) Cab. Pourtalès pl. 24.

und da mögen dieselbe Bestimmung gehabt haben: von einer bemerkt Schorn, daß sie in einem Thongefäß bei Athen mit Asche und verbrannten Gebeinen gefunden worden sey. Sobald man musicirende Sirenen darstellte, giengen sie von Sinnbildern des Todes in die der Todtenklage über, was schon Euripides in der oben angeführten Helena kennt. Man gieng weiter und nach einem Epigramm des Mnasalkas (57) zerfleischten sich die auf dem Grab einer Jungfrau stehenden Sirenen unter Thränen die Wangen, und wir sehn sie im Marmor die Haare sich ausraufen [21]). Threnodisch sind einige auch von den in Müllers A. Denkmälern abgebildeten (2, 59, 751—54). An einer gewiß für ein Grab gemahlten Vase stehn sie, wie Dorfmusikanten, eine Sängerin, hervorragend, in der Mitte, die beiden andern mit Instrumenten begleitend zu den Seiten [22]). Dieselbe Vertheilung erwähnt Tzetzes (ad Lycophr. 712).

Ueber die Gestalt der Sirenen ist besonders viel geschrieben worden: vorzüglich von Schorn gegen den seltsamen Wahn von J. H. Voß, der die Vogelsirenen zu Harpyien machen wollte [23]). Auch einer der besten Gelehrten der von einer der Sirenen benannten Stadt schrieb darüber [24]), R. Rochette und so Viele beiläufig. Ohne Zweifel war die Vogelsirene die früheste, die zu vergleichen ist mit dem mannsköpfigen Stier, dem Bilde der Flüsse (Götterl. 2, 616). Es wäre nicht zu verwundern wenn das ursprüngliche Mährchen des Seemanns nur einen Singvogel verstanden hätte, da in den ältesten Zeiten mit der Härte und dem rauhen Leben ein tiefes und zartes Gefühl für manche Naturerscheinungen sich verband, das sich

---

[21]) Mus. Worslej. 1, 7.   [22]) Cab. Pourtalès pl. 23.
[23]) Jahresber. der Bayer. Ak. der W. 1829—31 S. 62—65 Nachtrag zu den seit dem Streit mit Voß (im Cottaschen Morgenblatt) bekannt gewordnen Abbildungen.   [24]) Avellino sulle imagini delle Sirene in seinen Opuscoli Vol. 1.

in Manchem noch über die moderne Sentimentalität hinaus gesteigert zu haben scheint. Es steht dahin ob darin, oder im philosophirenden Gedanken der Satz bei Alkman, daß die Menschen zu singen von den Vögeln gelernt haben, entsprungen ist. Als aber die Acheloischen drei Sirenen eine Muse zur Mutter erhielten, paßte die Vogelgestalt nicht mehr und es kamen die häßlichen Jungfrauengestalten mit gefiederten Schenkeln auf, die den besten Beweis abgeben daß alle Vorstellungen von der Vogelsirene ausgegangen sind. Diese suchte man zu verbessern durch große Flügel und indem man sie der reinen Menschengestalt näher und näher brachte: nun konnte man ihnen Instrumente geben, Flöte oder Doppelflöte, Laute, Syrinx. Daß zuletzt auch diese selbst neben dem Schiff des Odysseus zuweilen erblickt wird [25], ist nicht Folge künstlerischer Entwicklung; sondern man sah auf einmal von dem Kunstgebrauch ganz ab und folgte dem Dichter, der die Sirenen, wie Kirke, Kalypso und die Nymphen überhaupt, nur als menschliche Wesen aufführt. Die Aengstlichkeit der Künstler bei allegorischen Figuren sich an das Ueberlieferte zu halten stellt man sich überhaupt oft zu groß vor: an keiner vielleicht zeigt der Reiz der Variation und erfinderischer Willkür sich stärker als an den drei Acheloischen Sirenen, die dann auch mit Odysseus nicht selten verbunden werden.

9. Zu Hephästos.

1. Charis.

Mit Hephästos dem Künstler ist in der Ilias Charis als Gattin verbunden (18, 382). Platon nennt sie seine σύντεχνος: man sagte χάρις ἀπελάμπετο von den Kunstwerken. Wie Homer ein Gewand von den Chariten gewoben nennt (Il. 5, 338), so schmücken sie bei Hesiodos mit Goldgeschmeide

---

[25] An einer Etrurischen Aschenkiste in Florenz, wo Odysseus am Mast angebunden ist. Tischbeins Homer 2, 6.

die Pandora (§§. 73). Bathykles weihte sie über dem ausgeführten Thron in Amyklä ¹), anzudeuten daß von ihnen eingegeben sey was gefallen könne, und in Kyzikos zeigte man ein dreigestaltes Bild der Chariten als ein Geschenk der Athene und das erste Muster der von ihr erfundenen Kunst (Götterl. 2, 299). Von demselben Gott als Element sind Dämonen ausgegangen, die nicht bloß das Hammerwerk, sondern auch Segen des Vulcanischen Bodens bedeuteten.

2. Die Lemnischen Kabiren.

Ich gehe aus von der Unterscheidung der Lemnischen Kabiren von den zwei Samothrakischen, die ich in der Trilogie vornahm (S. 160 ff. ¹). Die Verschiedenheit ist, jemehr man alles einzelne Lemnische und Samothrakische zusammenfaßt, so groß und selbst grell, daß man sich wundern muß die Vermischung des Namens Kabiren wegen so lange fortdauern zu sehen. Die Schriftsteller des Alterthums hat man deren im Allgemeinen nicht zu beschulbigen, da sie die Unterscheidung von beiderlei Dämonen, nach dem was sie jedesmal aussagten, als bekannt voraussetzen mußten. Was Lobeck aus drei Stellen Herodots folgert, ist nur scheinbar, aber nicht entscheidend gegen das aus so vielen andern Zeugnissen hervorgehende Sachverhältniß. Herodot nennt Söhne des Hephästos gewisse in Memphis verehrte Götter (3, 37), vergleicht diese also mit den Lemnischen Kabiren: er sagt ferner, die Dioskuren seyen den Aegyptern unbekannt (2, 50) woraus Lobeck schließt, daß

---

1) Paus. 3, 18, 6.
1) Es haben sie sehr Viele geläugnet und unter Andern bestritten K. O. Müller Proleg. S. 151. 154, Lobeck Aglaoph. p. 1212. 1248 s. und Gerhard in seinen Studien 2, 213 ff. 262 ff. worauf er sich auch in seiner Mythol. bezieht; gebilligt aber G. Hermann in seiner Rec. der Tril. S. 16 und sehr nachdrücklich W. v. Humboldt in den Briefen an mich S. 122.

diese also demnach noch nicht den Namen Kabiren geführt haben könnten, und er spricht endlich von den Samothrakischen Mysterien und deren Kabiren in Verbindung mit Hermes (2, 51). Aber eben wegen dieser zur Zeit sehr bedeutenden Mysterien der Kabiren konnte Herodot, als er der Dioskuren gedachte, um so eher vergessen oder unterlassen beizufügen daß die zween Dioskuren in Samothrake auch Kabiren genannt würden mit Bezug auf die Rettung in Sturmesnoth, da Aegypten dem so wenig als den Lakonischen Dioskuren sonst Entsprechendes aufzuweisen hatte. Daß diese Schutzgötter der Seefahrer vielmehr längst vor den andern Kabiren (Himmel und Erde) in Samothrake ihre Weihen gehabt hatten und noch hatten, wußte er vermuthlich selbst nicht (denn man hat sich keineswegs alle alte Autoren als sehr unterrichtet über alle die zahllosen Götter der verschiedensten Orte zu denken), brauchte es aber gewiß nicht als Anmerkung, wie wir jetzt in Noten zu thun pflegen, beizufügen. Was aber den Demetrios von Skepsis bei Strabon betrifft, wo dieser, nicht ohne Widerwillen, wie es scheint, gegen die streitenden, verworrenen Begriffe über gewisse Götterwesen, die ihm wichtig waren, viel zusammenbrängt (p. 472), so scheint er zu sehr mißverstanden worden seyn. Denn Demetrius widerspricht nur den mystischen „Thaten" der Kabiren in Samothrake, bemerkt daß eine mystische Sage (der blutigen Art) von ihnen in Samothrake nicht gewesen sey, also einer Vermischung der dortigen mit den Lemnischen Kabiren.

Pherekydes sagt, von Kabeiro, Tochter des Proteus, und Hephästos' seyen entstanden drei Kabeiren und drei Kabeirische Nymphen, die beide verehrt würden; am meisten würden in Lemnos und Imbros die Kabeiren geehrt, aber auch in Troja Stadt vor Stadt; ihre Namen seyen mystisch (die uns unbekannt geblieben sind). Akusilaos setzt zwischen Kabeiro mit Hephästos den Kamillos, von dem die drei Kabeiren und die

drei Kabeirischen Nymphen stammten ²). Möglich daß Akusilaos den Kamillos eingeschoben hat, der in Lemnos nicht bekannt ist, in dem Gedanken an eine Vereinbarung der Lemnischen mit den Samothrakischen Kabiren, die zwar so kurz nicht
zu bewerkstelligen war: jedenfalls kann die Neuerung, wenn
Strabon sie richtig aufgefaßt hat, für uns nichts zu bedeuten
haben. Die Bedeutung der Kabiren von χάειν ist schon vorher von mir verfochten worden (2, 429 f.). Daß mit dem Gott
eine Göttin gleicher Natur verbunden wurde, wie Amphitrite
mit Poseidon, war das Schicklichste. Die Gattin des Hephästos nannte man in Lemnos Καβείρη oder Καβειρώ, am Aetna ⁵)
Αἰθάλεια, von αἴθειν. Daß Gelehrte wie Jos. Scaliger,
Grotius, Bochart, Selden, Jablonsky u. A. die Kabiren nach
dem Phönizischen oder Arabischen für Kabirim, die Großen, wie
die Samothrakischen Dioskuren-Kabiren genannt wurden, hielten, ist nicht zu verwundern, da die Ableitung aus dem Ebrä-
ischen und Phönizischen ehmals so geläufig war und da diese
berühmten Gelehrten den Zusammenhang der Griechischen Mythologie und ihre im Allgemeinen wunderbaren inneren Uebereinstimmungen und Regelmäßigkeiten wohl nicht viel mehr kann-
ten als ein Röth der durch ein alles Andre eher als kritisch-
historisches Buch bekannt ist (1846) und Andre der Neuesten.
Bedacht haben Alle, abzusehn von der Mutter Kabeira, nicht,
daß die Hephästischen Kabiren niemals μεγάλοι θεοί — was
übrigens selbst auch als Eigenname nicht, sondern nur als

---

2) So ist offenbar bei Strabon 10 p. 472 zu schreiben für οἷς Νύμ-
φας Καβειρίδας, wiewohl noch mehr Worte als καὶ τὰς ausgefallen seyn
können. Den Kamillos des Akusilaos nimmt auch Steph. Byz. v. Κα-
βειρία auf, der auch dem Vater der Kabeiro Proteus eine Ἀγχινόη zum
Weibe giebt. 3) Nicht selten wird auch Κάβιρος geschrieben. Καίει-
ροι, welches in Bekk. Anecd. Gr. p. 115 dem Aeschylus beigelegt wird,
entstand nach Lobeck Aglaoph. p. 80 aus KAFEIPOI. Kleine Verschiedenheiten der Form s. Tril. S. 165. Eine Stadt wird geschrieben τὰ
Κάβηρα, Memnon. Hist. 44, 66, Κάβηροι auf Münzen (κακή).

Beiname betrachtet werden kann — genannt werden und daß die Samothrakischen den Hephästos niemals berühren, selbst wenn auch sie brennen im S. Elmsfeuer, als Götter der Schiffahrt, was die Lemnischen nie waren, so wenig als jene der Schmiede. Beispiele von dem Zusammentreffen von Wörtern der verschiedensten Abkunft und Bedeutung in denselben Lauten anzuführen, ist heute unnöthig. Kabir selbst kommt noch in andern als den beiden angeführten Sprachen und Bedeutungen vor, als ein Fluß in Asien bei Plinius (6, 23, 25), und in Indien als ein Wischnudiener und Büßer[4]). Es ist nicht minder schädlich einfache und klare neue Erklärungen nachzusetzen, weil es den Fortgang der Untersuchungen aufhält, als es deren Gewebe lockert wenn man leichtsinnigerweise neuert. Die Lemnischen Kabiren führte Aeschylus, bei dem dieser Name überhaupt zuerst vorkommt, als Hephästisch auf und Herodot nennt, wie schon bemerkt, Aegyptische Götter als Söhne des Hephästos Kabiren (3, 37)[5]). Ein Berg in Berekynthia in Phrygien hieß Kabeiros, d. h. wohl vulcanisch, von welchem Stesimbrot bei Strabon den Namen der Kabiren herleitet. In einem Epigramm von Leonidas lesen wir Φρυγίης πυρικαύστος[6]) und von vulcanischen Ueberresten im Ida spricht Barker Webb in seiner Reise.

Wie alt und angesehen der Kabirendienst in Lemnos gewesen seyn müsse, ergiebt sich aus dem neuen großen Fragment des Pindar aus des Hippolytos ἔλεγχος αἱρεσέων, wo unter den verschiedenen Urmenschen der Sagen der Lemnische Kabiros genannt wird, und zwar als Stifter unaussprechlicher Orgiasmen:

---

4) Asiatic Researches T. 5 nr. 19.   5) Phot. Lex. v. Κάβ. δαίμονες ἐκ Λήμνου διὰ τὸ τόλμημα τῶν γυναικῶν μετενιχθέντες· εἰσὶ δὲ ἤτοι Ἡφαίστου ἢ Τιτᾶνες. Die Lobecksche Emendation Ἡφαίστου für Ἡφαίστους scheint unbezweifelbar richtig   6) Anthol. Pal. 6, 281.

ἢ Λᾶμνος ἱερὰ καλλίπαιδα
κάβιρον ἀρρήτων ἐτέκνωσ᾽ ὀργιάσμων.

Diese Mysterien berührt Attius: Cabirum delubra mysteriaque pristina castis concepta sacris. Verse eines Römischen Dichters über die Mysterien zu Lemnos, die
nocturno aditu occulta coluntur
silvestribus sepibus densa,
führt Cicero neben denen von Eleusis und Samothrake an und zwar mit der Bemerkung über alle drei, daß ihre Untersuchung und Erklärung darauf führe, es werde aus ihnen mehr die Natur der Dinge als der Götter erkannt (N. D. 2, 42). Pythagoras suchte angeblich die geheime Weisheit in Lemnos, Imbros und Samothrake auf [7]). Diagoras verrieth die Mysterien von Eleusis und der Kabiren [8]), wohl eher die Lemnischen als die von Samothrake, da jene durch den Mord des einen von Seiten seiner Brüder anstößig waren.

Als des Hephästos Söhne sind die Kabiren Schmiede, führen also wie er in der Ilias Grobhammer und Zange (18, 477). Die Zange wird nicht bloß πυράγρη genannt, sondern auch Krebs (χαλκευτικὸς καρκίνος), so daß auch Καρκίνοι für Κάβειροι gesagt wurde [9]), wie etwa auch Hämmer. Hatten ja doch die drei Idäischen Daktylen die Namen Kelmis, Damnameneus und Akmon, von Esse Hammer und Ambos [10]). Indem aber der Vulcanische Boden dem Wein günstig ist, so führt in einem sehr oft gemalten Mythus Dionysos, der auch des Hephästos Sohn genannt wird, den verbannten Hephästos in den Olymp zurück, wo er in der Ilias Mundschenk der Götter ist, in der auch die Achäer den Wein von Lemnos nach Troja holen. Wenn auch der Mosychlos

---

7) Jambl. Vit. Pythag. 28. p. 318 Kiesl.   8) Athenag. Legat. c. 5.   9) Hesych. Κάβειροι· καρκίνοι. πάνυ δὲ τιμῶνται οὗτοι ἐν Λήμνῳ ὡς θεοί· λέγονται δὲ εἶναι Ἡφαίστου παῖδες. Philoxeni glossa καρκίνος χαλκέως. Ἡφαίστοιο πυράγρη Callim. in Del. 144.
10) Nach der epischen Phoronis und der Parischen Chronik.

vielleicht längst ausgebrannt war, so lebten doch die von ihm ausgegangnen Vorstellungen fort. Die Lemnischen Reben rühmt übrigens auch Aristophanes (Pac. 1162), und in Lemnos waren ja viele Athener Eigenthümer, seitdem sie den alten Pelasgischen Staat dort aufgehoben hatten, was Ol. 70, 2—4 geschehen ist. Aeschylus ließ in dem Drama seiner Lemnischen Trilogie, das von Kabiren als Chor den Namen hatte, durch sie das Festmahl der Argonauten so reichlich mit Wein versehen, daß diese in der Tragödie selbst das Schauspiel des Rausches boten; und sie als Götter oder Geber des Weins zu betrachten sind wir noch mehr berechtigt durch Münzen von Thessalonike in Makedonien, wo ihr Cult entweder damals als Kassander die Stadt gründete, neu, oder auch von Therme her, deren Einwohner er dahin verpflanzte, eingeführt worden war. Diese Münzen nemlich zeigen uns einen *KABEIPOS* mit Hammer in der linken und einer Zange oder anderem Instrument in der rechten Hand, auf andern Exemplaren aber mit einem Rhyton, als Sinnbild des Weins [11]). Noch Lactantius sagt, daß die Makedonier „den Cabirus" in größter Verehrung halten (1, 15, 8). Nur von dieser Stadt her, nicht unmittelbar aus Lemnos wird uns auch das Kabirische Mysterium, und zwar erst durch Kirchenväter bekannt [12]). Zwei der Brüder tödten den dritten, wovon die Bedeutung für Jeden welchen nicht realistische und criminalistische Vorstellungen hindern die Einfalt roher Natursymbolik zu verstehn, und der sich des getödeten Dionysos Zagreus erinnert, dessen Herz zu neuem

---

11) Tril. S. 257 f. Cousinery Voy. dans la Macedoine T. 1 pl. 1, eine schätzbare Zusammenstellung von Münzen von Thessalonice, worauf der Kabir das Trinkhorn immer in der Rechten hält, auch Kaiser als neue Kabiren, Kaiserinnen als Kybele dargestellt sind. Kaiser Claudius glaubte daß die Kabiren die Gothen verscheucht hätten. Kampfspiele, Kabelria, daselbst. Tril. 250 Not.   12) Clem. Al. Protr. 2, 19 p. 16 und aus ihm Euseb. Pr. ev. 2, 3. Arnob. 5, 19. Firmicus de errore prof. rel. 1, 23 p. 426.

Leben gerettet wird, oder des Dionysos in Delphi, der aus seinem Grabe, durch die Thyiaden geweckt, jährlich aufersteht, dieselbe ist als daß Persephone von Hades in die Unterwelt entführt, darin den einen Drittheil des Jahrs zubringt, die zwei andern aber im Licht. Die bildliche Anschauung der auflebenden Natur konnte die Gestalt eines Mythus annehmen, wie in dem von Apollon getödteten Hyakinthos und andern Geschichten, oder durch ein jährliches Fest mimisch mit tieferer Empfindung gefeiert werden. Von Thessalonike wird nur erzählt daß die Mörder den abgeschnittnen Kopf des dritten Bruders in Purpur gehüllt, auf einem ehernen Schild an den Fuß des Olympos trugen, worunter wohl der Troische zu verstehn ist, der eine Kuppe des Ida bildete [13]), und dort begruben. Clemens sagt: καὶ ταῦτ᾽ ἐστὶ τὰ μυστήρια, συνελόντι φάναι, φόνοι καὶ τάφοι. Das Begraben durch die Brüder scheint nach wirklichen Cäremonien in den Mythus und auf die Brüder übergetragen zu seyn. Die Priester, welche Clemens Anaktotelesten nennt, setzten Eppich mit der Wurzel auf den Tisch, der aus dem Blute des Getödteten erwachsen seyn sollte und dessen Wurzeln (die sonst gegessen wurden, nach Arnobius der Eppich selbst, ollus illud), den Mysten verboten waren, wie bei der Thesmophorienfeier die Beeren der aus dem Blute des getödteten Dionysos entstandenen Granate. Auch dieß führt darauf, daß der Mythus am Fest auch dargestellt wurde [14]). Daneben führt derselbe Clemens, welcher vorher uns Κορυβάντων ὄργια nannte, was nach der bekannten verworrenen Stelle des Strabon nicht auffällt, an, daß andre die Korybanten Kabiren nennen [15]) und

---

13) Strab. 10 p. 470. 14) Firmicus erwähnt den von beiden Brüdern unter den Wurzeln des Olymps begrabenen Kabiren und fährt fort: hunc eundem Macedonum colit stulta persuasio. Hic est Cabirus cui Thessalonicenses quondam cruento cruentis manibus supplicabant. Lactantius 1, 15, 8. Macedones summa veneratione coluerunt Cabirum. 15) Zu den Kabirenorten gehörten Korybantion und Korybissa.

eine Kabirische Telete verkündigen, wonach die beiden Brudermörder das Kästchen, worin das Schamglied des Dionysos (d. i. des getödeten Kabiren) lag, nach Tyrrhenien brachten, wobei er daran erinnert daß Manche den Dionysos Attis nennen wollten. Es scheint daß an die Stelle des begrabnen Haupts in einer späteren Sage das in der Kiste verwahrte Glied getreten ist. Die Art wie der Gedanke mythisch eingekleidet worden ist, was nicht oft so schön geschehn ist als in der bräutlichen Entführung der Kore, ist uns im Allgemeinen weniger wichtig. Daß der Tod des dritten Kabiren nicht erst in Thessalonike erfunden, sondern von Lemnos als Hauptsache dorthin mit dem ganzen angesehenen Cult mitgebracht worden sey, ist nicht zu bezweifeln. Und daß damit eine Rückkehr des Getödeten in das Leben mythisch oder mystisch und festlich verbunden war, ist eben so wahrscheinlich. Aber so sehr sich auch der alte mythologische Ruhm der Lemnischen Mysteria im Allgemeinen behauptet hat, so scheint doch der Umstand daß die Athenische Litteratur seit all der Zeit daß die Insel politisch so eng mit Athen verbunden war, nichts, außer etwa dem über Diagoras, Angeführten auf sie im Besondern Bezügliches aufweist, anzuzeigen daß diese Mysterien, denen von Eleusis, etwa als kleinstädtische den hauptstädtischen gegenüber oder auch wegen der ländlich barocken Art ihrer Fabel nicht im Ansehn standen und erst in ihrer Versetzung nach Thessalonike wieder berühmter wurden. Wir wissen nicht einmal den Ort und die Zeit ihrer Feier auf Lemnos bestimmt, wiewohl sich vermuthen läßt daß sie in die Zeit des Hauptfestes der Lemnier fiel. Denn an diesem, das ein Reinigungs- und Bußfest war, hatten Todtenopfer statt, und Philostratus sagt daß die Thessalier den Todtenopfern und Liedern die sie dem Achilleus in einer Nacht weihten, mystische Cäremonien einmischten ($\tau\epsilon\lambda\varepsilon\tau\tilde{\eta}\varsigma$ $\tau\iota$ $\dot{\varepsilon}\gamma\kappa\alpha\tau\alpha\mu\iota\gamma\nu\dot{\nu}\nu\tau\varepsilon\varsigma$ $\tau o\tilde{\iota}\varsigma$ $\dot{\varepsilon}\nu\alpha\gamma\dot{\iota}\sigma\mu\alpha\sigma\iota\nu$) d. i. wie die Lemnier pflegten und die Abkömmlinge des Sisyphos im Peloponnes, die nemlich den Mord der Kinder der Medea büßten

(Heroic. p. 439). Ich will das eigenthümliche neuntägige Fest das uns der Lemnier Philostratus beschrieben hat, hier nicht übergehen (Her. 19, 14 p. 740 s.). Es wurde durch die Tradition verknüpft mit dem Männermorde der Lemnischen Weiber [16]. Alles Feuer wurde auf neun Tage ausgelöscht und neues, ganz reines, von Delos eingeholt. Die Erneuerung des Feuers ist auch als Germanischer und Römischer Gebrauch bekannt [17]. In Delos sollten Feuerzeug und Feuer zuerst erfunden seyn nach Plinius (4, 12) und Solin (16); aber vermuthlich stand das erste Feuer mit Apollon als Helios in Verbindung, wie in Argos das Feuer des Phoroneus im Tempel des Apollon Lykeios bewahrt wurde [18]. Das abgesandte Schiff durfte wenn es vor den Todtenopfern ankam, vor der rechten Zeit nirgends in Lemnos einlaufen, sondern schwebte zwischen den Vorgebirgen hin und her und bewahrte so, wie man glaubte, das Feuer rein, während man die unterirdischen und geheimen Götter anrief ($\chi\vartheta o\nu i o\upsilon\varsigma$ $\kappa\alpha i$ $\dot{\alpha}\pi o\rho\rho\eta\tau o\upsilon\varsigma$). Wann aber die Theoris eingelaufen war, vertheilen sie das Feuer zu dem übrigen Gebrauch und zu den Künsten die es bedürfen, und sagen daß sie von da ein neues Leben beginnen. Sind die geheimen Götter etwa die Kabiren? Daß der Arbeiten im Feuer besonders gedacht wird, scheint darauf hinzuweisen. Doch wenn auch, so waren sie als Götter des Handwerks nicht $\dot{\alpha}\pi\acute{o}\rho\rho\eta\tau o\iota$ und „Anrufung" deutet auch nicht auf etwas Mystisches, was sie nur als Naturgötter angeht und gemeint ist in dem erwähnten $\tau\varepsilon\lambda\varepsilon\tau\tilde{\eta}\varsigma$ $\tau\varepsilon$ $\dot{\varepsilon}\gamma\kappa\alpha\tau\alpha\mu\iota\gamma\nu\acute{\upsilon}\nu\tau\varepsilon\varsigma$ $\tau o\tilde{\iota}\varsigma$ $\dot{\varepsilon}\nu\alpha\gamma\iota\sigma\mu\alpha\sigma\iota\nu$, und statt fand in dem von Attius genannten alten Tempel der Kabiren oder nämlich in Waldesdickicht (silvestribus sepibus), worin auch die im Wesentlichen nicht unähnlichen Nyktelien des Böotischen Dionysos und die Mysterien des Kretischen Zagreus tragödirt wurden (Götterl. 2, 639). Wie verfallen und herab-

---

[16] Tril. S. 249 f. 592 f. [17] Jak. Grimms deutsche Mythol. S. 341—47. [18] Schol. Sophocl. El. 6.

gekommen das Alte und Ernste zur Zeit des Philostratus war, ist leicht zu denken. Versetzt man sich aber in die des Pindar und frühere, so muß man sich wohl fragen, ob denn das Naturleben überhaupt in seinem Jahresverlauf und Wechsel durch die drei Kabiren von dem in der Erde verwahrten Feuer, statt von der Erde oder Sonne, abhängig gedacht wurde oder ob die Lemnischen Mysterien ursprünglich sich nur auf die Kabiren als Götter des Weins, und als solche nur mittelbar Vertreter des Naturlebens überhaupt, bezogen haben mögen. Das Letztere ist das Wahrscheinliche: sie erscheinen dadurch als der Lemnische Dionysos oder Zagreus, und es läßt sich begreifen daß die Sintier oder ihre Nachfolger die Frucht, die ihnen als die herrlichste erschien, ihrem Mosychlos, in dessen Umgebung und in der von der Hauptstadt Hephästias sie etwa am reichlichsten gedieh, verdanken zu müssen glaubten, indem sie sie den Söhnen des Hephästos untergaben die durch die Oertlichkeit und Abstammung zugleich in eine sonst nicht vorkommende Verbindung mit dem Hammerwerk geriethen. So würde sich auch erklären, warum Clemens, indem er neben der Legende von dem am Olympos begrabenen Haupte des erschlagnen dritten Bruders eine andre angiebt, diesen, dessen Zeugungsglied die Mörder in einem Kästchen nach Tyrrhenien bringen, Dionysos, und doch die Telete eine Kabirische nennt. So klärt es sich auch auf, warum Dionysos selbst Vater des Kabiros genannt wird [19]), also πυριγενὴς Διόννσος (eine etymologische Bestätigung mehr), und warum auf einer Münze von Kastabala in Kilikien ein sitzender Dionysos einen Kabiren auf der Rechten, einen Thyrsos in der Linken hält [20]).

Angenehm ist es mir bei dieser Gelegenheit die in der Trilogie (S. 261—263) aufgestellte Vermuthung über ein sehr merkwürdiges Vasengemälde aus Sicilien mit schwarzen Figuren, daß es Einweihungsgebräuche darstelle und einen Zusam-

---

[19]) Der dritte Dionysos bei Cicero N. D. 3, 23. Ampel. 9. Lydus de mens. 4, 38, der sogar hinzusetzt: ἀφ' οὗ (dem dritten Dionysos) ἡ καβιρικὴ τελετή. [20]) Sestini Lettere Numismatiche VII, 59.

menhang des Aeschylischen Prometheus mit den Lemnischen Mysterien verrathe, ausdrücklich zu wiederrufen, obgleich K. O. Müller in seiner Recension des Buchs es gebilligt hatte und es ihm danach „evident schien, daß man in Lemnos die Prometheussage mit in den Kreis gottesdienstlicher Gebräuche gezogen hatte und daß Aeschylus in seiner Trilogie wieder Lemnische Symbolik benutzte"[21]).

Die Kabiren haben verhältnißmäßig vor andern Götternamen, gewissermaßen als ein besonders heiliger, in späteren Zeiten eine von ihrer ursprünglichen und eigentlichen ziemlich weit abgehende weitere und unbestimmt überschwängliche Bedeutung und Anwendung erhalten, wozu die Berühmtheit ihrer seit uralter Zeit durch ihren Vulcan, späterhin auch durch die angesehenen Mysterien ausgezeichneten Heimath, noch später der Glanz von Thessalonike und ihres dortigen Festes und selbst die wunderbare Zusammensetzung ihrer mythischen Individualität bei-

---

21) Die Zeichnung wurde zuerst von J. Christie 1817 herausgegeben und nach seiner confusen Art erklärt. Meiner Erklärung schickte ich die Worte voraus: „Bei einer rohen Art der Ausführung wie in diesem Vasengemälde und bei einer so ganz vereinzelten Vorstellung läuft man Gefahr von der wirklichen Bedeutung weit abzuirren und wenn eine sichere Erklärung möglich ist, wird sie mir willkommen seyn. Unterdessen mag sich eine Vermuthung herauswagen". Im Nachtrag S. 14 f. bemerkte ich gegen G. Hermanns Ausspruch daß die Kupfertafel noch nicht ganz erklärt sey, nur daß man weit eher zweifeln könnte, ob nicht ein ganz andrer Sinn ausgedrückt gewesen, als daß irgend etwas ohne Deutung geblieben sey. Anselm Feuerbach suchte, nachdem unterdessen eine Schmiede in Vasenzeichnung bekannt geworden war, im Cottaschen Kunstblatt 1844 N. 87 Kern und Mantel eines Gypsmodells nachzuweisen, und in der Elite céramograph. in welche die Vase auch aufgenommen ist 1, 57 p. 151 ss. wollte man Hephästos, Aetna und Zeus Aetnäos erkennen. Vermuthungen in Gerhards Archäol. Zeitung 1846 4, 309 und 1847 5, 48 überzeugen noch weniger, und meine Meinung ist, daß von wenigen der noch unerklärten bedeutenden Vasengemälde ein sichres Verständniß zu erhalten angenehmer seyn möchte als von diesem.

getragen haben mag, wie das Unbestimmte und Unharmonische als geheimnißvoll bedeutsam wirkt. Selbst die Namen führen zuweilen durch ihren stark und wie fremd in das Ohr fallenden Klang einen geheimen Reiz mit sich. Eine alte Uebertragung des Namens nach seiner eigentlichen Bedeutung auf ganz verschiedene Götter finden wir in Samothrake, wo zwei Götter, von denen sich die Seefahrer ein geweihtes Unterpfand des Schutzes oder der Rettung im Sturm einzuholen pflegten und deren erster eigentlicher Name untergegangen seyn mag, Kabiren genannt wurden, indem sie in feuriger leuchtender Erscheinung auf das gefährdete Schiff sich niederließen, und von ihnen, oder der untergeordneten aber uralten, beliebten Weihe ging dieser Name auch auf die Götter der weltberühmten Samothrakischen Mysterien, Coelus und Dia, über. Auf Feuer deutet dort, außer daß die elektrischen Erscheinungen als feurig galten, nichts hin, eben so wenig als daß den Lemnischen Kabiren Hülfe in Gefahr, Schutz und Erhaltung zugeschrieben wurde, was bei den Samothrakischen als das Wesentlichste angesehn werden kann [22]).

Ein auffallendes Beispiel der ausschweifenden, politisch mythologischen Fictionen und Umdichtungen in späteren Jahrhunderten sey es vergönnt hier einzuschieben. Pergamos, die „Metropolis Asiens" hatte sich die Samothrakischen Kabiren, welche gewöhnlich auch Dioskuren, in Athen Anakes genannt wurden, und ihre Mysterien angeeignet und nannte sie Söhne des Uranos, welche den von der Rhea auf der Akropolis gebornen Zeus zuerst angestaunt hätten. Dieß enthält ein von Rath und Volk auf der Agora der Stadt an einer Stele aufgestelltes Orakel, welches die Sage und die Götter der Stadt aufgenommen hat und jünger ist als Kaiser Antonin der Fromme [25]). Hiermit stimmt überein was Aristides in dem Panegyrikos auf das Wasser in Pergamos sagt: (2, 709 Dind.),

---

22) Eine gute Zahl von darauf bezüglichen Stellen im Aglaophamus p. 1218 s. 1231 s. 1256 s.   23) Aus den Inschriften von Graf

daß „hier die ältesten der Dämonen geboren seyen, die Kabiren, und daß diesen Teleten und Mysterien gefeiert würden, welchen man so große Kraft zuschreibe daß sie sowohl außerordentlicher Stürme" (Gewalt brächen u. s. w. denn das Weitere fehlt in beiden Handschriften). Aus Pausanias wußten wir, daß man sage das Pergamenische Land sei vor Alters den Kabiren heilig gewesen (1, 4, 6). Was den Pergamenischen Theologen Anlaß gegeben haben kann, die dortigen Kabiren als Söhne des Himmels und die ältesten Dämonen zu verherrlichen, läßt sich vielleicht errathen. In Samothrake hatte man diesen Namen von den Dioskuren-Kabiren deren Telete übrigens immerfort bestand, da er Schutzgötter bedeutete und vermuthlich sehr alt und populär war, auch auf das Urpaar der Welt, Himmel und Erde, deren Mysterien, als ihre Zeit gekommen war, weil die angesehensten waren und zuweilen als die Mysterien von Samothrake schlechthin genannt werden, übergetragen. In Pergamos, der unvergleichlich gelegenen Handelsstadt, waren nun zwar die Kabiren, nach dem Zeugniß des Aristides die im Seesturm wie Feuer leuchtenden; aber man erhob sie durch die gedachte Satzung, sehr sicher vor mythologischer Kritik im Volk, zu gleichem Rang des Alterthums mit den Göttern der angesehenen Mysterien der nahen Insel.

Durch die Pergamenische Genealogie aber scheint sich auch das in der oben (Note 6) angeführten gar sehr zusammengezognen und verkümmerten Notiz des Photius enthaltne räthselhafte ἢ Τιτᾶνες aufzuklären. Daß das Dogma der stolzen Metropolis Asiens sich in der Nachbarschaft verbreitete, ist leicht zu glauben, und als Söhne des Uranos konnten die Dioskuren-Kabiren Titanen genannt werden. Dieß zugegeben, so giebt uns der Lexikograph auch eine äußerliche Bestätigung der Verschiedenheit der Lemnischen und der Samothrakischen

---

Didua wiederholt und erklärt in meiner Syll. Epigr. p. 229—234. Corp. Inscr. II p. 855 n. 3538.

Kabiren an die Hand: εἰσὶ δὲ ἤτοι Ἡφαίστου ἢ Τιτᾶνες ²⁴). Nun ist aber auch eine Inschrift zu Imbros aus Zeiten der Römischen Herrschaft hinzugekommen, an einer der Vorderseite eines Altars ähnlichen Marmorplatte, woran mit den Dioskuren-Kabiren zwei andre Götter und die sechs ersten der Hesiodischen Titanen (diese wohl nur statt aller zwölf, aus Abbreviatur) angerufen werden. Die Zusammenstellung ist merkwürdig als ein auffallendes Beispiel mehr von der Oberflächlichkeit und Willkür, womit die Mythologie in den späteren Jahrhunderten, nicht bloß poetisch, sondern auch officiell, vorzüglich nach Inschriften und Münzen zu urtheilen, behandelt und erweitert worden ist, so daß auf die Erklärung im Einzelnen an sich wenig ankommt, sondern Alles auf die aus unzähligen Beispielen zu abstrahirende Kenntniß von dem kläglichen Verfall eines früher so ernsten und bedeutsamen Polytheismus. Wie schöne Ströme zuletzt im Sande zerrinnen, so nutzen die starken Fäden traditionellen Zusammenhangs sich allmälig mehr ab und lösen sich zuletzt wie in Fasern auf: die Namen und Titel scheinen Alles zu seyn, Sinn und Bedeutung vergessen, so daß Mythus und Cultus völlig äußerlich und heuchlerisch werden und etwa nur ein allgemeines religiöses Gefühl dumpfer Anbetung übrig bleibt. Abgezeichnet und herausgegeben hat die Inschrift A. Conze in seiner verdienstlichen Reise auf den Inseln des Thrakischen Meeres 1860 Taf. XV N. 9 S. 91.

---

24) Herennius Philo von Byblus, im Anfang des zweiten Jahrhunderts, ist zu wenig sachkundig und in seinen Begriffen bestimmt als daß man sich auf ihn berufen dürfte wenn acht Phönizische Götter, Söhne Sadyks, seyn sollen sieben Διόσκουροι ἢ Κάβειροι ἢ Κορύβαντες ἢ Σαμόθρακες, diese sieben und Asklepios, was Damascius aufgenommen hat. Die Διόσκουροι ἢ Κάβειροι kommen als Σαμόθρακες nochmals wieder. Der weite Name der Korybanten aber wurde, wie aus Strabon bekannt ist, hier und dort auch den Lemnischen Kabiren gegeben. S. Not. 15.

ΘΕΟΙΜΕΓΑΛΟΙ
ΘΕΟΙΔΥΝΑΤΟΙ
ΙΣΧΥΡΡΟΙΚΑΙ
ΚΑΣΜΕΙΛΕ
ΑΝΑΞΠΑΤ
ΟΙΚΟΙΟΣ
ΚΡΕΙΟΣΥ
ΠΕΡΕΙΩΝ
ΕΙΑΠΕΤΟΣ
ΚΡΟΝΟΣ

Die Zeilen sind in einem Vierect wie eingerahmt und nur die 5—8 und die 10 nicht gleich lang als die übrigen, ohne daß ein Wort, Sylbe oder Buchstabe zu fehlen scheint. Denn das ΠΑΤΟΙ am Ende der 5. und Anfang der 6. ist wohl nur zu verstehen als ΥΠΑΤΟΙ durch einen Fehler des Steinmetzen, welcher einen Buchstaben ausgelassen hat: das Beiwort ὕπατοι ist für Kasmilos und Anax passend. Imbros war nach Stephanus Byz. den Kabiren und dem Hermes (Kasmilos) heilig und ein Anax wird in einer Milesischen Sage Sohn der Erde genannt [25]), der also auch ein Titane war, wiewohl hier auch ein andrer Gott Anax gemeint seyn kann: der Name ist weit und der Titel sehr hoch. Sonderbar genug aber ist es und vielleicht nur ein grobes Mißverständniß daß, anstatt die ϑεοὺς μεγάλους, δυνατούς, ἰσχυρούς auch als Titanen zu betiteln, die Titanen der Titanomachie ihnen und dem Kasmilos und Anax angereiht werden. Die Samothrakischen Kabiren auch in Imbros verehrt zu finden, wohin Pherekydes und Akusilaos die drei Lemnischen setzen, darf nicht befremden, da die verschiedenen Culte, bei der Verschiedenheit der Stämme und Geschlechter, der Zeiten in unendlicher Manigfaltigkeit sich in denselben Städten und Landen zusammenfanden.

Um aber auf die Lemnischen Kabiren zurückzukommen, so

---

[25] Paus. 1, 35, 6.

sind diese, wie schon früher ausgeführt wurde (2, 359 f.) von dem Attischen Methapos, der auch in Andania, nach der Herstellung Messeniens durch Epaminondas, die Mysterien der Demeter nach denen von Eleusis reformirte, in Theben mit der Demeter mystisch verschmolzen worden. Diese heißt nun ihre Mutter und Kabiräa, eben so wie Jacchos in Eleusis ihr oder ihrer Tochter Sohn ist [26]). Hier wird nun dieß durch das über die Dionysische Seite der Kabiren Bemerkte bestätigt. Charakteristisch in dem von dem frommen Methapos gedichteten Mythus und begründeten Mysteriencultus ist besonders daß die Demeter Kabiräa das Geschenk, worauf die Telete sich gründete, einem Prometheus, Vater des Aetnäos, übergab, was auf die Feuerkabiren anspielt, indem Prometheus das Feuer von dem Lemnischen Vulcan geholt hatte, wie ihm denn auch in Athen ein Fackellauf, die gewöhnliche Ehre auch des Hephästos, gefeiert wurde. Das dem Prometheus Anvertraute ($\pi\alpha\rho\alpha\kappa\alpha\tau\alpha\vartheta\eta\kappa\eta$), das Heiligthum, worüber sich zu äußern Pausanias nicht für fromm hielt, war aller Wahrscheinlichkeit nach ein Kästchen mit dem Gliede des gemordeten Kabiren, wie dasselbe in der angeführten zweiten Angabe des Clemens auch nach Tyrrhenien gebracht worden war. Auf dasselbe Unterpfand wurde auch, in Folge von Tyrannis und Bedrängniß in Milet Kabirendienst gegründet, in dessen Gründungssage die Einführung aus Phrygien, wo zwar in manchen Städten Kabirencult sich befand, so wenig als die Namen der zwei Brüder, die ihn gestiftet haben sollen, als historisch zu nehmen ist [27]). Das Heiligthum im Kästchen, das Pausanias zu nennen sich scheute, war ohne Zweifel das Symbol und Unterpfand der fortdauernden Zeugungskraft des von den zwei Brüdern getödteten Kabiren und nichts Andres liegt auch den Legenden über das von Dardanos herrührende mystische Kästchen in

---

[26]) Paus. 9, 25, 6. Trilogie S. 270—275. [27]) Nicol. Damasc. fr. 54.

Patrå bei Pausanias zu Grunde (8, 19, 3.) Wohl ist zu vermuthen daß die Kabiren schon vorher in Böotien Aufnahme gefunden hatten und Methapos diese nur wie die Eleusier den Jacchos mit der Demeter Kabeiria und Kora in mystische Einigung brachte. Von dem nur den Eingeweihten zugänglichen Hain dieser Göttinnen sieben Stadien entfernt war ein Hieron der Kabiren [28]) und in Anthedon ein Tempel und Hain der Kabiren mitten in der Stadt und in der Nähe ein Hain der Demeter und ihrer Tochter [29]). Auf dieses höhere Alterthum der Kabiren für sich in dortiger Gegend weisen uns die Sagen bei Pausanias geradezu hin, unter denen freilich die Stadt Kabiräa und Kabiräer oder Kabiriten, wozu Prometheus gehört haben soll, fabelhaft klingen und Pelarge nicht gerade für Pelasgisches Alterthum bürgt. Mit der an sich so natürlichen Verbindung der Götter des Brodes und des Weins, in welchen beiden die größte Erscheinung der Natur, ihr Aufblühen und Absterben im Laufe des Jahrs und die unvergängliche Kraft der Fruchtbarkeit bildlich zur Anschauung gebracht wird, hängen auch die Erzählungen zusammen, daß Medea zu Korinth die Hungersnoth stillte durch ein der Demeter und den Lemnischen Kabirischen Nymphen gebrachtes Opfer [30]) und daß die Pelasger bei Miswachs den Kabiren einen Zehnten gelobten [31]).

Die Sicilischen Paliken.

Die Paliken, Wiederkommer, sind den vorhergehenden von einem Vulcan gleich ihnen entsprungenen Dämonen sehr ungleich, als Ausbrüche des Aetna, die, nachdem sie eine Weile geruht, immer von neuem kommend nur Furcht und Verderben

---

28) Paus. 9, 25, 5. 26, 1. 4.   29) Id. 9, 22, 5.
30) Schol. Pind. Ol. 13, 74.   31) Myrsilos bei Dionys. Hal. 1, 23. Die Gaben der Demeter und der Kabiren verbinden die Orphischen Argonautika 27.

wirkten und nur darum angerufen werden konnten in Gnaden unthätig zu seyn. In den Aetnäerinnen des Aeschylus wurde gefragt: „welchen Namen denn werden die Menschen ihnen beilegen? Antwort: Gestrenge Paliken gestattet Zeus sie zu nennen (σεμνούς, wie Persephone, die Erinnyen). Frage: Steht auch der Ausdruck Paliken sprachgemäß fest? Antwort: Dieweil sie wiederkommen (πάλιν ἥκουσιν) aus dem Dunkel an dieses Licht". Aus derselben Quelle schöpfen wir auch den ächten Mythus, indem in demselben Drama die Paliken genannt wurden Söhne des Zeus und der Aethalia, Tochter des Hephästos. Stephanus Byzantius (v. Παλική), dem wir diese wichtige Genealogie verdanken, schreibt zwar Θαλείας, aber wir dürfen mit aller Bestimmtheit annehmen, daß Thalia nur durch Umwandlung des Naturmythus in bedeutungslose Fabel, aus Αἰθάλεια entstanden ist, welche ganz der Hephästischen Kabeira in Lemnos entspricht. Dagegen nennen noch Servius (zu Aen. 9, 584) und Lactantius (zu Stat. Theb. 12, 156) die Mutter Aetna, was mit Αἰθάλεια doch wohl dasselbe bedeutet. Die von Zeus schwangere Nymphe wird der Here wegen in der Erde geborgen und gebiert in der Erde die Knaben, die aus ihr hervorbrechen und Paliken genannt werden als iterum venientes, bis geniti (eine etymologische Deutung der die des Aeschylus vorzuziehen ist), wie auch Macrobius erzählt, der aber auch schon Thalia als Namen der Nymphe zweimal schreibt, und in der That war in der nun sinnlos gewordnen Fabel ein Name so gut wie der andre; denn freilich hat Thalia zu Hephästos und den Paliken nicht die entfernteste Beziehung, dagegen für sich eine sehr bestimmte Bedeutung. Aber je häufiger dieser Name vorkommt, um so leichter konnte er durch Abschreiber an die Stelle eines sehr seltnen und in die Römische Mythologie gar nicht aufgenommenen eingeschwärzt werden. Ein Silenos bei Stephanus behielt noch die Namen Aetne, Tochter des Okeanos (wie Akusilaos die Kabiro Tochter des Proteus nennt) und Hephästos bei für die Eltern der

Paliken, erklärt aber deren Namen davon daß sie, nachdem sie gestorben, wieder zu den Menschen kamen, läßt sie also auch nicht mehr als Phänomene gelten die vermittelst der Aetne oder Aethaleia aus der Erde geboren würden.

Der ursprüngliche symbolische Mythus aber ist, da er sich unmittelbar oder vollständig in ein Bild unmöglich bringen ließ, die Grundlage einer malerischen Erfindung geworden an einer wahrscheinlich Sicilischen Vase mit schwarzen Figuren, im 3. Bande meiner Alten Denkmäler Taf. 15, und diese bestätigt ihn hinsichtlich der Erde als andern Mutter. So wird der Elara Sohn Tityos in der Odyssee zugleich der Erde Sohn genannt (7, 324. 11, 573). Diese sinnreiche Erfindung schließt sich nemlich an den Mythus mit dem Gedanken an, daß die Paliken so oft sie wiederkommen auch den Erdboden, aus dem sie hervorgehn, verwüsten. Als Söhne des Hephästos sind sie Hämmerer, darum wird die Verwüstung zum Hammerschlag, und da die fließende Lava das Land fürchterlich trifft, so werden sie Grobschmiede, die Schlag um Schlag den schweren Hammer, der eine hebt, der andere niederfallen läßt. Da die Grobschmiede paarweise arbeiten, so waren der Paliken, wenn dieß Bild, wie wohl zu glauben, schon mit zu der mythischen Verpersönlichung der Paliken gehörte, nothwendig zwei, während bei andern Dämonen diese Zahl willkürlich ist. So sehn wir sie denn in dem genannten Bilde hämmernd auf die ihre unmittelbare Mutter Aethalia oder Aetne einschließende Mutter Erde, die nur mit dem Kopf aus dem Boden herausragt nach bekanntem Gebrauch der Künstler. Die so gefaßten Paliken sind also Grobarbeiter, $\chi\epsilon\iota\rho o\gamma\alpha\sigma\tau o\rho\epsilon\varsigma$. Diesen etwas verächtlichen Ausdruck gebrauchte Hekatäos, wie Sophokles und Herodot das spöttische $\chi\epsilon\iota\rho\tilde{\omega}\nu\alpha\xi$, Handwerker, wofür wir auch $\dot{\epsilon}\gamma\chi\epsilon\iota\rho o\gamma\dot{\alpha}\sigma\tau o\rho\epsilon\varsigma$, $\gamma\alpha\sigma\tau\rho\acute{o}\chi\epsilon\iota\rho\epsilon\varsigma$, $\tau\epsilon\kappa\tau o\nu\acute{o}\chi\epsilon\iota\rho\epsilon\varsigma$ finden. Dieser Qualität der Paliken giebt der Maler Gewicht dadurch daß der eine der Paliken, der seinen ersten Schlag führt, während der andre seinen schweren Schmiedehammer schon wieder hebt, den einen Fuß eben erst, womit die Geburt aus der Erde sich vollendet, zwischen den dichtgeschlossenen emporgehaltenen und so neben dem Kopf aus dem Grund mit hervorragenden Händen der Mutter Erde hervorzieht, ihr auf den Kopf wie auf einen Amboß schlägt, unmittelbar nach der Geburt seiner Götterkraft mächtig, wovon andre Beispiele bekannt sind [1]). Fast komisch ist es wie manche Kritiker vor dieser Erklärung, vor einer so barocken Erscheinung erschrocken sind, obgleich ich nicht ermangelt hatte zu erinnern an Athene geboren unter ihrem Kriegsgeschrei aus dem Haupte, wie Dionysos aus dem Schenkel des Zeus [2]). Wenn man doch bedacht hätte, aus welchem denkbaren Grunde die Hände der vulcanischen Mutter in dieser Weise hervorstehn möchten, wenn es nicht der Handgeburt wegen wäre.

Es ist wahrscheinlicher daß Griechen bald nach den Chalkidischen Niederlassungen auch diese Naturerscheinung, wie alle andern, dämonisirt oder die Paliken ersonnen, sie nicht etwa von den Urbewohnern entlehnt haben. Diese Paliken aber hatten einen sehr alten Tempel, in dessen Nähe, zwischen den Gebieten von Gela und Katana, ein Sicilischer Großer, Duketios, indem er die Einwohner seiner Vaterstadt Nea oder Naä oder Menä in eine offene Ebene verpflanzte, Olympiade 81, 3. eine Stadt Palike gründete [3]). An dem Fluß Symäthus war, wie Virgil sagt, der fette Altar des versöhnlichen Palicus (Aen. 9, 584, indem der Genitiv des Plurals nicht in den Vers gieng [4]). Dieser Tempel scheint zu bedeuten daß man

---

1) A. Denkm. 3, 205.   2) Das. S. 203. 211.
3) Diodor. 11, 88. 90. Stepb. B. Παλική und Μεναι.
4) So sagt auch Ovid ex Ponto 2, 10, 25 Enneosque lacus et olentia stagna Palici, richtiger aber Metam. 5, 406:
      perque lacus alios et olentia sulphure fertur
      stagna Palicorum rupta ferventia terra.
So setzt Horaz Carm. 4, 5, 35 den Kastor allein, statt der beiden Tyndariten neben Hercules.

durch Religion die Vernichtung der Fluren durch den Aetna abzuwenden suchte. Aber nicht auf diese einfache Absicht allein konnte die Bestimmung eines ansehnlichen Tempels beschränkt bleiben, obgleich das Beiwort der Paliken placabilis bei Virgil wohl auf das Jahresopfer und Fest oder auf Opfer der dadurch zu begütigenden Paliken deutet. Macrobius erklärt es offenbar falsch. Eine große Sache war ein mit dem Tempel verbundnes Orakel, wovon Macrobius ein Beispiel aus der Geschichte des Xenagoras B. 3 anführt, wegen Miswachses, nach dessen Bezwingung durch einen anempfohlenen Heros „die Sicilier alle Arten von Früchten auf den Altar der Paliken zusammenschleppten, wovon der Altar fett von Virgil genannt wird". Xenagoras selbst spricht nur von „vielen Gaben". Dann war der Temenos der Paliken seit einer gewissen Zeit ein Aspl, worin die einer gewaltthätigen Herrschaft entflohenen Sklaven Aufnahme fanden und unter beschwornen Verträgen sich mit ihren Herrn aussöhnten, und kein Beispiel war nach Diodor daß einem das so gegebene Wort gebrochen worden wäre (11, 89). Ich möchte vermuthen daß Virgil den Geist dieser menschlich schönen Einrichtung im Beiwort placabilis auf die Paliken selbst übergetragen hat. Im Temenos der Paliken kamen im Jahr 105 vor Chr. die empörten Sklaven zusammen und in ihrem Tempel legte ihr Anführer Tryphon den königlichen Purpur an [5]). Am berühmtesten aber, auch außerhalb Siciliens, war die Anstalt einziger Art, durch welche der Tempel vermittelst des imposantesten Eides, der vor zwei Sprudelquellen außerordentlicher Art vorgesprochen und unter Anfassen des Krater nachgesagt wurde, zum Gerichtshof gemacht worden ist, vor dem man von Foderungen oder Verdacht sich rein schwur oder die Zurückgabe des Entwendeten oder Schadenersatz versprach, wofür die Priester Bürgschaft leisteten. Die von Diodor erwähnten ansehnlichen Hallen und Herbergen des Tempels deu-

---

[5]) Scrofani Geschichte des Sklavenkriegs übersetzt von Naudet p. 56.

ten auf viel Besuch der Wahrsagung und der Processe in letzter Instanz wegen. Die zwei niedrigen Krater mit aus der Tiefe wie kochend in Blasen aufsteigendem und wieder niederfallendem schweflichen Wasser werden uns beschrieben bei Macrobius aus des Kallias Sicilischer Geschichte und aus Polemon über die bewunderten Flüsse in Sicilien, von dem Aristoteles über wunderbare Nachrichten (58), auch bei Stephanus Byz. (v. Παλική) und von Diodor (11, 89). Diodors Bericht ist der wichtigste in sofern als er selbst auf das Fabelhafte vieler der von den Priestern angegebenen Umstände bestimmt hinweist und geradezu τὴν περὶ τὸ ἱερὸν ἀρχαιότητα καὶ ἀπιστίαν bezeugt. Wenn man diese Wunder mit der Ueberzeugung prüft, daß die Priester oft auch sehr geschickt und erfinderisch gewesen sind durch mechanische Geheimnisse das Erstaunen der Menge zu erregen und dadurch Einfluß auf sie zu erlangen und zu behaupten, längst vor denen der heiligen Rosalia bei Palermo und des heiligen Januarius in Neapel, so wird man vielleicht nicht dabei stehn bleiben die Uebertriebenheiten und erfundnen Unglaublichkeiten (παράδοξα) zu verwerfen, sondern auch die Angaben über das Physische mistrauisch prüfen. Daß es an natürlichen Anlässen und Mitteln nicht gefehlt hat, ist nicht zu bezweifeln. Aber es wird sich vielleicht zeigen lassen daß so wie sie beschrieben werden die Quellen nicht ohne große Nachhülfe der Kunst gewesen seyn und gewirkt haben können. Vielleicht spielten die Wasserkünste nur zeitweise wenn Eide abgeleistet werden sollten, die Sprudel in der Mitte von zwei größeren Wassern. Auf ein mechanisches Kunstwerk im Bunde mit Natur weist gewissermaßen auch hin daß die zwei Sprudel Brüder der zwei Paliken, in deren Temenos sie waren, genannt wurden, als welche sie den Namen Dellen, δέλλοι, δειλοί, trugen, d. i. δειλοί, die Schlimmen, wie die Wespen nach Hesychius δέλλιδες genannt wurden. Strabon sagt: „die Paliken haben Kratern welche schmutziges Wasser aufwerfen und emporblasen und wieder in denselben Schlund aufnehmen" (6 p. 275).

Offenbar ist der Irrthum des Pseudoaristoteles der von Einer Quelle spricht. Die Verwandtschaft mit den Paliken, furchtbaren Göttern, verstärkte das Ansehn der dem Eidbrüchigen schrecklichen Dellen [6]).

Auffallend ist mir Prellers Beurtheilung der Paliken in seiner Römischen Mythologie 1858 S. 523 f. Nur anführen will ich Gustav Michaelis Die Paliken. Ein Beitrag zur Würdigung altitalischer Culte 1856 und Stark in den Heidelberger Jahrbüchern 1856 S. 690—698.

X. Zu Aphrodite.

Nur uneigentlich wird Hymenäos in dem nur das Hochzeitslied personificirt ist, πρόπολος der Aphrodite und der Eroten genannt (Bekk. Anecd. p. 312).

Eros, welcher hier stehen könnte, ist schon neben der Aphrodite besprochen worden (2, 721—728) die er zu schildern beiträgt: auch erhob sich dieser jüngste der Götter unter den meisten Menschen seiner Zeit zum Ansehn der großen. Aber wenigstens ist hier Einiges beizufügen über den am Schluß kurz berührten

1. Anteros.

Dem Wort nach bedeutet ἀντέρως Gegenliebe, was Böttiger und Passow nicht hätten bestreiten sollen. So versteht Aeschylus ἀντερῶντες (Ag. 530), so Platon εἴδωλον ἔρωτος ἀντέρωτα (Phaedr. p. 255 d. Plut. Alcib. 4), Bion von Theseus und Peirithoos: ὄλβιοι οἱ φιλέοντες ἐπὴν ἴσον ἀντερῶνται. Daher denn diese schon angeführten Liebespaare, in der Gestalt von Eros und Anteros, die um die Palme ringen, in Liebe und Gegenliebe wetteifern, nach der Sitte von Elis.

---

6) Die Glosse bei Hesychius und Phavorinus v. Παλικοί, wonach sie Söhne des Adranos heißen, ist verstümmelt und unverständlich, und ist vielleicht auf eine Stelle der Komödie bezüglich gewesen.

Man hat sogar auf einem geschnittnen Steine der Florentinischen Sammlung zwei Eroten die das Weltall als eine Kugel tragen, Eros und Anteros, Liebe und Gegenliebe genannt [1]); vielleicht ein moderner Gedanke als Gegenstück zu dem daß Eros das Scepter des Zeus zerbricht. Dann bedeutet aber Anteros auch mit anderem Bezug der Präposition den Nebenbuhler, die eifersüchtige Liebe, wie in den Rittern des Aristophanes Kleon und der Wursthändler Erastes und Anterastes des Demos sind (733). Dieß hat die Fabel veranlaßt welche Themistius (Or. 24 p. 367) und fast ganz übereinstimmend Porphyrius erzählen. Als Aphrodite den Eros geboren hatte, war er schön und der Mutter gemäß, wuchs aber nicht, daher sie und die Chariten in Unruhe zur Themis giengen, als sie noch das Orakel zu Delphi hatte, die ihnen den Aufschluß gab, um zu wachsen dürfe Eros nicht allein seyn, sondern es bedürfe des Anteros wenn Eros wachsen solle. Die Natur dieser Brüder werde seyn daß sie einander beide Ursache des Wachsthums seyen: denn einandersehend würden sie gleich gedeihen, wenn aber der eine fehle, beide abnehmen. So gebar denn Aphrodite den Anteros. So ungefähr das Liebchen: Tal ancor d'Amore il fuoco Poco splende ed arde poco, Se non vien geloso sdegno Le faville a palesar. Eine ganz neue Bedeutung nahm Anteros in Athen an, indem die Metöken ihm einen Altar setzten als dem Alastor oder Rächer eines der Ihrigen, der von einem stolzen Bürger, den er mit der äußersten Hingebung liebte, in den Tod getrieben worden war. Timagoras hieß ihn nemlich sich von einem Felsen stürzen, Meles that es und nun strafte ihn Anteros durch solche Reue, oder durch eine neue plötzlich, da sie schon hoffnungslos geworden war erwachte Liebe, daß er sich von demselben Felsen herabstürzte [2]).

---

1) H. Meyer zu Winckelmanns Werken 2, 746.   2) Paus. 1, 30, 1. Hermias zu Platons Phädros p. 78 ed. Ast. auch bei Creuzer Plotin. de pulchrit. p. XXVII spricht von Altären und Bildsäulen des

Man könnte etwa die Präposition auch auf den einen Eros beziehen und einen freundlichen Bruder gegenüberstellen. Daß diese Geschichte, durch den Altar des Rächers sanctionirt, sehr zum Vortheil der Metöken in ihren Liebesverhältnissen mit schönen Athenern wirkte, läßt sich leicht denken. Sie giebt ein Seitenstück ab zu der Rache eines durch stolze Hartherzigkeit und Kälte einer Schönen in Verzweiflung gestürzten Jünglings zu Salamis in Cypern durch die Mitleidige Aphrodite (Götterl. 2, 711), deren Tempelchen und Statue gewiß auch auf viele jugendliche Gemüther großen Eindruck gemacht hat. Auch von ihr gebrauchen die Erzähler einen ähnlichen Ausdruck wie Alastor, deus ultor Ovid, ὁ Ἔρως τῶν ἀπαιδεύτων καὶ ὑπερηφανῶν κολάστης Plutarch.

Einen Lethäischen Amor den man in Rom anrief im Tempel der Ercinischen Venus an der Porta Collina, der die Brust heilte und seine Fackel in kaltes Wasser tauchte, nennt Ovid (Remed. amoris 549); wohl keinen andern als welchen Servius *Λυσέρως*, Löselieb, nennt, neben dem Anteros (Aen. 4, 520).

2. Eroten, Amorine.

Das Gewimmel der Eroten in sehr gefälligen Bildwerken ist beachtenswerth als der Gipfel des großen mythologischen Baums, indem der Gedanke der sie eingegeben hat, das Princip Alles was durch göttliche Kraft lebt, sich regt und wirksam ist, in menschlicher Gestalt zu veranschaulichen, zu seiner äußer-

---

Eros und Anteros in Athen, und bemerkt daß an dem des Eros die Epheben ihre Fackeln anzündeten zu dem großen Fackellauf an den Panathenäen. Dieser stand nach Pausanias vor dem Eingang in die Akademie, der andre aber in der Stadt. Eros und Anteros in Gabara kommen bei Eunapius vor im Leben der Jamblichus. Ueber ἀντέρως bietet uns Barter super rarioribus quibusdam graecae linguae vocibus nondum in lexica relatis hinter seiner Ausgabe des Arcadius p. 212—215 ein unzulängliches Durcheinander.

sten Spitze durchführt. Wenn Eros, der Sohn der Aphrodite, den mächtigsten der Triebe bedeutet, so können auch alle andere Neigungen und Leidenschaften ihm ähnlich gedacht werden. Nur dürfen diese vielen ihm gleichenden Eroten nicht auch Aphrodite zur Mutter haben und jedem eine besondre ihm angemessene Mutter zu bestimmen wäre weitläufig und pedantisch gewesen. Daher heißen sie Söhne der Nymphen bei Philostratus, der von ihnen sagt, daß sie in ihrer Menge alles Sterbliche beherrschen durch so Vieles was die Menschen lieben¹). Flügel und Pfeil und Bogen passen jeder Begierde und Lust so gut wie dem Sohn der Aphrodite. Die Thätigkeit und Lust einer Apfelärndte ist in dem Gemälde, welches Philostratus mit der äußersten Eleganz der ihm eigenen Art beschreibt, durch eine ganze Schaar von Eroten dargestellt. Darin war auch in einer quelligen Grotte eine Statue der Aphrodite aufgestellt, wie der Sophist sagt, von den Nymphen, weil diese sie zu Müttern der Eroten gemacht. Doch den mythologischen Gedanken darf man sich nur obenhin gefaßt, nicht entwickelt denken: sondern er hat nur der bildenden Kunst zur Anregung gedient ihn durchzuführen oder auf die mannigfaltigste Weise zur Anwendung zu bringen. Durch Kindesgestalten das verschiedenste Thun, Künste, Handwerke, Spiele, Scherze naiv darzustellen war ein unerschöpflicher Stoff, den uns besonders die Pompejischen Gemälde vielfach und anmuthig veranschaulichen. Den freiesten Gebrauch von dem feinen und kühnen mythologischen Motiv macht jenes Philostrati=

---

1) Philostr. Imag. 1, 6. — τὸ θνητὸν ἅπαν διακυβερνῶντες πολλοὶ διὰ πολλὰ ὧν ἐρῶσιν ἄνθρωποι. Claudianus aber de nuptiis Honorii 74: — gens mollis Amorum: hos Nymphae pariunt, illum Venus aurea solum, und Himerius Ecl. 10, 6 p. 180 mißverstehn indem sie statt des Gegensatzes des Sohnes der himmlischen Aphrodite und der vielen der Aphrodite Pandemos in Platons Gastmal p. 185 b neben dem einen ächten Eros der Liebe die vielen gemeinen anstatt der Pandemos, der Nymphen Kinder nennen.

sche Gemälde. Ausgezeichnet ist auch ein Basrelief, Spiele von Amorinen in Berührung mit Ceres, Pomona, den Nymphen, bei Zoega (Tf. 90), der dabei ein ähnliches anführt, und verwandter Art ist das welches er Apollinische Amorinen nennt (Taf. 91), wo der eine die Laute spielt, ein andrer den Greif tränkt. Solche Figürchen mit Attributen der Götter können Eroten der Musik, der Jagd, des Kriegs u. s. w. genannt oder auch die Götter derselben als Kinder dargestellt heißen, wie wir ganze Geschichten, den Triumph des Dionysos, den Loskauf der Leiche des Hektor und andre durch Kinder ausgeführt finden. Sehr uneigentlich ist der ehmals übliche Ausdruck Genien der Götter. Aus Allem geht hervor wie leise dieser Gegenstand mit der allgemeinen Mythologie verknüpft war, wie er eigentlich nur der Kunstmythologie angehört oder wie er der weiten Klasse der ornamentalen Gebilde zugezählt werden kann.

Eros und Psyche liegen außerhalb der Grenzen der Götterlehre, stehen nirgends mit dem Götterglauben oder dem Cultus in Verbindung. Buonarotti wollte sie auf Mysterien der Venus in Knidos, Creuzer auf Mysterien des Eros in Thespiä [2]) zurückführen, die aber beide nur vorausgesetzt oder eingebildet waren. Seit Platon, von dem die große und inhaltreiche Dichtung ihren Ursprung nahm, haben sich an ihr psychologische und mystische Philosophie, Roman und Märchen und vorzüglich auch die bildende Kunst betheiligt. Aus den Werkstätten dieser möchten manche der schönsten und rührendsten Züge und Ideen ausgegangen seyn und es verdienen die dahin einschlägigen Bildwerke eine besondre Abtheilung zu bilden neben den andern die sich, abgesehen von der die Götter und Dämonen angehenden Hauptmasse, zu besserer Uebersicht und Verständniß absondern lassen.

---

2) Plotin. de pulchrit p. XXXII.

3. Charis, Chariten (1, 372 f. 696 f. 3, 111 f.)

Wenn in der ältesten Zeit die allnährende Gabe des Himmels und der Erde als die Charis der Here gefeiert wurde¹), so sind schon bei Homer die Chariten vorzugsweise Begleiterinnen und Dienerinnen der Aphrodite. Sappho läßt diese auf dem Wagen der Chariten fahren. In Elis hatten sie ein Hieron mit ihren Holzbildern, die Gesichter und Füße von Marmor, welche eine Rose, Astragalen und ein Myrtenreis hielten, Rose und Myrte als „welche der Aphrodite am meisten von den Göttern eignen, die Astragalen aber weil sie Jungfrauen und Jünglingen zukommen", und standen auf Einem Gestell mit dem Eros²). Die enge Verbindung dieser beiden Götter geht anmuthig aus zahllosen Bildwerken und zuletzt aus einem gewissen besonderen Sprachgebrauch von χάρις, χάριτες, χαρίζεσθαι, neben Ἀφροδίσια hervor³). Sogar ein Philtron wird von Euripides χάρις genannt.

Auch dem Dionysos als Gott des Weins gesellen sich die Chariten; aber besonders auch dem Apollon als Gott der Musik, dessen von den Meropen gesetztes Bild in Delos die drei Chariten auf der Hand hielt⁴), wie auch wenn dieß nicht bloß andre Sage war, die Statue desselben von Tektáos und Angelion die in der einen Hand den Bogen, auf der andern die Chariten mit Lyra, Syrinx und Flöten hielt, und sammt den Musen der Poesie. In Delphi waren die Chariten neben Apollon und den Musen aufgestellt; sie setzen, wie Pindar sagt, ihre Stühle neben Apollon, denn ohne sie feiern die Olympier nicht ihre

---

1) Noch spät sehn wir die drei Chariten mit Mohn, Blumen und Aehren, Köhler Description d'un camée 1812. In Althermione war ein Tempel des Helios und Hain der Chariten Paus. 2, 34, 10, ein Hieron der Chariten auch in Sparta, eb. 3, 14, 6. Neben Helios können sie auch bedeuten daß alles Heitre vom Licht ausgehe, wie Antimachos sie Töchter der Aegle und des Helios nannte. 2) Pausan. 6, 24, 5. 3) Ruhnk. ad Tim. lex. v. χαρίζεσθαι Winckelmann zu Plutarchs Erotikos p. 1155. 4) Plut. de mus. 14.

Chöre noch Mahle (Ol. 14, 8—12). Drum ruft er den Zeus an sein Siegslied aufzunehmen der Chariten wegen (Ol. 4, 15), ruft sie an Argos zu preisen (N. 10, 1), mit deren Hülfe der Dichter gefällt (P. 9, 3. 89. N. 4, 7), deren Garten er verwaltet (Ol. 9, 27). Als die Seele der Kunst hatte Athene in Kyzikos die drei an einer Säule verbundnen Chariten in die Vorhalle des ihr erbauten Tempels gestiftet (Götterl. 2, 299). Auf einer Münze von Athen hat sie die Chariten auf der Rückseite [5]). Auch neben Hermes stellten sie die Maler [6]). Im weitesten Sinn fassen sie schon ihre drei Namen in der Theogonie Aglaja, Euphrosyne, Thalia, als Töchter des Zeus und der Eurynome. Die Dankbarkeit als Charis wird uns noch unter den vergötterten Tugenden vorkommen.

In Athen wurde bei drei Chariten vor dem Eingang in die Akropolis eine der Menge geheime Telete gefeiert nach Pausanias, der daneben bemerkt daß (der Athenische) Pamphos die Chariten zuerst besungen habe (9, 35, 1.) Diese Telete gieng natürlich die Chariten nur in allgemeinster oder kosmischer Bedeutung an, die sich von der alten Zeit her auch erhalten hat in ihrer Verbindung mit dem Land, mit Athene [7]) und besonders mit dem Wasser, Meer und Flüssen. Die drei Chariten aber von Sokrates, des Sophroniskos Sohn, die Pausanias auch an einem andern Ort und da nebst einem Hermes von demselben Sokrates und unter Beifügung von λέγουσι anführt (1, 22, 8) [8]) giengen gewiß nicht die Natur oder alte Religion, sondern nur das Menschliche, Sittliche an ähnlich wie die welche Speusippos in dem Museion der von Platon gestifteten Akademie auf-

---

[5]) Pellerin pl. 23, 19. Mus. Hunter. tab. 11, 14.   [6]) Seneca de benef. 1, 3, 7.   [7]) Ein Beispiel: in Erythrä standen vor dem Tempel der Athena Polias mit Polos und Spindeln (welcher die Ersephoria zukamen) die Chariten und die Horen. Paus. 7, 5, 4.
[8]) Diogenes Laert. 2, 19 sagt nur und Suidas wiederholt, daß Einige sagen die bekleideten Chariten in Athen seyen von Sokrates, zwei Scholia-

stellte⁹). Waren wirklich von Sokrates Chariten da, so ehrte man durch sie und des Bildhauers Namen die Stelle einer altattischen Telete. Man darf sich nicht vorstellen daß man es im Alterthum immer und überall genau mit Unterscheidung des Begriffs oder der Eigenschaften gleichnamiger Götterwesen genommen habe. Diese Chariten waren wie alle älteren bekleidet: die seiner Zeit, bemerkt Pausanias, nackt, und er wisse nicht, von wo oder von wem die Veränderung ausgegangen sey. Daß die der Aphrodite verwandten Gratien, z. B. die der aus mehreren Wiederholungen bekannten und vielleicht auch von Pausanias verstandnen Gruppe nicht sehr lange nachdem Aphrodite selbst ganz nackt gebildet wurde, auch entkleidet worden sind, darf wohl vermuthet werden, obwohl die drei durch verschlungne Hände vereinigten Schwestern lose und durchsichtig bekleidet waren nach Seneca, der aber dieß vermuthlich, wie das meiste Uebrige aus Chrysippus schöpft. (de benef. 1, 3.)

4. Peitho.

Diese Person ist wahrscheinlich nicht nach der eigentlichen Bedeutung der Ueberredung, sondern von dem Gewinnenden Anziehenden überhaupt und zwar von dem Einnehmenden das am Schnellsten, am Härtesten und Stärksten wirkt, dem der Schönheit und der Liebe, gebraucht worden. Bei Hesiodus legen die Chariten und Peitho der Pandora reizende Schmuck-

---

sten zu den Wolken 773, die ungeschickt den Schwur des Sokrates νὴ τὰς Χάριτας auf diese Bilder beziehen (Χαρίτων γὰρ ἔργα καὶ δῶρα σοφίη) erdichten leichtfertig: ὀπίσω γὰρ τῆς Ἀθηνᾶς ἦσαν γλυφεῖσαι αἱ Χάριτες, ἐν τῷ τοίχῳ, ἃς ἐλέγετο ὁ Σ. γλύψαι ἐγγεγλυμμένα τῷ τοίχῳ also Relief. Hinter Athena (ὄπισθεν τῆς Ἀθηνᾶς) hängt zusammen mit der Vorstellung daß der Sokrates des Aristophanes die Chariten für Weisheit oder Bildung halte, mit der Athena verbinde. 9) Diog. Laert. 4, 1.

kettchen an (Peitho neben den Chariten eine eigenthümliche Macht, so daß Hermesianax etwas Plattes sagt wenn er sie die vierte der Chariten nennt) und Tochter der Aphrodite nennt sie treffend Sappho, die auch in der Ode an sie sagt, daß sie ihr den Jüngling zuführe und Aeschylus wiederholt und erklärt die áchthellenische Anschauung dieser Tochterschaft (Suppl. 1009—12.) Bei Ibykos haben Kypris und die holdäugige Peitho den Euryalos in Rosen erzogen. Horaz verbindet Suadela Venusque, welche Plutarch irgendwo Vorsteherinnen der Hochzeiten nennt. Was Servius sagt¹), daß Manche die Venus Suada nannten, ist so zu verstehn daß Peitho ein Beiname der Aphrodite, daß diese im Gegensatz einer andern Aphrodite Peitho seyn konnte, wie z. B. in Athen nach der Sage Theseus neben der Aphrodite Pandemos oder der käuflichen auch die Peitho zu verehren einführte²), wahrscheinlicher doch die Aphrodite Peitho als Peitho im Verein mit ihr. So war im Tempel der Aphrodite zu Megara das älteste Bild der Göttin von Elfenbein, das man Praxis oder die Umarmung selbst nannte, gewiß nicht weil sie diese einzige enge Bedeutung von Anfang an gehabt hatte, sondern im Gegensatz zu zwei Statuen von Praxiteles die hinzugekommen waren, eine Peitho und eine (sonst nicht vorkommende) Paregoros³), diese als die Liebe, welche tröstet und lindert, erfahrenes Leid verwischt, Peitho als die welche das Leben verschönt. Es ist auch möglich, daß der ehrwürdigen Göttin in Elfenbein der Name Praxis von den Rohen im Volk gegeben worden ist, um ihren Geschmack dem eines Praxiteles entgegenzustellen. Nicht neben einander standen diese Göttinnen, man müßte sonst sagen daß

---

1) Aen. 1, 720.   2) Paus. 1, 22, 3. Die Erklärung Apollodors halte ich für entschieden gezwungen und falsch, und daß Solon den Cult einer Pandemos eingeführt habe für wahrscheinlich genug Dieß ist dann auf Theseus übergetragen und durch die Peitho ausgeglichen worden.   3) Paus. 1, 43, 6.

sie drei Formen der Aphrodite wären. Pindar, weil er die Korinthischen Hetären des Tempels sehr anständig behandelt, nennt sie vielgastliche Jungfrauen, Dienerinnen der Peitho nur weil dagegen hier der Aphrodite Dienerinnen zweideutig und nicht schmeichelhaft gewesen wäre. Er sagt sonst, verborgen seyen die Schlüssel der weisen Peitho heiliger Liebe (P. 9, 39), bezeichnet sie aber auch als hinreissend wenn sie mit ihrer Geisel die Medea treibt (P. 4, 219): Horaz giebt diese der Venus (3, 26, 17.) Und wie an dieser Pindarischen Stelle Aphrodite Jynx, den rasenden Vogel, den Menschen zuführt, so wird Jynx auch Tochter der Peitho genannt. Besonders zeigen auch die Bildwerke, vorzüglich Vasengemälde, welche die Helena und andre Geschichten enthalten, die Peitho als Zugehörige der Aphrodite. Die Natur ihrer Einwirkung bringt mit sich, daß äußere Zeichen nicht zu suchen sind.

Eine ganz andre Peitho ist die welche Alkman Schwester der Tyche, des Glücks der Staaten, der Tochter der Vorsicht, Prometheia, sammt der Eunomia nennt. Denn neben dieser kann sie nur die durch weises Zureden und wohlmeinende Verständigung den guten Gesetzen von den Vorstehern geleistete Hülfe bedeuten. Auch die von dem Wort im eigentlichen Sinn der Rede, hergeleitete Bedeutung erweitert sich ins Unbestimmte und Allgemeine manigfach. Wie Alkman die verständig milde Behandlung auf Seiten der Aufseher der Gesetze Peitho nennt, so opferte Athen ihr als einer Göttin einmal im Jahr [4]), wohl in dem Sinne des friedlichen Uebereinkommens in den Versammlungen: auch Demosthenes bezeugt: „wir opferten dem Zeus Soter und der Athena und der Nike — wir opferten aber auch der Peitho und der Göttermutter und dem Apollon" [5]).

---

[4]) Isocr. π. ἀντιδ. 249.   [5]) Prooem. 55 p. 1460. Euripides sagt Antig. fr. 2:

Οὐκ ἔστι Πειθοῦς ἱερὸν ἄλλο πλὴν λόγος,
καὶ βωμὸς αὐτῆς ἐστ' ἐν ἀνθρώπων φύσει.

Da πειϑώ und βία natürlich oft einander entgegengesetzt, πειϑοῖ καὶ λόγῳ mit einander verbunden werden, so ist leicht einzusehen, wie viel man durch dieses Opfer andeuten wollte. Sonst finden wir von einem Cult dieser Peitho keine Spur. Denn ein Hieron der Peitho in Sikyon war vielmehr ein Denkmal der Erhörung daß Apollon und Artemis sich von einer Schaar von sieben Jünglingen und sieben Jungfrauen am Flusse Sythas hatten überreden lassen eine Seuche abzuwenden. Darauf gründete sich die Legende und der Gebrauch, noch zur Zeit des Pausanias (2, 7, 7), daß eine gleiche Schaar sich am Feste des Apollon in den Tempel am Sythas begab und die Statuen in das Hieron der Peitho auf der Akropolis brachte, wo es an der Stelle stand wo die rettenden Götter erschienen waren, und dann wieder in den Tempel zurücktrug. So stiftete man eine vermuthlich volkreiche Procession am Feste des Apollon und belebte den Gedanken daß von ihm Krankheit wie Gesundheit abhänge. In Argos aber hatte nur eine Artemis, die von Hypermnestra nach ihrem gegen Danaos gewonnenen Rechtsstreit errichtet seyn sollte, mit dem Zunamen Peitho, ein Hieron [6]), nach einem unbekannten Zug des Mythus.

Seitdem die Beredtsamkeit auf die Höhe einer Kunst gebracht und zu größerer Selbständigkeit gelangt war, mußte natürlich der durch diese Kunst gewirkte Zauber vorzüglich Peitho genannt werden, da er mit dem Wort in seiner eigentlichsten Bedeutung zusammenfiel. Eupolis sagte von Perikles daß Peitho auf seinen Lippen wohne und Ennius nannte den M. Cethegus, überkräftig, Mark der Suada. Isokrates nennt die Rhetorik die Künstlerin, Werkmeisterin der Ueberredung.

Da die Alten ihre Gedanken und Bemerkungen so gern wie Ranken um ihre Götter und Dämonen schlingen, die eben so charakteristisch, bestimmt und harmonisch als großentheils in

---

[6]) Pausan. 2, 21, 1.

Eigenschaften und Beziehungen reich und manigfaltig entwickelt sind, so ist es nicht zu verwundern daß sie die Peitho, eine der anmuthigsten und zärtesten Personendichtungen, viel im Munde führen. Wie häufig sie in der Litteratur und in Bildwerken, besonders Vasengemälden vorkommt, ist sehr fleißig zusammengestellt in Otto Jahns Programm Greifswald 1846, Peitho, die Göttin der Ueberredung.

5. Genetylliden.

Genetyllis ist Aphrodite als die Geburten schafft (genitaleis Veneris res sagt Lucretius) und sie wird so von Aristophanes und zugleich Kolias genannt (Nub. 52), d. i. die auf der Höhe Kolias, zwanzig Stadien vom Hafen Phaleros, wo Aphrodite eine Statue (und nach Strabon ein Hieron) hatte und die Genetyllides genannten Göttinnen waren, mit denen Pausanias die Gennaides in Phokäa[1]) für dieselben hielt (1, 1, 4)[2]). Welche Art von Verehrern diese Göttin in der Nähe des Hafens herbeizog, ist leicht zu denken, und es ist charakteristisch daß man ihr Dämonen in Mehrheit, wie Mänaden, zur Seite gab. Auf deren Wesen läßt ein Wort des Aristophanes schließen in den Thesmophoriazusen: ὡς ἡδὺ τὸ μέλος, ὦ πότνιαι Γενετυλλίδες, καὶ θηλυδριῶδες καὶ κατεγλωττισμένον (130.) Zu bemerken aber ist daß auch eine ausländische Göttin der Weiber, eine der Hekate ähnliche Göttin, welcher auch Hunde geopfert wurden, ebenfalls Genetyllis genannt wurde[5]). Diese zweite Genetyllis ist wahrscheinlich erst

---

1) Ein χωρίον Γεννάϊς bei Phokäa. Aristid. I p. 469 Dind.
2) Aristophanes l. ye. 2 ἢ ἐπὶ Κωλιάδ', ἢ 'ς Γενετυλλίδος. Lobeck Aglaoph. p. 630 s. vermuthet daß aus Menander nach einer Stelle die darauf nicht führt, genommen sey was bei Alkiphron ein Bauer antiqui moris klagt, daß seine städtische Frau neue Götter, Κωλιάδας ἢ Γενετυλλίδας einführe. Aber neu ist nach dem Ländlichen und der alten Sitte zu beurtheilen.   3) Hesych. s. v. der allein richtig nur diese fremde Göttinn nennt, während Scholien und Suidas sich fälsch ausbrü-

in später Zeit misbräuchlich entstanden, wie auch eine andre ξενικὴ θεός, die Phrygische Göttin, gewissermaßen auch Genetyllis geworden ist, indem Lucian diese mit Koliaden und Genetylliden in den Eroten (42) und auch im Pseudologista mit Genetyllis und Pandemos zusammenstellt. An nicht alt oder nicht rein Hellenische Götter hängten sich solche Ausschweifungen leichter an, wenn die Liederlichen einen Vereinigungspunkt suchten: und der Hekate, der man eine Genityllis beigegeben hat, klebte das Hundeopfer aus der Zerynthischen Höhle an.

6. Priapische Dämonen. Tychon.

Das τυχεῖν, welches dieser Name einschließt, ist ein ausschließlich besondres, welches, geht aus den Worten Strabons über den Priap hervor: „er gleicht dem Attischen Orthanes und Konisalos und Tychon und dergleichen" (13 p. 588) und denen Diodors: „Manche nannten den Priap auch Ithyphallos oder Tychon" (4, 6.) Daher benn zwar das Etymologikon den Tychon einen Dämon bei Aphrodite nennt, Hesychius aber von Tychon sagt: „Einige nennen den Hermes so, nemlich den Ithyphallischen, Andre aber den bei der Aphrodite¹).“ In einem Marmorrelief von Aquileja ist er gebildet als Mann unterhalb und als geflügelter Phallus in der oberen Hälfte²) und in einer Thonfigur³) und in dem Relief ist neben ihm abgebildet Tyche, beide mit den Namen. Dadurch sollte vermuthlich der auf den Tychon gesetzte Werth noch gesteigert werden, wenn man nicht ohne Absicht und Sinn nur durch die Gleichheit der Namen bestimmt wurde. Eine

---

dem: δαίμων περὶ τὴν Ἀφροδίτην, γενέσεως αἴτιος, οἱ δὲ περὶ τὴν Ἄρτεμιν d. i. Ἑκάτην, wie der Eine auch richtig schreibt. 1) Cyrillus bei Alberti ad Hesych. Τύχων δαίμων τις πριαπώδης περὶ τὴν Ἀφροδίτην. 2) Müller-Wieselers Denkmäler 2 Taf. 72 N 936. 938. 3) Gerhards Archäol. Zeitung 1853 S. 403.

Zusammenstellung von Tyche und Eros bei Pausanias (9, 39, 4) hat jedenfalls einen weniger gemeinen Gedanken zum Grund gehabt. Unverzeihlich aber ist der Irrthum diesen Tychon für einen von der Tyche nur im Genus verschiedenen Dämon, für eins mit dem Agathodämon zu erklären.

Orthanes.

Tzetz. ad Lycophr. 538. Ὀρθάνης δαίμων πριαπώδης περὶ τὴν Ἀφροδίτην. Bekk. Anecd. Gr. p. 472. Ἀφροδίτος ὁ Ἑρμαφρόδιτος· παραπλήσιον δὲ τούτῳ ἄλλοι δαίμονες Ὀρθάνης, Πρίαπος. Der Komiker Platon verbindet im Phaon (fr. 2, 12) mit dem Orthanes einen Konisalos, der auch bei Aristophanes vorkommt (Lys. 982), und fügt auch einen Kybbasos bei, welchen Meineke für eigne Erfindung hält und einen Lordon und Heros Keles, die es eben so wohl seyn möchten, wenn sie nicht gemeinem Volkswitz abgeborgt sind. Gewöhnlicher genannt waren wohl nur Tychon und Orthanes. Ueber den Lordon giebt Toup Opusc. crit. Lips. 1780. 1, 257 eine sehr entbehrliche Erklärung.

7. Euplöa.

Euplöa, wie die Venus marina in Knidos genannt wurde (Götterl. 2, 705), scheint auch als ein von ihr gesonderter Dämon dargestellt zu seyn in einem sehr gefälligen Vasengemälde in meinen alten Denkmälern 3, 248 Taf. 17, 1.

XI. Ares.

1. Enyo (1, 706.)

2. Daß Enyalios als ein von Ares dem Enyalios geschiedner Dämon irgendwo zu verstehen sey, habe ich bezweifelt 2, 730. Solon errichtete, nachdem er die Megarer besiegt hatte, dem Enyalios ein Hieron in Salamis, wie Plutarch erzählt (Sol. 9), und möglich ist es allerdings diesen als Dä-

mon zu verstehen. In Hermione wird dem Ares Enyalios geopfert[1]): dieser ist offenbar auch bei Thukydides als der Gott eines Tempels des Enyalios zu verstehen (4, 67.) Hesychius erklärt Enyalios als Ares oder dessen Sohn.

Dem Ares zugehörige Personen Eris, Phobos, Kydomos sind 1, 714 erwähnt. Eris und Phobos waren gebildet am Kasten des Kypselos[2]). Eris, mit dem Namen, kommt in dem Boden einer Kylix aus Volci vor, schwarze Figur mit Flügeln an Schultern und Knöcheln, in schneidender Bewegung, die rechte Hand abwehrend erhoben[3]).

XII. Asklepios.

Die dem Asklepios als Gefolge dienenden Personen sind in Verbindung mit ihm besprochen worden (2, 738—740.) Sie sind sehr zahlreich, was mit dem hervorragenden Glanze des Asklepios im Cultus in den späteren Zeiten übereinstimmt: denn so sehen wir auch die Verehrung andrer der größten Götter, Athena, Apollon, Dionysos, Aphrodite, durch viele zugehörige Diener belebt. Gesundheit wurde freilich auch schon früherhin und gleichzeitig von andern Göttern verliehen, von Apollon, Athena, Demeter[1]), Dionysos, Zeus, besonders auch von Herakles, nachdem an diesen in so vielen Angelegenheiten sich vorzüglich gern zu wenden der Aberglaube des Volks sich gewöhnt hatte[2]).

---

1) C. J. Gr. n. 1221.   2) Paus. 5, 19, 1.   3) Gerhards Archäol. Intelligenzblatt Halle 1834 S. 27.   1) S. Prellers Demeter und Pers. S. 111 Not.   2) Götterl. 2, 791 f. Daher stammten in Kos die Asklepiaden mütterlicherseits von Herakles, den sie dort auch Alexis nannten. Cicero erklärt den Koischen Herakles für den unter den fünf Idäischen Daktylen. S. Dissen in Böckhs Pindar 3, 525. Aber der letztere war nicht in dem Stammbaum gemeint, sondern mystisch.

Außerdem hat man sich noch hier diese, dort andre Heildämonen geschaffen, so in den Jdäischen Daktylen ³), in gewissen Nymphen, die man Aerzte nannte ⁴). So war in einem Flecken in Elis an einer Quelle ein Hieron der vier Nymphen Kalliphaeia, Synallaxis, Pegäa und Jasis, die man zusammen Jonides, Heilnymphen, nannte ⁵). Wie sehr das Volk der Gesundheit wegen sich die Götter in Ehren erhielt, sieht man in dem Beispiel das Diodor von Kastabos im Chersonnes von einer Göttin Hemithea erzählt, welche schwere Krankheiten durch Traumgesichte heilte und den Weibern in der Geburt beistand, deren Tempel die Perser, als sie alle andern Griechischen Tempel zerstörten, verschonten (5, 62 s.) Von den vielen Sagen die sich an sie knüpften, ist auch in Tenedos Spur bei Pausanias (10, 14, 2) und Parthenius (1.)

XIII. Tyche.

Agathodämon.

Obgleich auch unter den großen Göttern einer spätern Zeit, konnte Tyche ihrem Wesen oder Begriff nach nicht, gleich dem Asklepios, auch mit Zugehörigen umgeben werden. Dagegen wurde sie sehr häufig mit einem ihr gleichartigen Gott, dem guten Dämon Agathodämon gepaart, neben dem auch Tyche den Zunamen gut annimmt, Agathe Tyche. Dieses Paar wurde in Statuen dargestellt durch die Zeitgenossen Praxiteles und Euphranor (Ol. 104): denn obgleich bei dem letzteren Plinius die Bona Fortuna nicht nennt, so ist doch zu vermuthen, daß er sie nur zufällig ausgelassen habe. Auffallend genug ist daß die Römer, nicht bloß Plinius, sondern schon Varro den guten Dämon Bonus Eventus übersetzen, wobei

---

3) Aesch. Krit. S. 177 f. Philostr. Im. ed. Jacobs p. 659.
4) Hesych. Ἰατροί, Νύμφαι τινὲς καλοῦνται.   5) Paus. 6, 22, 4.

man, angesehen den allgemeinen Begriff der Tyche, Glück, an den „guten Erfolg" denken könnte[1]). Aber die Statue des Euphranor hielt in der Linken eine Aehre und Mohn, in der Rechten eine Schale. Es läßt sich nicht zweifeln daß der Bonus Eventus des Praxiteles denselben Charakter hatte, wodurch dieser nemlich mit der Bona Fortuna übereinstimmte. Diese oder Tyche ist nach ihrer aus alter Zeit herstammenden engeren Bedeutung der Segen des Landes, welcher früher und allgemeiner als Fabriken und Handel Wohlstand schafft oder glücklich macht. Darum ist sie neben der Pluto und andern ähnlichen Namen unter den Nereiden sowohl als Okeaniden: das Wasser ist die Quelle von dem bescheidnen Glück des agrarischen Lebens, und Plutos ist unter den Göttern die mit den zwo Thesmophoren an ihrem Fest bei Aristophanes der Herold anruft (297.) Weniger bestimmt beschränkt die Auffassung des Glücks die Statue der Tyche von Bupalos mit Polos und Füllhorn. Ganz nach derselben Idee betet Varro zur Lympha und dem Bonus Eventus, und man sieht aus ihm zugleich welche besondre Art von Erfolg verstanden wurde de re r. 1, 1, 6: Nec non etiam precor Lympham ac Bonum Eventum, quoniam sine aqua omnis arida ac misera agricultura, sine successu ac Bono Eventu frustratio est non cultura. Vermuthlich hat man das Wort $\delta\alpha\iota\mu\omega\nu$ nach seinem eigentlichen allgemeineren Sinn übersetzen wollen, ohne zu bedenken daß hier in $\dot{\alpha}\gamma\alpha\vartheta\dot{o}\varsigma$ und seiner Stellung neben Tyche die besondre Bedeutung des Dämon oder Gottes liegt. Wie die Tyche selbst, so ward nun auch der männliche ihr zugesellte und ihr gewissermaßen nachgebildete Gott, auf welchen im höheren Alterthum keine Spur hinweist, ein sehr großer.

---

1) Lehrs Popul. Aufsätze S. 158. Vgl. sonst S. 166 ff. Völlig grundlos war es den Triptolemos herbeizuziehen, anders als zur Vergleichung der Figuren. Creuzer Gemmenkunde S. 51. Böttiger Vasengem. 1, 211.

Man trank in Athen dem Agathos Dämon noch mehr, wie es scheint als der Agathe Tyche, so wie dem Zeus Soter und der Hygiea an jedem Mahl, was fast in allen Stücken der alten Komödie vorkam, und zwar dem Agathodämon wenn der ungemischte Wein aufgesetzt wurde, wie Philochoros meinte, zum Zeichen seiner Kraft ²). Sein oder der Agathe Tyche Bild war in Pompeji neben dem Heerd aufgestellt ³). Natürlich blieb die Bedeutung und Beziehung des Paars nicht immer beschränkt auf Erndtesegen und die Gaben zum Lebensgenuß. Das in den Namen beider Götter aufgenommene Beiwort gut, scheint ihm einen Vorzug zu sichern vor dem gemeinen Begriff des Glücks, der durch das Unstäte, das Gewagte und selbst das Zweideutige, das ihm anklebt, wenn auch die Meisten ihm blindlings nachjagen, doch bei Manchen herabgesetzt wird. Der Redner Dion, der gelegentlich der auf einer Kugel dahinschwebenden Tyche weise Rathschläge giebt (65 p. 345 Reisk.), rühmt an der Monarchie daß sie mit dem Guten Dämon und mit der gleichen Tyche zusammenhänge (3 p. 115.) ⁴). Die Römischen Kaisermünzen von Galba bis Gallienus zeigen häufig den Bonus Eventus mit den Attributen des Euphranor oder auch Traube, Füllhorn ⁵), für das Reich ist Fruchtbarkeit eine Hauptsache: so auch viele Gemmen. Dagegen geht er in vielen Römischen Inschriften das Kriegsglück an, worüber Th. Mommsen sich unlängst in Gerhards Archäol.

---

2) Athen. 15 p. 692 f. 693 e. Schol. Aristoph. Equ. 85. Pac. 300, wo auch Agathe Tyche nicht vergessen ist.   3) Mazois Pomp. p. 2. pl. 8. 10.   4) Im Axiochos c. 20 lesen wir: ὅσοις οὖν ἐν τῷ ζῆν δαίμων ἀγαθὸς ἐπέπνευσεν, woraus auf die Bedeutung des Römischen Genius geschlossen werden könnte, aber nicht nothwendig muß. Es kann auch das ächte oder wahre Glück verstanden werden.
5) Eckhel D. N. 5, 303. Gerhards Archäol. Zeitung 1860 S. 5. Die hier als an ihn gerichtet angeführte Gebetsformel aus Cato de r. r. 141: uti tu fruges, frumenta, vineta virgultaque grandire beneque evenire sinas, geht nicht ihn, sondern den Mars Pater an.

Zeitung ausgelassen hat (1860 S. 74 ff.) Römer mochten leicht auch einen besondern Agathodämon jeder Legion annehmen da sie an den jedem Einzelnen zukommenden Dämon, den Genius, gewöhnt waren. Diesen individuellen Genius haben die Griechen späterhin kennen gelernt, wie eine Stelle des Menander bestimmt beweist [6]), und individuelle Tychen, besonders der Städte verehrt. Von ihrem Agathodämon und ihrer Agathe Tyche aber ist dieß bestimmt zu unterscheiden.

V. Vermischte Dämonen.

Eine natürliche Folge des Griechischen Polytheismus und insbesondre der seit ältester Zeit im Schwange gehenden Dämonen (in dem späteren Sinne) war es, bei dem regsamen Geiste der Nation, daß diese sich nach und nach ins unendliche vermehrten. Einige Anschauung hiervon kann es geben wenn eine Menge derselben, auch entfernt von Vollständigkeit, zur Uebersicht zusammen gestellt wird. Auf Erklärung ist hier in vielen Fällen, zum Theil auch der Kürze wegen, zu verzichten.

a. Alphabetisch.

Ἀδδηφαγίας ἱερόν, in Syrakus nach Polemon bei Athen. 10 p. 416 b. Ael. V. H. 1, 27. Etwa statt eines Aushängeschildes bei einer großen Speisewirthschaft?

Aeon S. Zoega Bassiril. T. 2 tav. 59.

ἀλιτήριος δαίμων, ein Quälgeist, welchen z. B. Jemand in seinem Sohne sich erziehen könne. Andoc. de myster. 12. 17.

Alkiden „gewisse Götter bei den Lakedämoniern," Hesych.

---

[6] Ἅπαντι δαίμων ἀνδρὶ συμπαρίσταται εὐθὺς γενομένῳ μυσταγωγὸς τοῦ βίου ἀγαθός. Daß schon Pindar Ol. 9, 23 und P. 5, 122 hiernach zu erklären sey, kann ich mich nicht überzeugen.

Ἀντήλιοι θεοὶ Hesych. „die vor den Thoren aufgestellten". Aeschylus Agam. 497 σεμνοί τε θᾶκοι δαίμονές τ' ἀντήλιοι, Tertullian de idol. c. 13: Apollinem Thyraeum et Antelios daemones, ostiorum praesides legimus.

Argeus, in der Rechten eine Schlange, auf Münzen von Corcyra, Eckh. D. N. 2, 73. Mionnet 2, 73, wenn nicht Beiname eines bestimmten Gottes.

Bubrostis. Agathias: „denn wenn du auch die Bubrostis des Erysichthon selbst hast". Anthol. Palat. 11, 379. „Die Bubrostis scheint etwas Andres zu seyn als Heißhunger. Den Beweis liefern uns des Metroboros Jonika: denn er erzählt daß die Smyrnäer, ehmals Aeoler, der Bubrostis einen schwarzen Stier opfern und zerlegen und sammt der Haut verbrennen". Plut. Sympos. 6, 8. „Andre erklären βουβρῶστις, welche sie den Feinden anfluchten und sie habe ein Hieron in Smyrna". Schol. Hom. Il. 24, 532. (Gewiß nicht Erinnys).

Deipneus „wird in Achaja geehrt, der den Namen ἀπὸ τῶν δείπνων hat". Athen. 2 p. 39, d. wie es scheint aus Polemon. Einen Keron, ἀπὸ τοῦ κεράσαι, nennt Hesychius v. Εὔνυστος.

Epialos, Ἐπίαλος, Ἠπιάλης, Τίφυς, der Alp, von Grammatikern Dämon genannt. Meineke Hist. crit. Comicorum Gr. p. 152.

Epidotes wurde in Sparta ein Dämon genannt, der das μήνιμα des tragischen von König Pausanias aus Ueberraschung begangnen Mordes abwehrte, Pausan. 3, 17, 8. Zeus hatte den Beinamen ἐπιδώτης, Paus. 8, 9, 1, und Plutarch sagt: τῶν δὲ ἄλλων θεῶν ὁ μέν ἐστιν ἐπιδώτης, ὁ δὲ μείλιχος (non posse suaviter vivi sec. Epicurum). Die Bedeutung wohlthätig ist also klar. Im Asklepieion zu Sikyon nannte man den Hypnos welcher einen Löwen einschläferte, Epidotes Pausan. 2, 10, 2, wie man auch in Rhegion eine Statue des Hypnos dem Asklepios weihte. Gruter. p. LXX, 8. Zur Zeit des Pausanias baute ein Freigebiger ein Bad des

Asklepios und dazu ein Hieron von Göttern, die sie Ἐπιδώτας nannten. Pausan. 2, 27, 7. S. auch Lo Bas Inscriptions p. 249.

Etephila, eine Priesterin θεᾶς Ἐτηφίλας bei Mitylene finden wir im Corp. Inscr. Gr. T. 2 p. 1027, wo der Herausgeber bemerkt: haec dea mihi ignota est.

Gello, welche die kleinen Kinder raubt, zu schließen aus dem Worte der Sappho Γέλλως παιδοφιλωτέρα, worüber bei den Lesbiern eine Legende. Zenob. 3, 3.

Harmonia, Tochter des Zeus und der Elektra, im Samothrakischen Mythus mit Kadmos, Kadmilos, wie im politischen zu Theben Harmonia mit dem König Kadmos.

Kebalion s. Nachtr. zur Trilogie S. 314 f.

Kolabros, dem die Phaselioten Salzfische opfern. Kallimachos bei Apostol. 17, 79.

Korykeios, vom Belauschen bei den Komikern. Phot. Suid. Κωρύκειος δαίμων, Alciphr. 3, 26.

Kragaleus, dem „die Ambrakioten nach dem Feste des Herakles noch bis jetzt ἔντομα opfern". Anton. Lib. 4, wo die Legende den Ursprung der Culte des Apollon, der Artemis und des Herakles natürlich nicht nach der Wahrheit, die kaum je bekannt war, berichtet.

Προδομέων θεῶν ἑστία wurde in Megara gezeigt, auf welchem Alkathoos ehe er die Stadt baute geopfert haben sollte. Pausan. 1, 42, 1.

Ptarmos, das Nießen. Aristoteles Probl., 337 παρμὸν θεὸν ἡγούμεθα. Nemlich als ein gutes göttliches Zeichen, in der Odyssee, bei Theokrit 7, 96.

Sosipolis, in Olympia mit der Eileithyia verehrt unweit von dem Kronischen Hügel, von der Legende abgeleitet von einem Sieg der Eleer über die Arkader, mit einem sehr absonderlichen Dienst und sehr heilig, indem die höchsten Eide bei ihm geschworen wurden; auch an einer andern Stelle neben einer kolossalen Tyche (der Bedeutung seines Namens we=

gen) verehrt. Pausan. 6, 20, 2. 3. 25, 4. Ursprünglich, nach der Verbindung mit Eileithyia, wahrscheinlich Erhaltestadt, da durch sie die Gemeinde sich immer verjüngt, nicht Rettestadt wie die in der Regel falsche Legende sie aufgefaßt hat.

Trophoniaden gute Dämonen in Ubora oder Udosa in Böotien. Plutarch. Moral. p. 944 e.

Tararippos, τὸ τῶν ἵππων δεῖμα, in Gestalt eines runden Altars, an welchem vorüberlaufend die Rosse ohne ersichtliche Ursache scheuten und die Wagen gänzlich zu Grunde giengen und die Lenker verwundet wurden, so daß die Fahrenden ihm opferten, damit er ihnen gnädig wäre. Paus. 6, 20, 8. Das Motiv für ein frommes Opfer war vermuthlich von einem und dem andern zufällig an derselben Stelle vorgekommnen Unglück entnommen.

Durch die große Menge der Dämonen geschah es daß sie auch in eine bloße Redefigur oder eine poetische Form übergiengen, wobei an etwas wirklich Dämonisches nicht zu denken war. So kennen wir einen **Amphidromos**, Umlauf, indem nach Hesychius Aeschylus in der Semele einen Dämon dieses Namens für die Amphidromia erdichtete, an welchen das Kind im Lauf um einen brennenden Altar herumgetragen, in die Familie aufgenommen wurde und den Namen erhielt [1]). Einen **Enaroktantas** stellte Aeschylus in den Nereiden auf [2]). Sophokles führte in der Iphigenia einen **Antäos** auf, einen Dämon der Antäa oder Hekate, der ihre Schrecknisse dem Unglücklichen zuweht [3]). Eine *Μύραινα* von *μύρεσθαι* hat Ari-

---

1) Trilogie Prom. S. 329. Daß diese Cäremonie mit dem Bacchuskinde sich auch dargestellt findet, ist im Nachtrag S. 122 bemerkt 2) S. meine Gr. Trag. 3, 1508 f. 3) Gr. Trag. 1, 108. Der Zweifel an dem Antäos war eben so unstatthaft als die Zerreißung des Fragments durch Conjectur indem man ihn nicht verstand.

stophanes bei dem Jammer der Unterwelt aus Euripides entlehnt⁴). Polygnot erfand sich für die Unterwelt einen Dämon der Verwesung Eurynomos, von welchem nämlich Pausanias sagt daß er den Todten das Fleisch abfresse und ihnen nur die Knochen lasse, die Zähne zeige und auf einer Geierhaut sitze, von Farbe zwischen *κύανον* und schwarz, gleich den Schmeißfliegen (10, 28, 4). Diese Dichtungsform findet sich noch in späten Mythen nachgeahmt, z. B. in dem von der Buhlschaft des Ares und der Aphrodite, wobei ein von der Phönikischen Flöte entnommener Gingron seine Dienste thut; denn sie wirkte stark auf die Stimmung und die Sinne⁵). In dem gewiß späten Gedicht für die Töpfer unter den Homerischen sind außer ihrer Göttin Athene die dem Ofen feindlichen Syntrips, Smaragos, Asbetos, Sabaktes und Omodamos genannt worin man nur eine Witzelei über die zum Spiel gewordne Erfindung von Dämonen erkennen kann.

b. Ethische und politische Dämonen.

Nicht wenige Dämonen drücken moralische Eigenschaften oder fromme Pflichten aus. Diese müssen von wohlmeinenden Bürgern gestiftet worden seyn in derselben Absicht, worin auf der Mitte der Wege zwischen Athen und den Demen von Hipparchos auf den diese Mitte bezeichnenden Stellen den Ortsnamen in einem Distichon ein guter Spruch beigefügt worden ist, allen Vorbeigehenden eine gute Erinnerung zu geben. Auch unter dem Namen Heros sind in ähnlicher Weise Muster zur Nacheiferung aufgestellt worden. Durch den Altar oder ein Hieron wird symbolisch das Sittliche zu einer religiösen Pflicht erhoben, eine religiöse Ansicht der Sache veranlaßt. An den Götterdienst, wie er sich erweitert hatte, schloß dieser Gebrauch sich ganz zweckmäßig an.

---

4) Ran. 475. Schol. *δαίμων φοβερά*.   5) Eustath. ad Odyss. 8, 302. Die Erklärung desselben zu 20, 9 scheint unrichtig.

Σπουδαίων, Eifrig, Tüchtig, Fleißig. Pausanias bemerkt (1, 24, 3), daß die Athener mehr Eifer als die Andern auf die göttlichen Dinge gewandt hätten, ὡς Ἀθηναίοις περισσότερον ἐς τὰ θεῖά ἐστι σπουδῆς, denn sie hätten zuerst die Athena benannt Ergane und zuerst gliederlose Hermen gemacht und mit ihnen sey in dem Tempel der Dämon Spudäon. Offenbar bezieht er σπουδή zu allgemein ἐς τὰ θεῖα, da es nur mit Ergane und Hermes, in deren Tempel der Dämon aufgestellt war, in Verbindung stand, als Arbeitslust. Also nicht an die allgemeinere oder tiefere Bedeutung von σπουδαῖος bei Aristoteles (Eth. Nicom. 1, 1. Poet. 5) ist zu denken, sondern an Fleiß und Geschicklichkeit in der Arbeit. Philo in der Schrift περὶ τοῦ πάντα σπουδαῖον εἶναι ἐλεύθερον führt an, daß für das Fest der Semnen die Epheben die Kuchen bereiteten, σιτοποιοῦσι τὰ πέμματα.

Weit bedeutender als dieser Spudäon, eine Eigenschaft der Athena Ergane und des Hermes, ist Aedoos deren Altar in Athen auf der Akropolis an dem Tempel[1]) vermuthlich alt war. Aedoos verläßt in den Hesiodischen Tagen und Werken mit Nemesis das entartete Menschengeschlecht um zum Himmel zurückzukehren. Platon läßt im Protagoras dem neuen noch rohen Menschengeschlecht durch Hermes die Aedoos und die Dike zuführen, die er nicht, wie die Künste, einzeln, sondern allgemein austheilen und verkündigen soll, daß die welche ihrer, als der Quellen aller bürgerlichen Tugenden, nicht theilhaft seyen, als die Pest der Staaten vertilgt werden sollen (p. 322 c.), und spricht auch in den Gesetzen von der Aedoos (ης αἰδώς) als beherrschend die in den Staaten den Gesetzen sich freiwillig unterwerfenden Menschen (3, 14 p. 699 s.). In einer unächten Demosthenischen Rede lesen wir: „Die Dike, Eunomia (gute Sitte), und Aedoos haben die schönsten und heiligsten Altäre in unsern Herzen, aber auch öffentliche zur Anbetung"

---

1) Paus. 1, 17, 1. Hesych. s. v.

(in Aristog. 1, 35). In den Wolken, wo der Dikäos Logos die gute Zucht der Zeit der Marathonkämpfer schildert ist ein Bild der Aedoos aufzustellen zunächst verbunden mit die Eltern nicht mishandeln und nichts Andres Häßliches thun (995)[2]). Epimenides errichtete in Athen der Unverschämtheit und dem Uebermuth (ὕβρις) Altäre, wie Zenobius aus Theophrast von den Gesetzen anführt (4, 36) und Clemens angiebt (Protr. 2, 26 p. 22), oder ein Hieron nach Istros[3]) und Cicero[4]) Fanum, welcher bemerkt daß man Tugenden nicht Fehler heiligen sollte. Xenophon rühmt von den Lakedämonischen Kriegern daß sie für eine Göttin nicht die Unverschämtheit, sondern die Aedoos hielten (Sympos. 8, 35). Auch das Sprichwort θεός ἡ Ἀναιδεία beruht auf diesem Mißverständniß des Epimenides. Leicht konnte es aber entstehen, da Beispiele von Altären schädlicher Dämonen deren Fernbleiben und Verschonen zu wünschen ist, als welche die beiden von Epimenides geweihten doch wohl zu betrachten sind, sonst nicht vorkommen. Nicht denkbar ist, daß die ungeglätteten Steine der Anaideia und der Hybris, worauf bei dem Gerichte des Areopagos Ankläger und Beklagter auftraten[5]), zu einem Mißverständniß Anlaß gegeben hätten. In engerer Bedeutung als Sittsamkeit finden wir Aedoos als Aphrodite Aedoos bei Philostratus (Im. 2, 1) und an einer Vase geschrieben um Penelope zu bezeichnen[6]), deren

---

2) Heraklit in einer vor vielen Jahren von Bernays emendirten Stelle: τίς γὰρ αὐτῶν φησι νόος ἢ φρήν· δαήμων αἰδοῦς; νηπιεύονται καὶ διδασκάλῳ χρέονται ὁμίλῳ, οὐκ εἰδότες ὅτι οἱ πολλοὶ κακοί, ὀλίγοι δὲ ἀγαθοί. Joh. G. Schlosser schrieb: Justin führt in seiner Apologie für die Christen die Stelle eines Alten an: „wenn nicht Regierende und Regierte philosophiren, so können Staaten nicht glücklich seyn: und eben so muß Alles zwischen den Regenten und dem Volk gegenseitig seyn und diese Reciprocität giebt nur die Αἰδώς". 3) Bei Suidas v. θεός.
4) Leg. 2, 11, 28.   5) Pausan. 1, 28, 5.   6) Auf einer von de Witte und von Roulez besprochnen Vase der Lucian Bonapartischen Elite ist Αἰδώς für Penelope angeschrieben nach der Gewohnheit

Statue dreißig Stadien von Sparta eine große Legende von Odysseus, ihrem Vater Ikarios und ihr nach sich gezogen hat⁷). Aus dem Hippolytos Kalyptomenos von Euripides ist der Ausruf erhalten ὦ πότνι' Αἰδώς.

In Athen waren ferner auf der Agora Altäre des Eleos oder Erbarmens, der **Pheme** und der **Horme**. Pausanias schon erinnert beim ersten an die milde Menschlichkeit der Athener⁸), und übrigens an ihre besondre Religiosität (1, 17, 1). Hesychius nennt mit dem Altar der Aedoos auf der Akropolis bei dem Tempel den der **Philia**⁹), die ich in dem Sinne des Friedehaltens unter einander und besonders, nach der Verehrung der Aedoos und der Philia bei dem Tempel der Athena auch mit den Nachbarn verstehn möchte. Damit harmonirt der große Altar der Vergessenheit im Tempel der Athena zu Athen wovon Plutarch in den Symposiaka spricht.

Mit solchen Gesinnungen verständiger Weichheit und Gelassenheit verträgt sich sehr wohl die Ὁρμή, Heftigkeit, Entschiedenheit, Energie, als Begleiterin weiser Beschlüsse. Von der Φήμη, die auch an einer Vase gemalt vorkommt, sagt der Redner Aeschines daß ihr als dem guten Ruf (während Hesiodos die Macht des bösen schildert) die Vorfahren einen Altar setz-

---

der Maler mythische Personen nicht zu nennen, sondern hinter einem entsprechenden Namen zu verstecken. So bezeichnet an einer Amphore in dem deWittschen Katalog Beugnot N. 4 ΑΙΔΟΣ die Artemis neben Apollon der den Tityos von der Leto abwehrt. Eben so ist auf einer andern Vase geschrieben neben einer Figur mit Pfeil und Bogen bei Pelops und Hippodamia.   7) Paus. 3, 20, 10.   8) Statt dieses einen von sehr vielen erwähnten Altars gebraucht Sextus Empiricus gewiß nur willkürlich oder nachläßig den Plural 9, 187 p. 592, wo Fabricius Not. K die Andern citirt. Er spielt eine Rolle in den poetischen Sagen. S. Heyne zu Apollod. 2, 8, 1 p. 202.   9) Eustathius zu Il. 22, 451 p. 1279, 39 nennt Altäre der Αἰδώς und der Ἀφελεία bei dem Tempel der Athena Polias und erklärt beide, von denen die zweite der Φιλία nicht vorzuziehen ist.

ten als einer großen Göttin (c. Timarch. p. 291 Bekk.), und malt sie mit Worten des Euripides. Pindar nennt die alte Phama rühmlicher Thaten erwecklich aus dem Schlafe (J. 3, 40), Aristides aber fälscht die Altäre der Kledon, wie er die Göttin nennt [10]), indem er den Schmutzreden der Dionysien εὐφημότατα ἀκούειν gegenüberstellt (40 p. 507 Jebb.). Pausanias nennt einen Tempel (ναός) des Ruhms, der Eukleia, in Folge des Marathonischen Siegs, auf welchen die Athener, wie er dabei bemerkt, nicht weniger stolz waren als Aeschylus nach seiner Grabschrift (1, 14, 4.) Ein Fest dieses Namens erwähnt Xenophon (H. Gr. 4, 4, 2) und einen Priester der Eukleia und der Eunomia (unter welcher gewiß nicht die Hore zu verstehn ist) enthält eine Attische Inschrift (C. J. n. 258). Wiewohl dieser Priester, da Epheben ihn aus Dankbarkeit ehren, eher ein Beamter des Gymnasiums seyn möchte, der zur guten Sitte, Eunomia, und zum guten Ruf die Jugend selbst durch Cäremonien zu ermuntern hatte. Eunomia in demselben Sinn ist unter den Figuren die an einer Attischen Vase die erfreulichen Eigenschaften und Aussichten eines Brautpaars darstellen, in O. Müllers Denkmälern Th. 2 Taf. 27 N. 296. Auch als Beiname der Athena und der Artemis kommt Eukleia vor in Syrakus und in Böotien [11]). Der Eirene bauten die Athener wegen des Kimonischen Friedens (371) einen Altar nach Plutarch (Cim.) [15]), den ersten Tempel sagt Cornelius

---

[10]) Der Pheme und Kledon errichtete nach Plutarch im Camillus c. 30 dieser einen Tempel nach der Befreiung der Stadt. Sophokles Oed. Tyr. 158 ὦ χρυσίας τέκνον Ἐλπίδος, ἄμβροτε Φάμα. [11]) Götterl. 2, 297. 394. ΕΥΚΛΕΙΑ und ΠΕΙΘΩ, Vase bei R. Rochette M. inéd. pl. 8, 2 p. 40 not. 10. Diese mit Pritho verbundene Eukleia, als der gute Ruf, erinnert auch an die schöne Nachricht in Plutarchs Aristides (20), daß diese auf jeder Agora (in Böotien) Altar und Statue hatte, und daß die Bräute und Bräutigame ihr ein Voropfer brachten. Eukleia auch in Christie disquisition upon the painted Greek vases 1825 pl. 13 p. 88.

Nepos [12]). Die Statue nur der Eirene was ihr große Bedeutung giebt, außer der Hestia stand im Prytaneum zu Athen und jene mit dem Plutos auf dem Arm auch bei denen der Eponymen [13]). Ihr Bild auf Vasen hat zuweilen Flügel und Kerykeion. Derselbe Name unter den Horen hat eine viel weitere als die politische Bedeutung. In Athen war auch an einem Altar geschrieben ἀγνώστῳ ϑεῷ, wie aus der Apostelgeschichte bekannt ist (17, 23), von welchem Paulus eine Anwendung auf seinen einzigen wahren Gott macht, indem er nach der Menge der Heiligthümer die Athener als besonders religiös (δεισιδαιμονεστέρους) anerkennt. Daß diesen unbekannten Gott Chrysostomos in dem Sinne, wonach sonst manche fromme Christen der Sicherheit wegen auch dem Teufel ein Lämpchen anzündeten, nicht richtig erklärte, scheint mir gewiß und die Altäre unbekannter Götter, welche neuere Ausleger zusammengestellt haben, untersuche ich nicht: will auch nicht auf Gedanken rathen, philosophisch oder deisidämonisch, die etwa ein alter Athener bei der Errichtung dieses Altars gehabt haben könne.

Zu Sparta hatte, wie Plutarch im Kleomenes sagt, Phobos, so wie auch Thanatos, Gelos und mancher andre solche Zustand oder Affect (πάϑημα) ein Hieron (8. 9). Das des Phobos war ein kleines Häuschen, in welches sich einst da die Thüre zufällig offen stand, Agesilaos versteckte. Man ehrte ihn aber nicht wie einen der abzuwehrenden schädlichen Dämonen, wobei er an Hybris und Anaideia des Epimenides zu denken scheint, sondern als die Furcht wodurch der Staat am meisten zusammengehalten wird — ἵνα γὰρ δέος, ἔνϑα καὶ αἰδώς — als die vor Tadel und Schande, weßhalb er

---

12) Timoth. 2. Eine ältere Inschrift der 95. Olympiade betrifft eine elfenbeinerne Eirene als Weihgeschenk. Böckh Staatshaush. 2, 308. 267. Ueber die Opfergebräuche aber s. Aristoph. Pax ed. Jul. Richter 1860 p. 57.   13) Pausan. 1, 18, 3. 8, 3.

auch bei dem Syssition der Ephoren aufgestellt war: also ein gar andrer Phobos als der mit Deimos ein Sohn oder Diener des Ares oder der nebst Harmonia genannt worden ist, oder als der häßlichste der Götter, wie Sextus Empiricus sagt, indem er ihn neben dem Eleos nennt und mit Unrecht passiv auffaßt, während ihm Opfer geschlachtet wurden um die Feinde zu schrecken noch von Alexander und nach der Dichtung von Theseus vor der Amazonenschlacht [14]). Den mit der Aedoos so nahe Verwandten rühmt auch Platon (Leg. 1 p. 647 a. 3 p. 699 c.); für das durch seine Gesetze und seine Folgsamkeit gegen die Obrigkeit (πειϑαρχία) ausgezeichnete Sparta ist dieser Phobos charakteristisch. Ganz etwas andres war in Korinth das Deima, das Entsetzen, die Schreckniß, in Gestalt des furchtbarsten Weibes, in Verbindung mit den Opfern, womit dort bis zur Zerstörung der Stadt durch die Römer, die Steinigung der Söhne der Medea Mermeros und Pheres gebüßt wurde und welches Pausanias noch sah (2, 3, 6). Den Geloos sollte nach einem Lakonischen Grammatiker Lykurgos gestiftet haben [15]): man sah also in Lachen und Scherz etwas politisch Heilsames. Hatte doch Sparta auch seine Deikelisten. Geloos war auch in Hypata [16]). Auch die Freude, Chara, wird mit dem Geloos, der Elpis angeführt [17]). Ein Hieron des Thanatos in Sparta erinnert daran daß Aeschylus in der Niobe schrieb, er allein von den Göttern liebe nicht Geschenke und daß er in der Alkestis des Euripides handelnd auftritt [18]).

---

14) Plut. Alex. 31. Thes. 27. In der zweiten Stelle ist nicht Φοίβῳ zu schreiben für Φόβῳ, obgleich bei Macrobius Sat. 1, 17, 18. auch jener als ἰήιος παιάν nach Delphischem Spruch in demselben Zeitpunkt eingreift. Scipio opferte der τόλμῃ und dem Φόβος, damit seine Truppen in einer Nacht keinen Schrecken erführen, sondern tapfer wären a. u. 561. Appian. T. 1 p. 328 Schweigh.   15) Sosib. ap. Plut. Lyc. 25.
16) Apulej. Motam. 3, 50.   17) Clem. in der schon citirten Stelle.
18) Ueber Thanatos R. Rochette mon. inéd. 1, 216 ff. wo das Bild zwar den Boreas meint.

Sonst finden wir ein Hieron mit Statue der Soteria in Paträ, ein andres in Aegion, nach verschiedenen Sagen [19]); eines, mit Garten, der Arete (des Probikos und Antisthenes) in Smyrna [20]), welcher auch in Rom Marcellus, der Eroberer von Syrakus, aber wohl als der Tapferkeit, einen Tempel errichtete [21]). Ein älteres Hieron der Eintracht, Ὁμονοίη, bezeugt schon Apollonius (2, 718), einen Tempel in Tralles gegen 90 vor Chr. Appian (B. Mithrid. 23); einen errichtete in Rom Camillus [22]); Gemälde von ihr und der Freundschaft machte Habron. Ein Hieron errichtete Timoleon, nachdem er die Tyrannis aufgelöst, indem er sein Haus dem guten Dämon weihte, in Syrakus der Automatia [23]). Auch die freche Ruchlosigkeit hat sich dieser Form bedient um den frommen Gedanken daß nichts ohne eine höhere Macht geschehe, zu verhöhnen. Der verruchte Dikäarchos der Aetolier, durch welchen Philippus die von Philadelphus eroberten Städte und Inseln wiedernahm, setzte am Hellespont Altäre und opferte der Ungesetzlichkeit und Gottlosigkeit, παρανομία und ἀσέβεια [24]).

Besonders war auch Hieron oder Altar der Dankbarkeit häufig, als feierlichstes Denkmal derselben, der Charis oder der Chariten [25]) und Aristoteles sagt daß man das Hieron der Chariten an dem besuchtesten Orte der Stadt aufstelle, als eine Wiedervergeltung empfangener Wohlthat (Eth. Nicom. 5, 15.) Mit dem Dank vergötterte man häufig auch den Staat, den Demos, dem man ihn schuldig war. So setzten die Chersonesiten einen Altar der Charis und des Demos der Athener [26]). Die Athener aber weihten nach Volksbeschluß

---

19) Paus. 7, 21, 2. 24, 2.   20) Philostr. Vit. Soph. 1, 11.
21) Plut. de fortuna Rom. 10.   22) Plut. Cam. 42.   23) Plut. reip. ger. praec. 20, einen Altar nimmt er de sui laude, weil nichts geschehe ohne der Götter Willen, Cornel. Nep. Timol. 4.   24) Polyb. 18, 37.   25) Simonides Epigr. an Leokrates n. 207. Schneidew. Cornut. 15. Seneca de benef. 1, 3 nach Chrysippus.   26) Demosth. de cor. p. 256, 25.

dem Agathokles im Temenos des Demos und der Chariten eine Erzbildsäule [27]). Oft wird der Demos mit einem Gott verbunden; so in einer Inschrift von Aegina aus dem Jahr der Stadt 671 dem Apollon und dem Demos der Römer [28]), aber auch der eigene Demos des Weihenden, so in der Insel Astypaläa „dem Zeus Soter und dem Damos" [29]), oder weiht ein Bürger von Aegiale auf Amorgos „den Tempel den Göttern (wie öfters $\vartheta\varepsilon o\tilde{\iota}\varsigma\ \pi\tilde{\alpha}\sigma\iota$ in diesen Zeiten) und dem Demos", oder einer zu Minoa in derselben Insel eine Statue der Tyche „dem Dionysos von Minoa und der süßesten Vaterstadt und dem M. Aurelius Commodus Antoninus" [30]). Aehnlich wie diese personificirten Gemeinden, die als Personen im Gedanken sich inniger umfassen lassen als an sich nach ihrer Wirklichkeit, sind auch die Städte und Länder. Diese erhielten mythisch den Namen von einer Nymphe; am bekanntesten sind Aegina und Zeus, Kyrene und Apollon; wie sehr aber diese Vorstellung von der Nymphe des Orts, die ihm den Namen gab, durchgegriffen hat, zeigen u. a. manche Darstellungen von Thaten des Herakles. Aber auch als Kinder der Mutter Erde, rein allegorisch sind Orte und Länder aufgefaßt worden, wohin wohl auch die Figur eines Greises auf späten Bildwerken gehört.

c) Personificationen.

Wie sich den dämonischen Persönlichkeiten schon bei Homer und Hesiodus auch viele reine Personificationen, ohne göttliche Natur, ohne freies Daseyn und Wirken anschließen, ist früher bemerkt worden (1, 707—715). Hervorstechend ist im Hesiodischen Schilde die Gruppe $\Pi\varrho o\tilde{\iota}\omega\xi\iota\varsigma$ und $\Pi\alpha\lambda\iota\omega\xi\iota\varsigma$, $\text{'}O\mu\alpha\delta o\varsigma$ und $\Phi\acute{o}\beta o\varsigma$ und $\text{'}A\nu\delta\varrho o\varkappa\tau\alpha\sigma\acute{\iota}\eta$, neben Eris, Kydömos und Ker (154—156.) Dieß Mittel die Schilderung zu beleben

---

[27]) Joseph. Ant. jud. 14, 8, 5. [28]) C. J. Gr. n. 2140.
[29]) L. Ross Inscr. Gr. fasc. 2 n. 163. [30]) C. J. Gr. 2, p. 1033 n. 2264 c. p. 1034 n. 2264 m.

wurde natürlich immer häufiger, und die Poesie fast aller Culturvölker hat eine Periode gehabt worin es besonders beliebt oder bis zum Uebermaß herrschend wurde. Die Sancta Fides, Sancta Charitas, Sancta Spes sind auf das manigfaltigste nachgeahmt worden, wie besonders in dem Werkchen der Herrad von Landsberg. Unsre Meistersänger gefallen sich mit ihrer Frau Selde, Frau Minne, Frau Ehre, Frau Sonne, Frau Häselin u. s. w. Petrarcas Trionfi, der Roman de la Rose, die fairy Queen reichen hin um an die Höhe dieser Neigung zur Allegorie im Mittelalter zu erinnern. Eigenthümlich ist an diesem Allegorismus bei den Griechen, wo er übrigens nirgendwo in ein geschmackloses Uebermaß ausartet, daß seine Figuren im Gefolge der großen Götter und unzähliger kleinerer Dämonen gehn und von dieser äusserlichen Uebereinstimmung, wenngleich es ihnen an Leben und Freiheit fehlt, ein gewisses täuschendes Ansehn erhalten. Man fühlte dieses und gab ihnen daher häufig den Namen Gott oder Dämon, mit abgeschwächter Bedeutung, indem der Begriff des Gewaltigen oder des Unvergänglichen jedenfalls übrig blieb. Andrerseits mußten diese Scheindämonen, unter die im Cultus persönlich und leibhaft gemischt, dem Polytheismus selbst oder dem Volksglauben Nachtheil bringen und beitragen den pandämonistischen Volksglauben einem flachen Pantheismus entgegenzuführen, dieß um so mehr als die Götter und Dämonen selbst mehr und mehr als bloße Personificationen der Natur und der Begriffe aufgefaßt zu werden angefangen hatten. Das große Werk die Naturgötter in eine lebengleiche Göttergesellschaft umzuschaffen hat die Nachbildung solcher Gestaltungen zuerst für die wenigen selbständig Denkenden veranlaßt, die vorher nicht sehr zahlreichen, daher auch ziemlich allgemein gewordnen Dämonen haben sich nach und nach bis zur Unzahl, nun größtentheils örtlich vertheilte gemehrt, bis zuletzt den aus der Reflexion und gewohnten leichten Formen und Zeichen entsprungnen Scheinwesen die Gefahr entstand auch als Parodie der ältesten, Jahrhunderte lang heilig geachteten Kinder der Idee und Phantasie genommen zu werden, so daß fromme Dichter wie Homer, Alkman, Pindar, Aeschylus, vielleicht eben so viel als Philosophie und Dialektik die Auflösung der positiven Religionen mit vorbereitet haben. Schon Arnobius bemerkt (4, 1), daß durch die Verehrung von Göttern die nur Begriffe sind, wie Pietas, Concordia, Salus, Honor u. s. w. leicht die andern Götter gehöhnt werden, indem ihnen Worte ohne Substanz an die Seite gesetzt werden, und erinnert dabei an das was er über die Griechischen Nike, Eirene, Dike gesagt habe. Ja es ist zu vermuthen daß Viele von denen welche θεός oder δαίμων gleichsam als Titel beifügten, dieß nicht ohne Bewußtseyn der Herabsetzung der wirklichen Götter und Dämonen thaten. Man sähe demnach in dieser Erscheinung ein Merkmal des natürlichen Verfalls des eigenthümlichen Hellenischen Religionssystems, das nachdem es in ethischer und ästhetischer Hinsicht seine größten Wirkungen vollbracht hatte, in der ihm wesentlichsten Form zu erlahmen anfieng und unter dem denkenden Theil des Volks von Ernst und Heiligkeit mehr und mehr nachlassend, andern Gedankensystemen Raum ließ, bis endlich, nach mancherlei Uebergangsformen und nachdem es selbst in all seinen schönen Gestaltungen zur Poesie oder zum schnöden Aberglauben geworden war, das Menschengeschlecht hingegen im Zusammenhang mit dem dem Hellenischen nicht minder wie Abstraction der Phantasie entgegengesetzten Religionssystem, auf eine höhere Culturstufe erhoben wurde, in welchem mit dem Ueberweltlichen, Einen aus der Natur nur das im Wesen des Menschen als göttlich Erkannte, zwar anders und tiefer oder geläuterter und concentrirter gefaßt, zu einer für den Begriff nicht minder unfaßlichen Weise zur Einheit verbunden war. Um jene von der formalen Seite vielleicht sehr untergeordnet scheinende, nach ihrem natürlichen Entstehungsgrunde dagegen nicht unwichtige Erscheinung etwas mehr zu würdigen, wird es nicht überflüssig seyn eine

Anzahl von Beispielen zusammenzustellen aus der ungefähr geschlossen werden möge, wie gewöhnlich in den Begriffen das Schwanken zwischen Gott und dem Ding für sich geworden war. In den Hesiodischen Werken und Tagen lesen wir: "Argen Ruf der Menschen vermeide. Denn böser Ruf ist gar leicht zu erheben, schmerzlich aber zu tragen und schwer abzulegen. Kein Ruf vergeht gänzlich, welchen vieles Volk ausruft: ein Gott ist ja auch er" (760) [1]. Simonides von Amorgos nennt in den Jamben auf die Weiber den Hunger δυσμενέα θεόν (102) und Simonides (der Lyriker) morgen, [τὴν] αὔριον, einen Dämon: das Letzte und daß Andre in ihren Somatopöieen den Oknos, diese beiden vermuthlich als recht auffallende Beispiele, und Andre andere so nennen, führt der Rhetor Menander an (de encom. p. 31). Theognis nennt Hoffnung und Gefahr schwere Dämonen, Reichthum den schönsten der Götter (637. 1117.) und Hoffnung eine gute Göttin, die allein unter den Menschen noch sey, indem andre die Erde verlassen, Pistis, eine große Göttin, Sophrosyne und die Chariten (1135), Aeschylus τὸ δ' εὐτυχεῖν τόδ' ἐν βροτοῖς θεός τε καὶ θεοῦ πλέον, tadelnd (Choeph. 51), Sophokles δαὶς θάλεια, πρεσβίστη θεῶν im Triptolemos, derselbe χρόνος εὐμαρὴς θεός (El. 179), ἀλλ' ἡ Φρόνησις ἀγαθή (bona mens) θεὸς μέγας (fr. inc. 662), Euripides ἦγε δ' ἐλπίς, οἶμαι μὲν, θεός (Iphig. A. 392), τῇ δ' εὐσεβείᾳ, χρησιμοτάτῃ θεῶν, προσευξόμεσθα (Phoen. 789), οὐκ ἐστὶ πενίας ἱερόν, αἰσχίστης θεοῦ (Archel. fr. 19), φιλοτιμία ἄδικος ἡ θεός, τῆς κακίστης δαιμόνων — φιλοτιμίας (Phoen. 532), ὦ θεοί· θεὸς γὰρ καὶ τὸ γιγνώσκειν φίλους (Hel. 560), ὁ πλοῦτος, ἀνθρώπισκε, τοῖς σοφοῖς θεός (Cycl. 316), der Wein in mehreren Stellen Gott, nemlich

---

1) Φήμη. Hesych. Εἴρη und Ἴρα· φήμη, κληδών (wie Iris und Iros). Eustath. p. 1160, 35 οἱ παλαιοί φασιν ὅτι τὸ εἴρα τὴν μαντείαν σημαίνει.

Dionysos υἱὸς ἀμπέλου, λύπη μάλιστα — δεινὴ γὰρ ἡ θεός (Or. 388), Philoxenos γάμον θεῶν λαμπρότατον, ein Dichter bei Stobäus: τοῖς μὲν τεθνεῶσιν ἔλεος ἐπιεικὴς θεός, ein andrer in den Monostichen θεὸς μέγιστος τοῖς φρονοῦσιν οἱ γονεῖς. Menander nennt den Καιρὸς θεός ²). Oppian ζῆλος βαρὺς θεός (Hal. 1, 500). Herodot erzählt daß Themistokles zu den Andriern sagte, die Athener führten große Götter mit sich, Ueberredung und Nothwendigkeit, und die Andrier antworteten, ihre Insel bewohnen zwei unnütze Götter, Armuth und Ohnmacht (8, 111).

Der rein allegorischen Figuren bedienten sich besonders die Tragiker. Demosthenes für den Kranz hält sich auf über den Ausruf des Aeschines am Schluß der Rede gegen Ktesiphon als einen tragischen: ἐγὼ μὲν οὖν ὦ Ἡλιε καὶ Ἀρετὴ καὶ Σύνεσις καὶ Παιδεία. Die Wuth, Λύσσα, trat sogar auf als Person in den Xantrien des Aeschylus und dem Rasenden Herakles von Euripides, Thanatos in der Alkestis; so in der Flasche von Kratinos die Trunkenheit, in den Wolken des Aristophanes der alte Dikäos und der junge Adikos Logos, in den Rittern die dreißigjährigen Σπονδαί, in den Acharnern Διαλλαγή, in den Vögeln Βασίλεια, im Frieden Eirene, Theoria, Georgia, Opora, Polemos, in den Ekklesiazusen Τρυφή. Phthonos war Person in Komödien ⁵). Von solchen Personen haben Kratos und Bia im Prometheus, die Geschwister der Nike, voraus daß sie aus der Theogonie stammen. Als Prologe in den Dramen sprachen gedichtete Personen nicht selten, wie Quinctilian sagt (9, 3), und bekannt sind uns Elenchos bei Menander ⁴) und Verschwendung im Trinummus nach Philemon. Reich an Personificationen waren auch die Komödie des Epicharmos und die alte Attische ⁵). Pindar sogar

---

2) Anthol. Pal. 10, 52.   3) Poll. 4, 142.   4) Lucian. Pseudolog. 4. Aphth. Progymn. 12.   5) Süvern über Aristophanes Γῆρας S. 20 f.

redet im Eingang einer Ode (der 8. Pythischen), wie sonst gewöhnlich eine Gottheit, die Hesychia an, die Tochter der Dike, deren Wesen und Wirkung er kräftig schildert. Die Wahrheit nennt er Tochter des Zeus, wie er besonders die genealogische Formel liebt, z. B. Prophasis, Ausflucht, Tochter des Epimetheus, Angelia, Botschaft, des Hermes.

Sehr viel hat auch die bildende Kunst beigetragen die allegorischen Personen zu beleben und zu verbreiten, nicht die ältere Kunst, noch die hohe, welche die hohen Götter zu gestalten genug zu thun hatte, desto mehr die spätere. Aus der Zeit des Phidias und vielleicht von seiner Erfindung war in Olympia der Gottesfrieden, Ekecheiria, welchen Iphitos, sein Stifter, bekränzte, bei dem ehernen Eingangsthor des Tempels und noch einmal als Weihgeschenk [6]). Von Praxiteles waren Peitho und Paregoros, im Tempel der Aphrodite zu Megara [7]). Lysipp aber erfand den $Καιρός$ d. i. den Moment, den rechten Augenblick (Opportunus) welchen wir aus einem Gemälde bei Philostratus kennen; — einen Altar hatte er nebst dem Hermes Enagonios nahe dem Eingang in das Stadium von Olympia und Jon der Chier hatte einen Hymnus auf ihn gemacht [8]) — aber Epoche macht in diesem Zweig Apelles. Er malte das Gewitter in drei Personen, Bronte, Astrape und Keraunobolia, Donner Blitz und Einschlag, das Lachen, den Krieg mit auf den Rücken gebundnen Händen, die Ruhe, die Arete, die Verläumdung, die Gunst. Von Pamphilos nennt Plinius die Verwandtschaft, von Echion Tragödie und Komödie, wie wir in Pompeji auch Kitharistik und Enkaustik sehen, und an einer Vase, wenn ich nicht irre, die Lampadedromie [9]). Einen Reichthum solcher Erfindungen haben uns die Vasenmalereien erhalten, dann die Epigramme der Anthologie in der Abtheilung Weihgeschenke.

---

6) Paus. 5, 10, 1. 26, 2.   Plut. Lycurg. 25.   7) Paus. 1, 43, 6.   8) Paus. 5, 14, 7.   9) Gerhards Ant. Bildw. 1, 58.

Bei Philostratos sind ausser dem Käros der Komos, welchen er Dämon nennt, die Palästra, wie Agon, mit Halteren, nach Pausanias in Olympia aufgestellt war (5, 26, 3), die Wahrheit, die auch Pindar anruft, bei dem Orakel des Amphiaraos.

Eine ganze Reihe solcher Personen ist in dem sehr schönen und merkwürdigen Relief des Archelaos von Priene, der Apotheose des Homer zusammengestellt und es sey erlaubt sie hier vorzuführen weil noch nicht alle richtig erklärt sind. Emil Braun hat sie in galvanoplastischer Nachbildung in Leipzig 1848 mit kurzem Text herausgegeben. Der Dichter sitzt mit sehr hohem Scepter, neben ihm knieen Ilias und Odyssee und hinter ihm stehn die Welt, ihn kränzend, und die Zeit, die in ihrem Fluge in zwei Rollen Ilias und Odyssee emporhält, Oekumene und Chronos, dieser gewiß nur zufällig mit weiblichem Gesicht. Am Altare, hinter welchem ein Opferstier sichtbar ist ohne Priester, steht Mythos, ein Knabe, der umgewandt den Vergötterten anschaut, während er zugleich als Camillus ein Gefäß hält, so wie die vorderste der Figuren auf der andern Seite etwas auf den Altar streut. Es sind dieß Historia, ποίησις, die epische Poesie, Tragodia und Komodia, die dem Namen Homer huldigen als von ihm abhängige Vasallen. Dann folgt Physis, das Genie (wie in der Poetik des Aristoteles), ganz klein zu schauen, eben so charakteristisch als der Mythos als Knabe, und zusammengedrängt vier Eigenschaften Tapferkeit, Gedächtniß ('Ἀρετή und Μνήμη), Πίστις (nicht Glaube, activ sondern passiv Glaubhaftigkeit, wie man sprichwörtlich sagte Ἀττικὴ πίστις indem die Athener im Handel rühmten die Attische Fides) und Weisheit, Σοφία.

Ob in einem sinnreichen Vasengemälde die Hauptfigur Momos oder Phthonos zu nennen sey, kann zweifelhaft scheinen: sie sind verwandt mit einander. Ein Pythagoreischer Spruch war: einen Kranz nicht rupfen [10]. Der Maler setzt

---

[10] Göttling kleine Schr. 1, 305, στέφανον μὴ τίλλειν.

dieß dahin um, daß einer der einen Sieger kränzenden Nike eine Feder aus dem vollen Flügel herauszieht. Er hat sich dabei bequem niedergelassen und hält sich dazu noch an seinen Stab, ist also das gerade Gegenbild von einem sich nicht schonenden Kämpfer, und möchte eher den Neid bezeichnen der ganz ohnmächtig seyn kann, obwohl er auch oft mit rauhem Steine wirft nach Pindar (O. 8, 55), als die Tadelsucht, die oft energisch und thätig genug ist, wiewohl Momos auch als entkräfteter Greis in einem Epigramm der Anthologie vorkommt: der Neid aber ist nicht immer bloß innerlich, sondern verräth sich vielleicht eben so häufig durch vorsichtigen, ein Blatt des Lobes nach dem andern auszupfenden Tadel als die keckere Tadelsucht ihre Quelle im Neid hat [11]). Auch das Lob ist gemalt worden, $AINO\Sigma$, ein Jüngling im Mantel, mit Lorberkranz, eine Lyra mit der Linken haltend, mit der Rechten nach dem rothen Bande reichend welches Nike hält [12]); auch die Ehre, $TIMH$[13]). Ein Agalma der Euthymia von einem Dionysios war in Heraklea, die Andria sehn wir an einer Vase neben Herakles der den Antäos bezwingt. Auch Telete tritt als Person auf, die Feier, die Cäremonie, insbesondre die mystische: so wenn sie neben dem Orpheus stand auf dem Helikon [14]). Auf einem unvollständigen Relief von Tyrea, wo der Name beigeschrieben ist, sitzt sie als Vorsteherin des Acts vor einem unter einem Baum stehenden Altar der Cerealischen Euthenia [15]). Ohne Zweifel wurde auch Hosia, die Frömmig-

---

11) Meine A. Denkm. 2, 254 Taf. 17, 2. Gerhard in der Archäol. Zeit. 1853 S. 19 Taf. 51, 2 sieht statt des Momus einen besiegten, aber nicht muthlos nachstehenden Mitbewerber. Eben so schon früher Panofka Bilder des ant. Lebens 1843 Taf. 2, 9. Wie konnte doch der träge, faule Gesell für einen Mitbewerber u. s. w. gelten?   12) Eine Kollersche Vase, s. Berl. Kunstblatt 1828 S. 351.   13 Lanzi Opere postume 1, 339.   14) Paus. 9, 30, 2.   15) Annali del Inst. archeol. 1829 p. 132 tav. C. Nach dieser Entdeckung ist man beflissen

keit gebildet, die hehre Göttin, πότνα ϑεῶν, die über die Erde den goldenen Fittig führt [16]), und sie ist in mehr als in einem Bildwerk zu vermuthen. Besonders behaupteten sich, wie es scheint, in der Vorstellung und im Sprachgebrauch Linos, das Klaglied [17]), und Hymenäos, der Hochzeitsgesang. Mit diesen verbindet Pindar [18]) den Jalemos, eine andre Art der Klage, und Orpheus, alle vier als Söhne des Apollon und der Kalliope, wie aus Asklepiades, aus dem das Bruchstück angeführt wird und der seinen Inhalt wiederholt, zu schließen ist [19]). Spätere nennen den Hymenäos Sohn der Terpsichore. Er verschwindet bei seiner Vermälung, wie man seit Pindar allegorisirt oder verliert die Stimme bei der Hochzeit des Dionysos und der Ariadne oder stirbt: die Orphiker, wie Apollodor sagt, lassen den Asklepios ihn vom Tod erwecken. Zwei romanhafte Sagen haben den guten Sinn daß Hymenäos gesetzliche Ehen angehe, die eine aus Argos, wo die Ehegöttin thront, die andre aus Athen, der gebildetsten Stadt [20]). Einen Zug mit vielem Hymenäos schildert der Hesiodische Schild (273).

---

gewesen in einer Periode sehr flüchtiger Vasenverzeichnisse die Telete oft genug aufzuführen, Catal. Durand n. 431—435. 473 und sonst. 16) Eurip. Bacch. 363. 17) Meine Kl. Schr. Th. 1. 18) In einem zerrissenen Bruchstück der Threnen bei Schol. Eurip. Rhes. 895, versucht von Schneidewin und mir im Rhein. Mus. 1833 2, 110—121. Bergk. Pind. 116. 19) Orpheus scheint in dieser Verbindung, obwohl Pindar ihn auch schon in weitester Bedeutung als Sänger in der 4. Pythischen Ode aufführt, auch eine Gattung zu bedeuten, und alsdann den Bacchischen Trauergesang in dunkler Amtstracht. In dem Fragment ist er zwar Sohn des Oeagros genannt; aber dieß verträgt sich mit dem göttlichen Ursprung. Schol. Apollon. Rhod. 1, 23 εἶναι δὲ Ὀρφέα κατὰ μὲν Ἀσκληπιάδην Ἀπόλλωνος καὶ Καλλιόπης. 20) Schol. Il. 6, 493. Eustath. p. 1157. Serv. Fuld. ad Aen. 4, 99. Tzetz. Chil. 13, 599.

Die Heroen und die Vergötterung.

Ursprung der Heroen.

Das Wort ἥρως von dem Namen Ἥρα zu trennen, liegt kein Grund vor [1]). Vielmehr bietet sich eine auffallende Erscheinung dar, die jenes in der Bedeutung Erdner, Erdgeborene, γηγενής, γαιήϊοι, χθόνιοι zu erklären dient [2]). Es ist dieß im Autochthonismus, im Glauben des Volksstammes welcher zuerst Hera verehrte. Ueber den Autochthonismus ist früher Einiges bemerkt worden (I, 777—780). Nirgends scheint diese Vorstellung tiefer eingedrungen zu seyn, als in Attika, dessen Bevölkerung auf ihr Alter und ihre Ungestörtheit durch Wanderzüge anderer Stämme besonders stolz war. Erichthonios, Erechtheus hatte ihr den Ursprung gegeben, autochthonische Erechthiden, χθονίων Ἐρεχθειδᾶν ist ein Ausdruck des Sophokles. Auch der Mythus von Kekrops steht in engem Zusammenhange mit diesem Glauben. Die altathenische Haarnadel mit der Cikade, dem Zeichen der Erde, als Knopf noch

---

1) Von demselben Wort ἕρα scheint auch Ἐρεχθεύς zu stammen und wegen der Dunkelheit der Endsylbe erklärt zu seyn als χθόνιος mit verstärkendem ἐρι, Ἐρι-χθόνιος. 2) Götterlehre 1, 363. Auch Grammatiker sind auf diese Ableitung verfallen. Schol. Il. 1, 4. — ἡ ἀπὸ τῆς ἕρας· ἕρα δὲ ἡ γῆ κατὰ διάλεκτον, ἐκ δὲ τῆς γῆς ἐπλάσθη τὸ γένος τῶν ἀνθρώπων. Etymol. M. p. 438, 15. Martian. Capell. 2, §. 160: qui ex eo quod Heram terram veteres dixerunt Heroes nuncupati; vgl. Kopp p. 215. Inschriften von Amorgos enthalten die Form ἩΡΟΑΣ, ἩΡΩΑΣ, S. Roß inscr. Gr. fasc. II. n. 122 u. 123. Auch ἥρων, Ahrens dial. Dor. 241 u. 494. Ueber ein in Syrakusischem Dialekt eingeschobenes ν s. G. Curtius in der Zeitschr. für Alterthums-Wissenschaft 1844 S. 649.

in der blühendsten Zeit ist eine bedeutsame Erscheinung. Ein anderes und bekannteres Symbol der Erde ist die Schlange, die wir ebenso wie die Heuschrecke unmittelbar aus ihr hervorgehen sehen. Bestimmte Eigenheiten pflegte das Alterthum ebenso scharf aufzufassen als stetig diese Auffassung festzuhalten. Die Schlange ist Dienerin der Erde als Orakelgöttin und danach auch Dienerin der Wahrsagung überhaupt wie bei Asklepios, Melampus u. s. w. Den Autochthonismus bedeutet sie zu Athen in den Mythen von Kekrops so wie auch in drei vor einigen Jahrzehnten in Athen ausgegrabenen und jetzt dort aufgestellten männlichen Figuren, die wahrscheinlich zu einer Reihe der zehn eponymen Heroen gehört haben. In Verbindung mit der menschlichen Gestalt wendete die Bildnerei das Symbol der Schlange zwiefach an statt der beiden Beine, so auch bei den Giganten oder Erdmännern, die in den Vasengemälden noch ganze Menschengestalt haben, in späterer Zeit. Die Erde selbst tritt in Gemälden mit dem oberen Theile des Körpers aus dem Boden hervor. Einer der vier Phylen unter Kekrops gab ein Gelehrter den Namen $Αὐτόχθων$. In der Odyssee wird Tityos Sohn der ehrwürdigen Erde genannt und $γαιήιος$, was der Mythus dahin erklärt, daß seine Mutter von Zeus, von diesem in die Erde verborgen worden sey[3]), ähnlich wie in dem Mythus von den Paliken. Das große Pindarische Fragment, welches diese Vorstellung berührt, eigentlich aber die Frage betrifft, in welchem Lande das Menschengeschlecht wohl zuerst entstanden sey, wirft allerlei untereinander, wie daß in Böotien die Erde den Alalkomeneus gebiert, den Pelasgos in Arkadien, den Kabiros in Lemnos, den Urvater der Eleusier, die Kureten auf dem Kretischen Ida, die Garamanten in Libyen, die Korybanten in Phrygien aus Bäumen entspringen, oder der warme Nilschlamm die ersten Menschen erzeugt; auch die Giganten bringt er in Rechnung. Er geht

---

3) Apollon. Rhod. 1, 762.

also nicht näher in den Wahn des Autochthonismus ein. Dieser scheint überhaupt frühzeitig aus dem allgemeinen Gedächtniß verschwunden zu seyn, indem er nur in Attika noch Gewicht behielt. Mit dem Worte ἥρως finden wir ihn nirgends mehr verbunden und es ist dieß nicht zu verwundern, da auch Hera die Bedeutung als Erde, mit welcher Zeus im Frühlingsregen im Lande Argos sich vermählt, wo auch Herakles mit ihr zusammentrifft, eingebüßt und sich in die olympische Himmelskönigin verwandelt hatte, so daß nur der erwähnte Mythus und im Volk hier und da einiges auf die frühere Religion Bezügliche sich im Andenken erhalten hat; darum aber braucht nicht das Wort als in ältester Zeit geltender und verbreiteter Titel von der Bedeutung χϑόνιος, γαιήϊος, untergegangen zu seyn. Denn es ist bekannt, wie unvertilgbar manche Wörter dieser Klasse in abgeschwächten und den verschiedensten Bedeutungen in Ansehen und Gebrauch sich erhalten haben. Auch der Name Sparter, Sparten von Sprößlingen der Erde, Urvätern edler Geschlechter, deren Sparta fünf zählte, ist in dieser Bedeutung in Sparta ganz verschollen und in Theben ist der Mythus von den gesäeten Drachenzähnen nur noch in lockerem Zusammenhang mit anderen, die vorausgegangen, und mit anderen Ideen verschlungen worden zu seyn scheinen. Uebrigens ist es nicht glaublich, daß der Autochthonismus allein als eine physikalische Ansicht zu solchem Ansehen und so großer Verbreitung gelangt seyn würde: ein politisches Interesse mußte hinzukommen, um ihm größere Geltung und Dauer zu verschaffen. Uralter Landbesitz ist nicht bloß für einzelne Geschlechter, sondern war im ältesten Griechenland unter den häufigen Wanderungen und Umsiedelungen ein Gegenstand des größten Stolzes; erdgeboren konnte der Stammvater eines Geschlechts so wie der einer Völkerschaft und nach diesem in weitestem Sinne diese selber genannt werden. Diesen Ehrennamen zu behaupten und zu gebrauchen fand natürlich unendlich viel mehr Antrieb und Anlaß Statt, als dazu die Hypothese von dem Ursprung des Menschengeschlechts in Erinnerung zu bringen. Wie sehr die Erde und die Abstammung von ihr in der Vorstellung jener ältesten Völkerschaften herrschte, zeigt sich auch darin, daß $\chi\alpha\tilde{\iota}o\varsigma$ nicht bloß alt, sondern auch edel und adelich bei den Lakoniern bedeutete[4]), was ohne Zweifel auch die Bedeutung des Volks der Chaoner in Epirus ist, und wohl darf man vermuthen, daß auch die Form Ἀ-χαιοί, Ἀ-χαιοί nichts anders sagen will, als $\gamma\tilde{\eta}\iota o\varsigma$, auch in Παγχαία finden wir χ an Stelle des γ. Wie viele Völkernamen, als ein ehrenvolles Lob, oft von einer vorragenden Klasse entnommen entstanden sind, ist bekannt. Immer ist die so charakteristische Adelsillusion wenigstens mehrerer Stämme seit der Einwanderung aus Asien als zusammenhängend zu denken mit einem eben so starken Wandertrieb und Ringen nach festem Wohnsitz in den so manigfaltig verschiedenen Landschaften des im Ganzen beschränkten Landes.

Längst und in neueren Zeiten vielfach, ist bemerkt worden, daß Homer nicht bloß die Fürsten oder Helden, sondern alle Achäer, die nicht zum Volke gehörten, als Heroen anredet, und mit ehrendem Namen nennt. Heros heißt der Sänger Demodokos, der Herold, der Weinschenk, Eumäos der Schweinhirt, Heroen sind alle Phäaken[5]). Diese neue, weite Bedeutung zeugt für das hohe Alter des im Gewicht so sehr gesunkenen Wortes.

Heroen als Halbgötter.

Eine neue dritte Bedeutung hatten die Heroen in Böotien

---

4) Schol. Theocrit. 7, 5. Schol. Aeschyl. Suppl. 860. so βαθυχαῖος. 5) Aristarchs Bemerkungen darüber bei Lehrs de Aristarch. stud. Hom. p. 108. So Apoll. Lex. Hom., Hesychius. In den Aristotelischen Problemen (19, 48) werden nach dem Hesiodischen Gebrauch die Anführer allein als Heroen und die Völker als Menschen unterschieden. Daß das Wort ein Ehrentitel sey, zeigt auch F. A. Wolf in der Anm. zu Ilias 1, 4, wenn er dieß auch nicht gerade richtig erklärt.

zur Zeit der Hesiodischen Werke und Tage erhalten. Denn in diesen wird in die Sage von den vier nach den vier Metallen benannten Weltaltern vor dem letzten eines eingeschoben, das der Dichter nennt „der Männer, der Heroen göttlich Geschlecht, welche Halbgötter genannt werden. Diese verdarb der Krieg und die Schlacht, die einen vor der siebenthorigen Thebe, da sie stritten um die Schafe des Oedipus, die anderen, die über die See hergezogen waren wegen der schönen Helena, diese umfing das Dunkel des Todes, Zeus aber verlieh ihnen wieder der Menschen Leben und Art und wohnte sie ein am Ende der Erde fern von den Unsterblichen, über welche Zeus herrscht, und sie wohnen mit kummerlosem Muth auf den Inseln der Seligen an dem tiefstrudeligen Okeanos, selige Heroen, denen dreimal im Jahre die Erde süße Frucht bringt." Pindar nennt in der vierten Pythischen Ode die Argonauten Halbgötter. Den Ausdruck $\dot{\eta}\mu\dot{\iota}\vartheta\varepsilon o\iota$ finden wir noch in der Elegie des Callinos $\zeta\omega\dot{\omega}\nu$ $\ddot{\alpha}\xi\iota o\varsigma$ $\dot{\eta}\mu\iota\vartheta\dot{\varepsilon}\omega\nu$, in dem Homerischen Hymnus auf Helios $\dot{\alpha}\nu\delta\rho\tilde{\omega}\nu$ $\dot{\eta}\mu\iota\vartheta\dot{\varepsilon}\omega\nu$, deren Thaten die Musen den Menschen offenbarten, bei dem Lyriker Simonides (fr. 51), bei Euripides (Iph. A. 171), Isokrates (10, 48; 5, 137), noch Dion sagt, Theseus, Achilleus und alle die sogenannten Halbgötter (69 p. 367). Der Dichter des Rhesos sagt erklärend $\dot{\alpha}\nu\vartheta\rho\omega\pi o\delta\alpha\dot{\iota}\mu\omega\nu$ (959), Pindar dafür bedeutsam $\ddot{\eta}\rho\omega\varsigma$ $\lambda\alpha o\sigma\varepsilon\beta\dot{\eta}\varsigma$ (P. 5, 89), der die Heroen auch göttergleich nennt ($\dot{\alpha}\nu\tau\iota\vartheta\dot{\varepsilon}o\nu\varsigma$ Pyth. 1, 103). Auch bei der mythischen Erhebung des Julius Cäsar kommt der Begriff Halbgott wieder vor.

Als Vorbereitung zu dieser religiösen Erhebung der Helden der Vorzeit und nach und nach unzähliger anderer, wirklicher oder erdichteter Sterblichen, ist anzusehen das Homerische Epos, welches in mehreren Gedichten eine seiner Größen durch Befreiung von dem Loose der Sterblichkeit ausgezeichnet hatte. So versetzte Arktinos den Achilleus als unsterblich auf die Insel Leuke, die durch ihn ein leuchtender Punkt im Reiche der Fabel wurde. Nach Pindar machte Athena den Diomedes in Argos unsterblich (N. 10, 7), doch wohl in Bezug darauf, daß der Sohn des Tydeus unter den Epigonen hervorragte und also vielleicht nach dem Epos über diese. In der Odyssee aber wird Menelaos lebendig nach Elysion am Rande der Erde versetzt, er zwar weil er der Helena Gemahl und Eidam des Zeus sey (4, 563 ff). Hier also sehen wir noch reine Dichtung, die auch bei Hesiodus, wo sie auf die Homerischen Helden überhaupt ausgedehnt ist, noch beibehalten wird. Aber damit steht eigentlich in Widerspruch die halbgöttliche Verehrung dieser Heroen, die sich an die Gräber anschloß, wenigstens nach den Gebräuchen, selbst wenn dem verehrten ein Heroon erbaut war.

Das auffallend Neue in der Hesiodischen Lehre ist die Ausdehnung des Vorzugs einzelner Heroen auf alle, die vor Troja und Theben kämpften (vor Theben im ersten Kriege, da das Epos der Epigonen jünger als die Werke und Tage gewesen seyn möchte), und zugleich deren Versetzung nach Elysion, die als rein dichterisch zu denken ist, nicht weniger, als daß im Attischen Skolion Harmodios mit Achilleus und Diomedes im Elysion wohnt. Wichtiger aber ist, daß jene Heroen als Halbgötter auch einen halbgöttlichen Cultus voraussetzen lassen; denn im Homer ist keine Spur einer solchen Vermischung sterblicher Helden mit den Göttern. Die Könige sind von Zeus, als dem Herrscher, von dem alle Herrschaft ausgeht; der Glaube, daß Menschen aus dem Blute des Zeus stammen[1]) und Menschen überhaupt aus dem Blute eines Gottes ($αἵματος\ ἐκ\ θεοῦ$), des Zeus, Apollon, Poseidon, Hermes, der Flußgötter und Nymphen war alt und allgemein. Nach dem Hymnus auf Aphrodite bringt diese Götter mit Frauen zusammen, daß sie sterbliche Söhne Unsterblichen gebären, Göttinnen mit sterblichen Männern (50); Pindar nennt

---

1) Jl 19, 105.

die Aeakiden Blut des Zeus. Noch Sokrates benutzt in Platons Apologie diesen Glauben in seiner Vertheidigung und noch die spätere Sage, z. B. bei Herodot (6, 66) mißbrauchte zuweilen diesen alten Glauben. Allein das angebliche Götterblut in den Adern, der Stand der διογενεις gegenüber den ἀνέρες δήμου gleich den Königen vieler Völker, gab nur Anspruch auf Ehre, so wie auch das Königthum aus Zeus, so viel wir sehen, nur eine unbestimmte Vorstellung war, die großen Glanz und Ehre verbreiten sollte, ungefähr wie die von Gottes Gnaden, die auch unmöglich durch eine bloß dogmatische oder wissenschaftliche Stütze so große Macht und Dauer hätte gewinnen können. Vorher waren nur cultlose Sagen, oder Denkmäler, oder auch χοαί, der allgemeine Todtendienst, der freie, rein menschliche, worin uns selbst die erhabenen Grabgewölbe einiger Königsgeschlechter nicht beirren dürfen. Es kommt darauf an, diesen von dem bürgerlichen und politischen der Heroen zu unterscheiden. Wie hoch die Könige über Geschlechter der Vasallen oder Freunde, von denen sie zuweilen „Gaben" zu Kriegen empfingen, und alles Volk hervorragten, können uns auch so die erwähnten Grabgewölbe vorzüglich bei Mykene, in Orchomenos, ähnlich bei Amyklä und in der Antigone des Sophokles anschaulich machen. Aber nirgends zeigt sich eine Spur, daß die Huldigung ihnen gegenüber die Stufe zwischen Menschen und Göttern überschritten hätte. Wenn man dagegen den Tantalos in einem Bruchstück aus der Niobe des Sophokles oder den Pelops in seinem Pelopion zu Olympia neben dem Tempel des Zeus bei Pausanias (5, 13, 5.) einwenden wollte, so ist leicht einzusehen daß dieses und Aehnliches anachronistische Erfindung und Einrichtung war. Nun aber wurden die Heroen von Troja und Theben und mit ihnen almälig so viele andere zu Halbgöttern erhoben und ihr Todtendienst durch neue Gebräuche in Bezug auf diese Erhöhung ausgezeichnet. Natürlich daß man auch ihr Wirken aus dem Grabe hervor zu steigern sich berechtigt hielt. In der That also treten diese Heroen an die Stelle der Dämonen des silbernen Zeitalters unter den Hesiodischen.

Ein Dogma wie dieses konnte nicht unvorbereitet aufgestellt werden. Als Ursache, die zu ihm hinführte, ist zweierlei zu denken. Vorzüglich die Wirkung des Homerischen Epos, dessen Erhabenheit und Idealität seine Heroen als hoch über dem Maße gewöhnlicher Menschen stehend darstellt, und dessen Eindrücke im Laufe der Zeit, bei immer mehr verbreiteter Kunde in festlichen Versammlungen immer zunehmend die Hörer für die Helden begeistert haben mögen. Schon bei Homer selbst spricht Nestor, der drei Menschenalter sah, von Menschen wie sie jetzt sind. Aber die Homerischen sind wenigstens übergewöhnliche Menschen, selbst physisch, wie insbesondere durch die Kraft der Stimme und die Stärke der Füße, wie dieß der Dichter mehr durch räumliche Verhältnisse als durch Schilderung ihrer Eigenschaften in besonderen Fällen und in hoher Uebersicht und wunderbarer Harmonie anzudeuten verstand. Durch die Poesie waren die Helden der Vorzeit im Lichte des Wunderbaren verklärt, über die natürlichen Menschen in Maß und Würde erhoben, den Göttern genähert worden. Es scheint, daß dieser Charakter der Großheit im gemeinen Volke, das sie nicht als ein Wunder der Kunst aufzufassen verstand, zu dem Aberglauben veranlaßt hat, daß die Heroen ungeheure Riesengröße gehabt hätten, wie z. B. Orestes nach seinen aufgefundenen Gebeinen sieben Ellen maß, Protesilaos in der Fabel des Philostratos zehn Ellen hoch mit dem Winzer, seinem Freunde, verkehrte. Uebernatürliche Größe wurde den Heroen im Allgemeinen zugeschrieben, wie z. B. Pausanias zeigt (6, 5, 1); die Größe des Telamonischen Ajas erwähnt derselbe (1, 35, 5). Die Athener waren klug genug in der Sage von der Einholung der Gebeine des Theseus von Skyros durch Kimon diesen Aberglauben nicht zu berühren. Uebrigens sagt auch Aristoteles, daß die Götter und Heroen körperlich, so wie geistig die Sterblichen gar sehr überragten (Polit. 7, 14). Der

Begriff von den Homerischen Heroen ist gewiß nicht in Böotien zu der angedeuteten Höhe emporgestiegen, da sie die Böotischen Hesiode niemals angetrieben haben, sie zu verherrlichen. Dagegen scheint dort, wo auch Herakles in den Olymp erhoben worden ist, welcher der Gegenstand aller auf die Hesiode zurückgeführten epischen Poesieen ist, die von der über die Achäersagen so sehr verschieden sind, ein zweiter mächtiger Anstoß zur halben Vergötterung der Heroen in einer besonderen Stärke eines zu einer gewissen Zeit herrschenden Adelsgeistes gelegen zu haben. Denn weit bedeutender scheinen die Hesiodischen genealogischen Gedichte gewesen zu seyn als alle anderen sonst bekannten, und daß die Dichter, welche die Geschlechtsahnen verherrlichten, sich an eine reiche und stolze Aristokratie anschlossen, ist wohl nicht zu bezweifeln. Man denkt dabei an die $βασιλεῖς$ der Hesiodischen Werke und Tage. Nach dem Fall des Königthums traten die Edelgeschlechter und das Volk stärker gegeneinander auf, die $ἄριστοι$ nahmen große, zum Theil unbeschränkte Vorrechte in Anspruch. Nicht die bloße Gewalt konnte diese aufrecht erhalten, die Meinung mußte gewonnen, der Abstand vom Volk durch einen inneren oder Glaubensgrund begründet werden.

Die Eigenthümlichkeit der Griechischen Culturentwickelung, die ausgebildete Menschenartigkeit ihrer Götter, die poetische Verklärung ihrer alten Helden, der uralte ernste Todtendienst, eine hochgebildete Aristokratie erklären es hinlänglich, daß nur bei ihnen in ihren Gräbern lebendig wirksam und halbgöttlich verehrte Heroen aufgekommen sind. Wenn sie oft auch bei anderen Völkern gesucht worden sind, so ist man längst zur Einsicht in diesen Irrthum gelangt. Daß die Aegypter keine Heroen hatten, bezeugt Herodot (2, 50) und Zoega's hingeworfenes Wort, daß nur die Griechen Heroendienst hatten und vielleicht die Aegypter, kann uns nichts bedeuten [2]). Was die

---

[2]) Zoega Abhandl. S. 128; Bunsen's Aegypten 4, 217 ff.

Vedas betrifft, mag der Ausspruch Colebrooks genügen ³). Ebenso finden wir Heroen nicht bei den Germanen ⁴), noch bei den Römern ⁵). Hätten die Römer Heroen gehabt, so würde es ihnen nicht eingefallen seyn, Genealogieen von den Griechen zu entlehnen; wie z. B. die Manilier aus Tuskulum von einer Tochter des Telegonos sich herleiteten ⁶).

Durch die Hesiodische Idee, daß die Heroen des Troischen und des Thebischen Krieges überhaupt in das Elysion eingegangen seyen, gleich dem Achilleus und dem Menelaos, also ohne den Tod gekostet zu haben, ist der Cult der Heroen nicht unmittelbar bewirkt worden. Denn die seligen Inseln sind eine poetische Vorstellung geblieben, die nicht bis zum nationalen Glauben erstarkt ist, als ein Paradies für eine höhere Klasse der Menschheit die der Geist sich sträubte als gänzlich dem Staube verfallen zu denken, nachdem die Phantasie den höchsten Aufschwung genommen hatte, indem sie ihm das Räthsel von dem Daseyn Gottes und der Götter durch den Glauben, daß ihre Wohnung im Himmel oder dem Olymp sey, gelöst

---

3) Asiat. Res. 8, 494. 398. Bunsen Gott in der Geschichte 2, 118: „Von einem Heroenbewußtsein, welches sich aus den Tottenopfern hätte entwickeln können, wie bei den Hellenen und Germanen, ist im Rig=Veda keine Spur zu entdecken; was man dafür gewöhnlich hält, ist trügerischer Schein". 4) F. Wachter zeigt in der A. Litt. Zeit. 1836 n. 147 gegen J. Grimm S. 202, daß „kein Heroencultus statt hatte. Wohl opferte man todten Menschen als Göttern; diese betrachtete man aber dann, wie die Geschichte von der Vergötterung Erik's lehrt, nicht mehr als Einheriar sondern als Götter. Opferte man den Helden, welche nicht unter die Götter aufgenommen waren, so waren diese keine Götter= sondern Todtenopfer". 5) Preller Röm. Mythol. S. 77. Mommsen Röm. Gesch. 1, 147. „Eigentliche Sagenbildung ist dem Italiker fremd. Seine Götter sind Begriffe. — Die Menschen, auch die größten und herrlichsten blieben ihm doch immer Sterbliche und steigerten sich nicht, wie in Griechenland, in sehnsüchtiger Erinnerung und liebevoller Pflege der Ueberlieferung im Geiste der Menge zu göttergleichen Heroen." 6) Fest. s. v.

hatte. Eines aber behauptete sich, nämlich daß die gefeiertesten der Heroen als halbgöttliche Wesen unvergänglich und mit übermenschlichen Kräften ausgerüstet auch im Grabe fortlebten, ohne daß man wagte das unerforschliche, das dunkele Wie, wie dieser Wohnort bestellt sey, durch Mythen aufzuklären, an benen Verstand und Erfahrung unvermeidlich allzuleicht Anstoß genommen haben würden. Auf die Ehren, die man den Heroen erwies, hinaus über den alten allgemeinen Todtendienst, kam es an, und die Pflicht die Heroen zu ehren, der Trost und das Gebet um Hülfe an jeden einzelnen konnte bestehen ohne daß sie im Hades in Vereinigung ein halbgöttliches Leben fortsetzten, ein seliges, wie es der Glaube von Eleusis den Frommen verhieß. Das Wort ἥρως, das von Lebenden und als Ansprache in der Homerischen Poesie eine so weite Bedeutung hat, nahm nun ausschließend die eine an, der verstorbenen Edelsten und Edeln, Berühmtesten und Berühmten; begreiflicherweise aber erweiterte sich nun diese Bedeutung über den Kreis der Homerischen Heroen hinaus auf alle, die durch die Sagen und ihre bisherigen Todtenehren schon zu gleicher Würde erhoben worden waren; wogegen unter den homerischen Heroen, d. i. Helden vor Troja und Theben, so viele sind, auf welche die Bezeichnung ἡμίθεοι nicht paßt.

Cultus der Heroen.

Da die Heroen im Grabe hausen, so wird in ihrem Cultus nach Griechischem Brauch, so wie in dem von chthonischen Göttern so viel als möglich ein Gegensatz zu dem der Olympier beobachtet. Die Zeit der Verehrung war vom Mittag abwärts, ἀπὸ μέσης ἡμέρας, ἀπὸ μεσημβρίας [1]), nach dem Abend oder Tod und Unterwelt zu. Ἐναγίζειν bedeutet nicht Choen oder Spenden (χοάς) darbringen, wie Hesychius sagt,

---

1) Diog. L. 8, 33. Etym. M. p. 468. Eustath. ad Il. 8, 65.

sondern wie derselbe hinzusetzt, ein Opfer ϑύειν, nur daß man von dem Opfer der Heroen eigentlich ἐναγίζειν oder auch ἐντέμνειν gebrauchte und ϑύειν, welches dieses im allgemeinen Begriff einschließt, dagegen für die Götter vorbehielt. Den Heroen also sind ἐναγισμός, ἐνάγισμα, oder auch ἔντομα, Opfer²). Anstatt Altar, βωμός, war ihnen eine ἐσχάρα geweiht und in diese wurde der Kopf des Opferthiers hinabgedrückt und abgeschnitten, woher auch der Ausdruck ἐντέμνειν³). Die ἐσχάρα wird mit Unrecht Heerd übersetzt, den es sonst gemeinhin bedeutet. Denn die der Heroen war eine Grube, hohl oder vertieft⁴) und in diese wurde

---

2) Wenn Hesychius sagt ἐναγίσματα, ἐναγισμοὶ ὁλοκαυτώματα, so ist dies ein anderer Ausdruck für die selteneren Brandopfer und will nicht sagen, wie manche verstanden haben, daß die Enagismen oder Heroenopfer, etwa zerstückt verbrannt und nicht verspeist worden seyen.
3) Apollon Rh. 1, 587 ἔντομα μήλων und der Scholiast dazu.
4) Schol. Eurip. Phoeniss. 274 ἐσχάρα κυρίως μὲν ὁ ἐπὶ τῆς γῆς βόθρος, ἔνθα σφαγιάζουσι τοῖς κάτω ἐρχομένοις. Eustath. τὴν μὴ ἔχουσαν ὕψος, ἀλλ' ἐπὶ γῆς οὖσαν, κοίλην· Κλείδημος Περὶ Ἐναγισμῶν bei Athenäus 9, p. 410 a: ὀρύξαι βόθυνον πρὸς ἑσπέραν τοῦ σήματος, ἔπειτα παρὰ τὸν βόθυνον πρὸς ἑσπέραν βλέπε· ὕδωρ καταχεῖ, λέγων τάδε κτλ. Ueber den Unterschied und Gegensatz von βωμός und ἐσχάρα ist kein Streit. Homer gebraucht ἐσχάρα und ἑστία gleich. Später wird unterschieden zwischen ἐσχάρα als dem häuslichen und gewöhnlichen Heerd (βιωτική) und ἑστία als einem höheren und kostbareren Eustath. ad Od. p. 1564, 30. wonach zu verbessern ist die in Abkürzung, wie so oft corrumpirte Stelle bei Ammonius v. βωμός Vald. p. 34. Wie die andere Bedeutung von ἐσχάρα, hohl, tief entstanden sey, läßt sich nicht bestimmt sagen; fest steht sie. Es wurden daher auch tiefe runde Wunden so genannt Bekkeri Anecd. p. 256. worüber das Nähere bei Aristot. Probl. 1, 32. Eustathius κοῖλα τραυμάτων. Nur weil sie an die gewöhnliche Bedeutung Heerd dachten erklären einige Grammatiker falsch Kruste der Wunden. Selbst Apollonius im Lex. Hom. sagt, vermuthlich weil er an die Homerische ἐσχάρα dachte βωμὸς ἰσόπεδος οὐδ' ἐκ λίθων ὑψωμένος. In einer Inschrift über Weihgeschenke bei Roß Inscr. Graec. 3. p. 52 ist eine ἐσχάρα τετράπεδος nichts anders als ein Heerd, dabei auch ein Tisch, ein Fußgestell

der Kopf des Thieres vor dem Abschneiden hinabgedrückt, so daß das Blut unmittelbar in die Erde oder in ein eingesetztes Gefäß drang während dem Opferthier eines Gottes der Hals nach oben und dann zurückgebogen wurde. Auch war dieß gegen Sonnenaufgang gerichtet, das des Heros nach Abend. Die eigentliche Bedeutung von ἐσχάρα ist unbekannt und wir finden das Wort auch als Oberfläche des Altars gebraucht [4a]. Das ἐναγίζειν fand gewöhnlich Statt auf dem Grab oder

---

u. s. w. Hesych. ἐσχάριον· κοῖλον θυμιατήριον. Harpocrat. v. ἐσχάρα· Ἀμμώνιος ἐν τοῖς περὶ βωμῶν, ἐσχάραν φησὶν καλεῖσθαι τὴν μὴ ἔχουσαν ὕψος ὡς ἑστίαν, ἀλλ' ἐπὶ τῆς γῆς ἱδρυμένην κοίλην. Dem Pelops opferte ἐς τὸν βόθρον der Magistrat jährlich noch zur Zeit des Pausanias 5, 13, 1. 2. Porphyrius unterscheidet nur nach seinem Belieben ἐσχάρα und βόθρος, wie er auch einiges Andere bestimmt. De antro Nymph. cap. 6. Uebrigens nannten nach Pollur 1, 8 auch den Götteraltar einige Dichter ἐσχάρα. Beispiele aus Euripides im Plisthenes und aus Sophokles im Chryses führt Ammonios v. βωμός an. Es ist dieß poetische Licenz nach dem allgemeineren Begriff, worunter beide Wörter stehen, die um so näher lag, als es auch eine ἐσχάρα auf dem Altar gab, βώμιος ἐσχάρα, eine Vertiefung für das Feuer zum Verbrennen des Opfers, nach Schol. Eur. Phoen. l. c. (wiederholt von Porphyrius l. c.), der auch bemerkt, daß darum κατὰ περίφρασιν die Altäre selbst so genannt würden. Durch diese Stelle ist Ulrichs (Reisen und Forschungen in Griechenland S. 21) auf den vielfachen Irrthum gekommen, daß er die zwei ovalen Vertiefungen auf dem durch seine Inschrift berühmten Altar der Hera und der Athene in den Ruinen von Krissa, glatt und unversehrt, wie ich selbst gesehen habe, und „ähnliche Vertiefungen" auf zwei anderen Altären, deren ich mich nicht erinnere, mit Escharen in Verbindung bringt. Die beiden anderen Citate von Ulrichs gehen nur den Altar des Zeus Hellenios auf dem ὄρος von Aegina an, auf dessen äußerst beschränkter Spitze dieser Altar einen so eigenen Eindruck macht. Auch an andere und zwar in Felsen gehauene Escharen, wie in Akrä in Sicilien, ist nicht zu glauben, vielleicht Gruben zur Darbringung irgend einer Opfergabe. Der Artikel ἐσχάρα im Etym. M. ist voll von Irrungen. [4] Callix. ap. Athen. 5, p. 202 b ἐπόμπευσαν καὶ ἐσχάραι ἐπίχρυσοι. Xenoph. Cyrop. 8, 3, 13 Πῦρ ὄπισθεν αὐτοῦ ἐπ' ἐσχάρας μεγάλης ἄνδρες εἵποντο φέροντες.

Denkmal (μνῆμα) des Heros [5]) in einem eingeschlossenen Raume der σηκός genannt wird [6]), zuweilen auch τέμενος. Der gewöhnlichste Ausdruck ist ἡρῷον oder ἡρῷον σῆμα, in allgemeinem Sinne, insbesondere aber auch als ein dabei aufgeführtes nicht tiefes, vorn offenes Gebäude mit Giebel-Dreieck, das wir in Vasengemälden unzählige Male mit geringen Verschiedenheiten dargestellt sehen.

Da der Enagismus an das Grab gebunden war, und dieses ohne die Gebeine, als Kenotaphion nur unvollständig war, so konnte es leicht sich fügen, daß die Gebeine von anderswoher in ein nun geheiligtes Grab versetzt wurden. An wirklichen Beispielen hiervon wird es nicht gefehlt haben; die uns vorkommenden möchten sämmtlich fromme Erdichtungen seyn. Nach Antikyra sollten die Gebeine des einen Sohnes des Iphitos von Ilion eingebracht worden seyn, während der andere am Orte gestorben und begraben war [7]). Die Gebeine des Tisamenos, Sohnes des Orestes, auf Orakels Geheiß von Helike nach Sparta, und die des Arkesilaos von Troja nach Lebadea geführt werden von Pausanias angegeben (7, 1, 3. 9, 39, 7). Am bekanntesten ist die Einholung der Reste des Theseus unter Kimon aus Skyros, wo es nicht an Anlaß in den Sagen gefehlt hatte ihm ein Grab zu gründen, nach Athen, wo ein Heroon für ihn nicht fehlte, aber nun ein stattlicher Tempel gebaut wurde, wie um ihn dem Herakles auch hierin gleich zu stellen. Hektors Gebeine wurden zur Abwehr einer Krankheit nach Apollons Bestimmung aus der Ophrynischen Erde im Troischen nach Theben gebracht und an der Oedipusquelle begraben. So erzählt Lykophron (1205), und daß die Gebeine gegen den Angriff der Feinde helfen (1210), und Pausanias hat das Orakel (9, 18, 4); auch schon in Ilion heilte er Kranke nach Lucian (Deor. conc. 12). Um das Grab

---

[5]) Clearch. ap. Athen. 8 p. 344 c. Eustath. ad Od. 9, 219 p. 349 Basil.

[6]) Pollux 1, 6.

[7]) Paus. 10, 36, 4.

eines Heros zu besitzen, erdichtete man auch unglückliche Zufälle oder selbst Mordthaten um seinen Tod an der Stelle zu erklären, so den des Neoptolemos in Delphi durch einen Ehrenstreit mit einem Priester des Apollon, der von seinem zur Ermordung gebrauchten Messer Machäreus genannt wird. Der Streit mit der Priesterschaft entstand über den Anspruch des Ehrenstücks bei der Opfermahlzeit. Pindar berührt in einem Paean den Ehrenstreit unbefangen, wodurch er den Aegineten Anstoß gab (Fr. 24). Andererseits legte man den Tod des Neoptolemos in der Nähe des Altars als eine gerechte Strafe seiner Ermordung des Priamos am Altar aus und sagte sprichwörtlich: Neoptolemische Strafe [8]. In Delphi aber sagte man, daß sein Grab als das eines Feindes vorher in Unehren gestanden habe und daß er Heroenopfer erst erhalte, seitdem er mit zwei anderen Heroen von den Hyperboreern her in kriegerischer Rüstung die Gallier abgewehrt habe [9]. Gewiß eine späte innerlich widersprechende Erfindung. Aber Legenden erdichtete man früh und spät in immer gleicher Zuversicht, während Kritik nie aufkam, den Grund ihrer Entstehung zu errathen, nie Jemanden einfiel. Begründet der Sieg über Troja die Freiheit und den Ruhm von ganz Hellas in der mythischen Zeit, so fand der Vollender dieses Sieges im Mittelpunkte von Hellas seine rechte Grabstätte. Um den Vorzug eines so bedeutenden Heroengrabes zu besitzen, scheuten die Delpher sich nicht, sich eine erdichtete Blutschuld, die gesühnt werden konnte, aufzuladen, wenn anders aus einem so ernsten Ehren- und Rangstreit eine solche erwachsen konnte. Bei Hesiodus ist die Versetzung seiner Gebeine aus dem Naupaktischen nach Orchomenos auf des Orakels Geheiß, eines der merkwürdigsten Beispiele dieser Art bei Pausanias (9, 38, 3), worauf ein noch charakteristischeres in Beziehung auf den Heros Aktäon folgt. Die den Heroen nicht, sondern nur den Göttern gebührenden Ehren stellt sehr richtig Arrian zusammen (Exped. Alexandr. 4, 11).

---

[8] Paus. 4, 17, 3.   [9] Paus. 1, 4, 4.

Verschiedene Arten der Heroen.

Troische und Thebische Heroen aus dem Epos.

Nachdem einmal die Idee halbgöttlicher Menschen begründet war, hat sie begreiflicherweise sich bald sehr ausgebreitet, da die von der Verwandtschaft der Götter und der Menschen so tief in den Geist der Nation eingedrungen war, daß Pindar mit großem Ernst auf den unendlichen Abstand beider Wesen desselben Geschlechts aufmerksam macht, worüber an Nachdruck nur geht die Fabel von Tantalos als armer Sünder an der Göttertafel sich ängstigend aus Agias von Trözen bei Alkman [1]) und hat so zu einer ganz neuen Gestalt der Griechischen Religion im Allgemeinen Anlaß gegeben: mit den Heroen in diesem Sinne tritt eine neue Epoche des Griechischen Gottesdienstes ein. Die Heroen der Troischen und Thebischen Kriege, die wir zuerst als Halbgötter bezeichnet fanden, treten in der Entwicklung und Zunahme des Heroendienstes keinesweges besonders hervor, da sie den verschiedensten Stämmen der Nation angehörten und der Heroendienst, der an Gräber geknüpft war, sich hauptsächlich auf die einheimischen Heroen der vielen kleinen Ländchen stützte.

Um diesen politischen Charakter des bedeutendsten Heroendienstes im Voraus auffallend zu finden, braucht man nur nachzusehen, wie verhältnißmäßig unansehnlich der Zahl nach die Feier der Homerischen Heroen in der alten Literatur erscheint. In der bildenden Kunst dagegen verdunkeln sie alle anderen, so wie sie in der Poesie hervorglänzen.

Vor allen anderen Homerischen Heroen erhebt sich auch durch Verbreitung seines Cultus Achilleus. So wie er schon in der Dichtung bei Arktinos von seiner Mutter Thetis vom Scheiterhaufen weg auf die Insel Leuke getragen wird, vielleicht auf Anlaß eines ihm schon vorher dort geweiheten Todtendienstes, so finden wir ihn dort auch hochgefeiert nach vielen Zeugnissen und auf den Inseln und Küsten des nörd-

---
1) Meine Kl. Schriften 4, 37.

lichen Pontos, so daß er Pontosherrscher (Ποντάρχης) genannt wird ²), ein Orakel desselben auf Leuke ist in dem Periplus des Pontus Eurinus erwähnt (p. 22), Pindar nennt ihn auf der Insel des Kronos mit Peleus und Kadmos, da Thetis das Herz des Zeus bewegt hatte (Ol. 2, 78). Aber auch sein Heimathland Thessalien unterließ nicht ihm ein Grabdenkmal zu errichten, zu welchem man nach Philostratus in dem Heroenbuche (gegen Ende) jährlich in der Nacht wallfahrtete, indem man ihm Hymnen sang und den Todtenopfern etwas mystisches beimischte, wie es der Gebrauch der Lemnier und der von Sisyphus stammenden Peloponnesier (d. i. der Korinthier) sey. Auch bemerkt er, daß diese Sühnopfer den Thessaliern von dem Orakel zu Dodona vorgeschrieben worden seyen, indem er zugleich die ganze Todtenfeier ausführlich beschreibt und einen Hymnus auf Achilleus anführt (oder etwa selbst hinzudichtet). Karl Otfried Müller bemerkt ³), daß Achilles nicht bloß von ganz Thessalien verehrt worden sey, sondern von allen Doriern (was zu viel gesagt seyn möchte) und am meisten von den Lakedämoniern und nicht mehr von den Tarentinern, als von den Eleern und den Asypaläaten. In Lakedämon wurde sein Hieron nicht geöffnet, aber die Epheben pflegten ihm, ehe sie zu dem Uebungskampf in den Platanistas gingen, zu opfern ⁴). In Elis hatte er nach dem Orakel statt Altars ein „leeres Denkmal", was unanschaulich ausgedrückt auf das Unterirdische Beziehung hat, und beim Beginne der Panegyris hielten die Eleerinnen, außer Anderem, das sie ihm zu Ehren verrichteten, dem Schnellfüßigen einen Wettlauf und schlugen sich zur Trauer die Brust ⁵). Die Achilleen in Sparta und sein Hieron in Brasiä mit jährlichen Festen nennt Pausanias (3, 19, 11. 3, 24, 4).

---

2) Köhler, Mémoire sur les Iles et la course d'Achille; in den Schriften der Akademie von St. Petersburg 10, 531—819. Große heroische Ehren schildert der Verfasser p. 558 ff.   3) Aegin. p. 162.
4) Paus. 3, 20, 8.   5) Paus. 6, 23, 2.

Patroklos war ein einheimischer Heros der opuntischen Lokrer, von denen er auch zu den epizephyrischen übergegangen ist⁶).

Das Grab des Neoptolemos in Delphi, welches Pindar berührt (N. 7, 35), lag nach Pausanias in einem Peribolos links vom Ausgange des Tempels, wo ihm die Delpher jährlich ein Enagisma feierten (10, 24, 5. 1, 4, 4). Die Aenianen feierten ihn glänzend alle vier Jahre durch eine Theorie vom Oeta, ließen ihn aber durch Orest getödtet seyn⁷), wenn dieß nicht später ist, da auch von einer Wallfahrt die Rede ist, die sie zu ihm nach Delphi machten und die von den Priestern veranlaßt worden seyn könnte, um die Erdichtung von seiner Tödtung durch Machäreus, so kühn sie war, mit einem geschichtlichen Schein zu bekleiden.

Die Atriden wurden vorzüglich in den Trümmern des alten Mykenä und zu Sparta, Therapnä und Amyklä verehrt. Dem Menelaos und der Helena opferte man in Sparta, wie Isokrates in der Lobrede auf Helena sagt, nicht wie Heroen, sondern wie Göttern. Pausanias nennt das Fest Menelaeia in Therapnä (3, 19, 9). In Sparta war ein Tempel der Helena nach Herodot (6, 62), ein Hieron, sagt Pausanias, nahe bei dem Denkmal des Alkman (3, 15, 3). Ein Fest der Lakonen hieß Helenia⁸). Zu Agamemnon läßt Aeschylus in den Choephoren, ohne das Heroenthum und seine Gebräuche zu berücksichtigen, was nicht zur Vermischung derselben mit dem gemeinen Todtendienst uns einen Vorwand hergeben darf, mehrmals beten, er soll aus dem Hades hervorgehen zum Beistande, so wie auch bei Sophokles Elektra ihn anruft als Helfer gegen die Feinde zu erscheinen; so erscheint in den Persern Darius aus dem Hades in Folge vielen Flehens auf bestimmte Zeit, nach dramatischer Benutzung volksmäßiger Vorstellungen. Orestes ver-

---

6) Böckh zu Olymp. 11, 19. 7) Heliodori Aethiop. L. 3 init. L. 2, p. 123. 8) Hesych.

spricht in den Eumeniden den Bund, den er jetzt mit Athen für Argos geschlossen, auch im Tode noch aufrecht zu erhalten, indem er Argos, wenn es ihn breche, Unheil senden werde, im entgegengesetzten Falle aber Gutes oder Segen. Seine Gebeine, sieben Ellen hoch wurden in Tegea gefunden und er nach dem Orakel als Beschützer verehrt nach Herodot (1, 67) und Pausanias (3, 3, 11). Iphigenia hatte in Megara ein Heroon, indem sie dort gestorben seyn sollte, so wie eines Heroons wegen auch Adrastos [9]). Kassandra hatte Tempel und Statue in Amyklä und in Leuktra nach Pausanias (3, 19, 5; 26, 3).

Für Athen war der Telamonide Ajas der bedeutendste von den Homerischen Heroen; er hatte einen Tempel in Salamis und eine Statue, wo ihm noch zur Zeit des Pausanias von den Athenern Ehren erwiesen wurden, so wie seinem Sohne Eurysakes [10]). War er ja doch auch Vorstand einer der Attischen Phylen; eine κλίνη mit einer Vollrüstung war ihm geweiht [11]). Im Ajas des Sophokles weist Teukros den Eurysakes an, sich wie ein Schutzflehender an den Verstorbenen, der nämlich als Heros ihn schützen könne, zu halten (1144), so wie Aeschylus sagt: das Grab nimmt Schutzflehende auf und Flüchtlinge (Choephor. 332). Dem Lokrischen Ajas, des Oileus Sohn, wurden nach Pindar Wettspiele gefeiert (Ol. 9, 165). Nach Kallimachos und Lykophron hatte Delos ein Grab von ihm; am merkwürdigsten aber ist, daß die Lokrer in Italien, die ihm immer den Vorderplatz in der Schlachtordnung, eigenthümlicher Weise, wie Pausanias bemerkt, freihielten (3, 19, 11), bis kurz vor Plutarchs Zeit zur Buße jährlich je zwei durch das Loos erwählte Jungfrauen nach Ilion als Tempeldienerinnen liefer-

---

9) Paus. 1, 43, 1 u. 2.
10) Paus. 1, 35, 2; in Salamis Ajanteen; Hesych.
11) Schol. Pind. N. 2, 19. Auch auf Leute erscheint er bei Pausanias (3, 19), er und der Lokrische Ajas.

ten; zur Buße für den von Ajas verübten Frevel, daß er die Kassandra von dem Altar der Athene fortgerissen [12]) hatte. Gewiß ein auffallendes Zeichen von der Treuherzigkeit, womit die Dichtungen von dem Volke als Geschichte genommen wurden und zugleich von dem Festhalten desselben an religiösen Vorstellungen und Pflichten. Zu welcher Zeit die Ilier mit den Lokrern über diese Leistung einig geworden seyen, ist durchaus nicht bekannt. Auch ein Orakel hatte dieser Ajas [13]).

Ein Altar des **Philoktetes** auf einer öden Insel bei Lemnos kommt vor bei Appian (bellum Mithr. 77). Den **Diomedes** machte nach Pindar Athena zum unsterblichen Gott (N. 10, 7) und aus Kallimachus wissen wir, daß die Töchter von Argos das Bild der Pallas und das des Diomedes an einem bestimmten Tage zum Inachos in das Bad führten. Die Sage des Ibykos, der ihn mit Hermione vermählt als Unsterblichen, scheint einen ganz verschiedenen mythischen Ausgang zu nehmen. Die Göttlichkeit des Diomedes scheint das Epos der Epigonen berücksichtigt, wenn nicht veranlaßt zu haben [14]). Wie der Mythus des Diomedes zu den tiefsten und verflochtensten, so gehört sein Cultus zu den in die Ferne ausgebreitetsten, vorzüglich in Italien. Strabon führt an Tempel von ihm zu Thurium, Metapont, bei den Venetern, zu Ancona in Umbrien und am Ausfluß des Padus (6, p. 294), sein Grab auf der Insel Diomedeia nennt Plinius (3, 26); als ihren Stifter und als Heros verehrten ihn Brundusium, Benevent, Equus Tuticus, Venusium, Canusium und Venafrum. Auch zu Salamis in Cypern war sein Tempel neben dem der Athene.

Protesilaos hatte, wie Herodot erzählt, zur Zeit, als

---

12) S. Griech. Trag. 1, 164; Plutarch schreibt nur aus Nachlässigkeit Troja für Ilion, indem die Behauptung der Neu-Ilier, daß sie den Boden von Troja einnehmen, damals allgemein genug angenommen wurde. 13) Peripl. Ponti anonym. p. 11. 14) Ep. Cyklus 2, 363 f.

Xerxes gegen Athen zog, ein Grab, innerhalb eines Temenos zu Eläus auf dem Thrakischen Chersones, welches durch Anstiften des Persischen Statthalters seiner Schätze beraubt wurde (9, 116); genannt sind goldene und silberne Phialen, Erzarbeiten, Gewänder „und andere Weihgeschenke" und es wird zugleich von einem Haus, also Tempel, und Abyton des Heros gesprochen. Die geraubten Schätze deuten darauf, daß das von Philostratus beschriebene Orakel des Protesilaos, welcher, wie Hektor, gewisse Krankheiten heilte, schon zu und vor jener Zeit in Blüthe stand. Eine Statue des Heros beschreibt derselbe. Auch in Phylake, am Pagasäischen Meerbusen, an der Grenze der Böoter und Phthier, in der Vaterstadt des Heros, wurden ihm in dem Temenos seines Grabmals Grabwettspiele gefeiert nach Pindar (Isth. 1, 58); der Orakel zu Eläus gedenkt auch Lucian (Deorum conc. 12).

Odysseus hatte ein Heroon in Sparta [15]). Auch die Arkader hatten den Odysseus, sowie den Menelaos und den Astyanar nach Pausanias (8, 14, 4; 23, 3; 38, 4) und einen Grabhügel der Penelope (8, 12, 3). Ein Orakel bei den Eurytanen in Aetolien und göttliche Ehren wurden dem Odysseus erwiesen zu Trampya am Lakmon=Gebirge [16]). Auch Nausikaa ist als Heroine bekannt durch die Münzen von Lesbos [17]).

Dem **Palamedes** wurde in Methymna auf dem Berge Lepetymnos geopfert [18]).

Selbst **Hektor** wurde nicht bloß in Neu=Ilion, wo seine Statue als Halbgott dem Philostratus bekannt war und sein Tempel von Synesius erwähnt wird (de calvit. p. 82 c.),

---

15) Plut. Qu. Gr. 48.   16) S. Lauer litter. Nachlaß oder Geschichte der Homerischen Poesie S. 250.   17) Allier de Hauteroche, Notice sur la courtis. Sappho p. 19.   18) Schol. ad Lycophr. 384. 1098.

verehrt [19]), sondern auch in Theben [20]). Auf ein Grab daselbst bezieht sich eines der Aristotelischen Epigramme (4).

Keinen der Troischen Heroen hat die Sage so weit herumgetragen als den Aeneas, den Sohn der Aphrodite, was hier in volles Licht zu setzen keineswegs der Ort ist. Die Neu-Jlier nannten ihn Gott [21]); vermuthlich mit der Sage, daß Aphrodite ihn in einen Gott verwandelt habe, welche Ovidius befolgt (Met. 14, 581) und Juvenal (11, 63). Der Beiname der Aphrodite von ihm, Aeneias, findet sich häufig als in Pallene, wo Kephalion ihren Tempel erwähnt, in Kythera, Zakynth, Aktium, bei Buthroton, auf dem Elymos in Sicilien, zum Theil mit alterthümlichen Holzbildern von ihm [22]). Ein Hieron des Aeneas selbst namentlich in Aegesta wird von Dionysios erwähnt, der von seinen vielen Gräbern in Italien spricht (1, c. 54).

Besonders haben auch so manche blühende Städte Italiens die Heroen vor Troja als Stifter gefeiert. Von Tarent, das freilich von Peloponnesiern gegründet war, sagt das Aristotelische Wunderbuch (ϑαυμάσια ἀκούσματα c. 14): „daß man dort pflegte zu gewissen Zeiten Todtenopfer zu bringen den Atriden, Aeakiden, Tydiden (Diomedes) und Laertiaden; den Agamemnoniden aber außerdem ein Opfer zu feiern an einem anderen Tage besonders, an welchem es den Weibern nicht erlaubt war, von den Opfern zu kosten; auch ist bei ihnen ein Tempel des Achilleus."

Eine minder große Rolle spielen die Jahrhunderte hindurch die Heroen der Thebischen Kriege oder der Oedipodee und Thebais. Am hervorstechendsten ist das Todtenorakel des Amphiaraos, wovon unter Vergötterung die Rede seyn

---

19) Athenag. Legat. p. 279.   20) Paus. 9, 18, 4.   Tzetz. ad Lycophr. 1194.   21) Nach einer Inschrift bei R. Walpole Memoirs rel. to Turkey p. 104 Ἰλιεῖς τὸν πάτριον θεὸν Αἰνείαν. 22) Dionys. A. R. 1, 50, 51, 53, 54.

wird. Sein Sohn Alkmäon hatte in Theben ein Heroon [23]), dagegen waren ihm in Oropos im Amphiareion, so wie auch bei dem Amphilochos wegen der That gegen Eriphyle die Ehren versagt [24]), die auch Kapaneus gewiß nicht erhalten hat. Beachtenswerth sind die von Thukydides berichteten Sagen über Alkmäon am Acheloos (2, 102). Daß durch ihn das Land befleckt sey, sagt Philostratos (Her. 19, 16). In Theben wurde nach Pausanias dem Melanippos, Tydeus, den Söhnen des Oedipus an ihren Gräbern Blutspende geleistet (9, 18, 1). Thersandros, des Polynikes Sohn, fiel durch Telephos in Mysien, dem in Eläa am Kaïkos die Einheimischen opferten [25]). Telephos aber hatte ein Temenos in Arkadien in dem Gebirg Parthenion [26]). Abrastos, des Talaos Sohn, wurde verehrt in Sikyon und bei Pindar kommt vor, daß dort ihm Leichenspiele, Ἀδραστεῖα, gefeiert wurden (J. 3, 44). Es muß also dort eine Sage, daß er am Ort umgekommen sey und sein Grabmal gewesen seyn, so wie nach einer anderen, in Megara, wo er nach der Einnahme von Theben auf dem Rückweg verschieden seyn sollte und ihm „Ehren erwiesen wurden [27]).“ In Sikyon aber, wo von Anfang ein anderer Abrastos als Dämon die Stelle des Dionysos vertreten hatte, muß, nachdem der Tyrann Klisthenes Gewalt geübt hatte, und nachdem die Trauerchöre des Abrestos nun dem Dionysos gefeiert wurden, (Götterl. 3, 38. 138) der König von Argos an die Stelle des anderen Abrastos getreten seyn. Auch in Athen hatte dieser ein Heroon [28]), was mit einem politischen Acte zwischen Athen und Argos Zusammenhang gehabt haben mag. Aus der Zeit vor der Thebais ist der große Name des Oedipus vorzüglich in Athen mit der Religion in Verbindung gesetzt worden, wie

---

[23] Pind. P. 8, 57. Paus. 8, 24, 4. [24] Paus. 1, 34, 2. [25] Paus. 9, 5, 7. [26] Paus. 8, 54, 5. [27] Paus. 1, 43, 1. [28] Paus. 1, 30, 4,

aus Sophokles bekannt ist. Eleusis, das überhaupt nach dem dort herrschenden priesterlichen Sinn reich an heiligen Gräbern war, eignete sich durch die Sage, daß es Adrastos und Theseus, die Sieger im ersten Krieg gegen Theben, bewogen habe die Leichen der Besiegten auszuliefern, die der Anführer zu, wie Plutarch aus den Eleusiniern des Aeschylus, dem dritten Drama seiner Trilogie Thebais anführt, und vermuthlich wurden ihnen dort heroische Ehren erwiesen, während die Leichen der Gemeinen in Eleutherä auf der Gränze von Böotien und Attika bestattet wurden [29]).

Politische Heroen.

Eine merkwürdige Epoche der Erweiterung und freilich auch Verflachung und Veräußerlichung der Griechischen Religionen gibt das Hesiodische Zeugniß an, welches die Homerischen Helden Halbgötter nennt, und ihnen ein zweites Leben auf den seligen Inseln anweist. Auffallend genug ist dieser Ausspruch auch dadurch, daß die Hesiodische Poesie sich von den Achäerhelden losgesagt hat und gewissermaßen in einem schwachen Gegensatz zu ihnen steht, und so viel wir sehen, nur den Herakles verherrlicht hat. Dieser war auf unbekannten Wegen aus dem Peloponnes, wo großentheils mit ihm die griechische Sagenpoesie begonnen hat, die in ihren ältesten Gestaltungen auch noch bei Homer fortlebt, nach Böotien übergegangen, wie denn auch dort Herakles als der einzige unter den ältesten Sagenhelden die Erhebung unter die Olympischen Götter erfahren hat. Die allgemeine und unvergleichliche Wirkung der durch Aöden und Rhapsoden an Hauptfesten mancher Orte, an Gastmählern und Versammlungsorten Jahrhunderte hindurch umhergetragenen Homerischen Dichtungen erkennt man fast ebenso deutlich als an ihrem Einfluß auf alle folgenden Hauptarten der Poesie, an den überall zerstreuten Volkssagen

---

29) Meine Kl. Schriften 4, 139.

über Gründung von Tempeln, Städten und anderem Eingreifen in die örtlichen Verhältnisse.

Unvermeidlich scheint es daß aus der hochfliegenden dichterischen Vorstellung von den Achäischen Helden Glaubensmeinungen erwuchsen, und schon vor Hesiodus mögen an manchen Orten die Todtenehren mancher der ersten Homerischen Helden über das Maß des allgemeinen Todtendienstes der Geschlechter hinausgegangen seyn: sicherlich nahm nunmehr das Wort Heros eine neue und höhere Bedeutung an; ganz natürlich ging diese auch auf die ältesten und berühmtesten Namen der Sagen, wie Tantalos, Pelops, Jason über, die erst von nun an auch eine halbgöttliche Würde zu dem Glanz und Ruhm ihrer Namen hinzuerhielten. Je mehr die Zahl und Verehrung solcher neuen Heroen zunahm, um so fester setzte sich der Glaube an eine Mittelmacht zwischen den Göttern im Himmel und den aus den Gräbern und dem Hades fortwirkenden Kräften göttlich bevorzugter unsterblicher Geister. Sehr wichtig ist dabei, daß mit den Homerischen Helden der Begriff der Kraft und der Großthaten, der $\dot{\alpha}\varrho\varepsilon\tau\dot{\eta}$ verknüpft war, wie denn auch damit im Zusammenhang Aristoteles in der Ethik, auf Sagen hinweist, wonach aus Menschen, deren Tugend einen ungewöhnlichen Grad erreicht hat, Götter werden (7, 1).

Neben den allgemein berühmten ältesten Namen waren in jeder Völkerschaft oder Landschaft ihr eigene gefeierte Namen oder von Familien heilig gehaltene Gräber, deren inwohnende Geister nunmehr zum Theil wenigstens natürlicherweise auch zu der neuen erhöhten Geltung und Mächtigkeit aufstiegen. Nur selten mögen die Ausnahmen gewesen seyn, daß ein Heros innerhalb unbestimmterer Gränzen wirkte, wie Achilleus über die seiner Insel nahen Gewässer, während die Götter über der ganzen Fläche des Oceans walteten, wie Arrian bemerkt (Peripl. Pont. Eux. p. 23 Hudson). Dagegen wurden freilich manche Heroen an verschiedenen Orten verehrt. Die Zahl der Familienheroen vermehrte sich hauptsächlich durch die patriarchalische Form einer ganz nach dem Muster einer wirklichen über das ganze Land ausgebreiteten und organisirten Familie, wovon wir in Attika das größte Beispiel sehen [1]). Denn die dortigen vier Phylen, die sich in je drei Phratrien oder Trityen, sowie diese in je dreißig nicht blutsverwandte, sondern bürgerliche Geschlechter (γένεα) theilten, feierten ihren besonderen Gottesdienst (sacra privata), und Heroen, mehr oder weniger aus Tradition oder nach Umständen beliebig angenommen und von Delphi bestätigt, standen an der Spitze einer jeden Abtheilung. Die Heroen des ganzen Landes zusammengenommen bildeten daher eine göttliche Macht, die aus der dunkeln Tiefe hervor in Gefahren und Unglücksfällen Schutz und Hilfe und überall Gutes (τὸ ἀγαθόν) senden konnte. So ist es gekommen, daß die inländischen Heroen (ἐγχώριοι) neben den allgemeinen Göttern der Nation im Himmel angerufen werden konnten. Das älteste Zeugniß dafür daß dieses in Attika geschah, giebt uns ein Drakonisches Gesetz und daß ein ähnlicher Gebrauch sich in anderen Staaten gebildet habe, ist aus vielen Stellen der Alten zu ersehen. Das Drakonische Gesetz bestimmte nach Porphyrius (do abst. 4 fin.), daß die Bewohner Attika's auf ewige Zeit und unverbrüchlich die Götter und die vaterländischen Heroen gemeinsam und nach väterlichem Brauch verehren sollen und einzeln nach Vermögen mit Stille und Erstlingsfrüchten und jährlichen Kuchen. Der aufgeklärte Solon verbot die Antastung der Gräber durch strenge Strafgesetze [2]) und ihm gebot das Delphische Orakel, ehe er den Kampf gegen Salamis beginne, den Heroen Periphemos und Kychreus auf dem Ufer zu opfern [3]) (ἐναγίζειν ist gemeint). Nicht wir, die Götter und Heroen haben es gethan, sagte Themistokles vom Siege über

---

[1]) Böckh zuletzt im C. J. Gr. T. 2 p. 650 ss. Aeschyl. Trilogie S. 297 Nachtrag S. 181. [2]) Cic. de legg. 2, 26.
[3]) Plut. Sol. 9.

die Perser [4]). Von Herodot wird der Salaminische Sieg den Göttern und Heroen beigemessen (8, 19). Auch bei Thukydides lesen wir: „zu Zeugen will ich machen die Götter und die einheimischen Heroen" (4, 87), so wie bei Herodot; bei Xenophon: „anflehend die Götter und Heroen" (Cyrop. 2, 1, 1). Auch Demosthenes spricht von Göttern und Heroen, die das Attische Land inne haben (pro cor. §. 146). Pindar läßt in Aegina die Heroen mit Zeus die Stadt beschützen (P. 8, 142). Aus Polybius ist die den Arkadern allein eigenthümliche gesetzmäßige Ordnung bekannt, daß die männliche Jugend bis zum dreißigsten Jahr auf die Götter und Heroen Päane und Hymnen singen mußte [5]). Am Neumond wurde in Athen den Göttern, Tages darauf den Heroen geopfert. Wie durchgedrungen im allgemeinen Bewußtseyn diese enge Verbindung war, sieht man aus dem Schwur bei Göttern und Heroen und aus dem Gebrauch bei der Mahlzeit zwischen der Spende an Zeus, der Here Gemahl, und der des Zeus Soter die der Heroen auszubringen nach Aeschylus in den Epigonen, und bei Sophokles, wie aus der Anführung des Hesychius unter τρίτος κρατήρ zu schließen ist, oder überhaupt ihnen den zweiten Becher zu mischen nach Plutarch (Qu. Rom. 25).

Um auf die Attischen Heroen wenigstens etwas näher einzugehen, so ist von Heroen der alten vier Phylen meines Wissens keine Spur, da die Eponymen derselben, die vier Söhne des Jon, Teleon oder auch Gelcon, Aegikores, Argades und Hoples bloß Geschichtswerk zu seyn scheinen. Als aber Klisthenes nach der Vertreibung der Pisistratiden die vier auflöste, und zehn geographische Phylen errichtete, gebrauchte er die Politik, da diese Auflösung ohne Zweifel religiösen Anstoß gab, und nahm das Delphische Orakel zu Hülfe. Er schlug diesem hundert Namen vor, wovon neun von He-

---

4) Herod. 8, 109.   5) Bei Athen. 14 p. 626 b.

roen Athens, Erechtheis, Aegeis, Pandionis, Leontis, Akamantis, Oeneis, Kekropis, Hippothoontis, Antiochis und einer von dem Heros der Nachbarinsel Aeantis ausgewählt wurden 6) so daß ein besonderer Cult derselben als Eponymen nicht zu vermuthen ist. Doch standen ihre Statuen vor dem Rathhause der Fünfhundert und dem Prytaneum im Keramikos. Die alten Culte der Geschlechter, welche nach der neuen Verfassung unter die Demen aller Landestheile vertheilt wurden, aufzuheben, und ihren religiösen Verband zu zerreißen, würde sehr unpolitisch gewesen seyn. Viele Demen trugen selbst den Namen von Heroen alter in ihnen vermuthlich vorherrschender Geschlechter. Ein Grammatiker nennt den Araphen 7) einen der hundert Heroen, was sich auf die von Herodot (5, 69) angegebene ursprüngliche Eintheilung jeder der vier Phylen in zehn Demen bezieht, deren Zahl zu Strabons Zeit sich auf 174 belief und nach in neuerer Zeit entdeckten Inschriften noch weit höher gestiegen ist. Den Heros Kolonos nennt Sophokles (Oed. Col. 59), den Heros Dädalos des Demos Dädalidä Simonides in einem Epigramm, den Iphistios des Demos Hephästiadä Hesychius, den Echelos des Demos Echelidä derselbe und einen Tempel ($\nu\alpha\acute{o}\varsigma$) Stephanus Byz., den Heros Marathon, Sohn des Apollon, Suidas, Tithras, gleichnamig mit dem Demos, wird Sohn des Pandion genannt 8), Philäos, nach dem der Demos Philaidä, von Mehreren Sohn des Ajas und der Lysis. Von Phrearos, einem berühmten Heros, hieß nach Stephanus der Demos Phrearoi. Den Heros Phalereus verehrte der Hafenort Phaleron nach Clemens: sein Xoanon war auf den Schiffen. (Protr. 2, 2, 40 p. 35).

Außer den Heroen, welche Eponymen der Phylen wurden, werden Kodros nach der bekannten Geschichte bei Polyän (1,

---

6) Jul. Poll. 8, 110; Demosth. Epitaph. §. 27—31; Pausan. 1 5, 2. 3; und 10, 10, 1.   7) Demos der Aegeischen Phyle, Harpocrat. Bekkeri Anecd. 1, 441.   8) Schol. Aristoph. Ran. 386.

18), Aegeus nach Pausanias (1, 22, 5), und viele Andere genannt, als Kothos bei Strabon mit Kekrops, Kodros, Aeklos und A. (7, p. 321). Von Kranaos und Jon nennt Pausanias nur ein Denkmal. Ein Panops hatte nach Hesychius Tempel, Statue und eine Quelle, die auch Platon im Lysis erwähnt. Akademos oder Hekademos war der Heros des schattenreichen Gymnasium seines Namens, welchen Eupolis (nicht im Ernst) Gott nannte [9], Plutarch aber Heros (Thes. 32). Ein Heroon des Theseus und Pirithoos auf Kolonos nebst denen des Oedipus und des Adrastos, nennt Pausanias. Doch mehr entspricht der großen Bedeutung der auf ihn bezüglichen Sagen das Theseion, welches ihm unter Kimon errichtet wurde, indem man die Versetzung seiner Gebeine von Skyros damit verband Olymp. 77, 4, weit entfernt, nach seiner in Athen geltenden Aehnlichkeit mit Herakles, von der häufigen Schwindelei, die so manchen Heros in einen Gott verwandelte [10]. An seinem Feste, den Theseen, wurden die Armen gespeist, worüber mancherlei gemeldet wird. In seinem Tempel fanden die Flüchtlinge eine Zuflucht nach Hesychius. Auch wurde der Hekale, die ihn aufgenommen haben sollte, geopfert [11]. Eigenthümlich ist der Heros Echetlos oder Echetläos nach der Sage, daß eine Erscheinung (φάσμα), ein Mann mit dem Pfluge in der Schlacht, worin auch Heros Marathon beistand, viele Feinde erschlagen habe [12]. Diese

---

[9] ἐν Ἀστρατεύτοις bei Diog. Laert. 3, 7. [10] Die Stellen über diese Sache s. in dem Theseion von Roß 1852 S. 26 f., der diesen Tempel, die Freude jedes Besuchers von Athen, gewiß mit Unrecht dem Ares zutheilen wollte. [11] Plut. Thes. 14. [12] Paus. 1, 32, 4. Auch das Gemälde des Panänos in der Poekile enthielt außer dem aus der Erde aufsteigenden Theseus, (der nach Herodot dem Heere vorschritt. Vgl. Plut. Thes. 35) und dem Heros Marathon den Echetlos (1, 15, 4). Zoega glaubte ihn zu erkennen an einer etrurischen Urne Bassir. Taf. 40, wozu ich in der Uebersetzung bemerkt habe, daß derselbe Gegenstand achtzehnmal an Urnen von gebrannter Erde in der Sammlung

Wundersage scheint den Sinn zu haben, daß das Landvolk die Pflugschar zum Schwert gemacht habe. Auch den Töchtern des Leos, die sich, als das Orakel zur Abwendung einer Hungersnoth oder Seuche von ihrem Vater, dem Heros Leos, dieses Opfer forderte, hingegeben hatten, wurde in Athen ein Temenos und Tempel geweiht, das Leokorion genannt. Den Harmodius und Aristogeiton erhob ein Volksbeschluß zu Heroen, wovon später noch andere Beispiele vorkommen, das bekannte Skolion aber versetzt sie als nicht Gestorbene auf die Inseln der Seligen zu Achilleus und Diomedes. Einer der wichtigsten Attischen Heroen, Buzyges, der den Pflug mit Ochsen bespannte, wie in Eleusis Triptolemos, der Stammheros des uralten priesterlichen Geschlechts der Buzyges, wurde auch Epimenides genannt, wie Servius sagt nach Aristoteles (Georg. 1, 19). So war der Heros Hesychos angenommen von einem Geschlecht, den Hesychiden, die einen oben bei den Semnen erwähnten ehrwürdigen Dienst hatten. Theseus soll nach Plutarch im Theseus (17) in Phaleron dem Phäar und Nausithoos, den mythischen Schiffern, je ein Heroon errichtet haben, eine schöne Aufmunterung für die Schifffahrenden.

Wenn auch das religiöse Athen gesegneter mit Heroen gewesen ist, als irgend ein anderes Griechisches Land, so fehlten doch keinem selbständigen Staatswesen seine Heroen. In Sparta strahlt Menelaos hervor, der oben schon unter den Homerischen Heroen vorkam. Die fünf Sparten oder Archegeten wurden genannt: Echion, Udäos, Chthonios, Hyperenor und Pelor [13]), Namen, deren drei erste auf Autochthonismus, die beiden anderen auf das Gewaltige hinspielen.

Fünfzahl auch der Aeoliden und der Phoroniden gibt

---

der Florentinischen Gallerie und in dem Institut zu Bologna mehrmals und nur mit Eteokles und Polynikes an Urnen vorkomme. Vgl. auch Stackelbergs Gräber S. 3.   13) Paus. 3, 4, 3; Sch. Apollon. 3, 1179.

Hesiodus an; so auch fünf Krethiden. Die Tyndariden als die Heroen behaupteten natürlich das große Ansehen, das ihnen als Dioskuren angestammt war. Ihre Bilder wurden von Sparta einst den Italischen Lokrern geliehen. Diese ließen in ihrer Schlachtreihe einen Platz offen für den Oiliden Ajas, welcher in ihrer Schlacht gegen die Krotoniaten kurz vor Olymp. 65 den feindlichen Anführer unheilbar verwundete, woran andere Sagen sich knüpften [13]. In der von den Tarentinern geweihten Statuengruppe von Onatas und Kalynthos waren auch die Heroen Taras und Phalanthos [14]. Daß auch in Kreta Heroen im Krieg angerufen wurden, bezeugt Diodorus (5,79 fin.) Der in verschiedener Weise vorgestellte Beistand der Heroen erinnert an christliche Sagen. Als die Spanier in dem Königreiche der Ungläubigen vordrangen unter Anrufung des heiligen Jakobs, leitete dieser auf einem grauen Schlachtroß den Angriff und schlug die Anbeter falscher Götter in die Flucht. Im ersten Kreuzzuge glaubten sie oft die Engel und Heiligen in der Schlacht an ihrer Seite zu sehn. In Sparta kommen bei Pausanias vor mit einem Heroon: Pleuron, Alkon, Kyniska, Wagensiegerin, die Söhne des Hippokoon, Hipposthenes, dieser mit einem Tempel. Den Hipposthenes verehrte man nach dem Orakel dem Poseidon zu Ehren, weil er viele Wagensiege davon getragen hatte (3, 15, 5). Ferner nennt Pausanias dort Kadmos und die Nachkommen des Oeolykos, Amphilochos, Kleodäos, Hyllos, Oebalos und Tekleles. Aber ein Tempel soll (gleich) nach seinem Tode nach Herodot, was nicht eben glaublich ist, dem Lykurgos erbaut worden seyn (1, 66); daß ihm und zwar ihm allein jährliche Opfer gebracht worden seyen, bezeugt Ephoros bei Strabo (8, p. 366), als einem Gott, sagt Plutarch im Lykurg (31); den Tempel sah auch Pausanias (3,16, 5). Auch in Inschriften wird Ly-

---

13) v. Paucker in der Archäol. Zeitung 1847 S. 100 ff.
14) Paus. 10, 13, 5.

furgos θεός genannt (C. J. n. 1341; 1362; 1256). Dieser sein Name erklärt sich durch den Delphischen Spruch, der unten erörtert werden wird. Was Nicolaus Damasc. sagt, daß man ihm einen Altar errichtete und jedes Jahr als Heros opferte, enthält in Altar und Heros einen Widerspruch.

Auch die Messenischen Heroen werden von Pausanias ziemlich vollständig erwähnt seyn. Bei der Gründung von Messene durch Epaminondas wurden sie gemeinsam herausgerufen Mitbewohner zu seyn; am meisten Messene, die Tochter des Triops, nach dieser Eurytos (von Oechalia) und Aphareus mit seinen Söhnen, die Herakliden Kresphontes und Aepytos. Vorzüglich und von Allen wurde Aristomenes hervorgerufen (4, 27, 4.), dessen Grab mit einer Säule darauf mit Stieropfer zu besonderen Sagen Anlaß gab (4, 32, 3.)

In Arkadien werden von Pausanias manche Denkmäler genannt, bei denen fortgesetzte Heroenehren nicht erwähnt werden, wie bei denen, die mit Herakles gegen Elis gekämpft haben sollten (8, 15, 3). Dagegen wurden diese in Phigalia auf der Agora den in einem Polyandrion ruhenden Oresthasiern jährlich erwiesen (8, 41, 1), und in Pallantion wird ein Tempel des Pallas (als οἰκιστής) mit Marmorstatuen von ihm und des Euandros genannt (8, 44, 5). Bei dem Grab des Aepytos ist bemerkt, daß Homer (Il. 2, 604) es erwähne, obgleich der mit Steinen rings umfaßte Erdhügel nur klein, aber in jener Zeit wohl ausgezeichnet gewesen sey (8, 16, 2). In Mantinea war ein Heroon des tapfern Podares, das drei Generationen vor Pausanias auf einen gleichnamigen Abkömmling des Heros übergetragen wurde (8, 9, 5).

Das Buch über Achaja enthält nichts von Heroen. Die Eleer spendeten nach Pausanias den Heroen und deren Frauen so viele im Elischen und bei den Aetolern geehrt werden (5, 15, 7). Pelops kommt weiter unten vor. Hippodamia hatte eine Area, wo ihr jährlich die Frauen opferten (6, 20, 4). Dem Augeas und Aetolos wurden die Enagismen fortgesetzt

(5, 4, 1. 2.) In Argos wurden dem Phoroneus noch zur Zeit des Pausanias Enagismen dargebracht, und Perseus hatte ein Heroon zwischen Mykenä und Argos (2, 18, 1. 2, 20, 3): dieser wurde auch in Seriphos und Athen verehrt. In der nahen kleinen Stadt Kleone war ein Grab des Opheltes und Altäre standen in den umhergezogenen Schranken (2, 15, 3). In Epidauros wurde die Messenische Heroine Hyrnetho, Tochter des Temenus, Gattin des Deiphontes gefeiert (2, 28, 3), und die auf dem Hyrnethion gewachsenen Oelbäume und andere wurden nicht zum gemeinen Gebrauch verwandt. Am denkwürdigsten ist Hippolyt in Trözen, wegen des an ihm haftenden Zuges primitiver Sitteneinfalt und des schönen Gebrauchs der Trözenischen Jungfrauen, die in seinem Tempel vor der Hochzeit ihre Locken niederlegten. Der Tempel sollte von Diomedes gestiftet seyn, hatte ein glänzendes Temenos und man läugnete die Sage der Tragiker über Hippolyts Tod und zeigte, obgleich man ihm jährlich opferte und er einen Priester hatte, sein Grab nicht, das man wußte, wie Pausanias sagt (2, 32, 1). Ein Denkmal von ihm zeigte man in Athen, ein Heroon in Sparta (1, 22, 1. 3, 12, 7).

Die kleine schöne Insel Aegina, so ausgezeichnet durch frühe Blüthe, Handel und Reichthum und viele von einer Familie einheimischer und von Pindar und anderen Dichtern besungene Kampfsieger und den größten Bildhauer vor Phidias, hatte auch, wie Isokrates sagt, Halbgötter, denen wohl Niemand andere vorziehen möchte (Euag. p. 213), an Aeakos, dem Sohne des Zeus, dem frommen und gerechten, der durch sein Gebet den langentbehrten Regen herabgezogen hatte, dem Todtenrichter, und seinen Söhnen. Pindar verbindet mit Zeus den Herrscher Aeakos, Peleus, Telamon und Achilleus (P. 8, 99). In dem Aeakeon wurden die Siegeskränze aufgehängt.

In Megara wurden bei dem Jahresfeste des Alkathoos, wie bei so vielen anderen Kampfspiele gefeiert nach Pindar (J. 7, 67). Das Heroon erwähnt Pausanias (1, 43, 4).

Auch wurde im Megarischen den im Perserkrieg Gefallenen ein Stier als ἐνάγισμα geopfert nach der Inschrift, die uns das lange Epigramm des Simonides überliefert hat, n. 167 p. 159 in Schneidewins Ausgabe. Von einem Sohne des Adrastos, Aegialeus, der im zweiten Thebischen Kriege umgekommen und von den Verwandten in Pege begraben worden, war in Pege im Megarischen ein Heroon, Αἰγιάλειον [15]).

Die Böoter werden von dem Komiker Platon wegen ihrer Heroenverehrung verspottet. In Platää nennt Pausanias neben dem Altar des Zeus Eleutherios ein Heroon der Platäa (9, 2, 5), also wohl nur aus der Zeit der Eleutherien und des großen Siegsgefühls. Die Platäer hatten nach Plutarch sieben Heroen: Androkrates, Leukon, Peisandros, Damokrates, Hypsion, Aktäon, Polyidos (Aristid. 11). Clemens sagt, daß das Orakel in der Persernoth diese Heroen (er nennt nur vier) anzurufen geheißen habe (Protrept. p. 26 Sylb.). Androkrates hatte nach Herodot sein Temenos am Fuße des Kithäron bei der Quelle Gargaphia (9, 25), das Heroon nennt Thukydides (3, 24).

Die in der Schlacht gefallenen Platäer wurden alljährlich an einem merkwürdigen Feste, woran auch sie Enagismen oder αἱμακουρίας empfingen, also als Heroen, wie nach Pausanias (1, 32, 5) die zu Marathon Gefallenen, zum Mahle herbeigerufen, zum Mahle des Zeus und des chthonischen Hermes. Dieß wurde noch zu Plutarchs Zeit beobachtet (Aristid. 21). Ein Heroon des Jolaos, der auch in Sardinien geehrt wurde, war vor dem Prötischen Thore von Theben und der Pelargo wurde als Stifterin der Kabirischen Weihen ein trächtiges Thier geopfert jenseits des Flusses Dirke [16]). Das Heroon der Alkmene in Theben aber nennt schon Pherekydes (Anton. Lib. c. 33).

---

15) Pauſ. 1, 44, 7. Jolaos in Sardinien 10, 17, 4.

16) Pauſ. 9, 23, 1. 9, 25, 6.

Bei den Lokrern stammten Geschlechter auch von Heroinen ab. Noch in der Erzählung von dem Kriege der Gallier gegen Delphi werden unter anderen Wundern die Erscheinungen der Heroen Hyperochos, Laodokos, Pyrrhos und Phylakos, einem eingeborenen Delpher, angegeben von Pausanias (10, 23, 3).

In Charadra Altäre, nach den Einen der Dioskuren, nach den Anderen einheimischer Heroen (10, 33, 3). In Ambryssos und Antikyra gleichnamige Heroen (10, 36, 2).

Auch den Völkerschaften und Landschaften wurden Urväter gleichlautend von ihnen abstrahirt gegeben, ganz nach der Art primitiver Geschichtsanschauung, die uns aus dem alten Testament, aus Saxo Grammaticus und sonst her bekannt genug ist. Den Griechen eigen ist, daß sie mit diesen ausgedachten Personen häufig auch Gräber und Heroenehren verbanden. Dieß freilich ist wohl nur in späteren Zeiten, unter Begünstigung des delphischen Orakels, da man immer eifriger wurde, den älteren ein neues Heroon hinzuzufügen, aufgekommen. Kranaos und Jon hatten nach Pausanias in Attika nur ein Denkmal. Aber in Mantinea war nach demselben das Grab des Arkas, des Sohnes der Kallisto neben dem Altar der Hera, nachdem man auf Befehl des Orakels seine Gebeine, die mit Opfern gefeiert wurden, eingeholt hatte (8, 9, 2). Ein Heroon des Lakedämon, als Sohnes der Taygete, erwähnt derselbe (3, 20, 1), das des Leler (3, 12, 4), und daß dem Phokos, Sohne des Sisyphiden Ornytion, Andere sagten, dem Xanthippos, einem großen Kriegsmann, als dem Archegeten des Städtchens, in Daulia von den Phokern alle Tage das Blut von den Thieren, die sie selbst verspeisten, durch eine Öffnung in das Grab gelassen wurde (10, 4, 7): wo Phokos vermuthlich in späterer

Zeit eingedrängt worden ist, von dem und der Antiope nur ein Denkmal weiterhin erwähnt ist (10, 32, 6). Der Parnassos hatte seinen Namen von einem Heros Parnassos, der zum Vater den Poseidon und zugleich „wie andere der sogenannten Heroen" einen sterblichen Vater hatte (10, 9, 1). Dem Minyas wurden in Orchomenos Kampfspiele gehalten, die bei Pindar vorkommen; Pausanias nennt dort das Grab des Minyas (9, 38, 3). Der Landstrich Aegialeia war nach Pausanias benannt von dem Autochthonen Aegialeus. Den umgekehrten Fall, daß ein großes Land von einem mythenreichen und bedeutsamen Namen benannt worden ist, bietet uns Pelops dar. Ihm wurden an seinem Grab am Alpheios große Blutspenden als einem Heros dargebracht, welche Pindar erwähnt (Ol. 1, 90), was Pausanias als fortbestehend und geleitet von den jährlichen obersten Behörden bezeugt, indem er die Sage anführt, daß Herakles als sein Abkömmling im vierten Glied, ihm zuerst geopfert habe, der von den Eleern vor den anderen Heroen in Olympia so sehr, als Zeus vor den anderen Göttern geehrt werde, und das Pelopion rechts von dem nördlichen Eingang des Zeustempels beschreibt (5, 13, 12).

Die zahlreichste Klasse ist die der Gründer von Städten, besonders Kolonieen, aus der historischen Zeit, deren Namen und Heroenehren, indem sie großentheils nach den Städten selbst benannt sind, nicht immer gleich alt, als die Gründungen zu denken sind. Eckhel hat nach Spanheim (de pr. num. 1, p. 562 ss.) einen Catalogus heroum, heroidum, conditorum, personarum illustrium, aus Münzen entworfen in der Doctrina numorum 4, 347—351 mit vorausgehender Einleitung [1]). Der gewöhnliche Name der abgebildeten Stifter auf

---

1) Eine Reihe von Eponymen, Stadtheroen als Kydon, Kyzikos auf Münzen Raoul Rochette Mon. inéd. p. 245.

ben Münzen ist *Κτίστης*, so wie der Titel einer zahlreichen Klasse von Schriften, welche die Gründungssagen enthielten *κτίσεις* war, *οἰκιστής* allein auf den Münzen von Kroton und *ἀρχαγέτας* auf denen von Tauromenium und Enna. Sagenhafte Stifter nach dem Namen der Städte finden sich nicht auf Münzen oder nur etwa ausnahmsweise, wie etwa Byzas, der zwar zur Argonautenzeit Byzantion gegründet haben soll, aber auch für die Megarische Stiftung der dreißigsten Olympiade auf den Münzen beibehalten wird. So wurde in Abdera von den ausgewanderten Teiern der Klazomenier Timesios als der frühere Gründer und Heros verehrt, den die Thraker vorher aus dem Besitz gesetzt hatten[2]. Dagegen verehrten nach Cicero die Bewohner von Alabanda ihren Alabandos heiliger als irgend einen Gott (N. D. 3, 1). In Argos war nach Herodot ein Hieron des Argos (6, 75) und ein dichter Hain (6, 78), den auch Pausanias erwähnt (3, 4, 1). Chäronea war gegründet von Cháron, dem Sohn des Apollon und der Thero[3].

Elatos, Sohn des Arkas, war der Stifter von Elateia[4]. Dem Heros Kerillos wurden, gleich anderen Stiftern, jährliche gymnische Leichenspiele gefeiert in Kerilli, im Bruttischen[5]. Ein Heros Kyrnos fehlt auch nicht der gleichnamigen Insel[6].) Lampsakos hatte eine Heroine, nachmals durch Volksbeschluß Göttin, der sie noch zu Plutarchs Zeit opferten[7]. Die Marathonier rühmten, daß ihr Marathon von den Griechen zuerst Gott genannt worden sey, so wie Herakles[8]. In Paträ war das Grab des Patreus neben dem Tempel der Athena und seine Söhne standen mit ihm auf dem Thore[9]. In Tenedos

---

[2] Herod. 1, 168.   [3] Plut. de curios. 1.
[4] Paus. 10, 34, 3.   [5] C. J. a. 32.   [6] Herod. 1, 167.
[7] De mul. virtut. h. v. s. Hist. fr. p. 111 Ol. 31. In einer Inschrift bei Chandler (n. 79) wird ein Mädchen zur *νέα ἥρως* erklärt wegen der Würde ihres Vaters durch Senats- und Volksbeschluß.
[8] Paus. 1, 32, 4.   [9] Paus. 7, 20, 2.

wurde Tennes, der Sohn des Kyknos für den heiligsten Gott gehalten [10]). Sein Marmorbild mit dem Beil als Heros und Gesetzgeber von Tenedos.

Der Glaube war, daß die Götter und Heroen bei den städtischen Opfern und Festen der Städte, welche sie gestiftet, oftmals unsichtbar erschienen [11]) und wie alt und verbreitet dieser Glaube gewesen sey, dürfen wir daraus schließen, daß nicht wenige Kunstwerke unsichtbar erscheinende Götter darstellen, wie namentlich Phidias in dem Panathenenzug als Beschauer des Festes. Daß bei der bildlichen Darstellung die Unsichtbarkeit der sichtbar dargestellten Götter von dem Beschauer nicht verkannt werde, wurde vorausgesetzt, wie die alte Kunst seinen Kenntnissen und seiner Ueberlegung mancherlei zugetraut hat.

Heroisirung historischer Personen.

Nachdem durch die Persersiege Ideen und Phantasie überhaupt den höchsten Aufschwung erhalten hatten und auch der Heroenglaube neue Kraft gewonnen hatte, verstieg sich bald die begeisterte Verehrung auch zu den glänzendsten Männern der Neuzeit. Insbesondere hob Sparta die Helden zu den Heroen empor. Dort waren Denkmäler des Leonidas, und des Pausanias, des Siegers bei Platää und ein Kenotaph des Brasidas, der im Peloponnesischen Krieg bei Amphipolis in Thrakien gefallen war und dort nach Thukydides Heroenopfer aus Dankbarkeit erhielt [1]). Man hielt jährlich Reden auf sie und feierte ihnen Kampfspiele [2]). Die Gebeine des Leonidas waren von Pausanias vierzig Jahre nach dem Tode eingeholt.

---

10) Cic. N. D. 3, 16. In Verr. 2, 19. 11) Dio Chrysost. or. 33, p. 23 Reiske, der auch or. 39 p. 155 sagt, daß Platää Götter und Heroen zu Stiftern erhalten habe. 1) Thuc. 5, 11. Aristot. Eth. Nic. 5, 7 (10). 2) Paus. 3, 14, 1. Ringkampf, παγκράτιον C. J. n. 1421, n. 1417.

Dem Miltiades opferten die Chersonesiten als ihrem Gründer (οἰκιστής) und widmeten ihm einen gymnischen und Reiterkampf nach Herodot (6, 38), während die Athener ihn mit Eifersucht nur im Gemälde ehrten. Den Kimon rieth das Orakel, befragt in einer Hungersnoth, zu verehren als einen Vollendeten (κρείττονα ³).

Als Heros wurde Gelon verehrt nach Diodor (11, 48). Hieron hatte in Katana als Gründer heroische Ehren erzielt und sich, um sie in einer so großen Stadt zu erlangen, bis zum Tode da aufgehalten Ol. 78, 2. Die zurückkehrenden Katanier aber warfen seinen Grabhügel auseinander [4]). Dem Dion beschlossen die Syrakuser heroische Ehren [5]). Theron, Tyrann, von Ol. 73, 1—76, 4, wurde nach seinem Tode als Heros verehrt; daß ihm nach einer sehr beliebten Regierung heroische Ehren bekretirt wurden, bezeugt Diodor (11, 53): der Einfluß der Tyrannis ist merklich in Sicilien. Auch Timoleon wurde jährlich nach einem Beschluß der Syrakuser mit gymnastischen und musischen Spielen gleich nach seinem Tode geehrt und es wird ein Timoleonteion genannt [6]).

Bescheiden erscheinen die Ehren des Demosthenes in Kalauria und anderen Orten Griechenlands gegen die glänzenden des Philopömenes und Aratos. Ueber Philopömenes sagt Diodor [7]): außer den von der Gesammtheit der Achäer ihm zuerkannten „gottgleichen" Ehren, widmete ihm seine Vaterstadt ein Stieropfer (ein großes Festessen) und ließ die Jugend Lobreden und Hymnen auf ihn vortragen.

Aratos Olymp. 142, 1. In Sikyon Opfer am Tage, wo er die Stadt befreite, am fünften Däsios d. i. Anthesterion, σωτήρια, durch den Priester, θυηπόλος, des Zeus Soter und

---

3) Der Rhetor Naufikrates bei Plut. Cim. fin.   4) Diod. 11, 49. Strab. 6 p. 412.   5) Diod. 16, 10.   6) Plut. Timol. p. 255. Corn. Nep. 5.   7) Exc. Vales. p. 301.

an seinem Geburtstage, wo er seinen eigenen Priester hatte. Die Dionysischen Künstler sangen zur Laute, der Gymnasiarch führte die Knaben und Epheben bei der Procession, der Rath kam darauf bekränzt und von den anderen Bürgern wer wollte [8]).

Natürlich waren auch unter den Wettsingern bei ihrer wunderbaren Beliebtheit manche Heroen [9]), deren auch besonderer Beziehungen, als der Heilung wegen einige angeführt worden sind. Von anderen mag es genügen den einen Euthymos zu nennen. Er sollte Olymp. 74 in Olympia als Faustkämpfer gesiegt haben, und Pausanias erzählt von ihm, außer Geschichten in Olympia, wo seine Statue von Pythagoras besonders sehenswerth war, eine Sage von ihm aus Temessa, wo er nachher einen Dämon, dem zur Buße für einen alten Frevel eine Jungfrau ausgeliefert wurde, besiegt und diese gefreit haben sollte (6, 6, 2. 3). Die Mähre von der Besiegung des Dämon in Temessa kennen auch andere [10]). Dem Euthymos wurde in Olympia geopfert, weil sein Bild dort und in Lokri an demselben Tage vom Blitz getroffen worden sey [11]).

Heroen der Geistesthätigkeiten.

Orpheus. Sein Haupt wahrsagte in Lesbos [1]), Halbgott

---

[8]) Plut. Arat. c. 53. cf. Polyb. 8, p. 523. ἥρωον Paus. 2, 8, 2. cf. 9, 4. Die Opfer erhielten sich noch zum Theil dreihundert Jahre nach seinem Tode. [9]) Lucian Anachars. 10 -- τὸν δὲ νικήσαντα ἰσόθεον νομιζόμενον. [10]) Strab. 6 p. 255. Ael. V. H. 8, 18. Suidas s. v. Die Reaction gegen den alten volksmäßigen Dämon von Temessa scheint den Euthymos wegen seiner Aufsehen machenden ansehnlichen Stärke und Berühmtheit benutzt zu haben. Nach dem allgemeinen Charakter dieser Volkssagen ist zu vergleichen Koröbos von Megara; entfernter auch der Heros Lybas in Sybaris bei Pausanias. [11]) Plin. 7, 48.

[1]) Lucian. adv. Indoct. 11 Philostr. V. A. 4, 14, 151.

bei Athenäus (14 p. 632 c) wie auch sein Grab in Lesbos Hygin erwähnt (P. A. 2, 7); einen Tempel desselben in Thrake erwähnt Konon, zuerst Heroon, dann Tempel (44. 45).

Dem Linos wurde auf dem Helikon jährlich vor dem Feste der Musen ein Todtenopfer gebracht ²).

Zu Eumolpos beteten nach Suidas die Eumolpiden und Kerykes.

Ueber Homer als halbgöttlichen Heros und Ahnherrn des Geschlechts der Homeriden, nicht dem Blute nach, sondern einer bürgerlichen Genossenschaft in Chios, so wie über sein Grab und Opfer in Jos ³), sey es mir erlaubt, zu verweisen auf meinen Epischen Cyklus (1, 157 — 182). Auch in Argos wurde Homer göttlich verehrt, nach dem Verfasser des Streites zwischen Homer und Hesiodus. In Smyrna, der von Antigonus und Lysimachus erbauten Stadt, nachdem die alte vierhundert Jahre öde gelegen hatte, war in einer viereckigen Stoa ein Tempel und Grab des Homer errichtet worden, das Homereion ⁴).

Auch Ptolemäus Philopator errichtete dem Homer einen Tempel.

Auch über die Gräber des Hesiodos, außer dem in Askra, in Naupaktos, Oneon und Orchomenos, will ich hier nicht wiederholen, was ich vorlängst ausführte in der Abhandlung über den von ihm hergeleiteten Stesichoros ⁵). Leicht ergibt sich, daß mit diesen Heroengräbern auch die Fortübung Hesio-

---

2) Paus. 9, 29, 3.   3) Kl. Schriften 8, 284.
4) Strab. 14, p. 646. Im modernen Smyrna rühmt man sich eines Grabmals des Homer, jenseits der herrlichen Ebene an dem Berg nicht allzu hoch hinauf, vermuthlich wegen seiner Größe, guten Erhaltung und schönen Aussicht, wegen deren auch ein Römer ein Grabmal für sich oben darauf gesetzt hat. Sicher mit Unrecht hat man dieß Grab auf dem merkwürdigen Relief mit der sogenannten Apotheose Homers angedeutet finden wollen.   5) Kl. Schriften 1, 154—158.

bischer Poesie verbunden war. Unter den Beispielen, daß Ermordung der mit Todtenopfer gefeierten Heroen erfunden wurde, um zu erklären, daß man im Besitz der Gebeine des heiligen Grabes sey, ist keines merkwürdiger⁶), als das des Neoptolemos in Delphi.

Pindar nennt den Neoptolemos den Zerstörer von Ilion, indem er seiner Tödtung mit dem Messer durch Machäreus gedenkt (Nem. 7, 34 — 43). Wenn wir uns so in die Ansichten sehr alter Zeit zurückversetzen, so errieth der aufgeklärte Euripides diese nicht oder verwarf sie, indem er jenen Mord eine Schmach den Delphern nennt in der Andromache.

Strabon sagt, das Grab in einem Hain sey ihm auf Befehl des Orakels errichtet worden, wahrscheinlich weil er getödtet worden, als er die Tempelschätze angriff; und wie die Sage wolle, sey dieß von einem Delpher Machäreus geschehen, weil er Strafe forderte für die Tödtung seines Vaters (durch Apollon und Paris) 9, p. 421 a. Die in längst veralteten Vorstellungen begründeten Motive ahnete man nicht.

Nach den beiden Heroen Homeros und Hesiodos nimmt die Verehrung großer Männer im Tode einen sehr verschiedenen Charakter an. Zwischen der litterärischen auf uns gekommenen Behandlung jener beiden Namen nach ihrem altvolksmäßigen Gebrauch und den historisch bekannten Dichtern liegt eine sehr lange Zeit: waren sie doch eigentlich nicht Eigennamen eines Individuums, sondern Bezeichnung eines Standes im Asiatisch-Aeolischen und Jonischen, die der Vereinigung einzelner Gesänge zu größeren Ganzen, in Böotien und dem Nachbarlande nur des Sängers überhaupt (wie ἡσιεπής), weßhalb dem Homeros nachmals allerlei Reisen und Lebensverhältnisse angedichtet wurden, während wir über die verschiedenen Zeiten und die vier verschiedenen Arten Hesiodischer Poesieen nicht die

---

6) Kl. Schriften 2, 237.

geringste Sage vorfinden, sondern nur Hesiodus-Gräber verschiedener Orte verzeichnet finden.

Daß den Archilochos die Parier ehrten, die Chier den Homer, führt Aristoteles neben einander an in der Rhetorik (2, 23, 11). Das Denkmal des Pindar in Theben und das der Korinna in Tanagra ist bekannt genug[7]). Aeschylus war ansehnlich bestattet in Gela, und in seinem Leben ist bemerkt, daß die Tragoeden ihm Todtenopfer brachten. Heroische Ehren sind für keinen der genannten zu vermuthen. Aber immer leichtsinniger wurde seitdem alles Religiöse behandelt. Dem Sophokles verlieh nach Istros im Leben des Sophokles, ein Volksbeschluß die Heiligkeit eines Heros und jährliche Opfer.

Unter den Sehern hat keiner größere und längere Berühmtheit behauptet, als Amphiaraos, der, als er sich aus der Niederlage im ersten Thebischen Kriege retten wollte, von der Erde aufgenommen wurde auf der Attischen Grenze bei Oropos. Dem Melampus war im Megarischen ein Heroon gesetzt, und es wurde ihm jährlich ein Fest mit Opfern gefeiert; doch erkannte man ihn dort nicht an als Heros[8]). Ein Feld des Sehers Teneros nennt Pausanias (9, 26, 1).

Unter den Gesetzgebern steht billig voran Lykurgos, der aber oben schon vorgekommen ist. Auch war in Sparta ein Heroon des weisen Chilon[9]). Dem Bias heiligten die Priener ein Temenos[10]).

Von Zaleukos, dem Lokrischen Gesetzgeber führt Clemens von Alexandrien an, daß er göttlich verehrt werde, gleich anderen Gesetzgebern (Strom. 1. p. 303); von Charondas dasselbe Jamblichus (Vit. Pythag. 38). In Syrakus erhielt Diokles, der kräftige Staatsmann gegen Ende des fünften

---

7) Paus. 9, 23, 2. 8) Paus. 1, 44, 7 und 8.
9) Paus. 3, 16, 4. 10) Diog. L. 1, 78.

Jahrhunderts v. Chr. Heroenehren und einen Tempel, der unter Dionysius niedergerissen wurde [11]).

Ganz besonders bei der Verehrung der Philosophen ist religiöser Anstrich einer ernsten Feier als rein formel zu betrachten. Von den Abderiten soll Demokrit als Gott verehrt worden seyn [12]). Von Altären des Anaxagoras ist die Rede [13]); von einem Tempel sogar des Sokrates. [14]) Dem Platon setzte Aristoteles einen Altar [15]). Seine Mitbürger, die Stagiriten, bauten dem Aristoteles einen Tempel und feierten ihm ein Fest, Aristoteleia, für die Wohlthat des Wiederaufbaus ihrer Stadt durch Alexander. Apollonius von Tyana errichtete Antoninus ein Heroon [16]), Philostratus im Leben desselben nennt Tempel und Heiligthum und spricht von vielen Bildern in den Tempeln (1, 5. 8, 29.) Der fromme Proklos erwies jährlich den Attischen Heroen und Philosophen und seinen Freunden die Todtenehren der Reihe nach [17].)

Als ärztlicher Heros wurde Toraris, der mit Anacharsis zu Solons Zeit nach Athen gekommen seyn soll, verehrt, wie aus Lucian im Styrhen bekannt ist, und eine Stelle bezeichnete sein Grab, die man immer bekränzt fand. Es kommt auch τοξαρίτεια vor, vielleicht nur bezüglich auf die Todtenopfer, die Lucian als bestehend erwähnt (ἐντέμνουσι). Man nannte ihn auch den Heros Arzt oder den fremden Arzt [18]). Einen Tempel des wunderthätigen Abaris, der unter Anderm orakelte und durch Zaubergesänge Krankheiten heilte, auch von Sparta eine Pest vertrieb, nennt Strabon (11, p. 531). Dem Arzt Aristomachos errichteten die Athener einen Tempel nach Demosthenes (de falsa leg.) Die Smyr-

---

11) Diod. 13, 35.   12) Diog. L. 9, 36.
13) Ael. V. H. 8, 19.   14) Marini Vit. Procli c. 10 cf. p. 87 Note.   15) Ammonius im Leben des Aristoteles mit den Epigrammen.   16) Dio Cass. 77, 18.   17) Marini V. Procl. c. 86.   18) Hesych. Ἰατρός. —— ἥ ἥρως ἀρχαῖος. Demosth. pro Cor. 270, 10. Lobeck Aglaoph. 2, 1171.

näer erklärten den Arzt Markus Artorius Asklepiades seiner Geschicklichkeit wegen als Heros unter Kaiser Augustus. Zu wahrhaft heroischem Ansehen erhob sich nur Hippokrates von welchem Plinius sagt, daß Griechenland ihm gleiche Ehren beschloß als dem Hercules (7, 37), was veranlaßt scheint durch die Sage in den unächten Briefen des Hippokrates (p. 771 Kühn), daß die Athener ihm gleiche Gaben als dem Herakles und dem Asklepios dargebracht hätten: und dieß hängt zusammen mit der Sage der Athener, daß er zur Zeit der großen Pest in Athen gegenwärtig gewesen sey. Auch Lucian sagt, Hippokrates geruhe sich opfern zu lassen, wie denn der Arzt Antigonos bei einem eine Elle hohen Hippokrates eine Lampe brennen lasse und ihm jährlich opfere. (Philops. 21). Die Gesundheit ist ein so allgemeines Bedürfniß zum Lebensgenuß, daß der Aberglaube nicht müde wurde, den Hülfsbedürftigen neue Helfer nachzuweisen. Wir sehen den Wunderthäter dieser Art in dem Heros Protesilaos auf dem Chersones und die von Ilion nach Theben versetzten Gebeine des Hektor scheinen dieselben Kräfte geübt zu haben [19]). Aber auch die Statue eines Olympiasiegers, des Polydamas heilte die Fieberkranken in Olympia, der Faustkämpfer Theagenes in Thasos'[20]). Am schreiendsten mißbrauchten die Leichtgläubigkeit der Menge die Privat-Jatromanten, zu deren Ahnherrn Apis, als ἰατρόμαντις, bei Aeschylus erhoben erscheint. Als ein Makedonischer Dämon, zu dem sie für die Kranken beteten, wird von Hesychius Darrhon genannt.

Auch Erfinder wurden hier und da als Heroen geehrt, wie Derkylos, der der Netze, in Arkadien [21]); oder Entdecker, wie der Hirt Pirobaros, der einen Marmorbruch

---

19) Lucian. Deor. conc. 12. Pausanias erwähnt (6, 11, 3). Wernsdorf Poet. Lat. min. 1, p. 239.

20) Lucian. l. c. wie auch Grat. Fal. Cyneg. 100—107

entdeckt hatte und deßwegen Euangelos genannt wurde ²²). Ale=
tes, der Entdecker der Silberbergwerke, wurde deßhalb gött=
lich verehrt. Ein Hügel bei Neu=Karthago wurde nach ihm
benannt ²³). In Ephesos wurden Barbilleia eingesetzt zu Eh=
ren des Astrologen Barbillos ²⁵ᵃ).

Unter den hier noch anzufügenden Ständen möchten die
Talthybiaden die angesehensten seyn. Ihr Ahnherr, der He=
rold des Agamemnon, hatte ein Hieron zu Sparta zu Hero=
dots Zeiten (7, 134), und nach Pausanias Grab und Blut=
spenden zu Sparta und in Aegion (7, 23, 7. 3, 12, 6).
Eines Heros Daitas, des Mahls bei den Troern soll Mim=
nermos gedacht haben ²⁴). In Sparta verehrten sie außer
dem Daiton, die Weinschenken den Keraon, und die Bäcker
für die Phiditien den Matton.

Heroen durch Laune und Aufwallung.

Das Volk von Segesta errichtete einem erschlagenen
Fremden, dem schönsten Manne seiner Zeit, ein Heroon auf
seinem Grabe; nach Herodot (5, 47).

Einer Polykrite, welche durch kluge Benutzung der Ver=
liebtheit eines feindlichen Generals die Vaterstadt gerettet hatte,
brachten die Naxier jährlich Todtenopfer ¹).

Heroen uneigentlich.

Bei der großen und bunten Menge der Heroen sowohl

---

22) Vitr. 10, 2 extr. Urbewohner Hispaniens S. 74. de Palaistra Neapolit p. 76. 174. Vgl. Herod. 6, 60.

23) Polyb. 10, 10. W. Humboldt.

23a) Dio Cass. 68, 9. cf. Iguarra,

24) Demetrios bei Athen. 4, p.

1) Parthen. 9.

als der Dämonen, und da sie die Haupteigenschaft einer über=
natürlichen Kraft mit einander gemein hatten, ist es häufig
geschehen, daß Heroen genannt werden, deren Namen nur
eine empfehlenswerthe Eigenschaft ausdrückt, aber einen Ver=
storbenen nicht vermuthen läßt, obwohl die Legende aushelfen
konnte, indem sie eine Person dazu dichtete. Einen Heros
Teichophylax, Mauerwächter, nennt Hesychius, einem He=
ros Phylakos, Wächter, war nach Pausanias zu Delphi
bei dem Hieron der Athena Pronoa, ein Heroon mit Temenos
geweiht (10, 8, 4.). Herodot sagt, daß die Heroen Phyla=
kos und Autonoos, Wacht und Verstand, einheimische, Del=
phische Heroen, die ein Temenos bei dem Tempel des Apollon
hatten, (was mit dem der Pronoa sich vereinigen läßt) gegen
die Perser erschienen (8, 39). Den Ehrennamen: Wächter
der Stadt gibt auch ein Epigramm dem Androklos, einem
Stadtgründer, das nach Traumeingebungen diesen in Priene
zu verehren vorschreibt [1]). Als die wackern Vorsäße der Stadt
Psophis erscheinen die Heroen Promachos und Echephron,
deren Heroa zur Zeit des Pausanias nicht mehr ansehnlich
waren (8, 24, 3). Nach Clemens rieth die Pythia den Pla=
täern in der Hiße des Perserkriegs zu opfern dem Androkra=
tes, Demokrates, dann Kykläos und dem Leukon, was zum
Theil wie figürlich klingt (Protr. 2, 2, 40 p. 35). Die ent=
flohenen Sklaven in Chios hatten einen Heros Eumenes,
sie brachten ihm die Erstlinge von dem entwandten Gut, und
der Name Eumenes scheint zu bedeuten, daß sie ihn als wohl=
gesinnt und mild gegen sich betrachteten und seinem Beistande
vertrauten. Aber auch den Herrn gab er im Schlaf War=
nung und sie opferten ihm dann wo das Heroon war. Was
erzählt wird, er sey Drimakos, ein Haupt im Sklavenkrieg und
selbst ein Entlaufener, scheint Legende zu seyn ($\mu\nu\vartheta o\lambda o\gamma o\tilde{v}\sigma\iota$) [2]).

Einem Heros Pediokrates zu opfern sollen in einem

---
[1]) C. J. Graec. N. 2907. [2]) Theopomp. bei Athen. 6 p. 266.

unfruchtbaren Jahre die Anwohner von einem Orakel der Paliken in Sicilien angewiesen worden seyn ³). Der Name drückt entweder Flurgebieter aus, oder vielleicht Feldbezwinger, was auf angestrengte Bearbeitung der Flur hindeuten würde. So lag in der Verehrung der Aedoos, des Eleos und anderer Dämonen die Mahnung ihnen nachzufolgen: jetzt stand ein Heros dem Volke näher als ein Dämon, ein Begriff. So bedeutet der Heros Akratopotes in Munychia, welchen Polemon bei Athenäus nennt, wohl nichts anders, als der Dämon Akratos, nur sprechender, als Vorgänger, ermunternd oder Beispiel gebend. Neben einem Zeus Apompios kommt auch ein Heros Mylagros vor ⁴). In den Sagen von der Stiftung Herakleas durch die Megarer und Böoter wird ein Idmon genannt, auf dessen Grabe die Pythia als dem Stadtinhaber (πολιοῦχος) zu opfern, den sie zu versöhnen vorschrieb ⁵). Nach der Art der Griechen anzudeuten und errathen zu lassen, ist es gar nicht unwahrscheinlich, daß der Gott einen Heros Idmon, einen wissenden meinte, dessen Grab die folgsamen Ansiedler zu finden wußten und dem die allzeit fertige Legende eine Beziehung zu Orpheus leicht andichtete. Der Wissende, Unterrichtete, Erfahrene soll überall den zu treffenden Einrichtungen vorstehen. Den Heros Kyamites in Athen erklärt Photius (s. v.) gewiß richtig von den Bohnenwahlen. Jacchos selbst, der demokratische, führt diesen Namen bei Hesychius; aber dem Gott ein gleichnamiger Heros zur Seite gestellt, kommt auch sonst vor. Was Pausanias über die Bohnen und Kyamites sagt, scheint gänzlich verfehlt (1, 37, 3). Ein Heros Saos kommt vor als Sohn des Hermes Saos ⁶). Ein Heros Sigelos ist daher entstanden, daß man bei den Heroengrä-

---

3) M. Alten Denkm. 3, 219. Ein sehr menschliches Institut, entflohene Sklaven mit ihren Herren zu versöhnen, ist von demselben Orakel ausgegangen. S. das. 218.   4) Götterl. 2, 214.   5) Schol. Apoll. Rhod. 2, 843 und 845.   6) Trilogie S. 217.

bern (ἡρῷα) stillschweigend vorübergehen sollte. Der natürliche Grund dieser Sitte war ohne Zweifel, daß man durch dieß Schweigen die hehren Todten (τοὺς κρείττονας) ehren wollte: das Volk aber wurde zu dieser Caeremonie durch das gröbere Motiv bestimmt, daß die Heroen bösartig seyen und den Vorübergehenden schadeten. Es scheint darauf schon Aeschylus nach dem von Hesychius v. κρείττονες angeführten Anfang eines Fragments aus den Aetnäerinnen Rücksicht genommen zu haben [7]). Ein Grab des Narkissos wurde Denkmal des Sigelos genannt, indem man stillschweigend dabei vorüber zu gehen erinnert wurde, um den schönen verliebten Jüngling durch Theilnahme zu ehren [8]). Ein Heros Hippokurios ist bei Hesychius. Astrabakos, in Sparta, von dessen Heroon Herodot spricht (6, 69), den auch Pausanias Heros nennt, eine dunkle Persönlichkeit, über die sich verschiedenerlei vermuthen läßt und manches gewiß falsch vermuthet worden ist, wird von Clemens nebst Menebemos, Dämon bei den Kythniern, genannt (Protr. p. 35 Pott.).

Die Verwechselung des Namens Heros mit Dämon hat auch Statt gefunden mit Dämon in der ganz verschiedenen Bedeutung, wonach der in den Aether nach der Trennung vom Leibe aufsteigende Menschengeist nach philosophischen Begriffen seit Heraklit und Platon vielfach bis in späte Zeiten Dämon genannt wurde. Platon selbst unterscheidet ganz richtig θεὸν ἢ δαίμονα ἤ τινα ἥρωα (Leg. 5, p. 738 d) und Dämonen (göttliche), Heroen und Menschen (Crat. p. 397 d). Auch Pythagoras unterschied nach Athenagoras Götter, Dämonen und Heroen (Leg. p. 28). Aber schon Zenon nennt die von dem Körper gelösten Seelen Heroen, wenn Diogenes L. richtig angibt, der aber auch sagt, daß Pythagoras dieselben Dämonen oder Heroen nenne, was er vermuthlich nur aus späteren Pythagoreern entnommen hat.

---

[7]) Alciphron Ep. 3, 58 τρέμω ἐνδακὼν τὸ χεῖλος, ὡς οἱ τὸν Σιγηλὸν ἥρω παριόντες Meinke Comic. 3 p. 429 fr. 2.   [8]) Strab. 9 p. 404 a.

Auch Philon läßt die Griechen diese Geister in der Luft Dämonen und Heroen nennen (De mundo). Ganz unrichtig läßt Plutarch die Menschen in Heroen und die Heroen in Dämonen übergehen (de def. or. c. 10.), sowie er auch die Dämonen oder Seelen des Thales, Pythagoras, Platon und der Stoiker und Heroen als gleichbedeutend annimmt (De Plac. Philosoph. 8). Uebrigens läßt auch schon Aeschylus den Schatten des Darius als Dämon aus der Erde hervorrufen (Pers. v. 623): und hebt dadurch die dämonische Gewalt eines verstorbenen Sterblichen stärker hervor, gewiß ohne ihn über die Klasse der Heroen emporrücken zu wollen. Nur fehlerhaft dagegen ist es, wenn Clemens den Menedemos bei den Kythniern, den Kallistagoras bei den Teniern einheimische Dämonen (ἐπιχωρίους), und daneben dann den Anios bei den Deliern (vielmehr Lesbiern), der wirklich in die Klasse der Dämonen gehört (Protrept. p. 12), Heros nennt. Ein Heroon des **Stephanephoros** in Athen scheint mit der Münze in Verbindung gestanden und die Münzgewichte in sich enthalten zu haben [9]. Ein Heros Euodos, der guten Weg gibt, neben einem Pan Euodos, der es auch gethan hatte, in zwei Epigrammen in Apollonopolis, jetzt Ebfu, in dem Spicilegium Epigrammatum im Rheinischen Museum 1849, 7, S. 618. Herodes Attikus setzte einen Heros Polydeukion oder Polydeukes als Aufseher und Wächter über eine Menge Kunstwerke, an den er die Flüche gegen die Beschädiger richtete [10].

Entwicklungsgeschichte.

Eine Reihenfolge in dem Glauben und der Bedeutung oder Geltung der Heroen zu bestimmen ist schwer, zumal auch wegen der großen Menge und Verschiedenheit der immerhin im Allgemeinen vielfach ähnlichen Gemeinheiten. Wie nach der Erhebung der Homerischen Helden in den Hesiobischen Welt-

---

[9] C. J. Graec. n. 123 S. 4, p. 168.   [10] C. J. n. 989 p. 542.

altern die größten alten Verstorbenen oder Sagenhelden zur positiven oder staatlich zur halben Vergötterung gelangt seyen, ist dunkel, da keine Spur in der Litteratur darauf hinweist. Das angeführte Drakonische Gesetz verbürgt, daß diese neue und große Epoche entschieden war. Groß ist der Unterschied zwischen der Versetzung der größten Helden auf unbekannte Inseln, wo sie das Leben in seligem Genusse nur fortsetzen, aber die Menschen fortan ohne allen Zusammenhang mit ihnen nur als eine poetische Idee angehen, und solchen, die den Tod leiden, aber zum Lohn ihrer Tugend halbgöttliche Ehren empfangen und unter der Erde halbgöttlich in die menschlichen Dinge einzuwirken fortfahren. Der Uebergang von der einen Vorstellung zu der anderen kann nur durch ernste Betrachtungen vermittelt worden seyn. Es läßt sich denken an die, daß das Elysium für die Zeit nicht glaubhaft genug gewesen sey, noch weniger die Versetzung der Leiber dahin, die nach dem Tode am natürlichsten der Erde zufallen. Es kommt hinzu, daß der uralte Todtendienst den Geist als fortlebend voraussetzte und ein Schattenbild der Person und einen gewissen Zusammenhang der Geister mit den noch lebenden Ihrigen zu glauben geneigt machte. Von der Menge dieser Geister wurden nunmehr als Heroen diejenigen ausgezeichnet, welche man Halbgötter nannte, etwa mit der Idee, welche Seneca ausdrückt: paucis humanum vivit genus. Aber hierin lag ein starker Rückschlag auf das frühere System, welches nur Götter als Halbmenschen kannte. Durch dieses Verhältniß wird es klar, warum nur die Griechen Heroen haben konnten. Die Idee, daß höhere Geister unter der Erde im Dienste des Zeus auf die Oberwelt einwirkten, ist die des zweiten Weltalters, aber hiezu kam nunmehr, daß diesen halbgöttliche Ehren erwiesen, Opfer dargebracht wurden, wie den Göttern, untergeordnet nur durch die Art der Darbringung. Der Name dieser Opfer $\dot{\epsilon}\nu\alpha\gamma\iota\sigma\mu\dot{o}\varsigma$ bedeutet ungefähr consecratio und dieser Name so wie der Gebrauch im Allgemeinen ist überall derselbe.

Dieß scheint darauf zu führen, daß die neue positive und überall gleiche Stiftung nothwendig dem Delphischen Orakel zugeschrieben werden muß. Dessen hierarchischer Wirkungskreis erhielt dadurch eine Erweiterung ins Unbestimmte. Aber es möchte unbillig seyn hierin allein die Absicht der neuen Stiftung zu suchen. Es lassen sich mit ihr bessere priesterliche Zwecke verbunden denken, zu befördern nach dem Geist und der Bildung des Zeitalters die Frömmigkeit, staatliche Festigkeit, den höheren Begriff von dem Wesen und der Würde des Menschen. Unverkennbar ist es dagegen, daß auch bösartige und der Veredlung der Menschen sehr ungünstige Züge der Hierarchie, schädliche Einflüsse auf die Sitten der Stadtbewohner aus dieser neuen Stiftung durch die Vermehrung des äußeren Gottesdienstes ausgehen mußten. Denn wenn dieser mit Glanz und Pracht und mit vielen Lebensgenüssen verbunden ist, so leidet darunter unvermeidlich die Einfalt, Stille und Erhebung des Innerlichen. Mußten schon die Opfer und Feste den Cultus der großen Götter im hohen Grade aus dem Geistlichen in das Weltliche herabziehen, so mochten die Gebete, Hymnen und Päane, gerichtet selbst an die vornehmsten Heroen, und die pünktlichste Beobachtung des in allem Speciellen so sehr ausgebildeten Ritus wenig im Stande seyn der Anziehung der kleineren und besonders der allgemeinen Opfermahle, der Wettspiele, Processionen und Weihgeschenke ein Gegengewicht zu halten. Wie sehr die Leidenschaft der Kampfspiele verbreitet und gestiegen war, kann man sich kaum recht anschaulich machen und schon aus Pindars Siegesliedern ist bekannt, wie viele derselben den jährlichen Heroenfesten zufielen. In anderer Art hatten auch die Opfer eine natürliche, von dem religiösen Sinne sehr verschiedene Macht über den sinnlichen Menschen. Es ist bemerkenswerth, daß dieser Reiz, diese Seite des Götterdienstes in der alten Litteratur fast gar nicht berührt wird. Es schien wohl nicht fein oder als leicht zu mißdeutende Satire von dem Antheil des materiellen, des im Ganzen doch ehrwürdigen Cultus zu reden. Es macht sich daher eine Stelle des Pausanias bemerklich (10, 4, 7), wo er sagt, daß die Phoker einem Heros Xanthippos zu Tronis in Daulia täglich opferten „indem sie das Blut durch eine Oeffnung (δι' ὀπῆς, wofür sonst βόθρος gesagt wird) in das Grab eingossen, das Fleisch aber war zu verwendbarem Gebrauch". Hier fand also, da die Opfernden von allen Seiten täglich herkommen konnten, ein gemeinsames Mahl nicht Statt. Dieß aber war sonst wohl allgemein der zweite Theil des Opfers. Die Thiere waren natürlich nach der Größe der feiernden Kreise verschieden und bestanden wohl ziemlich regelmäßig in Ziegen (ἔντομα μήλων), die auch dem Delphischen Orakel in Ueberfülle zugeführt wurden, und in Ochsen. Nach Athenäus (4, 149c) wurde in Phigalia den Heroen ein großes Stieropfer bereitet und an dem Mahle nahmen die Sklaven Theil, wie denn βουθυτεῖν bei Enagismen nicht selten vorkommt. Solon beschränkte die Trauer und verbot einen Stier zu opfern und mehr als drei Gewänder beizulegen.

Die Blüthezeit des Heroenglaubens scheint die der Siege von Marathon, Salamis und Plataeä gewesen zu seyn. Am frühen Morgen vor der Schlacht von Salamis beteten die Griechen zu allen Göttern, riefen die Aeakiden zu Mitkämpfern an und riefen aus Salamis den Telamon und Ajas herbei und schickten ein Schiff an Aeakos und die Aeakiden [1]. Nach Plutarch glaubten die Athener die angerufenen Aeakiden bewaffnet erscheinen zu sehn (Them. 15). In Delphi verfolgten örtliche Geistergestalten die Helden der Perser, als sie das Heiligthum plündern wollten [2]. Unterstützt hat diese Richtung sichtbar das Delphische Orakel, auf dessen Anweisung die meisten Legenden von dem Culte der Heroen zurückgehen. Bemerkenswerth ist die Sage von Onesilos, welchem die Ama-

---

[1] Her. 8, 64. [2] Her. 8, 37. unter vielen anderen Wundern Diod. 11, 14.

thusier, weil er sie belagert hatte, den Kopf abgeschnitten und diesen über dem Thor aufgestellt hatten, daß nachdem darin Bienen sich angebaut hatten, das Orakel den Kopf zu bestatten und dem Onesilos als einem Heros jährlich zu opfern rieth, was noch in der Zeit des Herodot fortgesetzt wurde (5, 114). War die Absicht die Rohheit der geübten Rache zu sühnen? Den Bewohnern von Agylla oder Caere gebot dasselbe ein Vergehen durch Heroenopfer, die ebenfalls zu Herodots Zeit noch bestanden, zu sühnen (1, 167). Oftmals mag in die Legende der unzähligen Heroen auch die Berufung auf die Pythia hineingedichtet worden seyn, weil von ihr die Geltung und Autorität ausging, wie von dem Mittelpunkte der Kirche die Heilig= und Seligsprechung ausgeht. Delphi selbst hatte neben seinem Tempel nur das Grab des Neoptolemos und einen Heros Phylakos, beweist aber seine hohe Achtung des Heroendienstes auch durch sein von Pindar berührtes Fest der von dem Gott eingeladenen Heroen, die zu verschiedenen Zeiten sich an ihn gewandt hatten, die ξένια [3]). Aristophanes sagt zwar in den Tagenisten [4]): „wir opfern ihnen durch die Enagismen wie Göttern und gießen ihnen Spenden aus und rufen sie an das Gute heraufzusenden"; vermuthlich aber hatte seine Comödie, Heroes, wahrscheinlich aus Olymp. 91, nicht zum Hauptzweck den Heroencult zu befestigen. Als Beispiel der Deisidämonie der Athener führt Aelian an, daß sie einen, der eine kleine Steineiche von einem Heroon abgehauen, mit dem Tode bestraften [5]). Mit dem religiösen Aberglauben

---

3) Dissen zu Pind. Nem. 7, 46. p. 447.   4) Aristoph. Fragm. ex rec. Gu. Dindorfii p. 185, der das Fragment willkürlich einem Dichter der mittleren Komödie gibt. In Gaisfords Stobaeus 121, 18. ist die Stelle in der lateinischen Uebersetzung, nicht im Griechischen Text.

5) V. H. 5, 17. Vielleicht standen bei einem Heroon ein oder ein paar Bäume wie jetzt bei einzeln stehenden Kapellen in Griechenland, um den Besuchenden vor brennender Sonnenhitze zu schützen, so daß man nicht gleich auf einen Hain oder Temenos zu schließen braucht.

verbindet sich so leicht Fanatismus, wovon Aelian noch ein anderes Beispiel hinzufügt. Je mehr das Innere erstorben ist, um so heiliger und so eifriger gehütet wird das Aeußere. Im östlichen Asien hat der Dienst der Heiligen die Anbetung der Götter fast verweht, wie v. W. Humboldt anmerkt (Kawisprache S. 166).

Wie sehr empfänglich auch der Griechische Geist für die Heroen und ihre Menge und Manigfaltigkeit war, wird bestätigt durch den eigenthümlichen neugriechischen Heiligendienst. Die große Anhänglichkeit der gemeinen Griechen an ihre Heiligen — so auch in Italien — können uns die Kraft und die glänzenden Feste des Heroendienstes erklären.

Das zunehmende Sinken des religiösen Sinnes ist sichtbar in dem immer häufiger werdenden Gebrauch, daß auch von Städten, die freilich alle gewissen Aemtern die höchste geistliche Gewalt innerhalb übertragen hatten, die Heroenwürde gelegentlich ertheilt oder das $ἡρωΐζειν$ geübt wurde. So geschah z. B. in Amorgos, Lesbos, Anaphe, Thera und Kos[6]). Auffallender noch ist der einreißende Gebrauch, daß auch einzelne an der Grabstele den Ihrigen den Namen eines Heros oder einer Heroine beilegten, natürlich nicht in seinem vollen Sinn, welcher jährliche Opfer und halbgöttliche Kräfte einschloß, bei noch fortdauerndem eigentlichen Heroendienst, wenigstens wahrscheinlich an den meisten Orten. Häufig ist unter dem Namen geschrieben $ἥρως χαῖρε$ oder $ἥρως χρηστὲ χαῖρε$, Letzteres auf den Grabschriften von Larissa, Pelasgiotis und Trika in Thessalien[7]). In einer Phokischen Grabschrift nennt ein Vater seinen früh verstorbenen Sohn Heros[8]). In Thera heroisirte ein Mann sein Weib[9]), so wie in fünf

---

6) Ussing Inscr. Graec. 30—41. In den Inschriften von L. Roß ist ein solcher Beschluß des Demos von Methymna aus römischer Zeit n. 197, zwei von Amorgos n. 115 und 122 b, einer von Thera n. 203.

7) C. J. n. 1723, 6.   8) Ib. n. 1722.   9) Ib. n. 2471.

vorhergehenden ¹⁰) Inschriften der Demos oder Rath und Demos einzelne Bürger. Daselbst auch ein Mann seine Auferzogene in den Inschriften von L. Roß (n. 251), ein Anderer sein Weib (n. 204); eine Mutter nennt ihren Sohn Heros, in Melos (n. 246 a). Auch in Böotischen Inschriften ist ἥρως χαῖρε häufig, was auch in Thessalien und in Karpathos sich findet. Unrichtig war die Meinung, daß dieß ἥρως auf Grabsteinen die Bedeutung: der Selige, ὁ μακαρίτης, habe, die ihm einige Philosophen gegeben haben sollen, durch Verwechselung mit δαίμων, dem in den Aether entrückten unsterblichen Geist. Es wäre unnatürlich ein letztes Lebewohl! zu sagen, nicht der von uns scheidenden geliebten Persönlichkeit, sondern dem abgeschiedenen Geiste. Dagegen läßt sich wohl denken, daß hier und da leichtsinnig geübte Heroisirung selbst unwürdiger Bürger von Seiten des Demos durch Einfluß von Parteien und Unordnungen und Willkürlichkeiten im althergebrachten Heroendienst, die Begriffe immer unbestimmter und freier gemacht hat, daß zuerst einzelne einflußreiche Bürger, denen die öffentliche Meinung nicht leicht widerstrebte, für sich das Recht einer Rangeserhebung sich herausnahmen, und daß dann der neue Ranges- und Ehrentitel, als Ausdruck zugleich innigster Liebe und Hochschätzung mehr und mehr üblich wurde, ohne Gefahr der Vermischung der neuen Bedeutung mit der alten im Dienst halbgöttlicher Heroen, welcher eine ebenso weite und unbestimmte, aber auf die menschliche Natur beschränkte vorausgegangen war.

Fr. Jakobs nimmt in der Einleitung zu seiner Uebersetzung der Heroika (1828) an, daß, so wie Lucian den Glauben an die Götter und die Mythen lächerlich zu machen suchte, so dagegen Philostratus, vielleicht seiner kaiserlichen Beschütze-

---

10) Ib. n. 2465—70. S. auch Böckhs Abhandlung über die Theräischen Inschriften in den Schriften der Akademie S. 51 ff. Franz, fünf Inschriften und fünf Städte in Kleinasien 1841, S. 5 über νέος ἥρως.

rin zu Gefallen, die Absicht gehabt habe, die fabelhaften Sagen des Alterthums zur Befestigung des wankenden Volksglaubens zu benützen, und glaubt, daß die ganze Anlage der Schrift diesem Bestreben angemessen sey. Dieß muß ich gänzlich bezweifeln, indem der Verfasser vielmehr die Heroen nur in dem besonderen Sinn der Troischen mit Nebenblicken auf die Thebischen, vollständig zusammenpaßt und einen Theil des Troischen Sagenkreises aus dem nachhomerischen Epos als ein historisches Ganzes faßt, das schon dem Homer bekannt gewesen sey und daß er selbst durch Auflösung vieler Widersprüche, durch Abläugnung, Zurechtstellung und willkürliche Verknüpfung nach freiester Vermuthung in seine rechten Fugen bringen müsse. Alle einzelnen Heroen dieses Kreises schildert er ohne auf den Heroencult anders als beiläufig Rücksicht zu nehmen und sein zehn Ellen langer Protesilaos, von dessen Heiligthum wir viel erfahren, ist eine nicht sowohl abergläubische als poetische Fiction, im Namen des Freundes und Lehrers des guten Winzers, durch dessen Mund Philostratus seine hier und da mit homerischer Gelehrsamkeit gewürzten Ansichten über die Heroen mittheilt. Selbst der Bericht über den Cultus des Freundes und Nachbarn von Protesilaos, Achilles, in Thessalien und auf der Insel Leuke ist viel zu sehr im Geiste Philostratischer Dichterei, als daß dabei auf eine volksmäßige Wirkung gerechnet seyn könnte. Selbst was im Eingang dem aufgeklärten Phönizier, der nicht an zehn Ellen hohe Menschen und überhaupt nicht an das Unnatürliche hatte glauben wollen, von dem Winzer entgegnet wird, hat mehr den Charakter der Novelle, verbunden mit antiquarischer Gelehrsamkeit, als der ernsten Belehrung und der hinter den Legenden von Opfern und Gebräuchen versteckten beschränkten Gottseligkeit.

Beiläufig zu bemerken, es ist der Mühe werth, den Charakter dieser Composition, worin die meisten der Troischen Heroen nach Ansicht und Gestalt portraitirt sind, zu vergleichen mit den Gemälden des Philostratus und zu prüfen, ob derselbe Verfasser diese vielen, so übereinstimmend mit bekannten wirklichen Kunstwerken nur beschrieben oder selbst erdacht und komponirt haben möge, gewiß alsdann ein unvergleichliches Kunsttalent.

Die Vergötterung.

Wie Herakles, der Liebling und Stolz der Nation seit den frühesten Zeiten, von Stufe zu Stufe durch die Begeisterung zuletzt bis in den Olymp in die Mitte der großen Götter erhoben worden ist, und seine ausgedehnte Verehrung ist im zweiten Band nachgewiesen worden. Ein Hauptheld aus mehr als einem Homerischen Epos hat das Leben unsterblich auf einer unbekannten Insel fortgesetzt und in der Hesiodischen Dichtung von den fünf Weltaltern gehen die Helden, die Edlen und Führer überhaupt auf die seligen Inseln am Erdrand über als Halbgötter. Diese neue Klasse zwischen Göttern und Menschen, zu der natürlich nunmehr auch die den so ernannten Halbgöttern an Ruf, bei ohnehin schon in der Sage feststehender Abstammung von Zeus oder einem anderen Gott, ähnlichen Männer der Sage der Vorzeit sowohl als auch spätere beigezählt wurden, erweiterte nicht bloß den alten Götterglauben, sondern veränderte ihn nothwendig im innersten Wesen und allen Begriffen und Beziehungen. Und sehr verstärkt und begünstigt wurde diese neue Entwicklung dadurch daß die göttliche Verehrung des Herakles nach und nach neben und vor seinem Begriff und Cult als Heros sich mehr und mehr ausbreitete und erstarkte. Auch Asklepios erhob sich almälig zum Rang eines der großen Götter wie das Bedürfniß der Heilung in den Städten und die Bedeutung und Größe der Heilanstalten stieg, in dem Verhältniß, wie dieß nach dem Grabe der sogenannten Civilisation der griechischen Staaten schon seit kurz vor dem Anfang ihres Sinkens und unter Königen und Kaisern bestand.

Dem Aufsteigen des Herakles zu dem Ansehen eines Gottes ist keine andere Erhebung ähnlicher als die des Amphiaraos, des Sohnes des Oikles, aus dem Geschlechte des Melampus. Er ist als der Held der Homerischen Thebais, die von ihm, nach der Abhängigkeit des ganzen Planes auch einen besonderen Namen erhalten hat, als Unsterblicher daraus hervorgegangen, wie Achilleus aus dem Epos des Arktinos. Als frommer Ausleger des Willens des Zeus hatte er sich dem Kriegszug der mit Adrastos und Polynikes verbündeten Fürsten aus Argos gegen Theben widersetzt und da die List seiner falschen Gattin Eriphyle über ihn gesiegt hatte, in den Gründen von Nemea durch die Deutung eines schauerlichen Zeichens das Heer nochmals auf seinem, dem Willen des Zeus widerwärtigen Zuge vergeblich gestrebt aufzuhalten. Darum wurde er nach der Niederlage, während außer ihm nur Adrastos, der für den zweiten Krieg aufgespart werden sollte, auf dem Flügelroß sich rettete, allein von den sieben Führern am Leben erhalten und unsterblich (Diomedes wurde es wahrscheinlich im zweiten Kriege durch Athene). Als Seher wurde Amphiaraos statt an den Rand der Erde in ihre Tiefen lebendig versetzt, weil er aus ihr hervor göttlich wirken konnte durch Orakel, die er den auf ihrem Boden Schlafenden eingab, wie vielleicht schon Zeus auf der Höhe des Thessalischen Dodona den erdlagernden Sellen. Da er aber dem Tod entgehen sollte, so ließ Zeus sich die Erde spalten vor ihm auf der Flucht heimwärts und so fuhr er auf seinem Streitwagen nieder in den Aides, von dessen Göttern übrigens der Mythus ihn geschieden läßt, so daß er auf die Herrlichkeit seines göttlichen Orakels beschränkt bleibt. Der in den Schlund mit den Rossen und ihrem Führer stürzende Wagen war eine so eigene Erscheinung, daß die Stelle, wo das Orakel gegründet wurde, den Namen ἅρμα, Wagen erhielt. Die so berühmte in ihrer Art einzige Scene ist in unübertrefflicher Weise in einem, in der Nähe des Amphiaraïon selbst gefundenen Basrelief dargestellt, mit welchem auch eine unschätzbare kleine Rundfigur in Erz, jetzt der Universität Tübingen gehörig übereinstimmt, und welches sogar in schöner Nachzeichnung in Pompeji gefunden wurde [1]). Nach Oropos an der Attischen Grenze, wo das Amphiaraion am längsten Ruf und Ansehen behauptet hat, ist es aus dem Inneren Böotiens vorgerückt, so daß Pausanias sich nicht richtig ausdrückt, dort sey er angefangen als Gott verehrt zu werden, was dann auf alle Hellenen übergegangen sey (1, 34, 2). Von dem Reichthum des Tempels in Oropos an kostbaren Weihgeschenken gibt ein sammtböotisches Dekret eine Vorstellung [2]). Der dortige Tempel war dem zu Knopia im Thebischen nachgeahmt nach Strabon (9, p. 404a). Pausanias spricht von einer Stadt Harma im Gebiete der Tanagräer, welche dem Harma- oder Wagenniedergang, wo ihn die Theber behaupteten, widersprachen (9, 19, 4), und bekannt ist ein Amphiaraion bei Theben, doch nicht in Potniä, wo in dem Temenos des Amphiaraos der Ort der Wagenverschlingung umgekehrt unnahbar heilig war [5]) gleich den vom Blitz getroffenen Gegenständen. Sophokles nennt den ἄναξ Ἀμφιάρεως, der nun unter der Erde all-lebendig herrsche (El. 837). Dikaearchos nennt das Hieron des Zeus Amphiaraos [4]) wo Casaubon Διός wegcorrigiren wollte, weil Zeus als nicht seltner Beiname eines Gottes in späteren Zeiten nicht gegenwärtig war. Ein Altar in Oropos enthielt in fünf Abtheilungen Götter, Heroen und Heroinen [5]). Ein Tempel des Amphiaraos war auch in Argos [6]), ein Heroon, wie Pausanias sagt in Sparta (3, 12, 4), ein Altar in Athen und ein Orakel in Kilikien (1, 34, 2).

Epoche macht wie es scheint, die Anrede der Pythia an

---

1) Meine Alten Denkmäler 2, 172—184; Taf. 9, 15 f. 2) C. J. n. 1570. 3) Her. 8, 134. Paus. 9, 8, 2. Böckh Explic. Pind. p. 314. Strabo nennt auch Psophis (9. p. 399), Schol. Pind. Kleonä (Ol. 6, 21). 4) Fuhr in seiner Ausgabe p. 222. 5) Paus. 2, 23, 2. 6) id. 1, 8, 3.

den in den Tempel tretenden Lykurgos, bei Herodot (1, 65), welche nach Plutarch sich unter den ältesten Urkunden in Sparta befand [7]), und deren Alter und Wichtigkeit der stetige und besonders auch officielle Gebrauch des Namens Gott von Lykurgos bestätigt. Die Pythia sagt: „Du kommst, o Lykurgos, zu meinem fetten Tempel, lieb dem Zeus und allen Bewohnern der Olympischen Häuser. Ich suche, ob ich dich prophetisch als Gott ansprechen soll oder als Menschen; aber noch mehr hoffe ich als Gott, o Lykurgos". Niemand wird heute dieß Orakel als dem Lykurgos selbst ertheilt ansehen: aber sehr wahrscheinlich ist, daß es sehr lange vor Herodot aus den Unterhandlungen sehr geschickter königlicher Theoren von Sparta mit Delphi hervorgegangen ist in der Zeit, als die Kraft und Blüthe der Lykurgischen Staatsordnung, die uns Tyrtäus bewundernd schildert, auch der wohlmeinendsten delphischen Hierarchie, mit deren Unterstützung sie zu Stande gekommen war, empfehlungswerth genug erscheinen konnte. Durch die Erhebung des Lykurgos als Gründers wurde ihr die höchste Autorität und Gültigkeit ertheilt. Bemerkenswerth ist die diplomatische Feinheit der Pythia. Wenn sie von einem Heros oder Halbgott gesagt hätte daß er mehr oder eher Gott, als Mensch sey, also ausgezeichnet vor allen anderen Heroen, so konnte dieß keinen Anstoß geben und könnte kaum eine Neuerung genannt werden. Aber der Titel θεός hebt den Lykurgos in eine andere Klasse, in welche Herakles und Amphiaraos nur durch in den religiösen Glauben aufgenommene Mythen eingegangen waren. Sie hatte auch nicht den Muth sich geradeaus zu erklären, sondern durch das erkünstelte Schwanken versteckt sie die Zweideutigkeit einen Menschen seiner Handlungen wegen, die vielleicht unter den Umständen der Zeit wun-

---

[7]) adv. Colot. p. 1116 s. Die häufigen Wiederholungen, besonders in den späteren Jahrhunderten verzeichnet Davis zu Maximus Tyrius p. 72, Reiske.

derbar weise, mannhaft, reblich und von den glücklichsten Folgen begleitet gewesen waren, mit einem Gott zu vergleichen und ihn Gott zu nennen 8). Man sieht, die Politik hatte schon zu dieser Zeit in der delphischen Hierarchie ein verderbliches Uebergewicht erhalten. Daß seit dieser Zeit almälig mehr und mehr die Pythia ohne besondere Rücksicht auf theologische Begriffe zu nehmen, kleineren Städten allerwärts das Vergnügen gewährt haben möge ihren Heros etwa Gründer Gott nennen zu dürfen, wird man sich leicht denken. Es konnte jener Orakelspruch, der als glänzendes Aushängeschild des Spartischen Staates allgemein bekannt wurde, nicht ohne Einfluß bleiben auf die nachmals häufige und immer mehr zunehmende Verwirrung und Entwürdigung des Namens eines Gottes. Bei Gelegenheit der Verzeichnung vieler Heroen sind davon beiläufig eine Menge von Beispielen angeführt worden, ich setze noch folgende hinzu: den Gott Autolykos, den Stifter von Sinope 9), den Tlepolemos, den Stifter von Tirynth, den die Rhodier als einen Gott verehrten bei Pindar (Ol. 7, 77); den Penthilos in Lesbos 10), den Eumelos in Neapel 11). Sophokles läßt einen Landmann den Kolonos Gott nennen (Oed. Col. 65), welcher ihm anderwärts ein Heros ist. Als einmal die Verehrung von Heroen als Götter in Tempeln üblich geworden war, mögen an vielen Orten Enagismen abgekommen seyn, die aber vermuthlich an anderen der damit verbundenen Opferschmäuse und Agonen wegen sich erhielten so lange sie nach den Umständen konnten. Daß an vielen Orten auch die heroischen Ehren neben den göttlichen sich erhielten, wird insbesondere in Bezug auf Herakles von manchen Orten erwähnt und in Athen hat vermuthlich Theseus nicht aufgehört als

---

8) Nicht überzeugt hat mich die Erklärung meines gelehrten Freundes Keil Analecta Epigraph. 46 ss., wo eine große Anzahl von Heroen zusammengestellt ist. 9) Strab. 12, p. 546. 10) Steph. Byz. 11) Ignarra de phratriis p. 96.

Heros geehrt zu werden, weil ihm ein Tempel gebaut war. Hierdurch wurde er dem Herakles ähnlich, ebenso wie durch die Reihe seiner denen des Herakles entsprechenden Athlen und der Umstand, daß Kämpfe von beiden an den Friesen verbunden sind, muß wohl diesem vermutheten Gesichtspunkt der Athener zur Empfehlung dienen und den Widerspruch von Roß stark abschwächen. Götter wurden auch manche unter den Dämonen des Asklepios betitelt [12]). In welche Verwirrung im Volk die Götterbegriffe gerathen waren, zeigt, was die Apostelgeschichte von Paulus und Barnabas in Lystra erzählt (13, 14), daß ihnen bekränzte Stiere entgegengeführt wurden; den Paulus nennen sie Zeus, den Barnabas Hermes. Sollte eine Vergleichung gemeint seyn, so war sie durch die Demonstration wenigstens viel ausdrucksvoller als die schwankend naive der Pythia zwischen Lykurgos und einem Gott.

Nachdem schon seit der Zeit der Hesiodischen Heroen und des Hesiodischen Herakles unter den Göttern, der Götterbegriff in der Nation an Bestimmtheit und Kraft der Bedeutung nach und nach so viel eingebüßt hatte, die Religion zuletzt im Allgemeinen immer mehr äußerlich, die Denkart, mit Ausnahme der Weisen, der Aufgeklärten und Gebildeten, so wie der Abergläubigen, ganz weltlich geworden war, können wir nicht verwundert seyn seit dem Anfang der äußeren Angriffe auf die Ordnung und Unabhängigkeit der Staaten auch die Religion ihrem Wesen nach immer tiefer herabsinken zu sehen. Hat doch sogar Guizot neuerlich ausgesprochen, daß alles, was in der geistlichen und weltlichen selbst gesetzlich festgestellten Gewalt an die Grenze reiche „die Idee der Attribute Gottes erwecke." Nachdem in Amphipolis dem Brasidas als Befreier der Stadt Enagismen dargebracht worden waren, ist es wenig zu verwundern, daß Philipp aufgebläht von königlichem Stolz vielleicht nicht ohne Ironie über das Volk die Amphipoliten

---

12) Götterl. 2, 138 f.

sich als einem Gott opfern ließ. Widerlich ist es nur daß ihm nach der Schlacht von Chäronea in der Altis zu Olympia ein Philippeion errichtet werden konnte oder mußte, ein Rundbau mit Säulenumgebung mit Statuen von ihm, seinem Vater und Sohn [13]). Der Athenische Schauspieler Neoptolemos wurde gefragt, was er in den Werken von Aeschylus, Sophokles und Euripides vorzüglich bewundere. Er antwortete: er bewundere nichts von dem Allen; wohl aber, was er auf einem größeren Theater gesehen habe, wie Philippos bei der Hochzeit der Tochter Kleopatra mit den zwölf Göttern in Procession herumgetragen worden und der dreizehnte Gott geheißen habe, und Tags darauf im Theater ermordet und hingeworfen worden sey [14]). Von den Amphipoliten unterscheiden sich wenigstens die Athener, die den Redner Demades, der auf die Vergötterung des Alexander angetragen hatte, nachdem Pythias dagegen gesprochen, um zehn Talente straften. Daß Alexander bei seinen Lebzeiten unter die Götter versetzt worden, berührt der Redner Dinarch (or. in Dem. p. 102 Reisk.) und die Komödie Dionysalexandros von Kratinos würde viel Licht geben über den durch den Indischen Krieg Alexanders erregten Schwindel des Zeitalters.

Wir sehen, daß außer dem Triebe den größten Mann seiner Stadt aus dankbarer und begeisterter Verehrung oder den Gründer der Stadt, dieß wohl nicht ohne Selbstsucht und Stolz als einen Gott zu verehren, auch die durch die Kriegsmacht oder Eroberung oder Gefahr des äußersten Verderbens veranlaßte Furcht oder schmeichlerische Rücksichten Ursache geworden sind Sterbliche als Götter zu verehren. Das früheste Beispiel hiervon gibt die Zeit des gewaltigen Lysander, welchem Sparta im Jahre 407 v. Chr. nach den Siegen der Athenischen Flotte unter Alkibiades die Peloponnesische Flotte zuerst übergab, welchen Plutarch vielvermögender als irgend

---

13) Paus. 5, 20, 5.   14) Stob. Florileg. Tit. 96 p. 534.

einen Hellenen seiner Zeit nennt, welchen der jüngere Chörilos, der berühmte Antimachos von Kolophon, auch ein Antilochos und Nikeratos besungen hatten. Ihm pflegten die Samier, wie Duris in den Annalen der Samier erzählte, einen wahren Päan zu singen mit dem Schluß: *ἰὼ Παιάν* [15]), ihm zu Ehren nannten sie nach Volksbeschluß ihr größtes Fest, wie nachmals die Athener ihre Dionysien Demetria, ihre Heräen Lysandria wobei es doch auch an Zusätzen und Veränderungen der Cäremonien nicht wohl ganz fehlen konnte, was Plutarch ohne Zweifel ebenso aus Duris anführt wie daß ihm zuerst viele Städte (Kleinasiens) Altäre errichteten und wie einem Gotte opferten (Lys. c. 18). Es versteht sich von selbst, daß die Städte mit klarem Bewußtseyn Komödie aufführten, wie freilich auch bei den historischen Personen zugesprochenen Heroenehren, die aber Machthaber wie Lysander und viele andere sich als höchste Ehre gern gefallen ließen. Eine Ausnahme ist der edle Agesilaos auch darin daß er ablehnte sich auch nur Statuen oder gemalte Bildnisse, die damals leicht als Götterbilder genommen werden konnten, in Städten Kleinasiens weihen zu lassen [16]), mit Verachtung der übertriebenen Ehrenerweisungen seiner Zeit.

Ueberraschen kann es nach dem Vorgang der Samier nicht, daß ein Jahrhundert später die Athener dem Demetrios Poliorketes, der sie von der zehnjährigen Makedonischen Statthalterschaft befreit hatte, die ausschweifendsten Huldigungen bezeigten und ihm bei seiner vier Jahre späteren Wiedereinnahme der Stadt den Opisthodomos des Parthenon zur Wohnung gaben und ihn nebst Antigonos als *θεοὶ σωτῆρες* erklärten. Alle Grade der Mysterien von Eleusis durfte er im Frühjahr nachher mit Verletzung der heiligen Ordnungen auf

---

[15]) Athen. 15, p. 696 e.   [16]) Plut. in den Lakonischen Apophthegmen. Dem Lysander war eine Statue in Olympia errichtet Paus. 6, 3, 6.

einmal annehmen, als deren Theilnehmer ja auch die Dioskuren und Herakles genannt wurden. Auch mehreren seiner Schmeichler, wie sie Athenäus nennt, beschlossen die Athener Altäre, Heroa und Libationen [17]), und seiner Gemalin Phila als Aphrodite wurde ein Tempel unter dem Namen Philäon errichtet, am heiligen Wege im Gebiete von Thria, wo man in den kleinen Nischen am Felsen noch heute Weihinschriften an der Felswand liest und Tauben in gebrannter Erde gefunden worden sind [18]). Auch seine Geliebten Lamia und Leäna erhielten den Namen Aphrodite [19]). Auch die Sikyonier beschlossen dem Demetrios göttliche Ehren [20]). Seit Demetrios Poliorketes wurde mit göttlichen Ehren gespielt, um die Machthaber zu gewinnen, wie schon lange vorher mit den heroischen zu Ehren der eigenen Stadt und zur Vermehrung der festlichen Schmäuse.

Auch von Römischen Machthabern, die mit ähnlicher Ueberschwenglichkeit gefeiert wurden, sind Beispiele bekannt genug, vorzüglich die des T. Qu. Flamininus in Chalkis, welche Plutarch in seinem Leben beschreibt (16): auch hier eigentliche Päane. Die Kumäer beschließen in einer Inschrift bei Capplus (2 Taf. 56) den Labeo zum $\kappa\tau i\sigma\tau\alpha\varsigma$ $\kappa\alpha i$ $\varepsilon\upsilon\varepsilon\rho\gamma\varepsilon\tau\alpha\varsigma$ zu ernennen, einen Tempel und alle das Menschliche überschreitende Ehren lehnte er ab. Theophanes von Mitylene, der seiner Vaterstadt von Pompejus, den er besungen hatte, die Freiheit erwirkte, erhielt dafür göttliche Ehren [21]). Nicht klar scheint, wie manche Personen gewidmete Feste sich zu den göttlichen Ehren verhalten, wie in Ephesos die Lucullea nach dem erfreulichen Bericht des Plutarch in dessen Leben (c. 23) und in Kyzikos, wo sie aus Dankbarkeit für die Befreiung von

---

17) Athen. 6. p. 253 a.   18) Boeckh zu C. J. n. 507—9.
19) Athen. 4, 128 b. 13, 577. b. c.   20) Diod. 20, 102.
21) Tacit. Annal. 6, 18. Eine Inschrift, worin er mit Pompejus und Potamon verbunden ist, fand Ch. Newton.

der Belagerung des Mithridates eingesetzt wurden nach Appian im Mithridatischen Kriege oder die Marcellea in Syrakus, die Verres aufhob und dafür die Verrea einsetzte [23]). Dem Qu. Mucius Scävola setzte die Provinz Asia ein Fest ein und diese Mucia hob Mithridates nicht auf [25]).

Alles Bisherige ist rein Griechisch und zusammenhängend in rein Griechischer Entwicklung. Wenn daher auch ein noch älteres Beispiel davon daß Menschen Götter geworden in den Vedischen Ribhu gefunden wird, die unter die Deva übergehen [24]), so steht dieß mit den Griechischen Apotheosen außer aller Verbindung. Jene wurden zum Lohn ihrer Aufrichtigkeit in ihren Gebeten und ihrer Liebe zur Gerechtigkeit, indem sie nach den Hymnen wesentlich als Helden des Gottesdienstes und der Liebe erscheinen, besonders aber ihrer Kunstfertigkeit unter die Unsterblichen aufgenommen, so daß ihnen während des Jahres Opfer dargebracht wurden. Diese Indische Idee entspricht also der Griechischen von den halbgöttlichen Heroen hinsichtlich der Begeisterung für die Vollkommenheit, deren die menschliche Natur fähig sey, und wenn das Griechische Dogma sich auf die halbe Göttlichkeit vorerst beschränkte, mit Ausnahme des einen Herakles, so erklärt sich dieß selbst ohne daß man auf die Eigenthümlichkeit des Indischen Geistes Rücksicht nimmt, aus der mehr geistigen als heroischen Natur der Ribhu.

Eine neue Periode beginnt mit der Griechischen Vergötterung der Mächtigen und obersten Kriegsherrn durch Alexander und die Ptolemäer. Zwar möchte ich nicht behaupten, daß diese Epoche einer fremden Einmischung in die Griechische Menschenvergötterung schon mit dem Zug Alexanders zu dem Orakel des Ammon in der Libyschen Wüste ihren Anfang genommen habe. Dieses wunderbare Unternehmen gibt den besten Be-

---

23) Cic. in Verr. 2.   24) Cic. in Verr. 3.   25) E. Nève, Essai sur le mythe des Ribhavas, premier vestige de l'apothéose dans le Véda 1847.

weis, wie fest und schwungvoll sein Vorsatz war die ganze Welt zu erobern. Wichtig genug war ihm nach den herrschenden Vorstellungen auch noch dieser Zeit der Ausspruch des als wahrhaft angesehenen Orakels und gewissermaßen als Bürgschaft für diese Verkündigung diente es wenn das Orakel ihn für einen Sohn des Gottes Ammon erklärte. Diese Erklärung von dem Oberpriester des Ammon, als dessen oder der Sonne Söhne ja die Aegyptischen Könige galten, nach seinen bisherigen Erfolgen, zunächst in Aegypten, in aller Form zu erhalten, konnte nach den vorhergängigen Unterhandlungen, die auch erwähnt werden, nicht schwer fallen. Alexander führte den Perseus und Herakles, die er seine Vorfahren nannte, als Söhne des Zeus an, und da er ein noch größeres Werk als die ihrigen, die Eroberung der Weltherrschaft, auszuführen gelobte und das Orakel ihm dieß zusagte, so mochte seine Abstammung von dem Gott Ammon, die nur auf die Meinung wirkte, fürerst von der Menge nur als eine seiner Stellung und Begeisterung angemessene Ehre angesehen werden. Die Sage bei Justin, daß seine Mutter Olympias als seinen Vater statt des Philippus eine große Schlange angegeben habe und von diesem daher verstoßen worden sey, scheint nur darum eingemischt zu seyn um die Frage an Ammon über seinen Vater von dem Vorwurf eines ungeheuern Hochmuths zu befreien [26]).

Ganz anders erscheint Alexander, nachdem die Siege ihn trunken gemacht und die Persischen Hofsitten die höchste Excentricität und in einzelnen Fällen die größte Entartung in ihm hervorgebracht hatten. Die Scene des Antrags von dem Sophisten Anararchos die Proskynese oder Anbetung des lebenden zu beschließen, welchem Kallisthenes mit Verläugnung aller höfischen Rücksichten und mit Beziehung auf Aristoteles entgegenredete und die, welche darauf folgte, ist in der Erzählung Arrians, welcher sich wiederholt auf Aristobulos beruft, und

---

26) Arrian. 3, 3. Diodor. 17, 51. Curt. 4, 32. Justin. 9, 11.

giebt sehr guten Aufschluß über den damaligen Seelenzustand Alexanders (4, 10, 11)[27]). Die Makedonier, welche das freieste, freisinnigste Volk genannt werden, schwiegen; die Persische Umgebung jauchzte dem Vorschlag zu. Die Makedonier sahen auch nach Arrian als Ursache seines frühen Todes den Umstand an, daß er über seinen Thronsaal einen Uraniskos, Nachbild einer Tempeldecke, ausspannen ließ (8, 11. 23). Kyros, des Kambyses Sohn soll der erste gewesen seyn, dem die seitdem übliche Proskynese erwiesen wurde. Dem Hephästion ließ Alexander das ganze Heer opfern mit Berufung auf ein Ammonisches Orakel [28]).

Die Verirrungen Alexanders sind es indessen nicht, die als der Grund einer so tief eingreifenden, so weit reichenden und so dauerhaften Erscheinung, als die abgöttische Königsverehrung in Aegypten angesehen werden dürfen. Dieser liegt vielmehr, wie viel auch durch die Entartung der Griechen seit dem Verluste der Freiheit und vorher schon durch Sinken der Denkart und des Ernstes in Sachen der Religion vorbereitet gewesen seyn mag, in dem Verhältniß der Ptolemäer zu Aegypten. Gerade in Alexandria, wo die ersten Griechischen Könige durch so viele Eigenschaften ausgezeichnet waren, wo die Poesie und Kunst eine so reiche Nachblüthe erfuhr, die Wissenschaften aber einen so kräftigen Aufschwung nahmen, daß man fragen kann, ob der Griechische Geist in dieser Lebensperiode der Nation sich nicht von dieser Seite der älteren ganz würdig erwiesen habe [29]), sollte ein Irrwahn, ein Staatswesen aufkommen und sich befestigen, das der Freiheit und

---

27) St. Croix Historiens d'Alexandre p. 520. 366. Ueber Herakles behauptet Kallisthenes nach Arrian (4, 11, 7), daß er erst nach dem Ausspruche des Delphischen Orakels vergöttert worden sey; dieß aber wohl nach eigener Voraussetzung, da über Hesiodus hinaus schwerlich eine ganz verschiedene Sage reichte. 28) Diod. 17, 115. 29) Einsichtsvoll und gründlicher als von irgend einem Anderen vorlängst nachgewiesen in einer Abhandlung der Petersburger Akademie von v. Bähr.

Vernunft der besseren Vorzeit Hohn spricht. Diese Entwicklung entspringt als im Allgemeinen fast unvermeidliche Folge aus der Natur des Landes und der Verschlingung starker geschichtlicher Fäden. Man muß sich vergegenwärtigen, in welchem Grade die Pharaonen sich als Götter auf Erden gehalten und den wirklichen Göttern gleich und nahe gestellt hatten, zwischen denen und ihnen nicht einmal der sehr ansehnliche Priesterstand, ihre Dienerschaft, die Vermittlung bildete. Einen guten Ueberblick gibt Max Duncker in seiner Geschichte des Alterthums (1, 75—80). Die Könige erhielten von den Priestern einen Namen neben ihrem eigentlichen, durch den sie als Götter bezeichnet wurden [30]. Die Aufgabe der Ptolemäer, zwei so alte und bedeutende Völker mit einander in einem Staate zu verschmelzen war die außerordentlichste, ihre Politik mußte gewaltig, kühn und durchgreifend seyn, verbunden mit aller Feinheit und Geschicklichkeit almälig und auf indirekte Weise zu wirken. Wir sehen diese Politik in dem Streben die Götter beider Völker auf halbem Wege einander näher zu führen, wovon die Einholung des Serapis vom Pontos her das greiflichste Beispiel ist. Ist es zu verwundern, daß sie die allgemein herrschende, tief eingeprägte Vorstellung von dem Recht und der Macht eines Königs, um das Land ruhig beherrschen zu können, von den besiegten Pharaonen auf sich herübernahmen? Die Nothwendigkeit im Allgemeinen kann zugestanden werden ohne daß im Einzelnen die historische und moralische Beurtheilung ausgeschlossen wird, was die Ausführung, Stufen und Arten und besonders die Würdigung der verschiedenen Regenten und ihrer Umgebung in diesem besonderen Bezuge betrifft. Vorerst ist selbst das Aeußere dieses Griechischen Königscultus im ganzen Zusammenhang noch nicht untersucht, obgleich Letronne in Inscriptions de l'Egypte Tome I sehr viele Punkte gelehrt genug erläutert hat. Der erste staats-

---

30) Niebuhr Allgemeine Geschichte 3, 347.

kluge Ptolemäus erklärte sich als Abkömmling Alexanders, des Stifters des Reiches, und demnach als göttlichen Ursprungs, und von ihm ging das System einer milden und den Aegyptern einen gewissen Grad von Autonomie gestattenden Beherrschung des eigenthümlichen und am Alten haftenden Volks aus. Die Lagiden bauten, was zu entdecken Letronne's großes Verdienst war, so wie auch nachher die Römer, die von den Aegyptern angefangenen Tempel aus und neue derselben Art für die Aegyptischen Götter. Aber daneben war die schon von dem weisen Sohn des Lagos eingeleitete Vergleichung und Annäherung beider Religionen im Kreise der Gelehrten und Priester auf beiden Seiten gar wohl möglich. Die Pharaonen waren Götter; wären fortdauernd die Lagiden anderer Natur gewesen, so konnte dadurch, trotz aller militärischen Einrichtungen des Staats eine nicht ungefährliche Geringschätzung und Widerspenstigkeit gegen die jetzigen Herrscher auf Seiten der Volksmassen früher oder später entstehen. Die Ptolemäer und die Römischen Kaiser werden in den Inschriften der Tempel ähnlich benannt und gefeiert wie die alten Pharaonen. Den Lagiden aber mochte es, nachdem sie des neuen Königreichs recht gewohnt geworden waren, nicht allzuschwer fallen den so alten Namen und Cultus der Pharaonen, die sie zu Göttern erhoben, sich als ihre Nachfolger auch gefallen zu lassen. Das Priesterthum der Könige, so wie aller Griechischen Götter, wurde natürlich nur von Griechen verwaltet und es liegen sowohl in ihm selbst als Stand wie in seinen Verhältnissen zum Hof Gründe genug zu dem Argwohn, daß von dieser Seite, noch ehe dieser ganze Cultus der Zeit bedurfte um sich in den Vorstellungen der Griechen selbst nach so vielen vorausgegangenen Schwindeleien und Unwürdigkeiten auszubilden und festzusetzen, die Politik der Könige kräftig und emsig unterstützt worden ist. Daß Euergetes, der dritte Ptolemäus, sich noch nicht Gott genannt zu haben scheine, bemerkt Böckh bei einer Kyprischen Inschrift, worin allerdings ein Erzpriester der Stadt und der Künstler des Dionysos und der Götter Euergetes vorkommt (n. 2620). Daß ein Architekt schon den Soter bei Lebzeiten θεός genannt hat [31]) wohl willkürlich und mit persönlicher Huldigung, kann man ansehen als ein Vorspiel, als eine unter den Griechen verbreitete, sehr begreifliche Ahnung daß von der neuen Dynastie der Rang und Glanz der Könige bald genug werde in Anspruch genommen werden. Philadelphos aber baute nach Theokrit seinem Vater und seiner Mutter Berenike Tempel, stellte sie darin auf in Gold und Elfenbein als Helfer für alle Menschen mit reichlichen Stieropfern (17, 123—130) und der Dichter des überschwenglichen Preisgedichts zieht sich verschämt zurück, indem er in dem den alten Hymnen nachgeahmten Schluß noch anderer Halbgötter zu gedenken verspricht (136). Nie hat ein so beliebter Dichter einem Hof sich kläglicher hingegeben. Aber ist nicht auch hierin schon die gewissermaßen von dem Aegypterreich aufgedrungene, für Hellenische Monarchen selbst dieser Zeit, zumal bei so großem Verstand und Bildung sonst kaum erklärbare Erscheinung zu erklären? Würdig des von den Aegyptern erborgten Cultus ist die in Hellenischem Sinn im Eingang gefeierte Aufnahme des Soter in den Olymp, wodurch der fremdartige Cult des Aelternpaars mit Hellenischer Fabel als Grundlage zusammenhängt. Seiner Schwestergemalin Arsinoe hatte Philadelphus von dem berühmten Dinokrates einen Tempel erbauen lassen [32]). In Theokrits Adoniazusen, die der Gemal der Berenike veranstaltete, hat Kypris, wie die Sage der Menschen (ἀνθρώπων ὡς μῦθος), ihr die Unsterblichkeit verliehen (15,106). In dem Tempel zu Philä, dessen Herstellung Philadelphos großartig betrieb, waren auch mehrmals sein Bild und das der Arsinoe (Aegyptisch Arsn

---

31) Eckhel D. N. T. 4. p. 9. 32) Plin. 34, 14. 36, 9 vgl. 37, 8. Posidipp in Brunck's Analekten 2, 51 n. 21.

geschrieben) angebracht, so wie auch auf den Außenwänden des Tempels von Edfu, unter Epiphanes, seinem dritten Nachfolger. Uebrigens hatte Philadelphos auch seiner Geliebten als Aphrodite Blistiche mehrere Tempel errichtet [33]), was an den der Aphrodite Phile des Demetrios bei Athen erinnert.

Der oberste unter diesen Königsgöttern war Alexander, als dessen Sohn der erste Ptolemäus sich geltend zu machen erfinderisch und glücklich genug gewesen war. Daher die Ausbreitung des Cultus Alexanders und die Menge seiner Tempel nicht in Verwunderung setzen kann. Schon ein Schriftsteller des Alterthums, Jason, hatte geschrieben περὶ τῶν Ἀλεξάνδρου ἱερῶν [34]). Der ἱερεὺς Ἀλεξάνδρου war zugleich Staatssekretär (Epistolograph); der in Alexandria seßhafte Priester des Ptolemäus war, was religiöse Acte betraf, der Primas sämmtlicher Aegyptischer Priester [35]). Nach einigen wurde Alexander zu den zwölf Göttern gezählt und ihm Tempel gebaut, wie Lucian sagt (Mort. dial. 10, 13). Besonders verehrten den Alexander auch die römischen Kaiser. Die Titulatur eines Priesters der Griechisch-Aegyptischen Könige will ich hierher setzen aus einer Papyrusurkunde vom Jahre 104 v. Chr., welche Böckh in den Schriften der Berliner Akademie schon im Jahre 1821 herausgegeben hat — ἐφ' ἱερέως τοῦ ὄντος ἐν Ἀλεξανδρείᾳ Ἀλεξάνδρου καὶ θεῶν Σωτήρων καὶ θεῶν Ἀδελφῶν καὶ θεῶν Εὐεργετῶν καὶ θεῶν Φιλοπατόρων καὶ θεῶν Ἐπιφανῶν καὶ θεοῦ Φιλομήτορος καὶ θεοῦ Εὐπάτορος κτλ. Die Pluralform geht die nächsten Angehörigen der Soter, Philadelphos u. s. w. an. In der Inschrift von Ombos stehen Ptolemäus und Kleopatra als θεοὶ μέγιστοι voran, erst nach ihnen ein eigentlicher θεὸς μέγιστος.

---

33) Plut. Amat. 9. Clem. Alex. Protr. p. 42. Athen. 13, c. 37.
34) Eckhel über die Tempel und Feste Alexanders D. N. 4, 433.
35) Inscr. de l'Egypte p. 270—280.

In den anderen aus dem großen Reich Alexanders hervorgegangenen Staaten, in denen keine Pharaonen vorangegangen waren, ist Einfluß des neuen Aegyptischen Staatssystems oder Nachahmung kaum zu bemerken. Was einigermaßen Aehnliches in Namen und Bräuchen vorkommt, schließt sich sichtbar genug an Vorgänge unter den Hellenen selbst an. Wenn der Achäische Bund mit Aratos als Strategen an der Spitze, dem Antigonos von Makedonien, einem gefährlichen Verbündeten, Processionen, Opfer und Wettkämpfe feierte, die Mitbürger des Aratos voran [36]), so kann uns nicht auffallen, was die Königsgeschichte von Syrien und Pergamos ähnlicher Art darbietet. Erfreulich ist das Psephisma der Sigeer wonach die Sigeer für Antiochos I Soter feierliche Gebete anstellen zu vielen Göttern. Priester und Priesterinnen sollen beten sammt den Priestern des Königs zu dem Apollon, dem Archegetes seines Geschlechts, zur Nike, zum Zeus und allen Göttern und Göttinnen. Eine Reiterstatue soll ihm errichtet werden im Tempel der Athene (ein Priester des Königs wird auch in Pergamos genannt zur Zeitbestimmung neben dem Agonotheten in dem Dekret zu Ehren des Kraton, des Stifters des Attaleion) [37]). In einem Bündniß der Smyrnäer und Magneter ist $\vartheta\varepsilon\delta\varsigma$ Ἀντίοχος und $\vartheta\varepsilon\grave{\alpha}$ Στρατονίκη [38]). Schon Lykurg wird vom delphischen Orakel $\vartheta\varepsilon\delta\varsigma$ genannt. Antiochos II wurde von den Milesiern $\vartheta\varepsilon\delta\varsigma$ genannt, weil er sie von dem Tyrannen Timarchus befreit hatte [39]) und in den Milesischen Inschriften, wonach Seleukos Kallinikos, der Sohn des Antiochos ihnen Salben und Gefäße geschickt hatte um sie für ihn und sein Heil anzuwenden, sind $\vartheta\varepsilon o\grave{\iota}$ σωτῆρες genannt. Antiochos IV $\vartheta\varepsilon\grave{o}\varsigma$ ἐπιφανής [40]). Antiochos VI $\vartheta\varepsilon\delta\varsigma$ und

---

36) Plut. Arat. c. 45.   37) Osann Sylloge Inscript. S. 232.
38) Marm. Oxon. p. 1. Prid. cf. p. 23. C. O. Müller Antioch. p. 50.   39) Appian Syr. 65.   40) Joseph. Antiq. Jud. 12, 5, 5.

auf Münzen *Ἐπιφανὴς Διόνυσος* ⁴¹). Antiochos XII hatte den Beinamen *Διόνυσος* ⁴²) den populärsten aller Götternamen, nämlich *νέος Διόνυσος*, wie daher nicht wenige Könige genannt worden sind ⁴³). Auch der ehrenwerthe Eumenes I in Pergamos wird *Θεός* genannt und geopfert wird ihm nach einer Inschrift bei Chishull und einer anderen, wovon Peyssonel Abschrift an die Akademie zu Paris einsandte ⁴⁴). Der berühmte Theaterunternehmer Kraton stiftete in Pergamos einen Attalostempel ⁴⁵). Ihrer Mutter Apollonias erbauten die mit Kleobis und Biton verglichenen Brüder Attalos und Eumenes im Jahre 156 v. Chr. in Kyzikos einen Tempel, von dem wir die schönen Epigramme zu den Stylopinakien daran noch mit Vergnügen lesen ⁴⁶). Auch Mithridates der sechste dieses Namens, der König des Pontischen Reiches, Eupator heißt *μέγας, νέος Διόνυσος* an der Capitolinischen Vase ⁴⁷). Athenion, der sich zum Tyrannen von Athen aufgeworfen hatte und von Sulla im Jahre 87 v. Chr. belagert wurde, sagt von ihm in einer Rede an die Athener, daß er als Abgesandter an ihn die ganze Stadt des Eupator getroffen habe unter übermenschlichen Ehren den „König=Gott anrufen — den Dionysos" ⁴⁸).

Auch nach Rom verpflanzte sich nach dem Untergang der Freiheit die Griechische Machtvergötterung, ganz natürlich, so sehr war seit langer Zeit Italien von Griechischer Bildung und Sitte durchdrungen und so sehr insbesondere die Religion

---

41) Joseph. Antiq Jud. 13, 7, 1. Eckhel D. N. 3, 231.
42) Jos. Ant. Jud. 13, 15, 1. Nicol. Dam. ὁ παρὰ τοῖς Ἕλλησι θεὸς λεγόμενος. Photii Bibliotheca Cod. 53 θεὸν αὐτὸν ἐπίκλην ὠνόμαζον.
43) Letronne in der Revue de philologie 1, 166 ff.   44) Wegener De aula Attalica p. 39 not.   45) Meine Griech. Tragöd. S. 1306.   46) Fr. Jacobs Animadv. in epigrammata Antholog. Graec. vol. 3. P. 3, p. 620—639.   47) C. Inscr. Gr. n. 2278.
48) Posidonius bei Athen. 5 p. 213 b. 212 d. Cic. pro L. Flacco 25. Plut. Symp. 1, 6.

der alten Landesgötter von der der Griechischen abhängig geworden.

Julius Cäsar war durch seine Abstammung von Julus oder dem Geschlechte der Julier, das durch eine Reihe der achtbarsten Staatsbeamten ausgezeichnet war, gleichsam vorbestimmt zu mythischer Erhebung; denn Julius, der Albanische Indiges, war gleichbedeutend geworden mit Askanius, dem Sohne des Aeneas, des Sohnes der Aphrodite und Aeneaden wurden nach alter Tradition poetisch die Römer genannt. Auf die Abstammung der Julier von der Venus wies Cäsar selbst hin in der Leichenrede auf seine Muhme Julia und seine Gemalin Cornelia, wobei er von der Heiligkeit der Könige sprach und daß sie in der Gewalt der Götter seyen [49]. Bei dem alle früheren überglänzenden Triumphe erhielt Cäsar den Namen Halbgott [50] und erbaute den Tempel der Aphrodite, welchen er als den der Urheberin seines Geschlechtes einweihte [51]. Dieses gab Anlaß zu einer plastisch wohlgelungenen Gestaltung der Venus Genetrix, die uns in mehreren Wiederholungen erhalten ist. Schon im folgenden Jahre, nach dem Siege bei Munda, sollte Cäsars Statue mit denen der Götter bei den Circus-Spielen auf einem Prachtwagen aufgeführt werden, was an den Makedonischen Philipp als dreizehnten Gott in einer Procession erinnert, und eine andere Bildsäule von ihm mit der Inschrift: dem unüberwindlichen Gotte — wurde für den Tempel des Quirinus bestimmt [52]. In einer Griechischen Inschrift von Karthäa nennt der Demos nach diesem Beschluß in Rom den C. Julius Cäsar Gott, den Retter der Welt und seinen Wohlthäter [53], während in einer vorherge-

---

[49] Sueton. Jul. Caes. 6.   [50] Dio Cass. 43, 14. 21.
[51] Dio Cass. ib. 22.   [52] Dio Cass. 43, 45. Sueton. 76. Cic. ad Att. 12, 45, 3. 47, 3. 13, 28, 3; was Appian bei der ziemlich flüchtigen Schilderung des großen Triumphes sagt, Bell. Civ. 2, 106: νεὼς ἐψηφίσαντο πολλοὺς αὐτῷ γενέσθαι καθάπερ θεῷ, scheint ganz unhistorisch zu seyn   [53] C. J. Graec. n. 2360.

henben Θεός noch fehlt, welchen aber auch ein Ephesischer Städteverein feiert (n. 2957). Nach der Ermordung des Cäsar in der Curia wurde er, wie Sueton sagt, in die Zahl der Götter gezogen, wie er beifügt, nicht bloß durch den Mund und die Beehrung der Beschließenden, sondern auch durch die Ueberzeugung des Volkes (Jul. Caes. 88). Die Ueberzeugung des Volks hat hier mehr Glaublichkeit als wenn sie vielleicht bei Kyros selbst bezeugt würde. Die dem Ocean gleich die Idee des Unendlichen weckende Vorstellung von der Größe, der Macht und den Thaten des Cäsar wurde unter den Gebildeteren noch durch den wunderbaren Verein der höchsten Fähigkeiten und Eigenschaften gehoben. Besonders aber mußte die nach der Erzählung des Livius so bedeutende Sage von dem Aufschwung des Romulus in den Himmel, welchem den Cäsar als Stifter der neuen Römerherrschaft zu vergleichen Anlaß genug gegeben war, bei dem Volke große Wirkung thun und um die Erneuerung des Wunders zu beglaubigen, wurde hinzugesetzt, daß während sieben Tagen unter den von Octavian veranstalteten Spielen gegen die eilfte Stunde ein Stern aufgegangen sey, welcher den in den Himmel aufgestiegenen Geist des Cäsar verkündigte, und dieses Gerücht machte so großes Aufsehen, daß z. B. Virgil in der neunten Idylle es zu benutzen nicht verschmähte. Octavian selbst, der zwar den Gedanken des Sterns bestätigte, indem er der Statue, die er ihm auf dem Capitol errichtete, einen goldenen Stern auf den Kopf setzen ließ, gab der Basis die Inschrift: dem Cäsar, dem Halbgotte. So sagt Servius mit dem Bemerken, daß dieses Augustus in dem zweiten Buch von seinem Leben selbst gesagt habe (ad Virgil. Bucol. 9, 47). Auch Cassius Dio, wo er die damals in Rom angestellten Feierlichkeiten schildert, nennt ein anderes schwer verständliches Bild Cäsars „mit der Inschrift daß er Halbgott sey" (43, 14) und Octavian schreibt nachher den Städten Ephesos und

Nikäa vor ein Temenos zu weihen der Roma und seinem Vater Cäsar, welchen er Heros Julius nannte (51, 20).

Nach solchen Anfängen und nach dem Verlauf der Alleinherrschaft und den Regierungsgrundsätzen des Octavianus bildete sich sehr natürlich in Rom und im Römischen Reich eine Kaiserreligion aus, nicht weniger fest und wesentlich für das Reich als die der Pharaonen und Ptolemäer für Aegypten. Es ist keine Spur sichtbar, daß die letztere zur Begründung oder zu irgend einer Zeit zur Befestigung der ersten in Betracht gezogen worden wäre, wie groß auch der Einfluß von Alexandria auf Rom, besonders seit den Zeiten des Augustus, in Poesie und Wissenschaft gewesen ist. Mit dem Griechischen Vorgang, Geist und Verderben ausschließend hängt Alles zusammen, was uns in dieser Beziehung die Geschichte überliefert; denn daß man auch den Genius, die Laren des Augustus verehrte, ist eine sehr unbedeutende Einmischung Römischer Ideen, ähnlich einer Periphrasis oder einer Variation, wie daß Tugenden eines Kaisers verehrt wurden, wie nach Cicero schon die seines Bruders in Asiatischen Städten. Durchaus im Charakter des Augustus ist die Mäßigung und Zurückhaltung, die er in Bezug auf die ihm zu erweisenden göttlichen Ehren bewies, recht im Gegensatz mit Antonius, der nach der Schlacht von Pharsalos den Abkömmling des Herakles und den neuen Dionysos spielte. Suetonius schreibt in dieser Hinsicht über Augustus: „Tempel, obgleich er wußte, daß sie auch den Proconsuln in den Provinzen zuerkannt zu werden pflegten, nahm er doch in keiner Provinz anders an, als in Verbindung seines Namens und dem der Roma; denn in der Hauptstadt enthielt er sich dieser Ehre auf das hartnäckigste; und auch die ihm ehemals gesetzten silbernen Statuen schmolz er alle ein und weihte aus ihnen dem Palatinischen Apollon goldene Dreifüße" (c. 52). Der Gedanke, die Errichtung von Tempeln der Roma zu gestatten, welcher er dann als ihr Oberhaupt zur Seite stand, ist Nachahmung des Griechischen Gebrauchs dem Demos einer Stadt Altäre zu weihen, wie z. B. dem der Athener ⁵⁴). Wie verbreitet und mächtig seit Cäsars Tod die Meinung geworden war, daß der vom Glück Erwählte, ein Geist, der ein so großes Reich, daß es eine eigene Welt auszumachen schien, zusammen zu halten fähig gewesen, nicht zu den gemeinen Todten, sondern zu den Unsterblichen, übergehen müsse, nachdem durch religiöse Phantasterei und schmeichlerische Heuchelei diese Weltansicht so lange Zeit vorbereitet gewesen war, zeigt sich auch an Birgil und Horaz. Zwei Dichter von so edler Natur, von so großer und tiefer unter sich sehr verschiedener Geistesbildung, konnten es für angemessen halten in den herrschenden Ton in dieser Hinsicht mit einzustimmen. Virgil nimmt davon Anlaß zu einer großen mythologischen Episode (Georg. 1, 24 ss.); Horaz prophezeit sehr poetisch, daß Augustus (d. i. Σεβαστός) zwischen Pollur und Hercules, vergötterten Heroen, ruhend an der Göttertafel Nektar trinken werde (3, 3, 11). Nach Octavians Tode beschloß der Senat, der schon bei seiner Rückkehr von dem entscheidenden Sieg seinen Namen unter die der Götter in den religiösen Gesängen hatte eintragen lassen ⁵⁵), ihm Tempel zu errichten, setzte ihm ein Priestercollegium ein und als dessen Oberpriesterin die Livia ⁵⁶) und der Senator Numerius Attikus schwur, daß er mit seinen Augen den Geist des Augustus habe zum Himmel aufsteigen gesehen. Fortan heißt in den Inschriften

---

54) Götterl. 3, 224 f. Sestos und andere Städte beschließen den Athenern eine goldene Krone und Altäre in einem Psephisma bei Demosthenes de corona. Ein Priester der Göttin Rhodos hatte den Vorsitz bei den üppigen Festen des Serapis am Orte. Verzeichniß der dem Augustus und der Roma in allen Theilen des Römischen Reiches errichteten Tempel Wiener Jahrb. 1823 I, 162 f. Augusts Vorschrift, daß ihm nur in Verbindung mit der Roma geopfert würde, wurde überschritten, O. Jahn Spec. epigr. p. 5.   55) Dio 51, 20.   56) Dio 56, 46. Tacit. Ann. 1, 11. Vell. 2, 124.

der verstorbene Kaiser immer θεός, neben dem der lebende ohne dieß Prädikat steht ⁵⁷).

Indem die Imperatoren seitdem eine so große Stelle in dem öffentlichen Gottesdienst, also auch in Griechenland und Kleinasien, und hier ganz besonders nach der Art der Griechen und der Menge reicher und blühender Städte im Osten und der Ansehnlichkeit mancher in Hellas, wie Athen und Korinth, einnahmen, macht die Geschichte dieses Cultus in diesem Theile des Reichs eigentlich den Schluß einer Griechischen Götterlehre aus. Da aber die abgöttische Kaiserverehrung auch einer Römischen Mythologie nicht fehlen darf, so wird es vergönnt seyn hier auf diese, insbesondere auf den letzten Artikel der Prellerschen: über die Kaiserreligion zu verweisen, und Freunde werden dem Verfasser vielleicht Glück dazu wünschen, wenn er so diesen Gegenstand als Schluß seines Werks übergehen darf. Indessen wolle man sich hüten nach diesem Ausgang und großen Volkswahn Natur und Lebenskraft des Griechischen Heidenthums überhaupt zu beurtheilen: dem Ableben war es ja bestimmt. So empörend oder so stupid ist übrigens die Kaiserreligion nicht, als in christlichen Jahrhunderten der Aberglaube oder die servile Heuchelei war und ist, zu bekennen daß das Königthum von Gottes Gnaden göttliche Vollmacht, erhaben über alles menschliche Gesetz und Recht, „die höchste Majestät auf Erden" mit sich bringe. Doch die Religion, welche auf das Judenthum und Griechenthum folgte, hat nach ihrer höheren, göttlich = menschlichen, geistigen Natur die Kraft die größten Uebel, als Krankheiten der Entwicklung oder klimatische oder kosmisch = jahreszeitliche zu überwinden und alle Angriffe von Außen und weltliche Verwicklungen zu bestehen, um in langsamem Wachsthum zu einer immer kräftigeren und schöneren Gestalt heranzureifen.

---

57) C. J. Gr. 2, n. 3522. 3528. 3743. 3745. 3802. Anders n. 3604. Einmal n. 2442 wird Tiberius lebend θεός genannt, der nicht einmal nach seinem Tode unter die Götter erhoben wurde.

Register.

Abaris 3, 280.
Abas 1, 449.
Abend- und Morgenstern 1, 606—8.
Aberglaube, religiöser 2, 127 — 146.
Achäa 1, 358—361.
— Gephyräa 1, 360.
— δεκάμαζος 1, 360.
Achäer 1, 21.
'Αχαιοί 1, 359.
'Αχελῷος 3, 46.
Acheloos 1, 656. 2, 777. 3, 44—46.
Acheloos Vater der Sirenen 3, 166.
Acheron 1, 803.
Achilleus 1, 805. 821. 2, 260. 3, 252.
Achilleen 3, 252.

'Αδηφαγία 3, 213.
Adler des Zeus 1, 70. 2, 191.
Admetos 2, 482.
Adranos 3, 138—140.
Adrastea 3, 35—40.
Adrastea (Nymphe) 2, 232.
Adrastos 1, 447. 3, 36. 37. 3, 269.
Adrestos von Sikyon 1, 447. 3, 38—40.
Aeda 1, 683—684.
Aeakiden 3, 289.
Aeakos 3, 269.
Aedoos 3, 218—220.
Aegä 1, 635.
Aegäon 1, 288. 3, 156—157.
Aegäon (Berg) 2, 231.
Aegialeus 3, 269. 272.
Aegiden 1, 469.
Aegimios 2, 767.

21*

Aegis der Athena 1. 304.
— des Zeus 1, 167.
Aegle 2, 742.
Aehre 3, 23—24.
Aeneaden, die Römer 3, 312.
Aeneas 2, 709. 3, 258.
Aeoler 1, 734.
Aeolos 1, 708. 3, 68.
Aeolos und Aeoliden 1, 22.
Aeon 3, 213.
Aepytos 3, 268.
Aerztliche Heroen 3, 280—281.
Aeschylus 2, 87. 88—89. 191. 519—520. 3, 279.
Aeschylus' Eumeniden 2, 251 —252. 3, 90—91. 94.
— Prometheus 2, 246—278.
— Schutzflehende 1, 25.
Aether 1, 298.
Aetiologie 1, 98.
Aetna 3, 190.
Affiliation der Götter 1, 492. 637. 2, 43—45.
Agamedes 3, 123.
Agamemnon 3, 254.
Agathe Tyche 3, 210—213.
ἀγαθῇ τύχῃ 2, 806.
Agathodämon 3, 210—213.
ἀγέλαστος πέτρα 2, 479.
'Ἀγεσίλαος, 'Ἀγησίλας 2, 482.

Agesilaos 3, 301.
Aglaia 3, 111.
Aglauros 1, 418. 2, 289. 3, 103.
Aglauros u. Pandrosos 1, 312.
ἄγνωστος θεός 3, 222.
'Ἄγραυλος 3, 103—104.
Agraulos 2, 283.
Agraulische Jungfern 2, 289.
Agreus 3, 124.
Agrionia 1, 443.
Aias der Lokrer 3, 255. 267.
Aias der Telamonide 3, 255.
Αἰγαίων für Helios 1, 407.
Αἴγιον 2, 238.
αἰγίς 1, 68.
Αἴγλη 3, 128.
Ἀΐδες 1, 241. 395—400.
Ἀΐδες ἴφθιμος 1, 397.
— κλυτόπωλος 1, 395.
— πελώριος 1, 397.
— χρυσήνιος 1, 397.
Ἀΐδες Todtenkönig 1, 397.
— Sein Reich 1, 798—805.
Ἀΐδες und Persephone 1, 398 — 400.
Ἀϊδονεύς 1, 397.
αἰδώς und νέμεσις 3, 26. 31.
αἶνος 3, 232.
αἴξ und αἰγίς 1, 167. 2, 231.

Αἰολεῖαι 1, 446.
αἶσα 1, 185. 3, 17.
Ἀλθάλεια 3, 190.
αἰθήρ 1, 299.
Akademos (Hekademos) 3, 265.
Ἄκη 3, 89.
Akesios 2, 739.
Akmon 3, 177.
Akratopotes 3, 284.
Akratos 3, 153.
Aktäon 1, 205.
Alabandos 3, 273.
ἀλάστωρ 3, 96. 98—99.
Alastor 3, 95—99.
Ἀλέαια, Ἀλαῖα 1, 309.
ἀλέη 1, 309.
Aletes 3, 282.
Alexander 3, 300. 303—305. 309.
Alexandria 3, 305.
ἀλιτήριος δαίμων 3, 98. 213.
Alkäos (Herakles) 2, 752.
Alkathoos 3, 269.
Alke 1, 714.
Alkiden 3, 213.
Alkmäon 3, 259.
Alkmene 2, 215. 752. 763. 764. 789. 3, 270.
Allegorie 1, 84—87. 3, 226.
Aloiden 1, 290. 421.

Altar des Zeus 1, 170.
Alter der frühern Menschen 1, 723.
Amaltheia 2, 231.
Amarynthia 2, 680.
Ambryssos 3, 271.
Ἀμμάς 1, 387.
Ammen der Götter 3, 7—9.
Amorine 3, 197—199.
Ampelos 2, 606.
Amphianakten 2, 342.
Amphiaraos 3, 279. 295—296.
Amphidromia 1, 662. 2, 694. 3, 216.
Amphidromos 3, 216.
Amphion 1, 614. 3, 127.
Amphitrite 1, 650. 2, 681—682.
Ἀμφιτρύων 2, 752. 759.
Amyklä 1, 472.
Amymone 2, 683.
Anaideia 3, 219.
Anakalypteria 2, 480.
Anakeion 2, 434.
Anakes, Anaktes 2, 433—435.
Ananke 3, 18.
Andria 3, 232.
Androkrates 3, 270.
ἀνεμοκοῖται 2, 148.
Anesidora 2, 285.
Angelia 3, 230.

῎Ανιος 1, 69. 693. 3, 155.
Annakos 1, 777.
τὸ ἐπὶ Ἀννακοῦ κλαύσειν 1, 774. 777.
ἄνοδος 2, 502.
Antäa 3, 129.
Antäos 3, 216.
Ἀντήλιοι θεοί 3, 214.
Anteros 2, 727. 3, 195—197.
Anthesphoria 2, 480.
Anthesterien 2, 646.
Anthropomorphismus 1, 219.
Antikyra 3, 271.
Anytos 1, 291.
Aöde (Muse) 3, 119.
Aöden 2, 369.
Apate 3, 99—100.
Apelles 3, 230.
Ἀπελλαῖος, Ἀπελλαιών (Monat) 2, 461.
Ἀπέλλων 1, 460.
Apfel der Aphrodite 2, 720.
Aphäa (Britomartis) 1, 598.
ἀφ' ἑστίας ἄρχεσθαι 2, 696. 698.
Aphrodite 1, 239. 666 676. 2, 699—721.
Aphrodite Aedvos 3, 219.
— Aeneias 2, 709. 3, 258.
— Afräa 2, 705.

Aphrodite ἀμβολογήρα 2, 710.
— ἀνοσία, ἀνδροφόνος 2, 712.
— Antheia 2, 714.
— ἀπατουρίη 2, 710.
— Apostrophia 1, 672. 2, 704.
— Areia 1, 669. 2, 708.
— Argynnis 2, 383. 715.
— Blistiche 3, 309.
— Chryse 2, 701.
— Doris 2, 705.
— ἔγχειος 1, 669.
— ἐλεήμων 2, 711.
— ἐν καλάμοις 2, 714.
— ἐπιτραγία 2, 717.
— ἐπιτυμβία 2, 716.
— εὔκαρπος, ζείδωρος 2, 700.
— Euploa 2, 705.
— γαληναία 2, 706.
— Genetyllis 3, 206.
— Harma 2, 711.
— Hera 2, 325.
— Hetära 2, 712.
— Kolias 2, 714. 3, 206.
— Kurotrophos 2, 710.
— Kypris 1, 666.
— Kyprogeneia 1, 667.
— Kytherea 1, 666.
— λαθρίη 2, 711.

Aphrodite λύκαινα 2, 714.
— Mechanitis 2, 714.
— μελαινίς 2, 711.
— Migonitis 2, 710. 3, 25.
— Morpho 2, 704.
— μυχεία 2, 711.
— Pandemos 1, 672—674. 2, 704.
— παρακύπτουσα 2, 711—712.
— πεισιθέα 2, 702.
— περιβασία, περιβασώ 2, 714.
— ποντία 2, 706.
— πόρνη 2, 714.
— Praxis 2, 710. 3, 203.
— στρατεία 2, 715.
— τυμβώρυχος 2, 715.
— Urania 1, 666. 668. 671—674. 2, 704.
— Ζειρήνη 2, 710. 3, 164.
Aphrodite älteste d. Mören 1, 673.
— als Naturprincip 2, 699—700.
— bei Hesiodus 1, 667.
— bei Homer 1, 666.
— Göttin der Liebe 2, 701—704.
— Göttin der Hetären, der Wollust 1, 670. 2, 712—716.

Aphrodite Tochter der Dione 1, 355.
— Ihre Sinnbilder 2, 716—721.
Aphrodite u. Ares 1, 669. 2, 707—708.
— und die Chariten 3, 200.
— und Hephästos 2, 707.
— und Hermes 2, 708—709.
— und Peitho 3, 203.
— u. Poseidon 2, 706—707.
Apis 1, 375.
Ἅπλουν 1, 462.
ἀπὸ δρυός, ἀπὸ πέτρης 1, 784—785.
Ἀπόλλων 1, 460.
Apollon 1, 238. 457—550. 2, 337—384.
Apollon ἀειγεννήτης 1, 485.
— Agreus, Agräos, ἔναγρος 1, 487. 2, 374.
— Agyieus, Agyiates 1, 495—499.
— Aigletes 1, 465.
— Akesios 2, 373.
— Aktäos 1, 484.
— ἄκτιος, ἐπάκτιος 2, 381.
— ἅλατος, ἡλατος 1, 465.
— Alexikakos 2, 372.
— ἀλευρόμαντις 2, 367.

Apollon Amykläos 1, 15. 67. 472—476.
— ἄναξ 2, 342. 433.
— Apotropäos 2, 372.
— ἀφήτωρ 1, 531.
— Archegetas 2, 367.
— Argyrotoxos 1, 531.
— ἀρνοκόμης 1, 485.
— ἀσπαλτας (ἀσγελάτας) 1, 465.
— βοηδρόμιος 1, 535.
— χρηστήριος 2, 366.
— Daphnäos 2, 384.
— Deirabiotes 1, 473. 526.
— Delphinios 1, 499—511. 2, 380.
— Delphinios und Pythios 1, 508—511.
— Didymäus 1, 527.
— Διονυσόδοτος 2, 611.
— δρομαῖος 2, 382.
— ἐμβάσιος, ἐκβάσιος 2, 381.
— Enaures 1, 469.
— ἐπιβατήριος 2, 381.
— Epikurios 2, 372.
— Epimelios 1, 485.
— Erethymios 1, 482.
— Erythibius 1, 482.
— Galaxios 1, 485.

Apollon ἑβδομαγένης, ἑβδομαγέτας, ἑβδόμειος 1, 467.
— Hekaergos 1, 460.
— Hekatos 1, 531. 2, 374.
— ἑκηβόλος, ἑκατηβόλος, ἑκατηβελέτης 1, 531.
— Heoos 1, 469.
— Horomedon 1, 469.
— ὑλάτης 2, 375.
— ἰήϊος 2, 373.
— Karneios 1, 469—472.
— Katharsios 2, 375.
— Kerboos 1, 484.
— κερεάτης 1, 471.
— Kurotrophos 1, 487. 2, 371.
— Kynnios 1, 464.
— Laphräos 1, 596.
— λιταῖος 2, 378.
— λοίμιος 1, 484. 2, 372.
— Lorias 2, 27.
— Lykaios 1, 479. 483.
— Λύκιος, Λύκειος, Λυκηγενής 1, 64. 476—482. 486. 2, 342. 382.
— μαλόεις, μαλλόεις 1, 486.
— Milesischer 1, 528. 2, 384.
— Musagetes 2, 370.
— Napaios 1, 486.
— Neomenios 1, 466.

Apollon Nomios 1, 486. 2, 368.
— ὀψοφάγος 2, 382.
— Päan, Päeon, Päon 1, 541. 695. 2, 372.
— Panarkes 2, 272.
— Pasparios 1, 484.
— Patroos, Attisch Jonischer 1, 491—495.
— Phanaios 1, 465.
— φιλήσιος 2, 382—384.
— Phöbos 2, 379.
— ποίμνιος 1, 485.
— Pornopios 1, 484.
— Prostaterios 1, 499.
— Pythaeos, Pythios 1, 473. 527. 2, 345—348.
— Sarpedonios 1, 484.
— Sauroktonos (Galeotes) 2, 366.
— σιταλκάς 1, 484.
— Smintheus 1, 482. 2, 346.
— τετράχειρ 1, 473.
— Thargelios 1, 463.
— Thearios, Theorios 1, 526. 2, 368.
— Thesmios 2, 368.
— Thoaros 2, 366.
— Θεράπης, Θόρναξ, Θορατος 1, 471.
— Thyrris 2, 339.

Apollon Tilphussios 1, 465
— Τράγιος 1, 471.
— Ulios 2, 373.
— Ζηνοδοτήρ, Ζηνόφρων 2, 366.
Apollon als Heerdengott 1, 485.
— 487.
— als Heilgott 1, 541—542. 2, 372—373. 3, 205.
— als Todesgott 1, 540.
— als Verleiher des Siegs 1, 534.
— als Wahrsager 1, 532.
— bei Abmet 2, 377.
Apollon der Delisch-Pythische 1, 530—550.
— der hyperboreische 2, 359 — 362.
— der Letoide 1, 530—550.
— der ursprüngliche, Helios-Apollon 1, 457—469.
— der Drachentödter 2, 11.
— für Helios 1, 458.
— Gott des Bogenschießens 1, 542—543.
— Gott der Seefahrer 1, 506.
— Gott der Seher 2, 11.
— ὁ θεός 2, 342.
— Διόπαις 2, 214.
— in Athen 1, 493.

Apollon in Delphi 2, 14—18.
— in den homerischen Gedichten 1, 515. 530.
— Ordner der Zeiten 1, 466—469.
— Sender der Seuche 1, 537—541.
Apollon und Artemis 1, 529.
— und Artemis als Zwillingskinder der Leto 1, 512—530.
— Delphinios und Artemis Diktynna 1, 506.
— und Athena 1, 492—495.
— und die Chariten 2, 370. 3, 200.
— und Dionysos 1, 449. 480.
— und Helios 1, 407—408. 411. 537—540. 544—550.
— und die Nymphen 1, 487.
— und Poseidon 1, 506.
— und Themis 2, 19. 341.
Apollinische Kathartik 2, 375—380.
— Musik 2, 369—371.
— Wahrsagung 2, 365—367.
Aptera 3, 165.
ἀρά 3, 82.
Araphen 3, 264.
Aratos 3, 275.

ἀρχάγετας 3, 273.
Archilochos 3, 279.
Ardalos 2, 689.
Ἄρεος πάγος 1, 417.
Ares 1, 239. 413—424. 2, 728—732.
Ares ἀφνειός 1, 418.
— ἐμβιάνωρ 2, 730.
— Enyalios 1, 421. 2, 729. 730. 3, 208.
— ἐξώστης 2, 730.
— γυναικοθοίνας 2, 729.
— Hippios 2, 729.
— θηρειτάς 2, 730.
Ares bei Homer 1, 419—422.
— für Kampf, Schlacht 1, 422.
— in Theben 1, 416.
— Sonnengott 1, 415.
— Thrakisch 1, 414.
Ares und Aphrodite 1, 420. 2, 731.
— und Hebe 1, 370.
— und Here 1, 418.
Ares' Söhne 1, 422.
ἀρετή 2, 793.
Arete 3, 224.
Arge 2, 351.
— (Hirschkuh) 2, 779.
Ἀργειφόντης 1, 336.
Argestes 3, 67.

Argeus 3, 214.
Argos 3, 273.
Argos Panoptes 1, 337.
Argynnos 2, 383.
Aria, Name für das Thrakische Land 1, 11.
Ariadne 2, 589—597. 3, 159. 161.
'Αριάδνη 2, 590.
'Αριήδα, 'Αριδήλα 2, 590.
Arion (Roß) 1, 323. 2, 491. 672.
Arische Sprachenfamilie 1, 8 — 10.
Aristäos 1, 404. 487—491.
— Gott der Jagd 1, 490.
Aristäos' Mantik u. Heilkunde 1, 490.
Aristides (der Redner) 2, 159 — 160.
Aristomachos 3, 280.
Aristomenes 3, 268.
Aristophanes 2, 94—99. 524.
— Seine Thesmophoriazusen 2, 503. 505.
Arkas 3, 271.
Arkader 1, 452.
Arkader von dem Mond geboren 1, 12. 20.
ἄρκτος, ἀρκτεῦσαι 1, 572.

Arne 1, 638.
Arrhephoren 3, 105.
Arsinoë 3, 308.
῎Αρτεμις 1, 603.
Artemis 1, 238. 560 — 606. 2, 385—404.
Artemis Aeginäa 1, 598. 2, 398.
— Aetole 1, 595.
— Agrotera 1, 591, 2, 389.
— αἰθοπία 1, 571.
— Alpheiäa 1, 589. 2, 403.
— Alpheionia, Alpheiusa 1, 589. 2, 403.
— Amarysia, Amarynthia 1, 581.
— ἀνθήλιος 2, 399.
— Bendeia 1, 564.
— Braunonia 1, 571—576. 2, 400.
— Chelptis 1, 586.
— Chitone, Chitonia 1, 575.
— χρυσήνιος, χρυσηλάκατος, χρυσόθρονος 1, 603.
— Daeira 2, 399.
— Daphnia, Daphnäa 2, 397.
— Delphinia 2, 397.
— Διλύκη 2, 398.
— Diktynna 1, 597.
— Eileithyia 2, 400.
— εἰνοδίη 2, 404.

Artemis Elaphia, Elaphebolos 1, 605. 2, 387.
— Elaphiäa 1, 589. 2, 388. 3, 8.
— Eleusinia 2, 558.
— Eukleia 2, 394.
— ἁγνή 1, 604. 2, 394.
— ἡγεμάχη 1, 566.
— Hegemone 1, 595. 2, 398.
— Hekaerge 2, 397.
— Hekate 1, 563. 2, 398.
— ἑλεία 1, 586.
— ἡμέρη 2, 739.
— Hemeresia 1, 595.
— εὔριππα 1, 594.
— Hymnia 1, 585. 2, 392.
— ἰοχέαιρα 1, 604.
— Iphigenia 2, 398. 402.
— Issora, Issoria 1, 585.
— Kalliste 1, 580.—581. 3, 128.
— καπροφάγος 1, 591.
— Kebreatis 2, 404.
— Knakeatis, Knakalesia, Knagia 1, 591.
— Kolänis 1, 581.
— Koloëne 1, 590.
— Korbake 2, 392.
— κορίη 2, 393.
— Korythallia 2, 392.

Artemis Kurotrophos 2, 397.
— Laphria 1, 595.
— Limenitis 2, 398.
— Limnatis, Limnäa 1, 582.
— λοχία 2, 402.
— Loro 2, 398.
— λουσία 2, 397.
— Lygodesma 1, 584.
— λύη 2, 397.
— Lykeia 2, 388.
— Lysizonos 1, 575.
— Munychia 1, 570—71.
— νεμιδία 2, 387.
— ὀρειλόχη, οὐρεία, ὀρεῖτις 2, 387.
— Orthosia, Orthia 1, 573. 584.
— Ortygia 1, 600.
— Patroa 1, 596.
— Peitho 3, 205.
— Phakelitis 1, 573. 584. 2, 397.
— Pheräische 1, 568. 594.
— Philomeirax 2, 404.
— Phosphoros 2, 399.
— Podagra 2, 388.
— Polyböa 2, 403.
— ποταμία 1, 588. 2, 403.
— προθυραία 2, 408.
— Saronische 1, 586.

Artemis Selasia 2, 399.
— Selasphoros 2, 399.
— σωωδίνα 2, 403.
— Soteira 2, 396. 403.
— Stymphalia 1, 586.
— Taurische 1, 587. 593.
— Ταυρώ 1, 593.
— Tauropolos 1, 592.
— Thermia 2, 397.
— Triflaria 1, 573. 2, 769.
— Ulia 2, 397.
Artemis als Geburtsgöttin 2, 400—403.
— als Göttin der Berge, Wälder u. Flüsse 1, 582.
— als Göttin der Thiere 1, 590—594.
— als Jägerin 1, 603—605. 2, 386—390.
— als Tochter der Demeter 2, 403.
— als Todesgöttin 1, 602.
— am Kasten des Kypselos 2, 390.
— die Letoide 1, 598—606. 2, 385—404.
Artemis Διὸς φῶς 2, 400.
— einzeln in vielen Gestalten 1, 560—562.
— in Aetolien 1, 595.

Artemis in Akarnanien 1, 595.
— in Arkadien 1, 586.
— in Kreta 1, 597.
— in Lokris 1, 595.
— in Phokis 1, 595.
— in Sikyon 1, 596.
Artemis Selene Perseph. 1, 406.
— und Apollon 2, 385.
— und Hekate 2, 404.
— und die Nymphen 3, 49.
— und Orion 1, 689.
— und Poseidon 2, 398.
— und Zeus 2, 596.
Artemis verschiedener Orte 1, 595—598.
Artemision, Elaphebolion (Monat) 1, 601.
Ἀρτοφόρια 2, 470.
ἀσέβεια 2, 41. 3, 224.
Asiatischer Einfluß auf den Cult des Dionysos 2, 618 — 623.
ἀσκάλαβος 2, 736.
Asklepiaden 2, 747.
Ἀσκληπιός 2, 735—736.
Asklepios 1, 66. 2, 732—749. 3, 209. 294.
Asklepios ἀγλαόπης 2, 742-743.
— ἀγλάηρ, αὔγλη 2, 742.
— κοτυλεύς 2, 731.

Asklepios' Tod 2, 738.
Asklepios und Apollon 2, 744—746.
— in der bildenden Kunst 2, 740—742.
Asopos 3, 46.
Asphodelos 1, 800—801. 2, 404.
Astalides 3, 52.
Asterie 1, 280.
Astrabakos 3, 285.
Asträos 1, 280.
Astragalen 2, 719.
ἄτη 1, 713.
Ate 1, 709—714.
Ἄτης λόφος 1, 714.
Athamas 1, 205. 2, 336.
Athen 2, 309—310.
Ἀθήνη, Ἀθηναίη 1, 300 - 301.
Athena 1, 338. 298—320. 2, 778—316.
Athena ἀγελείη 1, 317.
— Agoräa 2, 282. 303. 310.
— Agraulos 2, 283.
— ἀκρία 2, 311.
— Alalkomeneïsche 1, 316.
— Alea 2, 304. 312.
— ἀλέκτωρ 1, 315.
— ἀμήτωρ 1, 301.
— ἀνεμῶτις 1, 305.

Athena Apaturia 2, 312.
— Archegetis 2, 310.
— Areia 2, 312.
— Ἀτρυτώνη 1, 317.
— βοαρμία 2, 301.
— βουδεία 2, 301.
— Buläa 2, 303. 310. 311.
— Chalinitis 2, 301.
— Chalkiökos 2, 311.
— εἰληνία 1, 307.
— εἰρηνοφόρος 2, 296.
— ἐλλεσίη, ἐλλεσίη 1, 305. 307.
— ἐπιπυργῖτις 2, 294.
— Ergane 2, 298. 302.
— Eukleia 2, 297.
— Genetias 2, 310.
— Gephyritis 2, 282.
— γλαυκῶπις 1, 303.
— γοργῶπις 1, 317.
— Ἑλλωτίς 1, 307.
— Hippia 2, 287. 290—291.
— Homoloïa 1, 391.
— Hygiea 2, 304.
— Ilias 2, 301.
— Itonia 1, 313. 2, 281.
— Karische 1, 319.
— Keleutheia 2, 297.
— κισσαία 2, 313—314.
— Klidouchos 2, 208. 309.

Athena Koria 1́, 302.
— κραναία 2, 294.
— Ktesia 1, 314. 2, 327.
— ληῖτις 1, 317.
— Lindische 2, 312.
— Mechanitis 2, 295.
— Moria 2, 308.
— Nedusia 1, 311.
— Nike 2, 296. 3, 110.
— Nikephoros 2, 294. 296.
— ὀξυδερκής 2, 295.
— ὀπτιλεύς 2, 295.
— Päonia 2. 305.
— Pallas 1, 316.
— Pallenis 2, 307.
— Pandrosos 2, 290.
— πανία 2, 297.
— παρθένος 1, 315.
— Phratria 2, 310.
— Polias, Poliatis, Poliuchos 2, 306—312.
— πολύβουλος 1, 315.
— προμαχόρμα 2, 295.
— Promachos 2. 295.
— προναία 2, 306.
— πρόνοια 2, 306
— πυλαῖτις 2, 294.
— Salpinr 2, 295.
— Skiras 1, 313. 2, 282—283.

Athena σταθμία 2, 298.
— Sthenias 2, 312.
— στρατία 2, 295.
— Tauropolos 2, 301.
— Tithrone 1, 313.
— θήρα 2, 731.
— Τριτογένεια, τριτογενής 1, 311. 555.
— Tritomenis 1, 307.
— Tritonia 1, 312.
— Xenia 2, 282.
— ζωστηρία 2, 295.
Athena als Göttin der nützlichen Künste 1, 317.
— als Göttin des Staats 2, 293.
— als Göttin der weiblichen Arbeit 2, 301—302.
— als Thaugöttin 1. 312.
— auf Berghöhen verehrt 2, 280.
— aus Aegypten 2, 316.
— aus Libyen 2, 315.
Athena den Blitz schleudernd 2, 281.
— Erfinderin der Flöte 2, 300.
— Erfinderin d. Pfluges 2, 301.
— ἡ θεός 2, 307.
— Ihr Charakter 1, 314.
— in Knossos 1, 313.

Athena mit Demeter, Kore u. Zeus Ktesios 1, 313.
— mit Hephästos und Prometheus 1, 310.
— mit Zeus verbunden 1, 209.
— Mondgöttin 1, 305.
— Mutter 2, 296.
— Weberin 1, 318. 2, 302.
Athena und Ares 1, 316.
— und die Chariten 2, 299. 3, 201.
— und Hephästos 2, 278. 284—285.
— und die Musen 2, 304.
— und Poseidon 1, 312. 2, 287—288. 290—293. 301.
— und die Sirenen 3, 165.
— und die Thaugöttinnen 3, 104—107.
— und Zeus 1, 302. 2, 280—282.
— und der unterirdische Zeus 1, 313.
'Αθῆναι (Städte) 1, 300.
Αθῆναι Διάδες 2, 281.
Athener Autochthonen 1, 780—782.
Atlantie 3, 59.
"Ατλας 1, 743—744.
Atlas 1, 745—754.

Atlas ὀλοόφρων 1, 749.
— Berg 1, 750—752.
— Himmelsträger 1, 746—747.
Atriden 3, 254.
Atropos 3, 15.
Attika 1, 38.
Attiker Eleusinien (Sprichwort) 2, 535.
Attis 2, 220. 228.
Attische Heroen 3, 264.
Auge 1, 310.
Auge auf den Knien 3, 128.
Augeas 1, 407.
Augustus 3, 314—315.
αὐτόχθων 1, 778.
Autochthonismus 1, 12. 778—787. 3, 237.
Autolykos 3, 298.
Automatia 3, 224.
Autonoos 3, 283.
Auresia 3, 132.
Auro 1, 373. 3, 109. 132.
Arieros, Ariofersa, Ariokersos 1, 329. 332.

Baal oder Moloch als Kronos 1, 145.
Bacchen 3, 141—144.
Bacchische τερατοποιία 2, 135.

Bär, der Artemis heilig 1, 572.
Bäume heilige 2, 130.
βαίτυλος 2, 229.
Βάχχος, Βάκις 2, 577.
Bakis 3, 55.
βαλλητύς 3, 133.
Barbaren 1, 13.
Barbillos 3, 282.
Bassara, Bassaris 2, 619.
Baubo 2, 551.
βέβηλοι 2, 530.
Becher d. Seligen 2, 524. 526.
Beinamen der Götter 1, 99. 243.
Bel 1, 223.
Bendis 1, 564.
Beredsamkeit 3, 205.
Berezat 1, 173.
Bernstein 2, 353—357.
Bessen 1, 428.
Beutel des Hermes 2, 443—444.
Bia 3, 18. 40.
Bias 3, 279.
Bild 1, 56—57.
Bildende Kunst 2, 101—127.
Bildung im Griechischen Volk 1, 234—235.
Blitz des Zeus 1, 168.
Blutrache 3, 79. 85—87.
βοαθύος (Monat) 1, 535.
βόαξ 2, 445.

Bock 1, 63. 2, 438. 717.
Boedromion (Monat) 1, 535.
Böotische Heroen 3, 270.
Böser Blick 2, 149.
Bogen des Apollon 1, 530. 536—538. 2, 373.
Bona Dea 2, 226. 3, 132.
Bonus Eventus 3, 210—212.
Boreas 1, 708. 3, 68. 69.
Boreas und Dreithyia 1, 87.
Branchos 2, 383.
Brasidas 3, 274.
Brauronia 1, 450.
βρέτας 1, 222.
Briarcus, Briareos 1, 263. 284. 288. 3, 156.
Βριμώ, Ὀβριμώ 1, 569.
Brimo 2, 400.
Britomartis 1, 597.
Brüder des Zeus 1, 162—165.
Bubrostis 3, 214.
Bupalos 2, 801. 3, 112.
Buphonia 1, 206.
βουπλήξ 1, 444.
βοῦς ἕβδομος 1, 467.
Busiris 2, 772.
Butes 2, 290.
Buzyges 3, 266.
Βύνη 1, 645.
Byzas 3, 273.

III. 22

Cäremonien 2, 60—61.
Cäsar 3, 312—314.
Ceres 2, 510.
Charon 3, 273.
χάος 3, 240.
Chalkeia (Fest) 1, 662. 2, 689.
Chaos 1, 293—295.
Chara 3, 223.
Charis, Chariten 1, 372—374. 696—697. 3, 111—113. 172—173. 200—202.
Charis, Chariten (Dankbarkeit) 3, 224.
Chariten des Sokrates 3, 112. 201.
Chariten. Dreigestaltes Bild derselben 2, 299. 3, 173.
Chariten und Dionysos 1, 697.
Charitesia 3, 10.
Charmos 2 725.
Charondas 3, 279.
Χήρα αἰγοφάγος (für ῞Ηρα) 1, 363.
Chilon 3, 279.
Chimära 1, 67.
Chiron 2, 265—266.
Chloris 3, 71. 126—127. 137.
χοαί 1, 796.
Choen 2, 646.
Chöre 2, 83—84.

Chöre der Artemis 2, 391.
χρησμοί 2, 8.
χρηστοί (die Todten) 2, 525.
Christenthum 1, 218. 257—261. 2, 569—570.
Chryse 1, 308—310.
Chrysothemis 2, 377. 378.
χθών 1, 389.
Chytren 1, 774. 2, 647.
Cicade (Tithonos) 1, 686.
Cicade 3, 108.
Cicero 2, 522.
Cölus und Dia 1, 329. 3, 184.
Consentes 2, 178.
Culte der Aphrodite 1, 669—671.
— des Ares 1, 416—419.
— der Demeter 1, 388—390.
— der Demeter Thesmophoros 2, 506—511.
— des Dionysos 1, 427—434.
— der Gäa 1, 321—323.
— des Helios 1, 406—412.
— der Hera 1, 381—385. 2, 326—328.
— des Herakles 2, 784—787.
— des Hermes 2, 436—437.
— der Musen 3, 117—118.
— des Zeus 1, 199—213.
Cultus der Heroen 3, 247.

δᾶ, δῆ 1, 385—387.
Däbala 1, 367.
Daeira 2, 534. 3, 65.
Dämonen 3, 3—10.
— Hesiodische 1, 731—742.
δαίμων 1, 138—140. 181. 677. 731.
Daitas 3, 282.
Daktylen 2, 240.
Damatrios (Monat) 2, 508.
Δαμία 3, 131—132.
Damia und Auxesia 3, 130—136.
Δάμεια (Fest) 3, 136.
Damnameneus 3, 177.
Daphnephoria 2, 348.
Daphnis 3, 52.
Darbanos 1, 776.
Darrhon 3, 281.
Deima 3, 223.
Deimos 1, 714.
Deipneus 3, 214.
δεισιδαιμονία 2, 140—143.
Delische Hyperboreersage 2, 349 — 358.
Delisches Fest des Apollon 2, 343.
Δέλλοι, Δεῖλοι 3, 194.
Delos 2, 337. 342.
Delphi 1, 525. 3 290.

Delphin 1, 500. 2, 382.
Δελφίνη 1, 509.
Delphische Heroen 3, 271.
Delphische Hyperboreersage 2, 358—361.
Delphisches Orakel 2, 11—14. 27—30. 3, 288. 289.
Delphisches Orakel. Sein Einfluß 2, 14—18.
Delphische Priesterschaft 2, 16.
Δελφοί 1, 528.
Delphos 1, 327.
Demen nach Heroen genannt 3, 264.
Δημήτηρ 1, 386.
Demeter 1, 239. 385—392. 2, 467—571.
Demeter Achäa 1, 360.
— ἀχϑεία 1, 359.
— Anesidora 1, 693. 2, 469.
— Azesia 2, 469.
— χαμύνη 2, 490.
— Chloe 2, 468.
— Chthonia 2, 487.
— Δώς 1, 388. 2, 217.
— Eleusinia 2, 556.
— ἐπιλυσαμένη 3, 132. 136.
— ἐπόγμιος 2, 469.
— Erinys 2, 491—492. 3, 75—76. 95.

22 *

Demeter ἐρισύβη 2, 469.
— εὐαλωσία 2, 468.
— Europe 2, 489.
— Haloïs 2, 468.
— Homoloïa 1, 391.
— ὠρηφόρος 3, 11.
— Kabeiria 1, 91. 2, 559—560. 3, 188—189.
— Kurotrophos 2, 503.
— μαλοφόρος 2, 474.
— μέλαινα 2, 492—493.
— Mykalessische 2, 775.
— Mysia 2, 506.
— παμπανώ 2, 469.
— Pelasgis 2, 506.
— φοινικοπέζα 2, 469.
— Proerosia 2, 468.
— Prosymne 2, 652.
— σιτώ 2, 470. 3, 141.
— Thesmia 2, 495. 556.
— Thesmophoros 2, 495—511.
— Ulo, Julo 2, 469.
Demeter als Feld= und Saatgöttin 2, 467—474.
— chthonisch 1, 388.
— Ihre Bilder 2, 470.
— Ihr Bild von Onatas 2, 493—494.
— Ihre Gaben 3, 136 · 138.

Demeter suchend und irrend 2, 539.
Demeter und Gäa 1, 387.
— und Kore 3, 136.
— und Kore in Eleusis, die Göttinnen besserer Hoffnung im Tode 2, 511—554.
— und Kore πότνιαι 2, 533.
— — — σεμναί 2, 533.
— — — τὼ θεώ 2, 532 — 534.
Demeter und Kore τὼ θεσμοφόρω 2, 532.
Demeter und Zeus 1, 390.
Demeter Kore Jacchos in der bildenden Kunst 2, 552—554.
Δημήτρειοι (die Todten) 1, 798. 2, 525.
Demetrios Poliorketes 3, 301 — 302.
Demophoon 3, 133—136.
Demos vergöttert 3, 224 — 225. 315.
Demosthenes 3, 275.
Δηώ 2, 481.
Derkylos 3, 281.
Despöna 2, 490.
αἱ Δέσποιναι 2, 533.
Deukalion 1, 22. 772—774.
Δεύς 1, 134.

Διύσιον 2, 221.
Dia (Hebe) 1, 370.
Diabeteria 2, 282.
Diasia 1, 207.
Dië, Dia (Insel) 2, 591.
Δίδυμοι, Δίδυμα 1, 527.
Diipolia 1, 206. 2, 206.
Dike 1, 700. 3, 21—24.
Dike und Zeus 2, 186.
Diktäische Höhle 2, 218. 231. 233.
Diktynna 1, 597.
Diokles 3, 279.
Diomedes 3, 256.
Διομήδειος ἀνάγκη 2, 771.
Diomeia 2, 785.—786.
Dion 3, 275.
Dion von Prusa 2, 159.
Διώνη 1, 353. 356.
Dione in Dodona 1, 352—358.
Dione und Zeus 1, 354.
Dionysien, große 2, 646.
Διόνυσος, Διώνυσος 1, 438.
Dionysos 1, 239. 424—451. 2, 202. 541. 571—653. 3, 39.
Dionysos Agrionios 1, 443.
— Akesios, 2, 611.
— Anthios, Antheus 1, 450. 2, 603.
— Basileus 2, 642.

Dionysos Bassareus 2, 616. 618. 619.
— Briseus, Brisäos 2, 607.
— Bromios 2, 609.
— βουγενής 2, 598.
— Charibotes 2, 606.
— Dasyllios 2, 643.
— Dendrites 2, 603.
— διμήτωρ 2, 582.
— διθύραμβος 2, 580—583.
— Dryalos 2, 603.
— εἰραφιώτης, ἐρραφιώτης 2, 587.
— Eleleus 2, 609.
— Ἐλευθερεύς, ἐπελεύθερος, ἐπελευθέριος 1, 450. 2, 578.
— ἔνδενδρος 2, 603.
— Enorches 2, 622.
— ἐρραφεώτας 1, 582. 587.
— Eubuleus 2, 578.
— εὔιος 2, 609.
— γυναικομανής 2, 599.
— Hebon 2, 614.
— Hegemon 2, 642.
— ἡμερίδης 2, 606.
— Hyes, Hyeus 1, 440.
— ὑγιάτης 1, 611. 748.
— Jacchos, Βρίακχος 2, 609.
— Isodates 2, 631.
— Kadmeios 1, 438.

Dionysos Kalydonios 1, 449. 2, 753.
— καταπώγων 2, 618.
— κεχηνώς 2, 621.
— Kephallen 2, 601.
— Kresios 2, 608.
— λαμπτήρ 2, 610.
— Liknites 2, 632.
— Λιμναῖος 1, 439.
— Lyáos 2, 579.
— Lysios 2, 578.
— μελάναιγις, μελανθίδης 2, 604.
— Melpomenos 2, 611. 3, 153.
— Mystes 2, 642.
— Nyktelios 1, 443. 2, 631.
— ὠμάδιος, ὠμηστής, ὠμοφάγος 1, 444.
— ὀρειφοίτης 2, 589.
— ὀρθός 2, 609.
— Perikionios 2, 614.
— φαλλήν 1, 434.
— Phloios, Phlyeus 2, 608.
— πολυειδής, πολύμορφος 2, 575.
— προιρύγης 2, 643.
— πρωτογενής 2, 643.
— Psilax 2, 607.
— Sykites 2, 604.

Dionysos Theoinos 2, 606.
— Τυῤῥηνολέτης 2, 575.
— Zagreus 2, 542.
Dionysos als Gott des Weins und des Weinbaus 1, 441. 2, 605—607.
— als Kind 2, 588—589.
— bei Homer 1, 433.
— der Indische 2, 624—628.
— der Lydische 2, 615—623.
— der Nysageborene 2, 586.
— der Thebische 1, 434.
— der Thrakische 1, 426—429.
Dionysos' Grab 2, 632.
Dionysos in Delphi 1, 430.
— im Tode 2, 629—643.
Dionysos' Leiden 1, 448. 2, 631.
Dionysos mannweiblich 2, 628—629. 652—653.
— Sohn des Zeus und der Semele 1, 434—451.
Dionysos' Symbole 2, 597—603.
Dionysos in der bildenden Kunst 2, 614—618.
— und Aphrodite 2, 612.
— und Apollon 1, 430—432. 2, 610—611.
— und Ariadne 2, 589—597.

Dionysos und Eros 2, 612.
— und Glaukos 3, 159. 161.
— und Hephästos 3, 177.
— und Herakles 2, 613—614.
— und die Kabiren 3, 182.
— und Kore 2, 647—648.
— und die Nymphen 2, 612. 3, 50.
— und Pan 2, 613.
— und Perseus 1, 445.
— und Poseidon 2, 606—607.
— und Silenos 2, 587.
— und der Kretische Zeus 2, 225.
— und das Drama 2, 576—577.
Dionysos. Volksmäßiger Charakter 2, 572—573. 575. 577.
Dionysische Feste u. Gebräuche 1, 573 579. 2, 643—650.
Dionysische Feste in Athen 1, 450.
Dionysische Orgien 1, 441.
Dionysos Titel der Nachfolger Alexanders 2, 625. 3, 311.
Διονύσου οἶκοι 2, 642.
Διόνυξος, Ζόννυξος 2, 698.
Διόπαν 2, 214.
Διὸς αἶσα 1, 187.
— βουλή 2, 578.
— γοναί 2, 242.

Διὸς κώδιον 1, 209.
— οὖρος 2, 197.
— παῖ 2, 214.
Dioskuren 1, 15. 223. 239. 606—615. 2, 416—429. 3, 174.
Dioskuren ἀφετήριοι 2, 424.
— λευκόπωλοι 2, 426.
— φιλόξεινοι 2, 422.
— σωτῆρες 2, 434.
Dioskuren bei Homer 1, 609.
— bei den Messeniern 2, 425—426.
— Ihre Apotheose 2, 428—429.
— in Sparta 1, 608. 2, 420—421. 424.
— mit den Kabiren vermischt 2, 431 433.
— Tag um Tag unsterblich 1, 611.
— Vorsteher der Gymnastik 2, 423—424.
Dioskuren in der bildenden Kunst 2, 427—428.
Διπανάμια 2, 196.
διφυής 3, 108.
Discus 1, 474.
Διοωτήρια 2, 184.
Dithyrambos 2, 579—586.

Dithyrambendichter 2, 85.
δωδεκάθεον 2, 163.
Dodona 1, 199.
Dodonäisches Orakel 1, 203. 358. 2, 9.
δόκανα 2, 420.
Dolonkos 1, 291.
Donnerwagen 1, 166.
Dorer 1, 520.
Doris 1, 619.
Doro 2, 473.
Dotos, Sohn d. Pelasgos 1, 19.
Drakonisches Gesetz über Verehrung der Heroen 3, 262.
Drache 1, 504. 2, 537.
Drachensieg des Apollon 1, 508. 521—525.
Drama 2, 343. 576—577. 648.
Drei Eidgötter 3, 5.
Drei Gebote des Triptolemos 2, 472.
Drei Strafen in der Unterwelt 1, 817.
Dreifache Theologie 2, 30—31.
Dreifuß 2, 11—12. 20.
Dreizack des Poseidon 1, 628—631.
Dreizahl 1, 52—54. 150.
Dreizahl der Dämonen 3, 5.
— der Musen 1, 704. 3, 114.

Dreizehnter Gott 2, 167.
Dreizehnter Gott (Philipp von Makedonien) 3, 300. 312.
Dryaden, Hamadryaden 3, 57—61.
Dryoper 1, 784.
Dysaules 2, 473. 551.

ἐ äolisch für ἀ 1, 342.
Echenais 3, 52.
Echephron 3, 283.
Echetlos 3, 265.
Echo 3, 74—75.
Ehe 2, 324—325. 497.
Ehernes Weltalter 1, 724.
Ei der Leda 2, 417—419.
Eiche in Dodona 1, 202.
Eid bei den zwo Göttinnen 2, 525.
Eid beim Styx 1, 292. 801.
Eidbruch 1, 816. 3, 21.
Eidechse 1, 465. 2, 441.
Eidolon 1, 806—809.
Εἰδοθέη Tochter des Proteus 1, 649.
Eigenschaften des Höchsten 1, 175—179.
Eileithyia, Eileithyien 1, 359. 370. 371—372. 697. 3, 113. 128.

Eileithyia *εὔλινος* 1, 349.
Einwanderung auf Griechischen Boden 1, 11—13.
Eirene 3, 221.
Eisernes Weltalter 1, 725—728.
ἐκδύσια (Fest) 2, 345.
Ekecheiria 3, 230.
Elaïs 3, 155.
Elaphebolion (Monat) 1, 605.
Elaphios (Monat) 2, 388.
Elatos 3, 273.
Elegie 2, 83.
Eleos 3, 220.
Eleusinien 2, 498. 516—554.
— Ihre Dauer 2, 567—569.
— Ihr Einfluß 2, 569—570.
— Ihre Verbreitung 2, 554—560.
Eleusinios (Monat) 2, 508. 558.
Eleusis 2, 511.
Eleuthyria (Fest des Eros) 2, 726.
St. Elmsfeuer 2, 428. 429. 430.
ἔλπις Hesiodische 1, 758.
Elysion 1, 820—822.
Ἠλύσιον πεδίον 1, 820.
Empusa 2, 413.
ἐναγίζειν 3, 248.
ἐναγισμός 1, 797. 3, 287.
Enalos 1, 627.

Enaroktantas 3, 216.
ἐν βορβόρῳ 2, 527.
Endymion 1, 557—560.
Ἐγκέλαδος 1, 792.
ἐν πύλῳ ἐν νέκυεσσιν 1, 799. 2, 441. 761. 776.
ἐντέμνειν 3, 248.
Entführung der Tochter (Kore) 2, 474—481. 498.
Enyalios 2, 728—730. 3, 208.
Enyo 1, 706—707.
Eos 1, 781—690. 3, 42.
— *δῖα* 1, 683.
— *λευκόπτερος, λευκόπωλος* 1, 683.
— rosenfingerig 1, 683.
Epachthes, Fest der Achäa 1, 358. 361.
ἐπαοιδή 2, 148.
ἐπηλυσίη 2, 151.
Epialos 3, 214.
Epibotes 3, 78. 102. 214.
ἐπικρήνια (Fest der Demeter) 2, 480.
Epikur 2, 805.
Epimeliaden 3, 54.
Epimenides 2, 545. 3, 92.
Ἐπιμηθεύς 1, 769.
Epimetheus *ἁμαρτίνοος* 1, 763.
Epione 2, 735. 739.

ἐπὶ Παλλαδίῳ 2, 310.
Eponymen der Phylen 3, 263.
Epos. Seine Wirkungen 2, 74—80.
ἔρα 1, 363. 3, 237.
Erdduust prophetisch 2, 19.
Erdgeborne Menschen 1, 778 — 780.
Erdgeborne Völker 1, 780—782.
Erechtheus 1, 324. 375. 492. 2, 284. 290.
Erethymia (Fest des Apollon) 1, 482.
Erfinder heroisirt 3, 281.
ἐργάτια (Fest) 2, 784.
Erginos 2, 760.
Erichthonios 1, 313. 2, 286 — 289. 3, 105. 106.
Eridanos 2, 355.
ἐρίγδουπος πόσις Ἥρης 2, 322.
ἐρινύς 3, 76.
Erinys, Erinyen, 1, 698. 700. 816. 2, 491. 3, 75—91.
Erinyen immer jungfräul. 3, 84.
— τανύποδες 3, 85.
Eris 1, 714. 3, 209.
Eros 1, 332. 348—352. 2, 721—728. 3, 195.
Eros πυρφόρος 2, 723.
— τάλιξ 2, 723.

Eros der Knabenliebe 2, 724 — 728.
— geflügelt 1, 350.
— in den Gymnasien 2, 726 — 727.
Eros in der Hesiodischen Theogonie 1, 350.
— in Thespiä und Parion 1, 348. 352.
Eros Liebesgott 1, 351.
— Sohn der Eileithyia 1, 349.
Eros und Gäa 1, 350.
— und Pan im Stoßkampf 2, 596.
— und Psyche 3, 199.
Eroten 3, 197—199.
Ersephoren 3, 105.
Erysichthon 3, 107.
Erytheia 2, 777.
Erzieher der Götter 3, 9.
ἐσχάρα 3, 248.
Esel 3, 149.
Eselsopfer des Apollon 2, 357. 360.
Etephila 3, 215.
Euamerion 2, 739.
Euboste 2, 470. 3, 137.
Eubuleus 2, 483. 578.
Eueterie 2, 470. 3, 137.
Eukleia 2, 394. 3, 221.

Eumelos 3, 298.
Eumenes 3, 283.
Eumeniden 3, 85—89.
Eumolpiden 2, 513—516.
Eumolpos 2, 541. 544—545. 2, 549. 3, 277.
Eunostos 3, 140.
Euobos 3, 286.
Euoea 3, 154.
Euonyme 3, 80.
Euphrosyne 3, 111.
Euploa 3, 208.
Euripides 2, 40. 90—93. 95. 2, 520.
Euripides. Seine Bacchen 2, 619—621.
Euros 1, 707. 3, 67.
Eurybie 1, 280.
Eurynome 1, 589. 651.
Eurynomos 3, 217.
Eurysakes 3, 255.
εὐσέβεια 2, 62.
Euthenia 3, 137.
Euthymia 3, 232.
Euthymos 3, 276.
Eregeten 1, 96.
ἔξω Γλαῦκε (Sprichwort) 3, 159. 161.

Fackeln der Artemis 2, 386. 398.

Fackellauf 1, 807. 663. 3, 188.
Familienheroen 3, 261.
Faß der Pandora 1, 757.
Faß (Sieb) durchlöchertes der Uneingeweiheten 2, 527.
Feste 2, 55—58.
Feuer 1, 659—660. 3, 181.
Feuer im Dienst des Pan 1, 456.
Feuerraub 1, 759—762.
Fichte, Symbol der Epione 2, 739.
T. Qu. Flamininus 3, 302.
Flamme, Zeichen der Jahresfruchtbarkeit 1, 428. 2, 222.
Fliegen 2, 212.
Flöten 2, 300.
Flüche 2, 81—83.
Flüsse 1, 652—656. 3, 44—48.
— Erzeuger v. Helden 1, 656.
Freuden des ewigen Lebens 2, 525—526.
Frömmigkeit der Griechen 1, 249.
Fünf Weltalter 1, 722.
Fünfzahl 1, 54.
Fünfzahl der Sparten, Aeoliden, Phoroniden und Krethiden 3, 266.

Gäa, Ga, Ge 1, 320—328.
Ge Eurysternos 1, 323.
— Kurotrophos 1, 321. 327.
— μεγάλη 1, 322.
Gäa-Themis 1, 325.
Gäa im Theogonischen System 1, 327.
Gäa und Demeter 1, 324. 327.
— und Poseidon 1, 326.
— und Uranos 1, 327.
— und Zeus 1, 324.
γαῖα μέλαινα 1, 326.
Galene 3, 161—162.
Galinthias 1, 563. 2, 763. 775.
Gans, priapisch 2, 717.
Ganymedes 2, 215.
Ganymeda 1, 371.
Gebet 2, 61.
Geburt des Asklepios 2, 738.
— der Athena 1, 67. 301. 2, 278—280.
— des Chrysaor 1, 67.
— des Dionysos 1, 67.
— des Hephästos 2, 686.
— der Paliken 1, 67.
— des Zeus 2, 237.
— des Zeuskindes in Arkadien 2, 235—236.
Geburtsort der Artemis 1, 599—600.
Geburtsorte d. Dionysos 1, 438.
— der Letoiden 2, 339.
Geburtstage des Apollon 1, 463.
γηγενής 1, 779. 787.
Geissel des Ares 2, 731.
Gello 3, 215.
Gelon 3, 275.
Geloos 3, 223.
Genetyllis, Genetylliden 3, 206—207.
Genius publicus 2, 808.
Gerästia (Fest) 2, 680.
Germanisch und hellenisch 1, 37.
Geron 3, 158.
Gewitter 3, 73—74.
Giganten 1, 66. 787—794.
Giganten mit Titanen verwechselt 1, 287.
Giganten, vulkanische 1, 790 —794.
Gigantomachie 1, 792.
γίγας 1, 787.
Gingron 3, 217.
Glaube 1, 79—83.
Glaube an abgeschiedene Geister 1, 735—741.
Glaube an menschenartige Götter in seinen guten und nachtheiligen Folgen 1, 248—255.

Glaukos Pontios 1, 646—648. 3, 157—161.
Glaukos Potnieus 3, 158.
γλαύξ 1, 68. 70. 303.
Glück 2, 803—807. 809.
Gnomik 1, 248.
Goethe 3, 26.
Götter aus dem Wasser 1, 291 — 293.
Götter der Griechen gleich denen der Barbaren 1, 214.
Götter der Menschennatur 1, 695—715.
Götter der Natur 1, 681—694.
— in eigenthümlich Griechischer Gestaltung 1, 229—232.
— im Verhältniß zur Cultur 2, 7.
Götter und Heroen unsichtbar erscheinend 3, 274.
— und Heroen verbunden 3, 263.
Götter und Menschen gleichen Ursprungs 1, 245.
Götterbilder 2, 114—118.
Götterideale, in der bildenden Kunst 2, 105—114.
Göttervereine, örtliche 2, 172 — 175.
Goldener Hund 2, 233.

Goldenes Weltalter 1, 722.
Gottesdienst 2, 50—63.
Grab der Dioskuren 2, 420. 424.
Grab des Hesiodos 3, 277.
— des Zeus in Kreta 2, 222—223.
Gräberreligion 1, 794—798.
Gräbersirene 3, 166—167. 170.
Granate 2, 296. 319. 504.
Greif des Apollon 2, 364.
Griechenland. Natur des Landes 1, 34—46.
Griechenland. Die Berge 1, 39.
— Das Meer 1, 41.
— Seine Urbewohner 1, 13 — 15.
— Vielstämmigkeit 1, 15—18.
Griechische Mythologie in ihrer Eigenthümlichkeit 1, 28 — 30.
Griechische Religion mit dem Christenthum verglichen 1, 255—261.
Griechische Religion vor denen der Stammverwandten ausgezeichnet 1, 251.
Griechische Sprache 1, 27.
Große Götter (Samothrakische) 2, 430. 433. 434.

Grotten der Nymphen 3, 51.
Gürtel der Aphrodite 2, 150.
— der Artemis geweiht 1, 574.
Γύης 1, 284.

Habicht dem Apollon heilig 1, 70. 532.
Hades παγκοίτης 2, 482.
— Polydegmon 2, 482.
— Zagreus 2, 482.
— ζειροφόρος 2, 484.
Hades ohne Altäre und Gebete 2, 486—487.
Hades und Persephone als Unterweltsgötter 2, 482—494.
Hadranos (Adranos) 3, 138 — 140.
Hadreus 3, 138.
Hahn des Asklepios 2, 745.
— der Athene 2, 295. 298.
— der Demeter 2, 532.
— des Helios 2, 245.
αἱμακουρία 1, 797.
Halbgötter 3, 287.
Ἄλειον, Ἄλεια, Ἥλεια, Ἄλεια 1, 410.
Ἁλοσύνδη 1, 649.
Hamadryaden 3, 57—61.
ἅρμα (des Amphiaraos) 3, 295. 296.

Harmodios und Aristogeiton 2, 266.
Harmonia 2, 707. 3, 215.
Harpyia, Harpyien 1, 708. 3, 68.
Hasen 2, 388.
Hase der Aphrodite 2, 717.
Ἡβαίων 1, 370.
Hebe 1, 355. 369—371. 692. 2, 782. 3, 110—111.
Hebe Dia 1, 370.
ἕδος 2, 122.
Heerden des Helios 1, 404.
Heerden der Tempel 2, 133 — 134.
Hegemone 1, 373. 3, 109.
Heildämonen 3, 210.
Heilende Götter 2, 747—749.
Heilende Nymphen 3, 56.
Heilige Schaar in Theben 2, 724—726.
Εἱμαρμένη 2, 188.
Heirath durch Entführung 1, 396.
Hekaerge 2, 351. 394.
Hekatäa 2, 413.
Hekatäon, Hekatesion 2, 407.
Hekatäos 3, 144.
Hekate 1, 285. 562—567. 2, 404—16.
Hekate ἄγγελος 1, 563.
— Antäa 2, 413. 3, 129.

Hekate Brimo 1, 568—570.
— ἐνοδία, εἰνοδία 2, 409.
— Epipyrgidia 2, 405. 409.
— εὐκολίνη 2, 414.
— ὑπολάμπτειρα 1, 564.
— Kurotrophos 1, 567.
— ὠπήτειρα 2, 413.
— πανδῖνα 2, 407.
— Phosphoros 1, 564.
— Trioditis 2, 409.
Hekate bei Hesiobus 1, 565—567.
Hekate. Bilder und Darstellungen 2, 410—411.
Hekate, die dreigestalte 1, 569. 2, 404—416.
Hekate in Böotien 1, 565—567.
Hekate im spätern Aberglauben 2, 412—416.
Hekate's Mahl 2, 411—412.
Hekate Mehrerin der Heerden 1, 568.
Hekate und Demeter 2, 405.
— und Helios 1, 563.
— und Kora 1, 567.
Hekatombäon (Monat) 1, 464.
Hekatoncheiren 1, 284.
Hektor 3, 250. 257.
Heldendichtung 1, 235. 2, 69 — 71.
Helena 3, 254.

Helena Tochter der Nemesis 1, 577. 3, 27—29.
Heliaden 1, 410.
ἡλιαία 1, 403.
Helike 1, 635.
Helios 1, 223. 224. 279. 400 —413. 2, 245.
Helios ἠλέκτωρ Ὑπερίων 1, 402.
— Eleutherios 1, 407.
— ἑπτάκτις 1, 411.
— Hyperion 1, 402.
— πανδερκής 1, 402.
— Soter 1, 407.
Helios in Korinth 1, 408—409.
— in Rhodos 1, 409—412.
Helios Vater des Aeetes und der Kirke 1, 409.
Helios und Dionysos 1, 411.
Heliupolis Name Korinths 1, 409.
'Ελλὰς καὶ μέσον" Ἄργος 1, 21.
Hellenen 1, 22.
Helm des Hades 2, 484.
Hemera für Eos 1, 682.
Hemithea 3, 210.
Ἥφαιστος 1, 665.
Hephästos 1, 377. 659—666. 2, 686—691.
Hephästos ἀμφιγυήεις 1, 663.
— ἐπιστάτης 1, 662.
— ἑλωός 1, 665.

Hephästos κλυτοτέχνης 1, 663.
— Kyllopodion 1, 664. 2, 690.
Hephästos als Künstler 2, 689
— 690.
Hephästos' Tempel 2, 689.
Hephästos und Ares 2, 688.
— u. Hera 1, 660—662. 687.
— und die Lemnischen Kabiren 3, 173. 177.
— und Thetis 1, 662.
Ἥρη 1, 363.
Hera 1, 239. 362—385. 2, 316—337.
Hera Achäische 1, 382—384.
— αἰγοφάγος 1, 384.
— Afräa 1, 381.
— Antheia 1, 375. 2, 328.
— Argeierin 1, 383—384.
— Basilis, Basileia 2, 323.
— βοῶπις 1, 375.
— Dirphya 1, 365.
— Gamelios, γαμοστόλος 1, 366. 2, 317.
— Henioche 2, 489.
— ὁπλοσμία 1, 383.
— καλλιστέφανος 1, 374.
— λευκώλενος 1, 376.
— Nympheuomene 1, 367. 2, 318.
— παῖς 1, 367.

Hera παρθένος 1, 365. 366.
— Pelasgische 1, 382.
— φερέσβιος 1, 377.
— Teleia 1, 365. 367. 384. 2, 317. 322.
— Thelxinia 2, 326.
— Zeuxidia 1, 375.
— ζυγία, ζευγίς 2, 317.
Hera als Himmelskönigin 2, 322—323.
— als Wittwe 1, 367.
Hera bei Homer 2, 328—334.
Hera des Polyklet 2, 319—321.
Hera die Erbe 1, 378—381.
Hera's Eifersucht 2, 335—336.
Hera Feuer aus der Brust gießend 1, 660. 2, 687.
Hera gefesselt 1, 290. 2, 333.
Hera in Samos 1, 382.
Hera Schützerin des Ehestandes 2, 324.
Hera's Verschwinden 1, 368.
Hera von Hephästos gebunden 2, 687—689.
Hera zürnend 1, 366.
Hera und Aphrodite 2, 325.
— und Dionysos 2, 336. 613. 687.
— und Herakles 2, 335.
— und die Sirenen 3, 165.

Herden **1**, 214. 367. 383 — 385. **2**, 317—318.
Herakleia (Städte) **2**, 768.
Ἡρακλῆς **2**, 754.
Herakles **2**, 749—799. **3**, 260. 294.
Herakles ἀδηφάγος **2**, 786.
— Alexikakos **2**, 791.
— Apotropaios **2**, 792.
— Ἄρητος **2**, 793.
— βουθοίνας **2**, 786.
— ἐπιτραπέζιος **2**, 786.
— Ipoktonos **2**, 791.
— Kallinikos **2**, 764.
— Kornopion **2**, 791.
— μαννιάς **2**, 775.
— Musagetes **2**, 765.
— ῥινοκολουστής **2**, 785.
— Soter **2**, 791.
— ταυροφάγος **2**, 787.
— θηροκτόνος **2**, 756.
Herakles als Athlet **2**, 764.
— als Frommer **2**, 774—775.
— als sterblicher Heros **2**, 752—781.
— als Weib **2**, 798.
Herakles am vierten geboren **2**, 449.
Herakles Bekämpfer bösartiger Gewalthaber **2**, 762—763.
III.

Herakles Bekämpfer der Thierungeheuer **2**, 755—759.
Herakles der Aegyptische **2**, 795—796.
— der Thebische **2**, 759—764.
Herakles der Philosophen **2**, 792.
Herakles Dreifußräuber **2**, 778 — 779.
Herakles in der Komödie **2**, 786.
Herakles im Prometheus des Aeschylus **2**, 264.
Herakles Kriegsheld mit dem Bogen **2**, 759—761.
Herakles Stammhaupt der Herakliden **2**, 766—768.
Herakles unter den Göttern **2**, 781—799.
Herakles Unterdrücker der Menschenopfer **2**, 769—774.
Herakles Vorsteher der Paläſtren und Gymnaſien **2**, 764.
Herakles verbunden mit andern Göttern **2**, 788—789.
Herakles' Apotheose **2**, 751. 781—782. 784.
Herakles' Flammentod **2**, 797.
— Keule **2**, 758—762.
— Löwenhaut **2**, 762.
Herakles und Apollon **2**, 778 — 779. 790.

23

Herakles u.Athena 2, 780—781.
— und Hera 2, 753. 790.
— und die Musen 2, 765.
— und Prometheus 2, 763.
Herakliden 2, 766—768.
Herkyna 2, 489—490.
Hermäa, ἕρμακες (Steinhaufen) 2, 455.
Hermäen 2, 452.
Hermäos (Monat) 2, 436.
Ἑρμαῖ, jungeOpferdiener 2, 447.
Hermaphroditenbildung 2, 629. 652.
Hermathena 2, 313.
Hermen 2, 449. 456—458.
Ἑρμέας, Ἑρμῆς, Ἑρμείας 1, 342.
Hermes 1, 239. 830. 333—348. 2, 435—467.
Hermes ἄγγελος θεῶν 2, 444.
— ἀγήτωρ 2, 447.
— Agoräos 2, 454.
— Agroter 2, 440.
— Akaleta 1, 335. 2, 437.
— ἀρχεδάμας 2, 443.
— Argeiphontes 1, 333. 336—342.
— Charidotes 2, 461.
— χρυσόρραπις Ἀργειφόντης 1, 341.
— Chthonios 2, 441—443.

Hermes διάκτορος 1, 345.
— διέμπορος 2, 454.
— Dolios 2, 460.
— Enagonios 2, 450.
— ἐνόδιος, εἰνόδιος 2, 455.
— Epimelios 1, 333. 2, 440.
— ἐπιθαλαμίτης 2, 458.
— ἐριούνης, ἐριούνιος 1, 334. 2, 437. 441.
— εὔκολος 2, 440.
— ἐύσκοπος, Ἀργειφόντης 1, 346.
— ἐδάς 2, 440.
— Hegemon 2, 447.
— ὅδιος, ὁδαῖος 2, 455.
— κάτοχος 2, 443.
— κερδῷος 2, 460.
— κριοφόρος 2, 438.
— κυνάγχης 1, 337.
— Logios 2, 453.
— Μαιαδεύς, Μαιάδης 1, 344.
— Mystagogos 2, 447.
— ὀνειρόπομπος 1, 341.
— παιδοκόρος 2, 451.
— φλιήσιος 2, 443.
— πολύγιος 2, 451.
— πομπεύς, πομπός 2, 441. 442.
— Propyläos 2, 458.

Hermes Pyldos **2**, 441.
— πυληδόκος **1**, 340.
— σῶκος **2**, 439.
— στροφαῖος **2**, 458.
— θεᾶν κῆρυξ **2**, 444.
Hermes der ithyphallische **1**, 335. **2**, 438.
Hermes Dieb **1**, 347.
— Erfinder der Laute **2**, 449 —450.
— Erfinder der Syrinx **2**, 440.
Hermes Gott der Diebe **2**, 461 — 462.
— Gott der Gymnasien **2**, 450—452.
— Gott des Handels **2**, 454 —455.
— Gott der Herolde **2**, 445 —447.
— Gott der Wissenschaften und Künste **2**, 453.
Hermes in Arkadien **2**, 437.
Hermes im homerischen Hymnus **2**, 462—467.
Hermes Kuhdieb **1**, 338.
Hermes und Apollon um die Laute streitend **2**, 466—467.
— und Athena **2**, 453.
— und die Chariten **2**, 453.
— u. Hekate **2**, 436. 442—443.

Hermes und Herse **2**, 436. 443.
— und die Nymphen **2**, 440 — 441.
— und der Aegyptische Theut **2**, 453.
Hermes, Hermäon (Fund) **2**, 458.
Hermione in Argolis **2**, 487 —488.
Herochia **1**, 364.
Herodot **1**, 92
Herodot über Herakles **2**, 794 — 795.
Heroen **3**, 237—316.
Heroen als Halbgötter **3**, 240.
Heroen der Geistesthätigkeiten **3**, 276—282.
Heroen durch Laune und Aufwallung **3**, 282.
Heroen in übernatürlicher Größe **3**, 244.
Heroen nur bei den Griechen **3**, 245. 287.
Heroen Städtegründer **3**, 272 — 274.
Heroen uneigentlich **3**, 282.
Heroenwürde gelegentlich ertheilt **3**, 291—292.
ἡρῷον **3**, 250.
Heroïs **2**, 583.

23 *

Heroisches Weltalter 1, 724
— 725.
Heroisirung historischer Perso‎nen 3, 274—276.
ἥρως 3, 237.
Ἡροσάνθεια 1, 375.
Herrschaftswechsel unter den Göttern 1, 261—291.
Herse 2, 289. 3, 103.
Hesiodische genealogische Gedichte 3, 245.
Hesiodus 2, 80—82.
Hesiodus. Mythus von den Weltaltern 1, 722—731.
Hesiodos, Name für die Diener der helikonischen Musen 3, 115.
Ἡσιόνη 1, 755.
ἑστία 2, 691.
Hestia 1, 660. 2, 691—99.
— Buláa 2, 695.
— κοινή 2, 695.
— πρυτανεία, πρυτανῖτις 2, 695.
Hestia in der Theogonie 2, 692.
Hestia kosmisch 2, 698.
Hestia und Hermes 2, 697.
ἑστιατόριον 2, 695.
Hesychia 3, 230.
Hesychiden 3, 92.

Hesychos 3, 92. 266.
Heuschrecken 1, 484.
Heuschreckennabel (vgl. Cicade) 1, 780. 3, 237.
Hierobulen der Aphrodite 2, 712—713.
ἱερομηνία 1, 554.
Hieron 3, 275.
ἱεροποιοί im Cult der Semnen 3, 92.
ἱερὸς γάμος 2, 317.
ἱερὸς λόγος 1, 88—95. 91.
Hilaira und Phöbe 1, 474. 3, 113.
Himalis 2, 470. 3, 141.
Himeros 2, 723.
Hippodamia 3, 268.
Hippokoon 2, 769.
Hippokrates 3, 281.
Hippolytos 2, 771. 3, 269.
Hipposthenes 3, 267.
Hochzeit des Dionysos und der Ariadne 2, 594.
— des Herakles und der Hebe 2, 783. 3, 111.
— des Zeus und der Hera 1, 364—368.
Höhle der Najaden in Ithaka 1, 658.
Homer 1, 5—8. 2, 68—80.

Homers allegorische Dichtungen 1, 85.
Homers Apotheose (das Relief) 3, 231.
Homer halbgöttlicher Heros 3, 277.
Homeros und Hesiodos 3, 278.
Homerische Hymnen 1, 90.
Homerischer Hymnus auf Apollon 1, 500—506.
Homerischer Hymnus auf Demeter 2, 511—513. 516. 546.
Homerischer Hymnus auf Hermes 2, 462—467.
Ὁμολώϊος 2, 208—209.
Ὁμόνοια 3, 224.
ὥρα 1, 694. 3, 13.
Horden 1, 694.
Horaz 3, 315.
Horen 1, 693—694. 3, 10—13.
ὁρμή 1, 343.
Horme 3, 220.
Hosia 3, 232.
ὅσιοι 2, 530.
Hunde 1, 565. 2, 412. 415. 421.
Hunde im Tempel des Abranos 3, 139.
— im Tempel des Hephästos 2, 690.

Hundeopfer der Hekate 2, 562. 3, 207.
Hundsstern 1, 615—616.
Hüte der Dioskuren 2, 421. 427. 435.
Hut des Hermes 2, 446.
Hyakinthien 1, 464. 474.
Hyakinthios (Monat) 1, 475.
Hyakinthos 1, 472. 474.
ὕβρις 2, 665.
Hybris 3, 219.
ὕδρα 2, 757.
Hydrophoria 1, 774.
Hyes 2, 220. 228.
Hygiea 2, 739.
Hyllos 2, 766.
Hymenäos 3, 195. 233.
Hyperboreer 2, 349—361.
Hyperides 2, 521.
ὑπέρμορον 1, 192.
Hyperoche 2, 350.
Hypnos 1, 85. 715. 3, 101 — 102.
Hypnos Epidotes 3, 102. 214.
Hyrnetho 3, 269.

Jacchos 2, 542—543. 547. 548. 557. 640—643.
Jagd 2, 386.
Jalemos 3, 233.

Jambe **2**, 480. 501.
Japetiden, die vier **1**, 743—755.
Japetos **1**, 263.281.754—755.
Jason, Jasios **1**, 69. 693.
Jaso **2**, 739.
Jchnä **3**, 19.
Jda (Nymphe) **2**, 232.
Jdäische Höhle in Olympia **2**, 241.
Jdas und Lynkeus **1**, 611. 614. **2**, 425.
Jdmon **3**, 284.
Jlias **1**, 112.
Jmbros **1**, 349. **3**, 187.
Jnachia (Fest der Leukothea) **1**, 644.
Incubation **2**, 747.
Jndra **1**, 228.
Jno Leukothea **1**, 643—645.
Inseln der Seligen **1**, 822.
Jo **2**, 336.
Jo im Prometheus des Aeschylus **2**, 256—257.
Joke **1**, 714.
Jolaos **3**, 270.
Jon **1**, 492.
Jonier **1**, 23.
Jphianassa **2**, 400.
Jphigenia **2**, 401—403. **3**, 255.
Jris **1**, 690—692. **3**, 43.
Ironie im Homer **2**, 72—73.

Ismaros **1**, 432.
Isokrates **2**, 521.
Jrion **2**, 199. **3**, 77.
Jynr **2**, 150. **3**, 204.

Kaanthes **1**, 416.
Καβειρώ **1**, 649. **2**, 429. 690. **3**, 174.
Kabiren, Lemnische **2**, 559 — 560. **3**, 173—189.
Kabiren Samothrakische **1**, 329. 331. **3**, 184—185.
Kabirenpaar mit den Dioskuren vermischt **2**, 429—435.
Kadmos **1**, 330.
Καιρός **2**, 451. **3**, 239.
Kaiserreligion in Rom **3**, 314.
Καλαμαιών (Monat) **2**, 468.
Kalathos **2**, 405. 411.
καλλαβίδες **2**, 392.
Kalligeneia **2**, 503. 504. **3**, 137.
Kallimachus. Hymnus auf Artemis **2**, 385.
Kallisto **1**, 580. **3**, 128.
Kamillos **3**, 175.
Κανδάων, Κανδαῖος **1**, 414.
Karischer Cult der Demeter **2**, 500.
Καρκίνοι **3**, 177.
Karmanor **2**, 377. 378.

Karneen 1, 470.
Karneios (Monat) 1, 470.
κάρνος 1, 471.
Kasmilos, Kadmilos 1, 329. 331.
Kassandra 3, 255.
Kastor 1, 610.
Kastoreion (Schlachtlied) 2, 420.
κατὰ τύχην καὶ δαίμονα 2, 806.
κατάδεσμος, κατάδεσις 2, 151.
κάθοδος und ἄνοδος der Kore 2, 476—478.
Kaukasus 1, 761.
Kaukon 1, 323.
Kebalion 3, 215.
Kekrops 1, 66. 3, 107.
Kelebonen 3, 167.
Keleos 2, 512. 551.
Keles 3, 208.
Kelmis 3, 177.
Kentauren 3, 152.
Kephalos 1, 690.
Ker, Keren 1, 708—709. 3, 100—101.
Keramos 2, 597.
Keraon 3, 282.
Kerberos 2, 776.
Kerillos 3, 273.
Κερκηῆς 3, 65.
κερκώπη 3, 108.

Kerkos 1, 329.
κῆρυξ 2, 445.
Keto 1, 646.
Kimon 3, 275.
Kinädismus 2, 652.
κίων 2, 615.
κίρκος 1, 532.
κισσοτόμοι (Fest der Hebe) 1, 371.
Kithäron 1, 441. 3, 83.
Kitharöden 2, 369.
κίθαρος 2, 445.
Klaros 2, 383.
Kledon 3, 221.
Kleio 3, 115.
Kleitos 1, 687—688.
Κλέψυδρα 2, 238.
Kleta 1, 373. 3, 111.
Klobonen 1, 429.
Κλῶθες 3, 14.
Klotho 3, 14.
Klymene 2, 488.
Klymenos 2, 487—488.
Knabenliebe 2, 383—384. 715. 724—728.
Könige Söhne des Zeus 1, 178.
Köos 1, 280.
κοινὴ ἑστία 2, 695.
κοινὸς Ἑρμῆς 2, 459.
Kokytos 1, 801. 803.

Kolabros 3, 215.
Kolonos 3, 298.
Komödie 2, 96—99.
Konisalos 3, 208.
Kopo 1, 468.
κόραι, κοῦραι Διὸς αἰγιόχοιο (Nymphen) 1, 656.
Korbar 2, 619.
Kore 2, 475—481.
Kore Azesia 2, 532.
— Hagne 2, 533.
— Hera 2, 489. 731.
— καλλίπαις 2, 504. 547.
— Soteira 2, 533. 557.
Koreia (Fest) 2, 508.
Koröbos 3, 84.
Koronis Mutter des Asklepios 2, 733.
Korybanten 2, 225.
Korybanten und Kabiren 3, 179.
Korykische Höhle 3, 50.
κορυνήτης 2, 758.
Κόττος 1, 284.
Kragaleus 3, 215.
Kranaos und Jon 3, 271.
Kranz der Hera 1, 374.
Kratos 3, 40.
Krebemnon der Leukothea 1, 644. 2, 152.
Kreios (Κρῖος) 1, 280.

Kreisel 2, 170.
Kreophylos 2, 785.
Kreophylen, Samische 3, 47.
Kreta, Kreter 2, 217.
Kreta, Geburtsort des Zeus 2, 234.
Kretea 2, 235. 237.
Kreter in Delphi 1, 503. 508.
Kretischer Stier 2, 772.
Kretischer Zeus 2, 217—244.
Kretischer Zeus. Seine Aufserziehung 2, 231—232.
Kretischer Zeus Γελχανός 2, 244—246.
Krios 1, 472.
Krisa 1, 507.
Kritias 2, 46—47.
Krokotos 1, 572.
Krokotos der Athena dargebracht 1, 304.
Kronia 1, 156—159.
Κρονιών (Hekatombäon) 1, 464.
Κρόνιος für Κρονίδης 1, 144.
Kronos 1, 274.
Κρόνος ἀγκυλομήτης 1, 265.
Kronos. Sein Cult 1, 155.
Kronos. Seine Söhne und Töchter 1, 144.
Kronos in Elysion 1, 160.

Kronos und das goldene Welt-
	alter 1, 156—159.
Kronos und Helios 1, 145.
— und Rhea 1, 148.
κτιστής 3, 273.
Kühe des Geryoneus 2, 776.
Kuh 1, 64.
Kukuk auf dem Scepter der
	Hera 1, 319. 365.
Kunstmythologie 2, 126. 314.
Kuralios 1, 311.
Kureten 1, 365. 2, 219. 224
	— 226. 231. 3, 144—146.
Kurotrophos 3, 136.
Kyanites 3, 284.
Kyane 3, 51.
Kybbasos 3, 208.
Kybele 2, 221. 623.
Kybömos 1, 706. 714.
Kyklopen 1, 263. 3, 73.
Kylonischer Frevel 2, 200.
Kynophontis (Fest) 1, 616.
Kynortas 1, 474. 616.
κύρβεις 2, 33.
Kyrnos 3, 273.

Labeo 3, 302.
Lachesis 3, 15.
Lajos 2, 726.
Lakedämon 3, 271.
Lamia 3, 302.
Lampetie 1, 405.
Lampsakos 3, 273.
Laodike 2, 350.
Laphriaden 1, 596.
Lares 1, 739.
Larissa 1, 26.
Latmos 1, 559.
Latreia (Fest) 2, 345.
Laute 2, 449—450.
Leäna 3, 302.
λεχέρνα 1, 369.
Leda, Lede 1, 608.
Legende 1, 95—107.
Leichenspiele 1, 796.
Leleger 1, 14.
Leler 3, 271.
Lemnische Mysterien 3, 178—
	180. 182.
Lemnischer Wein 3, 178.
Lemnos 1, 661. 3, 178—182.
Lenä 3, 143.
Lenäa 2, 645. 648—649. 3, 143.
Leonidas 3, 274.
Leos und seine Töchter 3, 266.
λέρνα 2, 757.
Λητώ, Λατώ 1, 513.
Leto 1, 239. 512—515. 2,
	337—339.
Leto φυτίη 2, 345.

Λευκὰς πέτρη 1, 803.
Leuke 1, 821.
Leukippiden 3, 113.
Leukothea 1, 643—645.
Libanius 2, 160.
Liber 2, 558. 641.
Libera 2, 558. 590. 641.
Liebesgeschichten des Zeus 2, 215.
Limnä 1, 582.
Limnäon 1, 582.
Λιμός 1, 485.
Linos 2, 766. 785. 3, 233. 277.
Liten 1, 712.
Lithobolie 3, 138.
λίθος ἀργός 1, 220. 348. 497.
Löwe 1, 490.
Löwe Symbol des Dionysos 2, 621—622.
λοιμός und λιμός 1, 459.
Loose von Hermes abhängig 2, 458.
Lorber 1, 532. 2, 347. 376.
Lorbon 3, 208.
Λοξίας 2, 27.
Luchs 2, 400.
Lucullea 3, 302.
Λούσιος 2, 238.
Lydische Bräuche im Cult der Artemis 2, 392.

Lygos 1, 368. 2, 265.
Lykabettos 1, 477.
Lykaon 1, 212.
Lykaios (Monat) 1, 481.
Λυκαμβὶς ἀρχή 1, 491.
Lykanthropie 1, 212.
Lykaon 1, 212. 2, 770.
λύκη 1, 476.
Lykia, Lykien 1, 477. 2, 338. 342.
Λυκιάδες 1, 479.
Lykoergos (Ares) 1, 416. 433.
Λυκώρεια 1, 773.
Lykos Heros 1, 491.
Lyktos 2, 216. 231.
λύκος und λύκη 1, 64. 68.
Lykurgos 3, 267. 297.
Lynkeus 2, 425.
Lyriker 2, 82—86.
Lysander 3, 300.
Lysandria 3, 301.
Λυσέρως 3, 197.
Λύσσα 3, 229.
Λυθίραμμος 2, 582.

Mā 2, 218. 226.
Machaon 2, 738.
Mäa 1, 239. 752—753.
Mänaden 3, 141—144.
Mänalius 2, 691.

Märchen **1**, 107—114.
μαγίδες **2**, 412.
Maia, Μαιάς **1**, <u>344</u>.
μακαρίτης **2**, 524.
Manien **3**, <u>89</u>.
Mantik **2**, 137—139.
μάντις **2**, <u>10</u>. <u>23</u>.
Marathon **3**, <u>273</u>.
Marcellea **3**, <u>303</u>.
Maron **1**, 432. **3**, <u>148</u>.
Mars **1**, 415.
Marsyas **3**, <u>147</u>. <u>150</u>.
Matton **3**, <u>282</u>.
Maus **1**, 482.
Medea **2**, <u>148</u>. 415. **3**, <u>189</u>.
Medon **2**, 690.
Medusa **1**, <u>305</u>.
Μεγάλαι θεαί **2**, 533.
μεγαλάρτια (Fest) **2**, 470.
Megalartos **2**, 470. **3**, <u>141</u>.
Megalomazos **2**, 470. **3**, <u>141</u>.
Megapenthes **1**, 447.
Megara, Frau des Herakles **2**, 763.
τὰ μέγαρα κινεῖν **1**, <u>361</u>.
μεγαρίζειν **1**, <u>361</u>.
Meernymphen **3**, 61—66.
Mehrzahl der Dämonen **3**, <u>5</u>.
Mekone (Sikyon) **1**, 764.
Melampus **1**, <u>66</u>. **2**, 602. **3**, <u>279</u>.

Meles **3**, 46—47.
Melete (Muse), **3**, <u>119</u>.
Melische Nymphen **3**, <u>80</u>.
Melissa **2**, <u>232</u>.
Melkart **2**, 794.
μῆλον **2**, 788.
Memnon **1**, 687.
Mene **1**, 557.
Menelaos **1**, 820. **3**, <u>254</u>.
μήνιμα **3**, <u>78</u>.
Μενοίτιος **1**, 744.
Menschen aus Baum und Stein entstanden **1**, 782—785.
Menschen. Ihre Herkunft **1**, 777—787.
Menschen von Zeus erschaffen **1**, 181—183.
Menschenartige Götter **1**, <u>230</u>—232.
Menschenartige Götter rationalistisch aufgefaßt **1**, <u>244</u>—248.
Menschenopfer **2**, 769—774.
Menschenopfer im Cult der Artemis **1**, 572. 687.
— im Cult des Dionysos **1**, 444.
— im Cult des Zeus **1**, <u>205</u>. <u>211</u>.
Menschliches Elend **1**, <u>247</u>.

Mercurius Vater des Cupido
1, 352.
μηρὸς Διός 2, 625.
Messenische Heroen 3, 268.
Metaneira 2, 512. 537.
Methapos 2, 556. 559. 3, 188.
Methe 3, 153—154.
Methodik der mythologischen Forschung 1, 114—126.
Midas 3, 148.
Miltiades 3, 275.
Mimallonen 1, 429.
Mimische Kunst 2, 343. 597.
Minerva 1, 302. 319.
Minotaurus 1, 67.
Minyas 3, 272.
Minyer 1, 634.
Mißverstand der mythologischen Staatsreligion 2, 45—50.
Mneme (Muse) 3, 119.
Mnemosyne 3, 116.
Möra, Mören 1, 616. 698. 2, 190. 3, 14. 18.
μοῖρα, Μοῖρα 1, 185. 2, 188—189. 3, 17.
Molionen 1, 424.
Momos 3, 231.
Mond 1, 551—556.
Monotheismus 1, 225.
Mord b. Lemnisch. Kabiren 3, 178.

Mord der nächsten Angehörigen 3, 77—79.
Morgenröthe 1, 682.
Moschlos 1, 661. 3, 177. 182.
Mucia 3, 303.
Mühlengötter 3, 140—141.
Mütze des Aïdes 1, 397.
Munychion (Monat) 1, 570.
Μοῖσα, Μῶσα 1, 701.
Musäos 2, 549.
Museia 3, 10.
Musen 1, 700—705. 2, 43. 3, 114—120.
Musen Arvalische 2, 689. 3, 117.
— Helikonische 1, 704. 3, 115.
— Libethrische 3, 117.
— Olympische 1, 702.
Musen u. Sirenen 3, 165. 166.
Musik 2, 82—86.
Myiagros 2, 213. 3, 284.
Μύραινα 3, 216.
Myrte der Aphrodite 2, 718.
— des Dionysos 2, 718.
Mysterien in Agra, Agrä 2, 546.
— in Andania 2, 556.
— von Eleusis 2, 516—554.
— von Halimus 2, 501.
— in Keleä 2, 555.
— in Lemnos 3, 178—180. 182.

Mysterien von Phlya **1**, 322. 332. **2**, 518.
— von Samothrake **1**, 328.
Mystik **2**, 100.
Mystis **3**, 154.
Mythologie u. Theologie **1**,125.
Mythos **1**, 75—79.

Νᾶα (Fest) **1**, 203.
Najaden **1**, 323. **3**, 50.
Najaden Stammmütter edler Geschlechter **3**, 52.
ναιάδες, νηΐδες **1**, 656.
Namen in ihrer Bedeutung für Mythologie und Poesie **1**, 46—50.
Namen der Dämonen **3**, 5.
Namengebung **2**, 42—44.
Narcisse **2**, 475.
Naturgefühl **1**, 215—218.
Naturgötter **1**, 214—229. 224. 242.
Naturphilosophie in ihren Anfängen **1**, 291—297.
Nausikaa **3**, 257.
νὴ τὼ Λαπέρσα **2**, 421.
νὴ τὼ θεώ **2**, 532.
Neära **1**, 405.
Nebengötter **1**, 676—681.
Neid der Götter **3**, 29.

Nekromantie, Thesprotische **1**, 813.
Nekyia, Homerische **1**, 800. 804. 813.
Νηλεύς **1**, 424.
Nemeische Spiele **1**, 210.
Nemeseia, Nemesia **3**, 32.
νέμεσις **3**, 26.
Nemesis **1**, 576—579. **2**, 395. **3**, 25—35. 36. 37.
Nemesis δέσποινα **3**, 34.
Nemesis und die Chariten **3**, 112.
Nemesis und Hoffnung **3**, 33.
Neoptolemos **3**, 251, 254, 278.
Nereiden **1**, 619.
Nereiden und Okeaniden. Ihre Namen **3**, 62—66.
Νηρεύς **1**, 616.
Nereus Wahrsager **1**, 620.
Nereus und Thetis **1**, 616—621.
νηστεία **2**, 502.
Neumond **1**, 554.
Neunzahl **1**, 55.
Neunzahl der Musen **1**, 704.
Nike **3**, 40. 110.
Niobe **3**, 124—127.
Nisos (Nysos) **1**, 438.
τὸ νόμιμον, νομιζόμενον **2**, 33. 39.
Nostos **3**, 140.

Notos **1**, 707. **3**, 67.
Numenien **1**, 554.
Nyktelia **1**, 443. **2**, 573.
Nymphäen **3**, 51.
νύμφη **1**, 656.
Nymphen **1**, 372. 656—659. 703—705. **3**, 48—66.
Nymphen αὐλιάδες **3**, 54.
— ἐνδηΐδες **3**, 54.
— ἐννησιάδες **3**, 54.
— Halien **1**, 657. **3**, 61.
— ὑδριάδες **3**, 54.
— Jonides **3**, 56.
— λειμωνιάδες **3**, 53.
— ναΐδες **3**, 54.
— ὀρεσκῷοι **1**, 657. **3**, 53.
— πετραῖαι **3**, 53.
Nymphen Gerästische **2**, 238.
— Kithäronische **1**, 657.
— Sithnische **3**, 52.
— Tritonische **1**, 650.
Nymphen Mütter von Helden **1**, 658.
νυμφόληπτος **1**, 621. **3**, 55.
Nysa (Νῦσα) **1**, 438—440. **2**, 484. 624. 625.
Nyx **3**, 41.

Odyssee **1**, 112.
Odysseus **3**, 163. 257.

Oedipus **3**, 83. 94. 259.
Oelbaum **1**, 495.
Oelbaum der Athena heilig **1**, 318. **2**, 308.
Oeneus **1**, 441.
Oenomaos **1**, 417.
Oenotropen **3**, 155.
Ogygos, Ogyges **1**, 775—776.
οἰκιστής **3**, 273.
οἶκος (Tempel) **2**, 509.
Oino **3**, 155.
Okeaniden **3**, 62.
Okeanos **1**, 285. 292.
Oknos **3**, 228.
Olen **1**, 516. **2**, 349. 360.
Olymp **1**, 172—175.
Olympieion **2**, 180.
Oneiros **3**, 102.
Onesilos **3**, 290.
ὄνομα θέσθαι **2**, 42.
Onomakritos **2**, 545. 550. 636.
Opfer **1**, 765. **2**, 50—52. **3**, 288.
Opferthiere **2**, 133—134.
Opheltes **3**, 269.
Opis **2**, 351. 394.
Orakel **2**, 8—30.
Orakel. Ihre Natur und Form **2**, 18—27.
Orakel des Apollon **1**, 504. 518.

Orakel des Dionysos **1**, 427
— 428.
Orakel der Gäa **1**, 324. 354. 518.
— des Trophonios **3**, 122
— 123.
Orchomenos 1, 697.
Oreithyia **3**, 69. 70.
Orestes **3**, 90. 254.
Oresthasier **3**, 268.
Orestheus **1**, 441.
Orion **1**, 688—689.
Ormuzd **1**, 146.
Orpheus **3**, 233. 276.
Orpheus, Orphiker **2**, 543—
546. 548. 550.
Orthanes **3**, 208.
Orthros **2**, 776.
Ortygia **1**, 599—601.
Oschophoria **2**, 597. 650.
Osogos 1, 641.
Ossa **1**, 715.
Othrys **1**, 282.
Otos und Ephialtes **1**, 421.
ὀξυθύμια **2**, 412.

Päan **1**, 462. 534. 541—542.
Päeon **1**, 462. 541. 695. **2**, 372. **3**, 114.
Παλαμάων **1**, 665.
Palamedes **3**, 257.

Palike (Stadt) **3**, 192.
Paliken **2**, 690. **3**, 189—195.
Palladion **2**, 311.
Pallantiden **1**, 790.
Pallas (Titane) **1**, 280.
Pallas (Athena) **2**, 294.
Pallas, οἰκιστής von Pallantion **3**, 268.
Palme in Delos **1**, 516.
Παμμερόπη, Tochter des Keleos **2**, 534.
Pamphoos **2**, 550.
Πάν, Πάων **1**, 454.
Pan **1**, 451—457. **2**, 653—671. **3**, 152.
Pan Agreus, Agreutes **2**, 662.
— Aktios **2**, 662.
— ἔνοδος, ἐνόδιος **2**, 663.
— κήλων **2**, 661.
— Kerastes **2**, 669.
— Linnenites **2**, 662.
— Lykeios **1**, 456.
— Lyterios **2**, 665. 748.
— μελισσοσσόος **2**, 663.
Pan Nomios **1**, 453. **2**, 661.
— νυμφαγενής **2**, 657.
Pan bei den Dichtern **2**, 660—661.
Pan, das All **2**, 669—671.
Pan, der Arkadische **1**, 453.

Pan Erfinder der Syrinx 2, 661.
— Gott der thierischen Erzeugung 1, 454.
Pan in Athen 2, 654—656.
Pan Päderast 2, 665—666.
Pan. Seine Genealogie 2, 656—660.
— Seine Gestalt 2, 656.
Pans Tod 2, 670—671.
Pan Wahrsager 2, 665.
Pan und Aphrodite 2, 665.
— und Apollon 1, 455. 2, 657. 664—665.
— und Dionysos 2, 663.
— und Helios 1, 455.
Pan und Hermes 2, 654. 658.
— und die Nymphen 2, 661. 664. 3, 50.
— und Selene 1, 456.
— und Zeus 2, 654.
Panakeia 2, 739.
Panathenäen 2, 309.
Pandia (Fest des Zeus) 1, 209.
Πανδίη 1, 560.
Pandora 1, 757—770.
Pandora in der Hesiodischen Theogonie 1, 765—768.
— in den Hesiodischen Werken und Tagen 1, 757.

Pandrosos 2, 290. 3, 103. 104—107.
Pane 2, 663.
Πάνες, πανεύειν 2, 666.
Panhellenen 1, 22.
Panische Regungen, Schrecken 2, 666—669.
Panops 1, 265.
Pappel 1, 800.
Papposilenos 3, 149.
παρανομία 3, 224.
Paregoros 3, 203. 230.
Parnassos 3, 272.
Parthenien 2, 391.
Parthenope 3, 169.
Πασιφάη, Πασιφάεσσα 1, 357.
Patreus 3, 273.
Patroklos 3, 254.
Paulus und Barnabas 3, 299.
Pausanias 3, 274.
Pausanias (der Perieget) 1, 93. 101.
Pediokrates 3, 283.
Pegasos von Eleutherä 1, 460.
Pegasos (Roß) 1, 67. 2, 672. 683.
Peitho 3, 202—6. 230.
Pelargo 3, 270.
Pelasger und Hellenen 1, 18—34.

Pelasger in Arkadien 1, 20.
Pelasger in Thessalien 1, 18.
Pelasgisch als vorhellenisch 1, 23.
Pelasgisch kein Gegensatz zu Hellenisch 1, 31.
Pelasgos in Arkadien von der Erde geboren 1, 23.
πέλειαι, πελειάδες 1, 357.
Pelops 3, 272.
Penelope 1, 659. 2, 657—658. 3, 219.
Pentheus 1, 446.
Penthilos 3, 298.
Pepromene 3, 18.
Pergamos 3, 184—185.
οἱ περί 3, 4.
Περφερέες 2, 350.
Περσέφασσα 1, 394.
Περσεφόνη, Περσεφόνεια 1, 393.
Persephone 1, 239. 392—400. 2, 475—481.
Persephone ἀγαυή 1, 399.
— δέσποινα 2, 490.
— ἐπαινή 1, 398.
— ἁγνή 1, 399.
Perserkrieg 3, 29. 31. 32.
Perses 1, 280.
Perseus 3, 269.
III.

Personificationen 1, 72—75. 707—715. 3, 225—233.
Petasos 2, 452.
πέτρα ἀνακληθρίς 2, 479.
Πέτραχος 2, 239.
Pfau 2, 323.
Pferde dem Helios geopfert 1, 66. 407. 411.
Pferde menschenfressend 2, 771—772.
Pferdeopfer 2, 428.
Pháar und Nausithoos 3, 266.
Phaenna 1, 373. 3, 111.
Phaethusa 1, 405.
Phalereus 3, 264.
Phales 2, 438. 3, 129.
Phallus 1, 64. 2, 152. 438. 600—603. 3, 129.
Phantasie und Verstand der Griechen 1, 42—44.
Pharaonen 3, 306.
Pheme 1, 715. 3, 220.
Φερρέφαττα 1, 394.
Phidias 2, 103—108.
Phila 3, 302.
φιλανθρωπία 1, 249. 2, 535.
Philesia 2, 383.
Philia 3, 220.
Philipp 3, 300.
Philoktetes 3, 256.
24

Philopömenes **3**, 275.
Philosophen. Ihre Meinungen über Entstehung des Glaubens an die Götter **2**, 45—47.
Philosophen religiös verehrt **3**, 280.
Philosophie **2**, 31.
Philosophie und Glaube **2**, 561—566.
Philostratus **3**, 295.
Phlegrä 1, 792.
Φλοία 1, 322. **2**, 518.
Phlya 1, 322. **2**, 518.
Φλιήσιος (Monat) **1**, 322.
Phobos **1**, 714.
Phobos (politischer Dämon) **3**, 222—223.
Phöbe Gattin des Köos 1, 281.
Phöbe (Hamadryade) **3**, 59.
Phöbos 1, 535.
Phönikische Götter **1**, 29.
Phokos **3**, 271.
φόνη, φόντης äolisch für φάνη, φάντης **1**, 399. 336.
Φόρκου πύλαι **1**, 646.
Phorkys 1, 645—646.
Phoroneus **1**, 375. **3**, 269.
φρένες **1**, 810.
Phryger 1, 429. **2**, 218—219.

Φθείρ, Φθίρ Sohn des Endymion **1**, 557.
Phthonos **3**, 231.
φύλακες **1**, 733.
Phylakos **3**, 283.
Pindar **1**, 94. 245. **2**, 85—86. 250. 486. 520. **3**, 167.
πίστις **1**, 81.
Πιθοίγια **2**, 646.
Pirobaros **3**, 281.
Platon **2**, 564—565.
Plejaden **1**, 753.
πλειάδες als πέλειαι **1**, 69.
Plemnäos **2**, 504.
Pluton 1, 392. **2**, 483. 494.
Plutos **3**, 137.
Plynterien **2**, 283.
Podares **3**, 268.
Pöne, Pönen **3**, 83. 84.
Poesie 1, 235—237.
Poesie. Ihr Verhältniß zum Mythischen **2**, 63—68.
ποινή **3**, 79. 85.
Politische Einwirkungen auf die Mythologie **2**, 42—45.
Politische Heroen **3**, 260—274.
Polybius **2**, 47. 809.
Polyböa **1**, 475.
Polydamas **3**, 281.
Polyceukes **1**, 610.

Polygnot von Thasos **2**, 103.
Polykrite **3**, 282.
Polytheismus **1**, 222.
Pontos **1**, 619.
Πάρχος **1**, 645.
Πορφυρίων **1**, 791.
Ποσειδῶν **1**, 623.
Poseidon **1**, 241. 622—643. **2**, 671—681.
Poseidon Aegaeon **2**, 679.
— Agreus **2**, 676.
— Alerikakos **1**, 629.
— ἀμφίβαιος **2**, 679.
— Asphalios **2**, 677. 679.
— δαμαῖος **2**, 801. 672.
— ἐλάτης **2**, 672.
— Elymnios **2**, 684.
— ἐνιπεύς **2**, 679.
— ἐνοσίχθων, ἐννοσίγαιος, ἐννοσιδᾶς **1**, 627.
— Epikurios **2**, 672.
— Erechtheus, Erichthonios **1**, 637. **2**, 288.
— γαιήοχος **1**, 627.
— Genesios **2**, 636. **2**, 683.
— Genethlios **2**, 684.
— Helikonios **1**, 635. 636.
— Hippios **1**, 633. **2**, 493. 671.
— ἱπποκράτης **2**, 672.

Poseidon Jatros **2**, 748.
— κρηνοῦχος **2**, 683.
— κυανοχαίτης **1**; 627.
— μεσοπόντιος **2**, 680.
— νυμφαγέτης **2**, 683.
— πελαγαῖος **2**, 671.
— πελλάνιος **2**, 680.
— πετραῖος **2**, 679.
— φυτάλμιος **2**, 683.
— προκλύσιος **2**, 677.
— Prophantos **2**, 685.
— Soter **2**, 674.
— ταύρεος **1**, 634. **2**, 673.
— τροπαῖος **2**, 675.
Poseidon bei Homer **1**, 624.
— bei den Joniern **1**, 636.
Poseidon, das Element **1**, 622—624.
Poseidon, der Phönikische **1**, 640.
Poseidon des Landes **2**, 682—685.
Poseidon ein Griechischer Gott **1**, 639—641.
Poseidon Gott des Meers **1**, 626.
— Gott der Pferdezucht und der ritterlichen Wettkämpfe **1**, 638.
— Gott der Schifffahrt **2**, 675.
Poseidons Abzeichen **2**, 686.

24 *

Poseidons Feste 2, 680—681.
Poseidons Söhne 2, 678.
Poseidons Streit mit Athena, Hera 2, 676—677.
Poseidon and Aïdes 1, 162—165.
— und Athena 1, 637. 638.
— und Demeter 1, 637. 638. 2, 684.
Poseidonisches Orakel 2, 685.
Pothos 2, 723.
Praxidike, Praxidiken 3, 24—25.
Priapische Dämonen 3, 207—208.
Priester 2, 154—155.
Procharisteria der Athena 1, 313. 2, 283. 479.
— der Persephone 2, 478.
Prodikos 2, 158.
Προδόμων θεῶν ἑστία 3, 215.
Prötiden 1, 445. 447. 2, 324.
Πυρφόρια 2, 468.
Promachos 3, 283.
Προμηθεύς 1, 769.
Prometheus 1, 756—66. 772—73. 786. 3, 188.
Prometheus Akaketa 1, 769.
Prometheus Titan 2, 254.
Prometheus des Aeschylus 2, 246—278.

Prometheus in der Hesiodischen Theogonie 1, 762—769.
Prometheus in den Hesiodischen Werken und Tagen 1, 756—62.
πρόνοια 2, 305.
Prophasis 3, 230.
πρόπολος 3, 4.
Proserpina 1, 394. 2, 510.
Prosymnos 2, 651.
προτέλεια 2, 317.
Protesilaos 3, 256. 281.
Proteus 1, 648—650.
Πρωτώ 3, 65.
Protrygaia 2, 685.
Ψαμάθη 3, 65.
Ψολόεις 1, 446.
Psydreus (Monat) 2, 460.
Ptarmos 3, 215.
Ptolemäer 3, 306—309.
Pyriphlegethon 1, 801.
Pythaeus 3, 124.
Pythagoras 2, 561—563.
Pythagoreer 2, 532.
Pythia 2, 20—21.
Pythien 2, 346.
Πυθώ 1, 519. 2, 12—14.
Pytho μηλοδόκος 2, 13.
Python 1, 520—525.

Quellencultus 3, 49. 51.

Rabe 2, 366.
Räthsel 1, 69.
Rationalistische Auffassung der menschenartigen Götter 1, 244—248.
Rebhuhn der Aphrodite 2, 717.
Reden über Götter und Heroen 2, 157—160.
Regen des Zeus 1, 168.
Reh 2, 375.
Reinigungsgebräuche vor Einweihung in die Mysterien 2, 530—532.
Religion der Schönheit 2, 118—121.
ῥάβδος des Hermes 1, 341.
Rhadamanth 2, 763.
Rhamnusische Göttin 1, 576—579. 3, 28.
'Ρέα 2, 216.
Rhea 1, 148. 3, 35.
Rhea Mutter des Zeus 2, 236.
Rhea und das Zeuskind 2, 216—244.
Rhobos 1, 409.
Rose der Aphrodite 2, 720.
Roß 1, 66.
Roß, Symbol des Poseidon 1, 632. 2, 673.
Rosse der Dioskuren 2, 417.

σαβάζειν 1, 427.
Sabazios 1, 427. 2, 623.
Sabazios Hyes 2, 228.
Σαβός 1, 427. 439. 2, 623.
Säulen als Zeichen der Götter 1, 221.
Sagen über Geburt und Erziehung des Zeuskindes 2, 239—242.
Samothrakische Götter 1, 328. 2, 429.
σανίς 1, 222.
Saos 3, 284.
Sarapis 2, 749.
Saronia 1, 586.
Saturnalien 1, 159.
Satyrn 1, 451. 3, 144—147.
Satyrspiel 3, 146.
Schamanenthum 2, 154—157.
Schicksal 1, 184.
Schiff 1, 632.
Schildkröte 2, 712.
Schildkrötenmünzen 2, 454.
Schlaf 1, 85. 715. 3, 101—102. 117.

Schlange 1, 65. 523. 2, 435. 816. 3, 122. 143. 238.
Schlange des Asklepios 2, 734—735.
Schlangendreifuß, Delphischer, in Konstantinopel 2, 12. 810—817.
Schlangengestalt des Erechtheus 2, 288—289.
Schönheitsgerichte 2, 823.
Schöpfung aus nichts 1, 197.
Schutzgeister 2, 737.
Schwan 2, 362—364. 383. 717.
Schwein Opferthier des Herakles 2, 787.
Seele 1, 805—816.
Seele geflügelt 1, 809.
Seelenwanderung 2, 561.
Sehergabe 2, 21—25.
Σείριος 1, 615.
Selene 1, 556—560.
Sellen 1, 201. 204. 326.
σῆμα, σημεῖον 2, 136.
Σεμέλη 1, 436.
Semele 1, 435—438. 2, 579—580. 583—586.
Semnen 3, 87—89. 91—95.
Semnen im Demos Kolonos 3, 93—94.
Semo Sancus 2, 798.

Sesamos 2, 503.
Sertus Empiricus 2, 46.
Sieben Musen 3, 114.
Siebenter Tag 1, 466.
Siebenzahl dem Apollon heilig 1, 467.
Sigelos 3, 284.
Sikyon 2, 784.
Silbernes Weltalter 1, 723.
Silen, Silene 1, 429. 2, 578. 3, 147—150.
Silen μουσόμαντις 3, 148.
Silene mit Satyrn vermischt 3, 150.
Simonides von Keos 2, 85. 191.
Sinflut 1, 770—777.
Sinnbild 1, 70—72.
σιρβινόν 2, 710.
Sirenen 2, 151. 710. 3, 162—172.
Sireneninseln 3, 169.
Sirius 1, 441. 490. 615—616.
Sisyphos 1, 819.
Sittliche Anlage des Griechischen Volks 1, 233.
Σκῆψις 2, 239.
Skiron 2, 282.
Skirophoria 2, 282.
Skyphios (Roß) 2, 672.

σκύφος des Herakles 2, 787.
Sminthia 1, 483.
Sminthische Reden 2, 160.
Sohlen des Hermes 2, 446.
Sokrates 1, 250. 2, 563.
Solon 2, 165. 545.
Sonnenanbetung 1, 412.
Sonnenpfeile 1, 537.
Sonnenrosse 1, 413.
Sophokles 2, 89—90. 520. 524. 742. 3, 170. 279.
Sosipolis 3, 215.
Soteira 2, 406.
Soteria 3, 224.
Spartanische Heroen 3, 267.
Sparten oder Archegeten in Sparta 3, 266.
Spermo 3, 155.
Sphinx 1, 67. 2, 315.
Σπουδαίων 3, 218.
Staatsreligion 2, 31—41.
Stab 2, 150.
Stab des Hades 2, 484.
Städte und Länder nach Nymphen benannt 3, 225.
Stasinos 2, 701—702. 3, 27.
Steine als Zeichen der Götter 1, 220.
Stenia 2, 501.
Stern des Cäsar 3, 313.

Sternbilder 3, 42.
Sterndeutung 2, 139.
Stern am Helm und Gewand der Athena 1, 306.
Sterne über den Hüten der Dioskuren 2, 432.
Stesichore (Muse) 3, 115.
Stesichoros 2, 85.
Stier 1, 64. 479. 2, 616.
Stier des Dionysos 2, 597—600.
— des Poseidon 2, 674—675.
Stiere des Aristäos 1, 489.
Stierhörner 2, 777.
Stilbe 2, 743.
Stoiker 2, 40.
Strafen nach dem Tode 1, 816—820. 2, 527—529.
στῦλος, Bild des Dionysos 2, 614.
Styx 1, 801—803.
Symbol und Mythos 1, 57—59.
Symbolik im Laut 1, 68.
Symbolik in Thieren 1, 59—61.
Symbolische Thiere 1, 61—67.
Symbolisches in der Menschengestalt 1, 67.
Syrinx 1, 453. 2, 661.

Tänaria (Fest) 2, 680.
Talthybiaden 3, 282.
Tantalos 1, 818. 3, 352.
Tanz 2, 83—84.
Taras und Phalanthos 3, 267.
Tararippos 3, 216.
Tarent 3, 258.
Targelios 1, 463. 3, 124.
Taube, Abzeichen der Dione 1, 357.
Taube in Dodona prophetisch 1, 357.
Tauben der Aphrodite 2, 716.
Taureon (Monat) 2, 674.
Tauria (Fest) 2, 674.
Taygetos 2, 387.
Teichophylar 3, 283.
Τελχῖνες 2, 149.
Telephos 3, 259.
Telesphoros 2, 739—740.
Telete 3, 232.
τέλος 1, 384. 2, 316.
Tempe 2, 347. 376.
Tempel 2, 53—54.
Tempelstatue, ihre abergläubisch fromme Wirkung 2, 121 — 125.
Teneros 3, 279.
Tennes 3, 274.
τέρας 2, 136.

Terpander 2, 371.
τετράγωνος 2, 449.
Thaleia 3, 111.
Θαλία (Hebe) 1, 371.
Thallo und Karpo 3, 109.
Thalysia 2, 468.
Thanatos 1, 715. 3, 101. 223.
Thargelien 1, 462.
Thau, Thaugöttinnen 1, 552. 3, 103—107.
Theagenes 3, 281.
Theben, Areische Veste 1, 416.
Thebische Heroen 3, 259.
Theia 1, 280.
Θειλούθιος (Monat) 2, 469.
θέλγειν 1, 341. 2, 149.
Themiden 3, 21.
Themis 1, 326. 700. 3, 18 — 21.
Themis ἰχναίη 3, 19.
Themis Mutter der Horen 3, 12.
— Mutter des Prometheus bei Aeschylus 2, 253. 259.
Themis und Zeus 2, 186.
τῷ θεῷ 2, 532.
θεοδαίσια (Fest) 2, 307. 636.
Theönia 2, 645.
Theogamia 2, 480.
Theogonie 1, 291—298.
Theogonie des Hesiod 2, 80—81.

Theofrasie 1, 119.
Theofrit 3, 308.
Theologie, mythische, physische und politische 2, 30—31.
Theologie, staatliche 2, 35.
Θεῶν τύχη 2, 803.
Θεοὶ πάρεδροι 3, 5.
Θεοὶ πάτριοι 2, 35.
Θεοὶ und δαίμονες 1, 677.
Theophanes v. Mitylene 3, 302.
Θεός 1, 129—137.
Θεός der verstorbene Kaiser 3, 316.
Theorenia 2, 422.
Θῆρες in der Ilias 1, 13.
Theoro 2, 730.
Theron 3, 275.
Thersandros 3, 259.
Theseion 3, 265.
Theseus 1, 790. 3, 250. 265. 298—299.
Theseus und Ariadne 2, 591—593.
Thesmophorien 2, 495—505.
Thesmophorios (Monat) 2, 508.
Θεσμός 2, 496.
Θέσφατον 1, 188.
Θέας 1, 617.
Thetis 1, 617—619. 649.
Θητύς 1, 617.

Thespiä 1, 348. 352. 3, 117.
Thiasos 3, 150—153.
Thiere der Götter 1, 72.
Thraker 1, 425—426. 449. 564.
Thrakische Götter 1, 29. 426.
Θρίαμβος 2, 627.
Thrien 2, 464. 3, 120—122.
Thrinakie 1, 405.
Thyia Tochter des Kephissos 3, 69. 70—71.
Thyia (Fest des Dionysos) 1, 434. 2, 598.
Thyiaden 2, 632—633. 3, 141.
Thyone 2, 585.
Τιμή 3, 232.
Timesios 3, 273.
Timoleon 3, 275.
Tiresias 1, 813—814.
Tisamenos 3, 250.
Τιταίη 1, 268.
Titanen 1, 261—297.
Titanen von Homer erwähnt 1, 262.
Titanen und Giganten verwechselt 1, 287.
Titanen und Kabiren 3, 185—187.
Titanenkampf nach Hesiodus 1, 272—287.

Titanenkampf mit ähnlichen Sachen anderer Völker verglichen 1, 268—271.
Titanenmythus in seinen Nachklängen 1, 287—291.
Titanenmythus vorhomerisch 1, 262—265.
Titanenmythus. Seine Bedeutung 2, 265—272.
Titanenpaare 2, 278.
Tithonos 2, 685—687.
Tithorea 3, 59.
Tityos 2, 291. 818.
τίτυροι 3, 146.
Tlepolemos 3, 298.
Todtenbeschwörung 2, 414.
Todtendienst 1, 794—798.
Todtenorakel 1, 813—814.
Todtenspenden 1, 796.
Toraris 3, 280.
Tragiker 2, 86—93.
Traum 1, 715. 3, 102.
Traumdeutung 2, 139.
Traumpforten 1, 68.
τριγλη 2, 409. 412.
Trikka 2, 733.
Trilogieen der Götter 1, 161.
Trinkwettkämpfe 2, 644.
Triptolemos 2, 471—473. 513. 551.

Τρισαύλης 2, 473.
Τριθάλλιαι 3, 110.
Triton, (Wasser, Fluß) 2, 315.
Triton Sohn des Poseidon 2, 650. 3, 157.
Triton von Dionysos besiegt 2, 606—607.
Tritonen 2, 651.
Tritopatoren, Attische 3, 71—73.
Troische und Thebische Heroen aus dem Epos 3, 252—260.
Troischer Krieg 1, 232.
Tropohniaden 3, 216.
Trophonios 2, 443. 3, 122—123.
Tyche 2, 799—810. 3, 41. 210—213.
Tyche Automatia 2, 805.
Tyche φερέπολις 2, 801.
Τύχη πόλεως 2, 808.
Τυχεῖα 2, 807.
Typhon 3, 207—208.
Tyndariden (Dioskuren) 1, 612. 2, 428. 3, 267.
Typhaon, Typhoeus 1, 377. 791. 3, 67.
Typhonen 1, 792.

Ueberficht des neuen Göttersy=
stems **1**, 238—244.
Unsterblichkeitsglaube **1**, 814
—815. **2**, 561—564.
Unterwelt **1**, 798—805.
Unterwelt. Strafen **1**, 817—
820. **2**, 527—529.
Upis **1**, 577. 586. **2**, 394—
395.
Uranionen **1**, 263.
Uranos und Gäa **1**, 149.
Urmythen **1**, 76.
Ursachen der Geistesbewegung,
aus welcher die menschen=
artigen Götter hervorgin=
gen **1**, 232—238.

Varro **2**, 522.
Beda **1**, 226—229.
Venus Genetrix **3**, 312.
Venus Murcia **2**, 715.
Venus Prospiciens **2**, 711—
712.
Vergötterung **3**, 294—316.
Vergötterung der Könige in
Syrien und Pergamos **3**,
310—311.
Verhülltes Haupt des Prome=
theus **2**, 267.
Vermälung des himmlischen
Gottes mit der Erde **1**,
193.
Vermittlung des alten Glau=
bens und des theogonischen
Mythus **1**, 295—297.
Vesta **2**, 698—699.
Vier Jahreszeiten **3**, 13.
Vier Weltalter **1**, 721. 726.
Viereck **2**, 449.
Vierzahl bei Hermes **2**, 448.
Virgil **3**, 315.
Vogelsirene **3**, 171—172.
Vulcane **2**, 690—691.

Wachtel **1**, 601.
Wächter, ober= und unterir=
dische **1**, 733—735.
Waffentanz **2**, 231.
Wage des Zeus **1**, 189.
Wasser als Urelement **1**, 292.
Wassergottheiten prophetisch
1, 620—621.
Wassergottheiten verwandeln sich
1, 621.
Weide **1**, 800.
Wein **2**, 605.
Weltalter **1**, 720—731.
Werke und Tage des Hesiodus
2, 81—82.
Widder **1**, 456.

Winde 1, 707. 3, 67—70.
Winde, die guten 3, 71.
Wolf 1, 64. 212.
Wolf dem Ares geweiht 1, 417.
Wolf in Delphi 1, 431.
Wolf Thier des Apollon 1, 478.
Wunder 2, 131—135.

Xanthippos 3, 289.
Xoana der alten Zeit 1, 222.

Zagreus 2, 630.
Zagreus durch Titanen zerrissen 2, 636—639.
Zagreus Gemal der Ge 1, 203. 2, 630.
Zagreus in Kreta 2, 634—639.
Zagreus und Dionysos 2, 483.
Zahlen in ihrer Bedeutung für Mythologie 1, 51—56.
Zaleukos 3, 279.
Zauberei 2, 146—157.
Zéa 1, 571.
Zeichen und Bilder der Götter 1, 218—226.
Zeitwechsel, Zeitrechnung und Gottesdienst 1, 551.
Ζήν, Ζής 1, 134.
Zenon 2, 522.
Zenoposeidon 1, 641.

Zephyros 1, 707. 3, 70.
Zerynthische Höhle 1, 562.
Zethos und Amphion 1, 614.
Ζεύς 1, 129—137.
Zeus 1, 129—214. 2, 178—246.
Zeus Agamemnon 2, 183.
— Agetor 1, 213. 2, 182.
— Agonios 2, 210.
— Agoraos 2, 206.
— αἴθιοψ 2, 197.
— Akäos 1, 171.
— Aktäos 1, 204. 2, 196.
— Alastor 2, 187. 3, 97.
— ἀλδήμιος 2, 196.
— ἀλιτήριος 2, 199.
— ἀπατήνωρ 2, 187. 3, 100.
— ἀπατούριος 2, 205.
— Aphesios 2, 195.
— Apomyios 2, 212.
— Areios 1, 417. 2, 211.
— Aristarchos 2, 183.
— Astrapäos 2, 194.
— Atabyrios 2, 282.
— Bacchios 2, 203.
— Basileus 2, 182.
— βροντῶν 2, 194.
— Buläos 2, 206.
— Charmon 2, 196. 486.
— δικαιόσυνος 2, 187.

Zeus δωτήρ 2, 183.
— εἰλαπιναστής 2, 207.
— Eleutherios 2, 212.
— ἑλινύμενος 2, 187.
— ἐναίσιμος 2, 190.
— ἔνδενδρος 2, 196.
— Ephesios 2, 204.
— Epidemios 2, 207.
— Epidotes 2, 183. 3, 102. 214.
— ἐπικάρπιος 2, 196.
— ἐπικοίνιος 2, 207.
— Epimelios 2, 196.
— ἐπόπτης, ἐπόψιος 2, 185.
— Eridemios 2, 217.
— εὐάνεμος 2, 195. 3, 71.
— Erakesterios 2, 184.
— ϝελχανός 2, 244—246.
— Gamelios 2, 205.
— Geleon 2, 205.
— Genethlios 2, 205.
— Georgos 2, 196.
— Hekatombäos 2, 207.
— Hektor 2, 183.
— Hellenios 1, 203. 2, 210.
— Herkeios 1, 178. 2, 204.
— ἑταιρεῖος 2, 203.
— Hikesios 2, 199—201.
— ὁμαγύριος, ὁμάριος, ἁμάριος 2, 207.

Zeus ὁμόγνιος 2, 205.
— Ὁμολώιος 2, 208.
— Horios 2, 207.
— Hyetios 2, 198.
— ὑέτιος, (ὑλλος) 2, 195.
— ὑνναιεύς 2, 196.
— ὕπατος, ὕψιστος 1, 206. 2, 181—184.
— ὑπερδέξιος 2, 184.
— ὑπερχείριος 2, 184.
— Ithomatas 1, 169. 211. 213. 2, 238.
— Karios 1, 642.
— καταιβάτης 2, 194. 3, 74.
— Katharsios 1, 208. 2, 200.
— Κλάριος 2, 205.
— Kosmetas 1, 213. 2, 205.
— Κρηταγενής 2, 234.
— Kronion, Kronides 1, 140—148.
— Ktesios 2, 203—204.
— Κυναιθεύς 2, 197.
— Labrandeus 1, 631. 642.
— Lakedämon 1, 213.
— Laphystios 1, 205. 2, 199.
— Larissäos 2, 180.
— Lykäos 1, 210.
— Mämaktes 1, 207. 2, 202.
— μέγιστος 2, 181.

Zeus Meilichios 1, 207. 2, 201.
— μελισσαῖος 2, 197.
— μετοίκιος 2, 207.
— Moragetes 2, 188.
— Morios 2, 308.
— μυλεύς 2, 196.
— ναῖος 1, 203.
— Nemeäos 1, 210.
— Olympios 1, 209.
— ὄμβριος 2, 195.
— Osogos 1, 641.
— Pâan 2, 184. 748.
— παλαμναῖος 2, 201.
— Panhellenios 1, 204. 2, 209.
— πανημέριος 2, 184.
— πάνεμος 2, 196.
— πανομφαῖος 1, 177. 2, 9.
— Panoptes 2, 185.
— πατήρ 2, 185.
— Patroos 2, 492. 2, 205.
— Philios 2, 202—203.
— Phratrios 2, 205.
— φύξιος 2, 199.
— Plusios 1, 392.
— Polieus 1, 206. 2, 180. 206.
— προστρόπαιος 2, 199.
— σαώτης 2, 184.
— Σείριος 2, 197.
— σημαλέος 2, 197.

Zeus Soter 2, 183.
— Skotinas 2, 486.
— σθένιος 2, 182.
— στοιχεύς 2, 205.
— Stratios 1, 642. 2, 210.
— Sykasios 2, 604.
— Talläos 2, 234. 245.
— Teleios 2, 183. 205. 317.
— τιμωρός 2, 187.
— Imarios 1, 202.
— Triopas 1, 67. 162.
— Tropäos 2, 211.
— Trophonios 2, 489. 3, 122.
— Uranios 1, 213.
— Urios 2, 197.
— Xenios 1, 178. 2, 198 —199.
— ξύναιμος 2, 205.
— Ζόννυξος (Διόνυσος) 2, 203.
— ζύγιος 2, 205.

Zeus Kronion in mythischer Entwicklung 1, 148—153.
Zeus, der Arkadische 1, 210 —213.
— der Kretische, Kretageborne 2, 217—244.
Zeus der Pelasgisch-Dodonäische 1, 18. 199—203.
Zeus bei den Dorern 1, 213.

Zeus im Gewitter und andern Himmelserscheinungen 1, 168. 2, 193—195.
Zeus allwissend 1, 176.
Zeus auf den Gebirgsgipfeln 1, 169—171.
Zeus der Allerhöchste 2, 178 — 193.
Zeus der Mächtigste 1, 176.
Zeus der stärkste der Götter 1, 289.
Zeus schaffend 1, 193—198.
Zeus Schützer der sittlichen Ordnung der Gesellschaft 1, 177.
Zeus Titanensieger 1, 283.
Zeus Vater der Götter 1, 238 —240.
Zeus Vater der Menschen sowohl als der Götter 1, 179 — 183.
Zeus im Verhältniß zur Aesa, Möra 1, 183—193. 2, 188 —190.
Zeus mit sieben Göttinnen vermält 1, 284. 2, 248.
Zeus mit zwei Brüdern 1, 162 — 165.
Zeus unter den zwölf Göttern 2, 166.
Zeus. Seine Feste 2, 180.
Zeus. Seine Tempel 2, 180 —181.
Zeus in Athen 1, 206—208.
Zeus des Phidias 2, 108.
Zeus im Prometheus des Aeschylus 2, 257—259. 270.
Zeus ὁ θεός 1, 133. 180. 2, 179.
Zeus und θεοί 1, 181.
Zeus Athena Apollon 1, 542.
Zeus Gäa und Athena 1, 319. 322.
Zeus Poseidon und Aides 1, 241.
Zeus und Dike 3, 22.
Zeus und Dionysos 2, 203.
Zeus und Hera 2, 328—334.
Zeus Chthonios und Demeter 2, 486—488.
Zeus als Titel andern Göttern beigelegt 2, 214.
Ziege 2, 231. 232. 238.
Ζόννυξος 2, 598.
Zwei Mören in Delphi 3, 17.
Zwei Nemesen 3, 34.
Zweizack des Pluton 1, 630.
Zweizahl der Dämonen 3, 6.
Zwölf Götter in Olympia 2, 174—175.
Zwölf Titanen 1, 282.

Zwölfgötter 2, 163—177. Zwölfgötter in Rom 2, 171
Zwölfgötter. Ihre Statuen und —172.
Altäre 2, 169—170. Zwölfzahl 1, 56.

Erklärte oder verbesserte Stellen.

Aeschyl. Agam. 154. 2, 271 —272.
— Prom. 212. 1, 325.
— Prom. 430. 1, 746.
— Prom. 1094. 2, 253.
— Sept. c. Th. 137. 2, 173.
— Suppl. 825. 1, 780.
Ammonius v. βωμός Valcken. p. 34. 3, 248.
Anecdota Bekkeri 1, 97. 1, 648.
— — 1, 444. 1, 574.
Anthol. Pal. VII, 746. 2, 223.
— — VI, 342. 2, 299.
Apollodor 1, 4, 1. 2, 665.
Arnobius 3, 40. 2, 177.
Asius 3, 47.
Callim. Hymn. in Dianam 64—79. 1, 108.
Cicero de nat. deor. 3, 22. 1, 329.
Clem. Alex. Protr. 2, 12 p. 11 2, 630.
Clem. Alex. Prot. 2, 34. 2, 651.
Damascius de princ. p. 384. 1, 143.
Diog. Laert. 1, 119. 1, 143.
Erotianus p. 62. 3, 129.
Etym. Mag. p. 473, 42. 2, 673.
— — 768, 4. 3, 72.
Eurip. Hippol. 538. 2, 721.
— Iph. Aul. 152. 1, 436.
Harpocrat. v. προσχαιρητήρια 2, 478.
Hesiod. Op. et D. 79. 1, 727.
— — 108. 1, 246.
— — 141. 1, 733.
Hesiod. Frgm. 135. 1, 773.
Hesych. v. Ἀνταία 3, 129.
— v. Ἀργειφόντης 1, 337.
— v. Γελχάνος 2, 244.
— v. Εὐρυθίων 2, 469.
— v. Ἡροσάνθεια 1, 375.
— v. Θαργήλια 1, 463.
— v. Ἰχναίην χώραν 3, 19.
v. Καραιός 1, 642.

Hesych. v. λύμβαι 1, 575.
— v. μανδοτά 1, 134.
— v. πανόπτης 2, 185.
— v. περιϑέα 2, 702.
— v. σεμέλη 1, 436.
— v. Σωχός 2, 439.
Hippolyt. Ref. haeres. p. 144 ed. Miller 1, 322.
Homer. Hymn. in Apoll. 29—35. 2, 340.
— — in Merc. 506—573. 2, 464.
— — in Ven. 23. 2, 693.
— — — 268. 269. 3, 57.
— — in Vest. et Merc. 11—12. 2, 697.
Homer. Il. 19, 90. 1, 711.
Homer. Od. 11, 321—25. 2, 591—593.
Hygin. fab. 183. 3, 13.
Jamblich. de vita Pyth. c. 27 p. 262 ed. Kiessl. 1, 360.
Manilius 2, 12—18. 2, 581.
Pausan. 1, 29, 2. 1, 581.
— 5, 17, 1. 2, 211.
— 9, 39, 4. 2, 731.
Photius v. προσχαιρητήρια 2, 478.
Pindar. Ol. 1, 28. 2, 67.
— — 5, 17. 2, 241.

III.

Pind. Pyth. 10, 36. 2, 357.
— frgm. 97 ed. Boeckh 1, 742.
— frgm, ap. Hippolyt. Ref. haeres. p. 96 ed. Miller 2, 473.
Plat. Phaedr. p. 229 c. 2, 390.
— Tim. p. 71 e. 2, 23.
Plaut. Mercator 675. 1, 496.
Plin. 36, 5, 23. 3, 126.
Plutarch. de Is. et Os. 35. 2, 632.
Plut. Qu. Rom. 52. 1, 563.
Propert. 3, 9, 47. 1, 793.
Sappho 1, 19. 1, 701.
Schol. Aeschyl. Prom. 94. 2, 263.
— Arist. Pac. 1126. 1, 365.
— Callimach. in Jov. 77. 1, 575.
Schol. A. Il. 23, 142. 3, 48.
Schol. Rhes. 36. 2, 659.
— Soph. Oed. Col. 42. 3, 81.
— Theocr. 16, 105. 1, 342.
Sophocl. Ai. 172. 1, 593.
— — 682. 2, 662.
— Antig. 1132. 2, 641.
— Oed. Col. 56. 2, 268.
Steph. Byz. v. Αἴδηψος 1, 365.
— v. Δελφοί 2, 12.

25

Steph. Byz. v.'Ομάριον 2, 208.   Strab. 10 p. 472. 3, 175.
Strab. 9 p. 396. 1, 580.   Theophrast. Char. 16. (περὶ
— 10 p. 470. 1, 435.   δεισιδαιμ.) 2, 456.
— 10 p. 471. 1, 430.

Berichtigungen.

S. 8 Z. 1 ist das Komma vor des Hermes zu setzen. — S. 19 Z. 15 l. bei; letzte Z. l. ihr f. sein. — S. 22 Z. v. u. 17 l. mahlen f. malen. — S. 24 Z. 9 und S. 53 Z. v. u. 5 ist Sondern klein zu schreiben; vorletzte Z. v. u l. ἀφρόνσεως; Z. 14 v. u l. 5 statt 6 und danach tie folgenden Nummern. — S. 25 Z. 19 l. Praritele nach Hymnus. — S. 30 Z. 3 l. 1, 576. — S. 43 Z. 2 l. Regenbogens f. Regenhimmels. — S. 47 Z. 15 v. u. l. Kreophilen. — S. 65 Z. 14 l. Διμνώρεια. — S. 74 Z. 13 l. Andromeda. — S. 75 Z. 12 v. u. l. nach dem Beinamen. — S. 78 Z. 5 v. u. l. Megära. — S. 122 letzte Zeile nach dem letzten Wort statt Punct Komma. — S. 132 erste Zeile der Note l. δαμόσιον. — S. 136 vorletzte Z. nach Se Komma. — S. 143 Z. 11 l. ein stehender Ausdruck. — S. 146 Z. v. u. 9 l. diesem f. diesen. — S. 148 Z. 15 ist das Komma nach als sinnentstellend. — S. 157 Z. 8 v. u. l. γλαυκή. — S. 158 Z. 6 l. Schiffer f. Schäfer; Z. 10 Punct nach wurde. — S. 172 Z. 3 v. u. l. ἀπελάμπετο; Z. v. u. 7 l. IX f. 9 — S. 174 Z. v. u. 12 l. zu seyn. — S 180 Z. 20 das Komma nach Diagoras zu streichen. — S. 181 Z. 1 l. p. 739 f. 439. — S. 190 Z. 7 l. ἴχουσιν. — S. 193 Z. 14 l. das Temenos. — S. 199 Z. 10 v. u. l. inhalt=. — S. 237 Z. 5 l. Erdgeborener, γαιήιος, χθόνιος. — S. 241 Z. 20 l. statt der Zahlen Paneg. 23. — S. 260 Z. 3 l. daß Adrastos und Theseus die Sieger im ersten Kriege gegen Theben bewogen haben die Leichen der Besiegten auszuliefern u. s. w. — S. 264 Z. 1 und 3 ist einzuschieben für vor den Namen — Z. 277 Z. 8 v. u. L. Kl. Schr. 3, 284. — S. 278 Z. 9 v. u. l. jene f. sie. — S. 280 Z. 16 v. u. l. Stele f. Stelle. — S. 293 Z. 10 l. das f. daß. — S. 296 Z. 7 v. u. ist zuzusetzen nach weil ihm — Am Schluß S. 316 ist das mit Rücksicht auf das Datum der Vorrede absichtlich gesetzte für die Beendigung des Buchs gültige 24. December 1862 ausgelassen worden.

Mehrere leicht zu erkennende kleine Druckfehler sind hier übergangen worden.

www.ingramcontent.com/pod-product-compliance
Lightning Source LLC
Chambersburg PA
CBHW050848300426
44111CB00010B/1179